新版

インバウンド
実務主任者
認定試験

公式テキスト

Inbound
Business
Director

安田亘宏 著

はじめに

　日本のインバウンドが劇的に拡大している。2016年は訪日外国人旅行者数が2,000万人の大台を突破し、過去最高の約2,400万人を記録した。東京オリンピック・パラリンピックが開催される2020年の目標値である訪日外国人旅行者数4,000万人に向けて着実に歩み始めている。ツーリズムの世界だけではなく、社会現象にもなった日本のインバウンドは新しいステージに突入した。

　このインバウンドの拡大は、日本のツーリズム産業を発展させ、変革させる大きな潮流となるだけではなく、地域を元気にする地方創生の起爆剤ともなる。そして、さまざまな領域で新たなビジネスを生み出すチャンスでもある。

　今、目にしている訪日外国人旅行者は、これまでビジネスの顧客として経験したことのない膨大な数となって、出現したのである。ツーリズム産業に関わる人々は、これまで長い間培ってきたノウハウを存分に生かし、しっかりとこの新しい顧客に対応していかなければならない。

　一方、インバウンドビジネスは、今やツーリズム産業にとどまらず、誰もが関わることができるビジネスへと成長した。訪日外国人旅行者という新しい顧客、未開拓の市場があらゆる分野に登場しているのである。小売業、飲食業はもちろんのこと、製造業や人材派遣業、物流業、情報通信業、金融業、不動産業、農林漁業に至るまで、幅広い業種、日本人が日常生活で利用している商品やサービスの多くが、すでにインバウンドビジネスの対象となっている。このチャンスを逃すことなく、これまで無関係だと考えていた地域や企業も、新しい視点でビジネスに取り組むべき時が到来しているのである。

　今こそ、既存のツーリズムビジネスに携わる人々も新たなビジネスチャンスに挑戦する人も、インバウンドとは何か、どんな歴史の中で今日を迎えているのか、インバウンドの現状や旅行動向・消費動向、インバウンドビジネスとは何か、そしてどのように取り組むのか、外国人旅行者にどう対応し、どう集客したらいいのか。知っておきたい、また知らなくてはならない知識やノウハウはたくさんある。インバウンドビジネスは、何も知らずに挑戦できる舞台ではない。

インバウンド実務を体系的に学習してほしい。インバウンドビジネスに取り組む上での知識やスキルを会得し、実際のインバウンドビジネスのシーンで活躍してほしい。インバウンド市場に対して積極的・戦略的に取り組み、これらの活動を推進し、地域や企業を牽引する役割を担ってほしい。

　本テキストでは、インバウンド実務主任者認定試験の合格レベルに達するよう、体系的にできるだけ分かりやすく、インバウンドに関する事項や事象を解説した。インバウンド実務主任者資格は、さまざまなインバウンドビジネスに必ず役立つ資格であり、新しい時代に対応できる有能な人材であることを証明するものである。

　資格取得後は、新事業の起業、職場内での新規ビジネス立ち上げの人材として起用されるチャンスが生まれる。インバウンドビジネスはさまざまな企業が参入し急速に拡大しているため、人材が不足しているからである。また、地域や企業の研修会の講師、インストラクターとしても活躍してほしい。現在、地域においても企業においてもインバウンドビジネスは新しい売り上げを作り出す、有効な手段のひとつであり、それを伝える研修・セミナーの講師やインストラクターが求められている。

　インバウンド実務主任者資格は大学生・専門学校生の就職活動の場でもアピールすることができる。この時代に必要とされるインバウンド実務主任者資格を持っていることは、未来を視野に入れた人間として、企業採用試験の面接の場で注目され、力強くアピールできるはずだ。

　インバウンド実務主任者は、地域や企業内において優位性を持つことができ、就職活動でも有利になる。今、日本のビジネスにおいて、最も必要で役に立つ資格のひとつといえる。

　本テキストが、インバウンド実務主任者を目指す方々の一助になれば幸いである。

安田亘宏

改訂版に寄せて

　日本のインバウンドは拡大を続けていた。訪日外国人旅行者数は 2013 年に 1,000 万人に達し、2018 年に 3,000 万人を突破、2019 年には 3,188 万人と過去最高の数字となった。しかし、2020 年、新型コロナウィルスが世界を襲い、人々の国境を越える移動は停止を余儀なくされ、日本のインバウンドは蒸発した。

　しかし、世界の人々の旅行をしたいという気持ちがなくなったわけでも、日本の歴史や自然、文化、食、クールジャパンなどの誇れる観光資源が消失したわけではない。外国人旅行者を迎える日本人のおもてなしの心も失われることはない。国や地域の大きな方針も変わってはいない。

　人間の英知と努力で、この過去に経験したことのない難局は必ず乗り越えられるはずであり、世界の国境は再び開かれ、人々の交流は確実に再開される。日本のインバウンドは再び拡大の道を歩み始める。

　日本のインバウンドは、まだ発展の途上であった。外国人旅行者を受け入れる体制、スキル、プロモーション、人材等、決して十分ではなかった。コロナ禍の今、インバウンドビジネスに携わっていた人々、インバウンドビジネスを目指す人々は、日本のインバウンドの歴史、現状と動向を学び、これからのインバウンドのあり方を考え、準備を整えておきたい。そして現在を、旅行者数だけではなく、質の高い、日本だからできるインバウンドビジネスに取り組み、世界に誇るインバウンド大国になるチャンスの時期ととらえたい。

　ぜひ、多くの人々がインバウンド実務主任者を目指し、新たなインバウンド業界を牽引する人材となってほしい。本テキストが、その実現の一助になれば嬉しい。

2021 年 2 月　安田亘宏

編集部より
・改訂にあたって、統計数値は 2019 年（または直近のもの）、法律等は原則として 2020 年末時点のものに基づいています。
・「精選過去問題」は、一部改変しているものがあります。

■本書の特徴■

○本書は、全日本情報学習振興協会が主催する「インバウンド実務主任者認定試験」の合格を目指す方に向けた同協会公式テキストとして編集しました。

○本書は本試験の出題に即した内容となっており、インバウンド実務に携わるために必要な知識を学ぶことができます。

○各課題ごとに精選した過去問題を掲載し、これを解くことによって、試験合格に向けた実戦力を身につけることができます。

○本試験の出題内容（次ページ）は 2021 年 2 月時点のものです。

インバウンド実務主任者認定試験—試験概要

1. **受験資格**・・・国籍、年齢等に制限はありません。

2. **受験会場**

   主な受験地　札幌　仙台　東京　埼玉　千葉　横浜　名古屋　京都　大阪
   　　　　　　広島　福岡

   ※実施回により変更の可能性があります。

3. **試験日程**・・・年 4 回（年度により実施日は異なります。）

4. **試験時間**・・・120 分

5. **試験形態**・・・マークシート方式

6. **出題内容および合格基準**

   出題内容は次ページ表をご参照ください。

   合格基準：全体の 80％以上の正答

7. **受験料**

   11,000 円（税込）

   試験を 10 名以上同時申込みされますと、団体割引が適用されます。

   10〜19 名…8％割引　　20〜99 名…10％割引　　100 名以上…15％割引

   ※ 31 名以上同時申込みをご希望の場合は下記までお電話ください。

8. **申込方法**

   インターネットでお申込みの場合・・・下記アドレスよりお申し込みください。

   http://www.joho-gakushu.or.jp/web-entry/siken/

   郵送でお申込の場合・・・下記までお問合せ下さい。

お問合せ先

一般財団法人 全日本情報学習振興協会

東京都千代田区平河町 2-5-5

TEL：03-5276-0030　FAX：03-5276-0551

http://www.joho-gakushu.or.jp/

問題構成

予告なく変更する場合があります。

課題	内容
第1課題 観光総論	観光とは　観光の効果　観光マーケット　国内旅行　海外旅行 日本の観光の歴史　外国の観光の歴史　観光行政 観光に係る法律　観光に係る資格・検定
第2課題 インバウンド総論	インバウンドの効果　目標　国・地域別インバウンド　インバウンドの歴史 インバウンド政策の変遷　インバウンドに係る法律　インバウンド業務 インバウンドと為替　インバウンドと日本政府観光局 インバウンドとDMO　インバウンドと関連諸団体 インバウンドと通訳ガイド制度
第3課題 インバウンドの 現状と動向	インバウンドのデスティネーション　インバウンドの旅行動向 インバウンドの来日動機　インバウンドの活動体験　インバウンドとビザ インバウンドとMICE　インバウンドと輸送手段 インバウンドと案内表記　インバウンドの課題
第4課題 インバウンドと 消費	インバウンドの消費動向　インバウンドと商品傾向　インバウンドと決済 インバウンドと免税店化　免税対象品目・金額と手続き 免税の申請、許可、シンボルマークの利用　免税販売のオペレーション 一括カウンター　免税店化と効果
第5課題 インバウンドと ビジネス	インバウンドビジネスとは　旅行業ビジネス　宿泊業ビジネス 鉄道交通ビジネス　航空交通ビジネス　ショッピングビジネス 観光土産ビジネス　飲食ビジネス　道路交通ビジネス　観光案内ビジネス 観光施設ビジネス　レジャー施設ビジネス　スポーツ施設ビジネス エンタテインメントビジネス　イベント関連ビジネス シェアリングエコノミー
第6課題 インバウンドと ニューツーリズム	ニューツーリズムとは　エコツーリズム　ロングステイ　グリーンツーリズム カルチャーツーリズム　産業ツーリズム　ヘルスツーリズム メディカルツーリズム　フードツーリズム　ワインツーリズム スポーツツーリズム　コンテンツツーリズム　アニメツーリズム
第7課題 訪日外国人の理解	外国人との対応姿勢　中国人の理解　韓国人の理解　台湾人の理解 香港人の理解　タイ人の理解　東南アジア人の理解　アメリカ人の理解 西欧人の理解　ムスリムの理解　ベジタリアンの理解
第8課題 訪日外国人への 対応	日本のサービスの評価　外国人旅行者の不満　多言語対応 通信環境対応　ユニバーサルツーリズム　外国人旅行者の安全対策 インバウンド人材の育成　インバウンド情報の収集　日本式ホスピタリティ 日本ブランド
第9課題 インバウンドの 集客	外国人旅行者へのアプローチ　ネット予約サイト　旅行博 ファムトリップ　フリーペーパー　旅行ガイドブック　自社ウェブサイト インバウンドウェブメディア　クチコミサイト　SNS 店頭集客　外国人スタッフ
第10課題 インバウンドと テーマ別観光 まちづくり	観光まちづくりとは 全国各地の観光まちづくりの取組みの具体例
第11課題 国内旅行	国内旅行市場　国内旅行の特徴　国内旅行の期待と現地活動 国内旅行のデスティネーション　地域の食と観光土産　国内旅行の集客
第12課題 アフターコロナの インバウンド	コロナの影響　コロナと外国人旅行者の意識　アフターコロナの対応 アフターコロナのキーワード
第13課題 テーマ別 選択問題	①英語　②中国語（簡体字）　③韓国語　④インバウンド関連法規 ⑤ウェブプロモーション　⑥インバウンドに関する時事問題 から1つを選択して回答

◇外国語検定取得者加点制度
　　所定の10の言語の資格の級または得点保持者には総合点に6点を加算します。
　　所定の言語・級・得点、加点申請方法等の詳細は協会ホームページをご覧ください。

● ● ● ○　CONTENTS　○ ● ● ✈

第6課題　インバウンドとニューツーリズム

第7課題　訪日外国人旅行者の理解

第8課題　訪日外国人旅行者への対応

第9課題　インバウンドの集客

01

第 1 課題
観光総論

Inbound Business Director

1. 観光とは

■観光の定義

　「観光」という用語は、大正年間に「tourism」の訳語として用いられるようになったと言われている。国連世界観光機関（UNWTO）によれば、「ツーリズム」とは「レジャー、ビジネス、その他の目的で、連続して1年を超えない期間、通常の生活環境から離れた場所を旅行したり、そこで滞在したりする人の活動」（UNWTO「観光統計に関する勧告1993」）とされている。業務旅行なども含まれているが、訪問国内で報酬を得るための活動をするものは除外されている。

　近年、「観光」という用語に物見遊山的、商業的といった否定的なニュアンスが感じられるということから、「ツーリズム」という用語を使用する機会が増えている。本書においては、「ツーリズム」は「観光」とほぼ同義語と捉えて解説していくことにする。「観光」の定義や解釈は多様であるが、本書では「何かの目的をもって、自由になる時間で、自らの意思により、日常生活圏から離れて、楽しむ旅行」と定義する。

■観光の目的と行動

　観光の主体は旅行者である。旅行者はさまざまな動機に基づいて、何かの目的を持って、その目的が達成できるであろう地域、すなわち観光地を訪れ、そこで目的としていた活動を行う、それが観光行動である。

　その観光目的、観光行動を分類すると、①見学、②体験、③休養の3つに分けることができる。

①見学

　見学は「見る、学ぶ」行動で、多くの人が観光と認識している、もっとも歴史のある観光の目的、行動である。その対象は、美しい山や高原、湿原、湖沼、海岸、島、野生の動植物などの自然と史跡や神社仏閣、城郭、庭園などの歴史的遺産、動物園、植物園、博物館、美術館、水族館、タワーなどの人間が作り上げた近代的施設がある。また、祭りや郷土芸能、イベント、スポーツ観戦、コンサートなどの無形のものもその対象となる。

②体験

体験は「する、遊ぶ」行動で、スキーやゴルフ、ダイビングなどのスポーツ、祭りやイベントへの参加、遊園地やテーマパークでの遊び、農業や漁業、酪農などの体験がある。また、「泊まる、飲食する、買う、乗る」など、観光をするための派生的な「体験」も、今日では観光の大きな目的、行動となっている。

③休養

休養は「休む、くつろぐ」行動で、温泉旅館やリゾートホテル、別荘などでのんびりと過ごすことである。例えば夏季に涼を求めて高原の避暑地に行ったり、冬季に暖を求めて南の島で過ごしたりすることが挙げられる。今日では花粉症の流行する時期に花粉の飛散量が少ない地域や海外に行くことや、ストレスの高い都市生活から逃れ田舎暮らしを楽しみに行くことも休養の一つであろう。

■観光サービス

観光の主体は旅行者である。その旅行者が、容易に、便利に、快適に旅行を楽しめ、満足感を得ることができるように、さまざまな個人や企業・組織がそれをサポートしている。その活動が観光サービスである。観光サービスとは、旅行者がさまざまな観光行動の過程において、その欲求に対応した財やサービスの提供を受ける活動のことである。観光サービスは、財すなわち形のある「モノ」を提供することより、サービスなどの形の無い「コト」を提供する場面が多いのが特徴である。

観光サービスの提供により、経済的な利益を得ることを目的としたものが、観光ビジネスである。一方で、いわゆるビジネスではない観光サービスの提供もある。国や地方自治体、その関連組織などによる無償の観光サービスや個人が自らの意思で行うボランティアなどである。観光サービスは、経済的側面が注目されるが、観光の意義や観光の効果を高め、観光を盛んにするとともに地域や外国との交流、相互理解を促進する諸活動であるということもできる。

2. 観光の効果

■観光のもたらす効果

　観光は人々や企業・組織、地域、国、さらに国際社会にもさまざまな効果をもたらしている。それは観光の役割と言い換えてもよい。観光の効果は、経済的効果だけではなく文化的効果、社会的効果もある。

■旅行者にもたらす効果

　観光旅行は現代人の生活において必要不可欠なものとなっている。経済的に豊かになり、余暇時間も手に入れることができた日本人は余暇を自分の意思で楽しむことを求めている。

　観光は日常生活から離れたところで、自らの意思で行う活動である。日常生活とは、一般的に生活を支えるためや自己実現を図るために日々繰り返し行われている、仕事や学業であり、義務感を伴う活動である。そこでは個人差はあるもののストレスが発生し、その解消が必要となる。現代人の多くが、観光旅行にそのストレスからの精神的解放感、肉体的解放感さらにそれらの回復感を得る効果を期待している。多くの人が求める「癒し」とは、これらのプロセスを表現したものである。

　観光の効果は、一人ひとり異なり、休養、リフレッシュ、ストレス解消、健康回復・増進、自然・歴史・文化への感動、知的好奇心の充足、知識・教養の吸収、心の満足感、同行者との絆、出会いの喜び、人々との交流・ふれあいなど、まさに十人十色である。旅行目的、旅行先、旅行時期、同行者などによって観光で得ることができる効果は変わってくる。

■企業・組織にもたらす効果

　観光旅行は個人だけでなく、法人、すなわち企業や組織、団体にとっても大きな効果をもたらす。旅行するのは個人の旅行者であっても、その効果が法人にもたらされる場合は、それに必要な時間や費用は企業や組織、団体などの法人が負担することになる。

　取引や商談、会議、視察、研修などの業務旅行に期待される効果は直接的なビジネスの成果であるが、これとは別に企業は団体を構成して観光旅行を実施している。ひとつは、従業員を対象とした「社員旅行」で、「職場旅行」

「慰安旅行」ともいわれる観光旅行である。その効果は、慰労、視野が広がる、その法人に対するロイヤルティが高まる、社員同士のコミュニケーションが深まるなど幅広い。

　もうひとつは、企業が成績優秀な社員や優良な販売店などに対して報奨として実施する「インセンティブ旅行」である。「報奨旅行」とも呼ばれる。国内旅行だけでなく海外旅行を団体で実施しているケースも多い。期待される効果は、業績向上に対するモチベーションのアップである。

　さらに、企業などの取引先、顧客に対して、日ごろの感謝と親密な取引きの継続を期待して、無料で参加してもらう「招待旅行」がある。期待される効果は、企業に対する好感度の向上と取引増加、売上アップである。

■観光サービス産業にもたらす効果

　観光に関わる企業、すなわち旅行者に観光サービスを提供する観光サービス産業は、それぞれが取り扱う財やサービスを提供、販売し、収入、収益、つまり経済的効果を得る。その経済活動が盛んになればなるほど、企業の収入、収益は拡大し、従業員を多く雇い入れる。すると、新たな企業が参入し、関連企業が増加する。雇用が多くなり、企業活動が活発になると、旅行者に対する新たな財やサービスが生み出される。観光サービス産業は、「裾野が広い産業」といわれ、さまざまな産業が日常的に関わっており、経済波及効果は非常に大きなものがある。

■地域にもたらす効果

　旅行者が最も活発に観光活動をするのは、デスティネーション（旅行目的地）である地域である。旅行者がその地域を訪れることにより、地域にもたらされる効果は大きい。

　近年、人口減少、少子高齢化、地場産業の低落などを背景に衰退傾向にある地域では、地域の自立を目指し、地域活性化に取り組む中で、交流人口の拡大による域外消費の吸収増大、すなわち旅行者の誘致に強い関心が寄せられている。観光が地域に及ぼす経済効果が注目されているが、観光は経済的効果だけでなく社会的効果も大きい。

　地域住民と旅行者との交流による相互理解の促進、地域ブランドイメージの形成、地域住民の地域への愛着と誇りの醸成、地域の魅力、観光資源の再

評価、地域文化活動の活発化などである。

■国にもたらす効果

多くの人々が国の内外を問わず旅行をすること、すなわち観光活動を活発化することは、国の経済面から考えると消費が増大し、観光サービス産業が拡大し、その効果は幅広い産業に波及し、国民の所得の増大、雇用の拡大に寄与する。特に、人口減少、少子高齢化の進む我が国において、海外から日本に訪れる旅行者を増やすことは、極めて大きな国家的な課題となっている。

訪日外国人旅行者が日本で使う金額は「国際観光収入」といわれ、輸出と捉えることができる。逆に、日本人旅行者が海外旅行をし、海外で使う金額は「国際観光支出」と言われ、輸入に相当する。このことから、国際観光は「見えざる貿易」と言われている。観光という目に見えないサービスの国際的な経済関係を、目に見える財の貿易に例えた表現である。

■国際社会にもたらす効果

国際連合は1967年を「国際観光年」と定め、「観光は平和へのパスポート (Tourism; Passport to Peace)」というスローガンを世界に向けて発信した。観光を通した国と国、人と人との交流が国際的な相互理解を増進し、世界平和に貢献することを世界に強く訴えたものである。観光を通じて国際的な人的交流が促進され、それぞれの国の社会、文化、言語、習慣などに対する理解が深まれば深まるほど、無知や不信感から生まれる無用な誤解が払拭され、紛争や対立の芽を事前に摘み取ることが可能となる。

観光は国際社会において、経済的な側面だけではなく、世界中の人々が求める世界平和の実現に大きな役割を果たしているといえる。

3. 観光マーケットの分類

■国内旅行・海外旅行・訪日外国人旅行（旅行者×旅行目的地）

誰が旅行するのか、旅行目的地は日本国内か海外か、による分類である。観光マーケットを概観するときに最も多く使われる、一般的な分類となる。

①国内旅行

　自国内を旅行すること。本書においては、日本国内に在住している人が日本国内のある場所に旅行することを指す。

②海外旅行

　国外へ旅行すること。本書においては、日本に在住している人が日本以外の国へ旅行することを指す。島国である日本においては、航空機か船舶を利用し出かける旅行となる。「アウトバウンド（outbound）」と呼ばれることがある。誰もがパスポート（旅券）の携行が必要となる旅行である。

③訪日外国人旅行

　日本以外に居住する外国人が日本を訪れ日本国内を旅行することである。「インバウンド（inbound）」と呼ばれることが多い。観光業界だけでなく、今日最も注目されている旅行である。

■宿泊旅行・日帰り旅行（旅行期間）

　旅行期間による分類であり、日常会話で頻繁に使用される一般的な分類であるが、その定義を曖昧なままにして使っているケースが多い。

①宿泊旅行

　宿泊を伴う1泊2日以上の旅行を指す。夜行列車や夜行バスなどの交通機関の中で泊まった場合（車中・機中・船中泊）も宿泊旅行に含まれる。

②日帰り旅行

　日常生活圏とは離れたところに、宿泊を伴わないで訪れる1日旅行である。観光庁の統計調査では、片道移動距離が80km以上または所要時間（移動時間と滞在時間の合計）が8時間以上の場合を目安としている。

■観光旅行・帰省旅行・業務旅行・教育旅行（旅行目的）

　旅行というと、観光旅行を思い浮かべる人が多いが、いわゆる余暇を観光地で楽しむ観光目的ではない旅行も存在する。

①観光旅行

　余暇を利用し、日常生活から離れたところへ、自らの意思で訪れ、見学、学び、遊び、体験、休養などの活動を通して楽しむ旅行のことである。一般的に観光旅行に出かける際は「旅行に行く」「旅に出る」などと表現する。

②帰省旅行

　一般的に、余暇を利用して故郷に帰ることを指す。夏休みや年末年始などに故郷の実家に帰る旅行である。故郷での結婚式、葬式などへの参列、クラス会、同窓会などへの出席、また故郷の友人・知人への訪問、短期間の病人の介護なども、この帰省旅行に含まれる。多くの場合「帰省する」と表現し、どんなに遠くても「旅行に行く」とは言わない。

③業務旅行

　いわゆる仕事のための旅行であり、それに必要な時間や費用は企業や組織、団体などの法人が負担することが多い。商取引や商談、会議、視察、研修などの業務に関わる旅行であり、「ビジネストリップ」と言われることも多い。また、その訪問先が海外の場合は「業務渡航」と言われることがある。一般的にこの旅行に出かける場合は「出張に行く」と言う。

④教育旅行

　教育、すなわち学習や学びを目的として行く旅行のことである。学校行事として行われる修学旅行や遠足、林間学校、臨海学校、合宿などの校外学習などがある。また、学校行事とは別に個人で参加する短期留学、語学研修、ホームステイや居住地を離れた研修セミナーなども含まれる。

■個人旅行・団体旅行（旅行人数）

　人数構成による分類である。観光ビジネスにおいては、さまざまな場面での受入体制や料金設定が大きく異なる。

①個人旅行

　個人が自らの意思で行く、少人数の旅行のことをいう。ひとり旅、夫婦旅行、ハネムーン、家族旅行、さらに友人知人などとの小グループ旅行も含ま

れる。少人数についての定義はないが、JR 各社の団体割引乗車券が 8 名以上と決められていることから、8〜10 名以下を少人数と考えてよいだろう。

②団体旅行

同じ行程を同時に旅行する多人数の旅行者による旅行のことである。企業、学校、各種団体、親睦会、同好会などの組織・団体が企画し、同一目的のために同一行動をとる旅行を指すことが多い。多人数の定義はなく、交通機関の団体運賃、宿泊施設や観光施設の団体料金が何名から適用されるかは事業者・施設により定められており幅がある。例えば、JR 各社の団体割引乗車券は 8 名以上、宿泊施設のモデル宿泊約款（観光庁）では 15 名以上を団体としている。また、東京ディズニーリゾートでは 25 名以上に団体割引料金を設定している。

■個人旅行・法人旅行（旅行費用負担）

旅行の費用は、一般的にはその旅行者となる当事者が家計から支出するが、業務のための出張や企業の招待旅行などは企業が負担している。旅行費用の負担先により次のように分類される。

①個人旅行

観光旅行や帰省旅行など個人の家計から費用が支出される旅行のことである。一般的には少人数の旅行が多いが、時には多人数の団体となることもある。

②法人旅行

商取引や商談、会議、視察、研修などの業務旅行で、企業等が費用を経費から支出する旅行のことである。また、企業が福利厚生費から支出する職場旅行や成績優秀な社員への報奨を目的とした従業員報奨旅行、優良な販売店などを招待する取引先報奨旅行などもこれに当たる。なお、従業員や取引先の報奨旅行はインセンティブ旅行とも呼ばれる。さらに、顧客を招待する顧客招待旅行、懸賞旅行も法人旅行である。

4. 観光マーケットの規模

■日本の旅行消費額

　日本の観光マーケットの規模を旅行消費額から見ていく。分類は国内旅行、海外旅行、訪日外国人旅行で、国内旅行は国内宿泊旅行と国内日帰り旅行に分けられている。

　図表 1-1 のように、国内宿泊旅行 17.2 兆円、国内日帰り旅行 4.8 兆円で国内旅行合計は 21.9 兆円になる。海外旅行の国内消費分は 1.2 兆円、訪日外国人旅行が前年から大きく伸び 4.8 兆円となっている。2019 年の国内旅行市場は 27.9 兆円と推計される。

　日本の旅行消費額に占める国内宿泊旅行消費額のシェアは 89％で、圧倒的な大きさである。訪日外国人旅行は 15％と拡大基調にあり、観光マーケットの構成比は年々変わりつつある。海外旅行は国内消費分のほか、国内で消費されない海外での支出がこれとは別にある。

図表 1-1　日本の旅行消費額（2019 年）

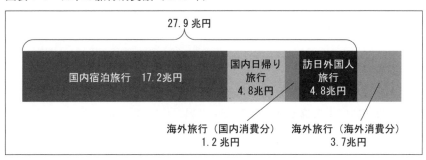

出典：「数字が語る旅行業 2020」（日本旅行業協会）
資料：観光庁「旅行・観光消費動向調査」、「訪日外国人消費動向調査」より

■旅行消費の経済波及効果

　旅行消費がもたらす経済効果を見ていく。2018 年の暫定値として発表された旅行消費 27.4 兆円がもたらす経済波及効果を産業連関表によって推計すると、生産波及効果で 55.4 兆円、付加価値誘発効果で 28.2 兆円という規模になる。また、雇用誘発効果は 441 万人で、我が国の総雇用の 6.4％を占めている。（観光庁ホームページ統計情報・観光白書より）

■旅行消費額の推移

　図表 1-2 は国内の旅行消費額を表したものである。この数年大きな変動はなかったが、合計値は 2015 年に大きな伸びを示し、2019 年も増加した。その要因は国内宿泊旅行の消費拡大と訪日外国人旅行、すなわちインバウンド消費の拡大によるものである。

図表 1-2　旅行消費額の推移（2013 年～2019 年）　　　　　（単位：兆円）

	2013 年	2014 年	2015 年	2016 年	2017 年	2018 年	2019 年
日本人国内宿泊旅行	15.4	13.9	15.8	16.0	16.1	15.8	17.2
日本人国内日帰り旅行	4.8	4.5	4.6	4.9	5.0	4.7	4.8
日本人海外旅行（国内分）	1.2	1.1	1.0	1.1	1.2	1.1	1.2
訪日外国人旅行	1.4	2.0	3.5	3.7	4.4	4.5	4.8
合計	22.8	21.6	24.8	25.8	26.7	26.1	27.9

出典：観光庁「旅行・観光消費動向調査　2019 年年間地（確報）」

5.　国内旅行

■国内旅行とは

　本書において国内旅行とは、日本人および日本国内に居住する人が居住地から離れ日本国内の各地を訪れる旅行のことである。日本国内は基本的には制限なく誰もがどこにでも旅することができる（北方領土や危険地域など許可なく立ち入りできない島嶼、地域が一部ある）。国内旅行は日本の旅行市場の中で最も大きなシェアを占める。

　国内旅行については、第 11 課題で詳述する。

6.　海外旅行

■海外旅行とは

　本書において海外旅行とは、日本人および日本に在住している人が日本以外の国へ旅行することである。島国である日本においては、航空機か船舶を利用して出かける旅行となる。「アウトバウンド（outbound）」と呼ばれることがある。パスポート（旅券）の携行や渡航先のビザ（査証）の有無の確認が必要になるなど、国内旅行とは異なり事前の準備が必要となる。

■海外旅行マーケット

　2019年の海外旅行者数は延べ2,008万人となり、はじめて2,000万人を突破した。2016年以降順調に拡大している。円安基調の継続、国内景気動向の不透明感、海外で頻発するテロや政情不安から、厳しい状況が続いてきた海外旅行だが、回復の傾向が確実なものとなった。

　図表1-3は、日本人の海外観光旅行が自由化された1964年から2019年までの海外旅行者数の推移である。全体を俯瞰すると、日本経済の成長、個人収入の上昇、休暇の拡大、国際化の進展、海外旅行志向の高まりなどを背景に海外旅行者数は1996年頃までは順調に拡大してきたことが分かる。

図表1-3　海外旅行者数推移　　　　　　　　　　　　　　　　（単位：人）

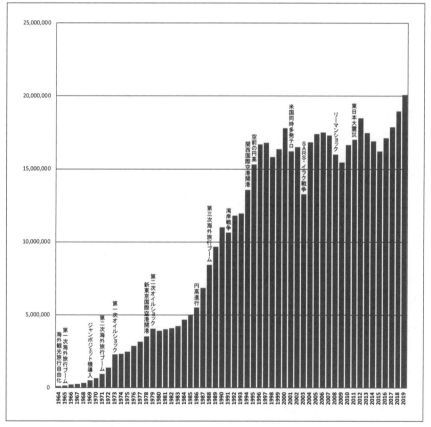

出典：法務省「出入国管理統計」より作成

特に、1978年の新東京国際空港（現・成田国際空港）の開港を経て、円高が進行し海外のショッピングの魅力が増した1987年頃から海外旅行者数が急伸し2,000万人に迫る勢いで増加していったが、1996年頃より足踏み状態が続き、大きな落ち込みを見せる年もあった。

海外旅行者数は観光インフラの拡大や円高などの影響で急伸していくが、逆に、戦争・紛争・テロなどの世界情勢不安や日本や世界の景気後退、さらに、国家間の関係、地震・津波などの災害、円安傾向などにも大きく影響を受けると考えられる。

■海外旅行の特徴

観光庁の「旅行・観光消費動向調査」によると、2019年の海外旅行者の目的別では「観光旅行」が71％を占めている。海外旅行における観光旅行のシェアは非常に大きいことが分かる。次いで「業務旅行」が22％、「帰省・知人訪問等」が7％となっている。「帰省・知人訪問等」は近年の海外旅行の特徴であり、国際化の進行の中でシェアが拡大する可能性がある。

法務省の「出入国管理統計表」によると、2019年の海外旅行者数の男女の比率は、男性53％、女性47％と男性がやや多い。性・年齢層別にみると、女性20代が245万人とトップで、男性40代が241万人と続いている。次いで男性50代、男性30代が続く。女性20代は同世代の男性を大きく引き離していて、女子大学生・OLの海外旅行意欲の高さが感じられる。男性30〜50代は業務旅行が多いものと考えられる。また、女性30〜50代も100万人を大きく上回っている。

（公財）日本交通公社の「JTBF旅行実態調査」（2020）によると、2019年の海外旅行同行者は、年代、ライフステージ、旅行先により異なるが、全体では「夫婦・カップル」が36％で一番多く、次いで「家族旅行」（23％）、「友人・知人」（22％）と続く。「ひとり旅」は17％であった。

平均宿泊数は5.2泊であったが、3泊が25％と多く、次いで2泊（16％）、4泊（15％）と短い宿泊数が多いのが日本の海外旅行の最大の特徴である。いずれも、中国、韓国、台湾の一都市、グアム・サイパンへの旅行の日数である。

また、出発月は夏休みの8月、春休みの3月、連休の多い9月の順で多くなっているが、各月に分散されている。

平均旅行費用は 24.9 万円で、一番多い価格帯は「20 万円以上 30 万円未満」であった。

　「JTBF 旅行意識調査」（2020）によると、海外観光旅行の予約によく使う方法は、「旅行会社の店舗」（29.3%）が最も多く、「ネット専門の旅行予約サイト」（13.6%）が続いた。海外観光旅行予約においては旅行会社の店舗が 3 割程度利用されている。

■海外旅行のデスティネーション

　海外旅行の 2018 年のデスティネーションは、日本政府観光局（JNTO）の集計によると、アメリカ（ハワイ、グアム含む）が 1 位で、2 位は韓国、3 位中国、4 位台湾、5 位タイとなっている。アメリカのハワイ州のみの数字を見ると、タイに続く順位になる。距離的に近い東アジア、東南アジアそしてハワイが多いことが分かる。

　「JTBF 旅行意識調査」（2020）」によると、海外の「行ってみたい旅行先」のベスト 5 は、1 位ハワイ、2 位アメリカ本土、3 位イタリア、4 位オーストラリア、5 位フランスとなっている。希望するデスティネーションは遠距離となるヨーロッパやオーストラリアが上位に挙がっている。

7. 日本の観光の歴史

■江戸時代の旅

　一般庶民が楽しみとして旅に出るようになったのは、江戸時代中期以降である。庶民が居住地を離れる際には関所を通過するための「通行手形」が必要で、旅は気軽なものではなかった。しかし、信仰を目的とした神社仏閣参詣の旅と、病気治療を目的とした湯治の旅は許されていた。

　信仰を大義とした寺社参詣は、特に伊勢参りが盛んで、年間数 10 万人、多い時には 100 万人以上の庶民が経験をしていた。しかし、数 10 日かかる旅なので費用がかさみ容易に実現できなかった。そのため、旅行費用の積立てにあたる「伊勢講」という組織が作られた。この講の組織、仕組みを作ったのが「御師（おんし）」である。御師は、伊勢講の世話、伊勢参りの道中の宿泊の手配や付き添いを行い、伊勢においては「御師の館」と言われる宿泊施設に迎え入れ祈祷や饗応を行った。御師は旅行会社のルーツとも言われ

ている。

　湯治は寺社参詣とともに庶民に許されていた旅である。多くの場合、湯治場付近の湯治宿に宿泊料のみを支払って、自炊をして長期逗留する。現在でも著名な草津温泉（群馬県）、箱根温泉（神奈川県）、熱海温泉（静岡県）、有馬温泉（兵庫県）などの温泉が湯治場として広く知られていた。

　江戸時代において旅を容易にし、快適にしたのは宿泊施設と飲食施設の発展である。参勤交代の制度化により、五街道をはじめとした道路や宿場の整備が急速に進められた。宿場には宿屋や食堂、茶屋が置かれた。宿としては、勅使や参勤交代で往来する大名などが休泊する「本陣」「脇本陣」、旗本より身分の低い武士と一般庶民が利用する「旅籠」「木賃宿」などが作られた。

■明治－鉄道開通と宿泊施設の変化

　名実ともに、庶民が自由にどこへでも旅行ができるようになったのは明治期に入ってからである。関所の廃止により、自由度は増していたが、それに加えて鉄道の開通が旅行の範囲を広げ、快適性は驚異的に高まった。

　鉄道の歴史は、1872年に新橋―横浜間に開通した官営鉄道から始まる。民間の鉄道事業者の参入などもあり、明治期の終わりまでには幹線は完成し鉄道網は全国的規模となった。鉄道の開通によって街道沿いの旅籠は衰退し鉄道の駅前に移っていき「駅前旅館」となり、湯治宿も1泊2食付きの「温泉旅館」となっていった。

　明治期には積極的な外客誘致が始められ、外国人旅行者が徐々に増加してくる。東京、横浜、神戸など外国人が多く訪れる都市に外国人向けの西洋式ホテルが誕生する。また、日光、箱根、軽井沢など外国人が訪問する観光地、保養地にも西洋式のホテルが開業した。

■明治－旅行会社の誕生

　明治期になり、外貨獲得を主な目的とした国際観光事業の必要性と有益性が注目され、銀行家の渋沢栄一が中心となり、1893年に外客誘致のための組織「喜賓会（Welcome Society）」が設立される。訪日外国人旅行者をもてなす日本で最初の近代的組織であった。

　1912年、外国人旅行者誘客促進、斡旋を目的とし官民合同の「ジャパン・

ツーリスト・ビューロー（Japan Tourist Bureau）」が設立された。この組織が、現在の JTB の前身となる。

　日本最初の旅行会社は、東海道線草津駅で弁当販売をしていた南新助が1905 年に創業した「日本旅行会」（現在の日本旅行の前身）である。南は日本で初めて鉄道を貸し切りにし、高野山参拝、伊勢神宮参拝などの旅行を企画し実施した。日本における旅行会社の誕生は、「訪日外国人旅行者の誘致斡旋」と「団体企画旅行の造成斡旋」からであった。

■昭和－観光元年

　1964 年、アジアで初めてのオリンピックが東京で開催された。この東京オリンピックに照準を合わせ、国内の観光インフラが整備される。東京－新大阪間に東海道新幹線が開業し、本格的なハイウェイとして名神高速道路が延伸開通し、都市高速道路も整備され、また羽田空港が拡充し、東京モノレールが開業した。東京や大阪では大型の都市型ホテルが次々に建設された。

　さらに、この年、国際社会への復帰という観点から、日本人の「海外渡航自由化」が実現し、いよいよ海外旅行時代の幕開けとなった。このように、日本の観光の発展にとって画期的な出来事のあった 1964 年は「観光元年」と呼ばれている。

■昭和－パッケージツアーの誕生

　海外観光旅行が自由化された翌年、1965 年日本航空が海外パッケージツアー「ジャルパック」を発売する。また 1968 年日本交通公社（現 JTB）が日本通運と共同で「ルック」の販売を開始する。その後、旅行会社各社が続々とブランド名をつけたパッケージツアーを発表する。旅行会社はパッケージツアーを商品化することにより旅行需要を一気に拡大させた。国内旅行では、1971 年に日本交通公社が国内パッケージツアー「エース」を販売開始している。その後、国内・海外のパッケージツアーは旅行会社が自ら企画、仕入、造成し、値付けするオリジナル商品として各社の主力商品となっていく。

　1970 年、300〜500 人もの乗客を運ぶことのできる大型旅客機ボーイング747（愛称：ジャンボジェット機）が世界各地に就航する。大量輸送時代に

突入すると、輸送効率の向上により航空運賃が低下し、それに伴い、パッケージツアーの普及が加速した。

■昭和－大阪万博とディスカバー・ジャパン・キャンペーン

1970年、日本初の万国博覧会が大阪の千里丘陵で183日間にわたり開催され、約6,400万人の入場者を数えた。この人数は、当時の日本の人口の半分以上となる驚異的なものであった。多くの旅行者が、団体ではない個人旅行の楽しさを知ったのもこの万博であった。

しかし、一方で万博閉会後の反動による国内旅行の衰退が懸念されていた。その対策として、打ち出されたのが、国鉄（現JR）の「ディスカバー・ジャパン・キャンペーン」である。万博後の鉄道利用を促進するのが狙いである。同年10月には、テレビの旅番組の草分けとなる「遠くへ行きたい」（読売テレビ）が放送を開始し、日本人の旅意識に大きな影響を与え、以降個人旅行が活発になる。

■平成－観光立国宣言

2003年、小泉純一郎首相のもと、日本で初めて国としての「観光立国宣言」がなされた。これは、観光が日本の力強い経済を取り戻すための極めて重要な成長分野であることを政府が明言したもので、急速に成長するアジアをはじめとする世界の観光需要を取り込むことにより、地域活性化、雇用機会の増大などの効果を期待するものだった。

同年、官民一体となり「ビジット・ジャパン・キャンペーン」が開始され、外国人旅行者の訪日促進活動が始まる。2007年、従来の「観光基本法」を全面改定し「観光立国推進基本法」が制定された。2008年、観光立国の実現のための任を担う「観光庁」が国土交通省の外局として新設された。

■2010年代のツーリズム

2010年代に入り、リーマンショック後の世界的な景気低迷に加え、2011年に発生した東日本大震災、長引く原発問題などが、ツーリズムの世界にも大きな影響を与えている。

旅行者の価値観や観光産業の構造も大きく変化していく。旅行会社については、インターネットでの予約手配に特化したオンライン旅行会社（OTA）

が台頭する。交通関係では、国内外のLCC（格安航空会社）の登場により航空機利用の旅の形は少なからず変った。クルーズ客船による豪華船旅も注目されている。

　2013年には、2020年の東京オリンピック・パラリンピックの開催が決定し、2016年には、訪日外国人旅行者数は2,000万人を突破、2018年には3,000万人に達した。

8. 外国の観光の歴史

■グランドツアー

　グランドツアーとは、17世紀末から18世紀にかけて、イギリスの貴族や豊かな上流階級の子弟の学業の修了時に、国際人としての教養を身につけるために行われたヨーロッパ大陸への旅行のことである。ヨーロッパ大陸周遊修学旅行ともいわれ、当時盛んに行われた。自らの意思で自発的に行われた旅行で、その意味で「近代旅行の始まり」と位置づけられる。

■世界最初の鉄道と旅行会社

　1825年、イギリスで世界初の蒸気機関車を利用した商用鉄道が開業した。1840年代には鉄道が代表的な陸上交通手段となっていった。

　世界最初の旅行会社もイギリスに起こる。近代ツーリズムの祖、旅行業の創始者と呼ばれるトーマス・クック（Thomas Cook）によるものである。1841年、クックは禁酒運動大会への旅を当時高価だった鉄道を貸し切り列車とし割安料金で仕入れ、570名ほどの参加者を得て実施した。列車手配だけではなく昼食や現地での娯楽などの提供も行い成功裏におさめ、これが現在の団体旅行、パッケージツアーの原型となった。

　これを機会に旅行会社として営業を始め、多くの団体旅行や海外旅行を手掛けた。この時期が「近代ツーリズムの確立」とされる。

■オーシャンライナーの旅

　19世紀末から20世紀初めにかけて、ヨーロッパではアメリカ観光が流行する。また、アメリカ人のヨーロッパ観光ブームも生まれる。ヨーロッパ大陸と北アメリカ大陸を結ぶ大西洋定期航路の客船の高速化、大型化が進み、

20 世紀前半には豪華大型客船の時代を迎える。

　このように大洋を渡る定期航路のことをオーシャンライナーといい、欧米の富裕層に人気を博した。とくに悲劇となったタイタニック号は有名で、映画『タイタニック』では、毎晩、正装でのディナーやダンスパーティが催され上流階級の人々が船旅を楽しんでいる様子がうかがえる。20 世紀中頃になると航空機を利用した旅が活発になり、移民の減少の影響も受けオーシャンライナーの旅は下火になっていく。

■バカンス法

　1936 年、フランスで世界初のバカンス法が制定され、すべての労働者に 2 週間の有給休暇の取得が義務づけられた。フランスに続き、ヨーロッパではドイツやイタリアなどで同様の法律が制定された。それまで、貴族やブルジョワなどの特権階級だけが楽しんでいたバカンスを一般市民も手に入れたのである。フランスでは、その後 1956 年に 3 週間、1969 年に 4 週間、そして 1982 年には 5 週間の連続休暇が認められた。すべての労働者が手に入れた有給休暇は、長期滞在型旅行の需要を高めた。

■マスツーリズムとこれから

　第二次世界大戦の荒廃から復興したアメリカ、ヨーロッパの先進諸国において「マスツーリズム」と呼ばれる観光現象が発生した。経済発展による大量生産・大量消費を背景に、かつては富裕層に限られていた旅行が大衆化し、大量の旅行者を生み出した現象である。1950 年代にアメリカに出現し、1960 年代にはヨーロッパの先進国にも拡大し、1970 年代に入ると日本が加わる。先進諸国民の旅への志向が高まる中、ジェット旅客機の登場を契機とし、国際観光地が世界中に拡大していった。

　一方、1980 年代になると、一度に大量の旅行者が押し寄せることで起こるマスツーリズムの諸問題が顕在化してきた。観光地の自然環境破壊、地域文化の変容、治安の悪化、貧しいホストと豊かなゲストという関係などである。1980 年代の後半には、マスツーリズムに代わる新たな観光のあり方として、「オルタナティブツーリズム」（Alternative Tourism・もう一つの観光）や「サステイナブルツーリズム」（Sustainable Tourism・持続可能な観光）という概念が提唱され、世界各国でマスツーリズムの反省に立った新しいス

タイルの観光が実践されている。

9. 観光行政

■観光行政

　観光行政とは、国および地方自治体（都道府県・市町村）が決定した観光分野に関わる政策を実現するために具体的な施策を実施することである。また、その実施機関のことを指すこともある。

　現在、国の観光行政の基本となる方針は「観光立国」であり、それを法制化したものが「観光立国推進基本法」である。

■観光立国

　観光立国とは、国内の特色ある自然景観、歴史的遺産、風土、都市、レジャー施設、食など、さまざまな観光資源を整備して国内外の旅行者を誘致し、その経済効果により国の経済を支える基盤にすることである。

　すでに多くの国が観光立国を謳い、観光省、観光局など専任機関を設置し、国民に旅行を促すとともに観光資源の開発・整備や観光ビジネスへの助成・規制を行うことで、特に大きな経済効果のある外国人旅行者の誘致に努めている。

　日本では長らく「観光」は国家的課題とみなされず、観光行政の位置づけは低かった。しかし、2003年、小泉純一郎首相の日本国家として初めてとなる「観光立国宣言」を契機として、一挙に観光が国の大きな課題となり、その推進に向けて動き出した。国土交通大臣を観光立国担当大臣に任じたのもこの時である。

　2007年、それまで国の観光分野における基本の法律であった「観光基本法」（1963年）を全面改正し、「観光立国推進基本法」が制定された。さらに、2008年その推進を担う「観光庁」が国土交通省の外局として新設された。

■観光立国推進基本法

　観光立国推進基本法は、2006年に議員立法により成立し、翌2007年より施行された。観光が日本の力強い経済を取り戻すための極めて重要な成長分

野であることを明言し、観光は 21 世紀における日本の重要な政策の柱とし
て初めて明確に位置づけられた。

　同法の基本理念は、①魅力的な地域づくりの認識の重要性、②国民の観光
旅行促進の重要性、③国際的視点に立った観光の重要性、④観光ビジネスに
おける関係者相互の連携の確保の必要性、である。また関係者のそれぞれの
責務、役割を明確にしている。

■観光立国推進基本計画

　2012 年、観光立国推進基本法の規定に基づき、観光立国の実現に関する
基本的な計画として新たな「観光立国推進基本計画」が発表された。観光を
めぐる現在の課題を克服し、観光が日本の成長を牽引するため、基本計画の
策定の方向性として「観光の裾野の拡大」と「観光の質の向上」を掲げた。
また、観光が国の成長戦略の柱のひとつであり、2011 年に発生した東日本
大震災からの復興にも大きく貢献するものであることも示した。観光政策の
基本となる長期計画である。

　計画の基本的な方針として、①震災からの復興、②国民経済の発展、③国
際相互理解の増進、④国民生活の安定向上、の 4 つを示した。このため、新
たなスタイルの旅を開拓し、より観光を魅力的にするとともに、特に若者や
高齢者が観光に関心を持ち、実際に旅に出られるような環境を整えるとして
いる。また、計画期間を 5 年間とし、計画期間における具体的な目標を設定
した。

　5 年後の 2017 年には、新たに「観光立国推進基本計画『世界が訪れたく
なる日本』」が発表された。

　計画の基本方針は、①国民経済の発展、②国際相互理解の増進、③国民生
活の安定向上、④災害、事故等のリスクへの備え、の 4 つを掲げている。

　具体的な目標として、
①国内観光の拡大・充実
　　国内旅行消費額：21 兆円
②国際観光の拡大・充実
　　訪日外国人旅行者数：4,000 万人
　　訪日外国人旅行消費額：8 兆円
　　訪日外国人旅行者に占めるリピーター数：2,400 万人

訪日外国人旅行者の地方部における延べ宿泊者数：7,000万人泊
アジア主要国における国際会議の開催件数に占める割合：3割以上・アジア最大の開催国

③国際相互交流の推進

日本人の海外旅行者数　2,000万人

が掲げられている。

計画期間は、2020年度までの4年間としている。2021年3月時点では、次期「観光立国推進基本計画」の策定は困難であり、先送りされるとの報道があった。

■観光庁

国により観光立国が宣言され、観光が国家的戦略として位置づけられ、国の観光行政を担う専管部署として、2008年に国土交通省の外局である観光庁が設置された。観光立国の実現に関する施策を総合的に策定し実施する機関である。2010年に「観光庁ビジョン」を発表し、「開かれた観光庁」として「住んでよし、訪れてよしの国づくり」に取組み、観光立国の実現を目指すと宣言している。

■日本政府観光局

日本政府観光局（JNTO）は観光庁が所管する訪日外国人旅行者を誘致する機関である。正式名称は「独立行政法人 国際観光振興機構」である。1964年に発足し、以来日本の正式な政府観光局として、地方自治体、旅行関連企業・団体などと連携して海外における観光宣伝、外国人旅行者に対する観光案内、その他外国人旅行者の来訪の促進に必要な業務を行っている。主要な訪日旅行市場22都市（2020年現在）に海外事務所を設置している。

■観光に関わる省庁

観光行政には観光庁以外にも、図表1-5のように多くの省庁が関わっている。これは観光行政の大きな特徴である。

図表 1-5　各省の観光に関わる業務

省	観光に関わる業務
国土交通省	都市計画・まちづくり・離島振興・道路・鉄道・自動車交通・船舶・港湾・航空・空港など
法務省	出入国審査体制など
外務省	在外公館を通じた広報、査証発給手続きなど
財務省	関税業務など
文部科学省	文化財の保全・活用、留学生交流、教育旅行、世界文化遺産、無形文化遺産、世界ジオパーク、スポーツツーリズムなど
厚生労働省	休暇の取得促進、旅館施設の環境衛生管理、ヘルスツーリズムなど
農林水産省	都市と農山漁村の交流、地産地消、グリーンツーリズムなど
経済産業省	サービス産業の創出、地域経済の活性化、産業ツーリズム、コンテンツツーリズムなど
環境省	国立公園、自然公園、世界自然遺産、エコツーリズムなど

■地域の観光行政機関

　地域の観光行政は、都道府県や市町村の観光局、観光部、観光課、観光係などで行われている。また、都道府県や市町村が設置した「観光協会」が実質的な観光施策の推進主体となっている地域も多い。また、観光協会と同様の機能を持つ組織として、「観光連盟」「観光コンベンション協会」「観光コンベンションビューロー」などの名称を使用している地域もある。

10.　観光に関わる法律

■旅行業法

　旅行業法とは、旅行業者の業務の適正な運営を確保し、旅行業務に関する取引の公正の維持、旅行の安全の確保、旅行者の利便の増進を図ることを目的とする法律である。旅行者の保護が大きな要素となっている。

　旅行業者の観光庁（都道府県知事）への登録、営業保証金の供託、旅行者との取引額の報告、旅行業務取扱管理者の選任、旅行業約款の決定、誇大広告の禁止、罰則などの規定が設けられている。なお、旅行業者は業務の範囲により、第一種旅行業者、第二種旅行業者、第三種旅行業者、地域限定旅行業者に区分されている。これに旅行業者代理業者を含めたものを、法律上

「旅行業者等」という。

　第一種旅行業者は、海外国内の募集型企画旅行（パッケージツアー）の企画・造成・実施を含め、すべての旅行業務を行うことができる。第二種旅行業者は海外の募集型企画旅行の企画・造成・実施以外の旅行業務を行うことができる。第三種旅行業者は、原則として、海外国内の募集型企画旅行の企画・造成・実施をすることはできないが、それ以外の旅行業務を行うことができる。ただし、営業所の存する市町村およびこれに隣接する市町村の区域で催行する募集型企画旅行の企画・造成・実施は可能である。地域限定旅行業者は、募集型企画旅行、受注型企画旅行、手配旅行の催行区域が、営業所が存する市町村およびこれに隣接する市町村の区域内に設定されることを条件として、旅行業務を行うことができる。取扱範囲が狭くなるほど、それに付随して、保有資産額に関する登録要件や営業保証金の供託義務が緩和される仕組みになっている。

着地型旅行普及の観点からの旅行業法の改正

　2013年に地域限定旅行業を創設してからも、地域限定旅行業の普及は十分に進んでいるとはいえない。インバウンドの地方誘致を進展させる上で、地域限定旅行業のさらなる普及拡大が望まれ、これを通して、着地型旅行に対応できるよう、2018年に以下の法改正が施行された。

①旅行業務取扱管理者の資格要件の緩和

　「地域限定旅行業務取扱管理者」を創設することで、特定地域の旅行商品のみを取り扱う営業所での資格条件を緩和した。従来、こうした営業では総合旅行業務取扱管理者、国内旅行業務取扱管理者の選任が必要であったが、特定地域の旅行商品の提供に必要な知識のみを問う「地域限定旅行業務取扱管理者試験」の合格者である「地域限定旅行業務取扱管理者」の選任だけで十分となった。

②旅行業務取扱管理者の選任基準の緩和

　旅行業務取扱管理者を営業所ごとに1人以上選任するとした基準であったのが、地域限定旅行業の複数の営業所が近接している場合には、一定の条件の下、複数の営業所を通じて1人の旅行業務取扱管理者を選任すれば足りる

ことになった。

　以上の改正により、旅行業務取扱管理者選任義務に対する負担が軽減され、地域限定旅行業として旅行ビジネスへの参入が従来に比べ容易となった。

ランドオペレーターの適正化の観点からの旅行業法の改正

　ランドオペレーターとは、旅行会社と交通、宿泊などのサービス提供機関との間で、ホテル、バス、レストラン、ガイドなどの地上のサービスの手配を行う業者のことであり、地上手配業者とも呼ばれている。ランドオペレーターは、旅行者ではなく旅行業者の依頼を受けて手配を行うため、旅行業務とは異なった位置づけをされ、改正前の旅行業法の規制が及んでいなかった。このため、多発するバス事故や訪日旅行の悪質な手配業者を生む原因の一つとなっていた。

　今回の法改正では、これを規制することを目的とし、これまで規制の対象外だったランドオペレーターを「旅行サービス手配業」として観光庁への登録を義務づけた。また、営業所ごとに「旅行サービス手配業務取扱管理者」を選任しなければならない。さらに、原則として、旅行サービス手配業に関して契約を締結する際は、相手方に書面を交付することが義務づけられた。

■旅館業法

　旅館業法とは、旅館業の業務の適正な運営を確保すること等により、旅館業の健全な発達を図るとともに、旅館業の分野における利用者の需要の高度化および多様化に対応したサービスの提供を促進し、もって公衆衛生及び国民生活の向上に寄与することを目的とする法律である。旅館業を経営しようとする者は、都道府県知事等の許可を受ける必要がある。従来、旅館業は、ホテル営業、旅館営業、簡易宿所営業、下宿営業の4つに分類されていたが、2018年の旅館業法改正により、ホテル営業と旅館営業の種別が、「旅館・ホテル営業」に統合された。最低客室数や構造設備の基準が廃止され、客室の最低床面積なども緩和された。一方で、違法な民泊サービスの広がり等を踏まえて無許可営業者等に対する規制が強化された。

　訪日外国人旅行者が急増する中、住宅を活用して宿泊サービスを提供する民泊サービスが日本においても普及している。その背景には急速な宿泊需要

の拡大により、宿泊供給がそれに追いついていないことがある。従来、旅館業法では、個人が旅館業の許可（簡易宿泊所営業）を取得するか、特区民泊の認定を受けるといった方法により、宿泊供給を満たす以外になかった。2018年、民泊新法（住宅宿泊事業法）が施行され、住宅を活用した宿泊サービスが全面的に解禁された。

■住宅宿泊事業法（民泊新法）

　住宅宿泊事業法とは、訪日外国人旅行者が急増する中、多様化する宿泊ニーズに対応して普及が進む民泊サービスについて、その健全な普及を図るため、事業を実施する場合の一定のルールを定めた法律で、民泊新法ともいわれる。その制定の背景には、民泊サービスが世界各国で展開されており、日本でも急速に普及していること、急増する訪日外国人旅行者のニーズや大都市部での宿泊需給の逼迫状況を解消することなどがある。

　住宅宿泊事業法では、制度の円滑な執行を確保するため、「住宅宿泊事業者」「住宅宿泊管理業者」「住宅宿泊仲介業者」が明確に位置づけられ、それぞれに対して役割や義務等が規定されている。なお、民泊は、人を宿泊させる日数が180日を超えないものとされている。同法は2017年6月に成立し、2018年6月に施行された。

■通訳案内士法

　通訳案内士法とは、全国通訳案内士及び地域通訳案内士の資格制度を定めた法律である。全国通訳案内士とは「報酬を得て外国人に付き添い、外国語を用いて、旅行に関する案内を行うことを業とする者」で、観光庁長官の行う全国通訳案内士試験に合格し、都道府県知事の登録を受けなければならないと定められている。

　2018年1月に、通訳ガイドの量的確保を目的として、その改正法が施行された。伸長するインバウンドにこたえることが大きな目的の1つである。

　通訳案内士法の歴史は古く、これまでさまざまな制度が導入されてきた。その1つが「地域ガイド制度」である。通訳案内士登録者は、東京、神奈川、大阪など都市部に集中する一方、地方部では不足する傾向にあり、この格差を解消することが狙いであった。地域ガイド制度は、2006年に導入された「地域限定通訳案内士」と、2012年に導入された「特例通訳案内士」

の2つの資格を設けていた。

　「地域限定通訳案内士制度」は、都道府県の区域内に限定して通訳案内が行える「地域限定通訳案内士」の資格を認めるもので、その試験実施主体は都道府県が担う制度である。しかし、都道府県の希望により実施する仕組みだったため、期待したほど、その普及が進まなかった。

　一方、「特例通訳案内士」は、地域限定通訳案内士制度とは異なり、都道府県の枠にとらわれず、資格取得の実施を特例適用区で行うことができるもので、従来のように試験ではなく、研修を受けることで資格取得できる制度である。

　しかし、こうした制度を実施しても、増大し続けるインバウンドには十分こたえられない状況にあったため、今回の法改正に至ったのである。

インバウンド拡大対応の観点からの通訳案内士法の改正
①業務独占から名称独占へ

　通訳案内士法の大きな改正ポイントは、「業務独占から名称独占へ」と規制が見直されたことである。

　通訳案内士以外の者は、報酬を得て、通訳案内を行うことを業として行うことができない、いわゆる「業務独占」であったが、改正後は、「業務独占」ではなく、「名称独占」として規制が改められた。これに伴い、全国通訳案内士でない者が通訳案内士という名称や、それに類似する名称を用いてはならないことになったが、その反面、「全国通訳案内士」（それに類似する名称も含む）という名称を用いなければ、資格がなくても通訳案内が可能となった。これにより、急増するインバウンド需要にこたえられると期待されている。

②地域通訳案内士の創設

　従来の通訳案内士法では、全国対応を前提とした通訳案内士が定められる一方、特別法では地域限定の「地域限定通訳案内士」と「地域特例通訳案内士」が認められていた。改正後は、新たに「地域通訳案内士」の資格制度を創設し、既存の地域限定通訳案内士と地域特例通訳案内士を一本化した。新しく創設された「地域通訳案内士」と区別するため、これまで全国対応を前提とした通訳案内士は、「全国通訳案内士」という名称に変更された。

なお、法改正によって規制緩和がなされる一方、通訳案内士の質の向上を図るため、全国通訳案内士に対し、試験科目を追加するとともに、定期的な研修の受講が義務づけられた。

■国際観光ホテル整備法

　国際観光ホテル整備法は、ホテルその他の外国人旅行者宿泊施設についての登録制度や外国人旅行者に対する登録ホテル等に関する情報提供を促進するための措置等について規定した法律である。ホテル・旅館を営む者が、観光庁長官の登録を受けた登録実施機関が行う登録を受ける。登録条件には、客室数や館内施設、外国人旅行者に対応した館内掲示などのハード面（施設等）と外国語会話能力を有した「外客接遇主任者」の選任などソフト面（接遇等）がある。登録施設数はホテル 942 施設、旅館 1,393 施設、合計 2,335 施設ある。（観光庁・2021 年 2 月末現在）。

■国際観光振興法（旧：外客旅行容易化法）

　国際観光振興法は、2018 年に外客旅行容易化法（外国人観光旅客の旅行の容易化等の促進による国際観光の振興に関する法律）が、改正により名称変更されたもので、正式名は「外国人観光旅客の来訪の促進等による国際観光の振興に関する法律」である。外国人旅行者の来訪促進と快適な旅行環境の整備などを促進することで、国際観光の振興を図ることを目的としている。公共交通事業者は、多言語による情報提供促進措置を拡充し、Wi-Fi 整備やトイレの洋式化等の外国人旅行者の利便増進措置を実施することが努力義務となっている。また、地方へのインバウンド誘客に向けた広域的な協議会の設置、日本からの出国ごとに 1 人 1,000 円を徴収する国際観光旅客税の使途などが定められた。

■コンベンション法

　コンベンション法とは、国際観光交流を拡大する方策として、国際コンベンションを振興するための法律で、正式名は、「国際会議等の誘致の促進及び開催の円滑化等による国際観光の振興に関する法律」である。

　コンベンション法の目的は、日本国内における国際会議等の開催を増加させるため国際会議等の誘致促進を図り、それに伴う観光その他の交流の機会

を充実させることにある。具体的な目的は外国人の会議参加者およびその同伴者による観光経済効果である。国際会議等の誘致を促進するための活動は日本政府観光局（JNTO）が担うとされている。

■ IR 推進法

IR 推進法とは、「特定複合観光施設区域の整備の推進に関する法律」の通称で、カジノを含む統合型リゾート（IR）の整備の推進に関する基本理念、方針などの基本事項を定めた法律である。2017 年に施行された。

具体的な法制上の措置は、別の法律、IR 実施法（「特定複合観光施設区域整備法」の通称）に規定されている。IR 整備法とも呼ばれる。同法は、特定複合観光施設区域の認定、カジノ事業の免許、カジノ施設への入場制限、入場料、カジノ管理委員会の設置等について定めている。2018 年に成立。

IR（Integrated Resort）とは、統合型リゾートのことで、カジノだけでなく、国際会議場・展示施設などの MICE 施設、ホテル、劇場・映画館、ミュージアムに加え、ショッピング施設、レストラン、アミューズメントパーク、スポーツ施設のほか、温浴施設などと一体になった複合観光集客施設のことである。マカオやシンガポールなど、近年、統合型リゾートを設置した海外都市が国際的な観光拠点となる中、日本においても統合型リゾートが外国人旅行者を集める有力な観光施設の 1 つとして注目されてきた。

今後、地方公共団体の申請に基づき、国により、IR が設置できる区域である IR 区域が認定される。国から IR 区域の認定を受けた地方自治体は、当該 IR 区域において IR を整備、運営する民間事業者を公募により選定することが見込まれる。

IR は、インバウンド促進、国内旅行者の誘致や MICE の振興をはじめ、カジノ税収入など新規財源の創出のほか、地域の経済波及効果や雇用促進に寄与することが期待される。一方、ギャンブル依存症を助長したり、犯罪を生む原因になるなど、カジノ開設による弊害も懸念されている。

2021 年 2 月現在、新型コロナ流行の影響などもあり、各地の IR の準備は進んでいない。

■ エコツーリズム推進法

エコツーリズム推進法は、エコツーリズムを推進するための枠組みを決め

た法律。地域の自然環境の保全に配慮をし、地域ごとの創意工夫を生かした
エコツーリズムを通して、自然環境の保全、観光振興への寄与、地域振興へ
の寄与、環境教育への活用を推進するものである。この法律では、自然環境
と密接に関係する風俗慣習などの伝統的な生活文化も自然観光資源として認
めている。エコツーリズムは世界の観光の潮流となっておりインバウンド拡
大に大きな要素となる可能性が大きい。

■観光圏整備法

　観光圏整備法とは、観光地が広域的に連携した「観光圏」の整備に関する
法律で、正式名は「観光圏の整備による観光旅客の来訪及び滞在の促進に関
する法律」である。観光圏とは、自然・歴史・文化において密接な関係のあ
る観光地を一体とした区域のことを指し、区域内の関係者が連携し、地域の
幅広い観光資源を活用して、国内外の旅行者が2泊3日以上滞在できる、国
際競争力の高い魅力ある観光地づくりを推進する。

　観光圏整備実施計画が認定されると、交付金の交付、法律の特例の適用な
どさまざまな支援を受けることができる。一例として、国土交通大臣の認定
を受けた滞在促進地区内の宿泊業者（ホテル・旅館等）が、観光圏内におけ
る宿泊者の旅行について、旅行業者代理業を営むことができる（観光圏内限
定旅行業者代理業）。

■観光に関わるさまざまな法律

　さまざまな観光政策に基づき、国や地方自治体が観光行政に取り組む際の
根拠となるのが法律である。図表 1-6 はその主な法律である。

図表 1-6　観光に関わるさまざまな法律

観光の事項	主な法律
観光行政の基本	観光立国推進基本法
旅行取引	旅行業法・景品表示法など
海外旅行	旅券法・出入国管理及び難民認定法・関税法など
訪日外国人旅行	旅券法・出入国管理及び難民認定法・関税法・外国為替及び外国貿易法・通訳案内士法 国際観光事業の助成に関する法律・コンベンション法 国際観光振興法など

観光の事項	主な法律
宿泊施設	国際観光ホテル整備法・旅館業法・住宅宿泊事業法・食品衛生法・建築基準法・公衆浴場法・消防法など
交通機関	鉄道事業法・港湾法・道路法・道路運送法・航空法など
観光資源	自然公園法・自然環境保全法・森林法・海岸法・河川法・温泉法・文化財保護法 古都保存法・景観法・国土利用計画法・国土形成計画法・総合保養地域整備法（リゾート法） 都市公園法・農山漁村余暇法・エコツーリズム推進法・観光圏整備法など
休日・休暇	国民の祝日に関する法律・労働基準法など

11. 観光に関わる資格・検定

■旅行業務取扱管理者

　旅行業務取扱管理者とは、旅行業法に定められている旅行業者および旅行業者代理業者の営業所における顧客との旅行取引の責任者となる国家資格である。資格には国内の旅行業務のみ取り扱える「国内旅行業務取扱管理者」と、国内と海外の両方の旅行業務を取り扱える「総合旅行業務取扱管理者」と「地域限定旅行業務取扱管理者」の3種類がある。国内旅行のみ取り扱う営業所には国内旅行業務取扱管理者資格または総合旅行業務取扱管理者資格を持つ者、海外・国内の両方の旅行を取り扱う営業所には総合旅行業務取扱管理者資格を持つ者を選任しなくてはならない。なお、観光庁長官の指導により、従業員が10名以上いる大規模営業所は2名以上選任することが求められている。

　2017年の法改正により、インバウンドの地方誘致、着地型旅行普及の観点から「地域限定旅行業務取扱管理者」が創設され、特定地域の旅行商品のみを取り扱う営業所については資格要件、選任基準が緩和された。詳細は36ページの『着地型旅行普及の観点からの旅行業法の改正』を参照されたい。

　旅行業務取扱管理者は、旅行者に対しての取引条件の説明、適切な書面の交付、適切な広告の実施、旅行に関する苦情の処理、料金の掲示、旅行計画の作成、旅行業約款の掲示、旅程管理措置などの業務についての管理・監督

を行う。

■通訳案内士

　通訳案内士とは、報酬を受けて、外国人に付き添い、外国語を用いて旅行に関する案内をする外国人旅行者に対するプロの観光ガイドのことである。日本政府観光局（JNTO）が実施する国家試験「全国通訳案内士試験」に合格して、全国通訳案内士として都道府県知事の登録を受けた者が従事できる。

　全国通訳案内士試験の外国語の種類は、英語のほか、フランス語、スペイン語、ドイツ語、中国語、イタリア語、ポルトガル語、ロシア語、韓国語、タイ語となっている。ただ、全国通訳案内士は、単に語学力が優秀であるだけでなく、日本の地理・歴史、さらに産業、経済、政治および文化といった分野に至る幅広い知識、教養が必要である。また、全国通訳案内士は、5年に1度の研修受講が義務づけられている。

　なお、2017年の法改正により、通訳案内士は業務独占から名称独占へと変更になり、地域限定の通訳ガイドとしては、従来特別法で、「地域限定通訳案内士」「特例通訳案内士」が認められていたものが、改正後は、「地域通訳案内士」の資格制度が創設され一本化された。これまでの全国対応を前提とした通訳案内士は「全国通訳案内士」という名称に変更される。詳細は39ページの『インバウンド拡大対応の観点からの通訳案内士法の改正』を参照されたい。

■旅程管理主任者

　旅程管理主任者とは、募集型企画旅行（パッケージツアー）または受注型企画旅行（修学旅行など）に同行して旅程を管理する添乗員の準国家資格である。ガイドとは異なり、航空機・ホテルのチェックイン業務、宿泊・食事の確認など旅行中に旅行者が計画通りのサービスが受けられるよう手続きする業務である。接客力や調整力、折衝力、情報収集能力が求められる職種であり、海外旅行では語学力も必要となる。

　国内旅行のみに添乗可能な「国内旅程管理主任者資格」と海外旅行・国内旅行の両方に添乗可能な「総合旅程管理主任者資格」がある。それぞれ研修修了や実務経験が資格取得の条件となっていることが特徴である。

　添乗を専門職とするプロフェッショナルな添乗員を目指す者だけでなく、旅行会社の社員にとっても必要な資格である。

■観光に関わる資格・認定

　観光に関わる資格・検定は、インバウンドに関する知識、実務に関する唯一の資格「インバウンド実務主任者」など、図表1-7のように観光各分野にある。

図表1-7　観光に関わる主な資格・認定

資格・検定名	資格・検定内容	主催者
インバウンド実務主任者	インバウンドに関する知識、実務に関する唯一の資格	全日本情報学習振興協会
観光検定	観光論の基礎から観光ビジネス、観光資源、世界遺産までの知識を習得する検定	全日本情報学習振興協会
観光士／観光プランナー	地域資源を活用したツーリズムや地域活性化等に資する人材資格	日本観光士会
JATAトラベル・カウンセラー制度	海外旅行のプロとしての知識・技能を認定する業界資格制度	日本旅行業協会（JATA）
クルーズアドバイザー認定制度	クルーズ旅行に関するスペシャリスト資格認定制度	日本外航客船協会
イベント業務管理士	イベント・プロフェッショナル人材の育成を目的とした資格	イベント産業振興協会
旅行地理検定	旅先の地理や観光情報の知識を評価する全国統一検定	旅行地理検定協会
世界遺産検定	人類共通の財産・宝物である世界遺産についての知識・理解を深める検定	世界遺産アカデミー
観光英語検定	観光の分野を通して外国人とのコミュニケーションの運用能力を計る検定	全国語学ビジネス観光教育協会
インターネット旅行情報士検定	ネット上の旅行情報を効率的に検索・活用できる能力を判定する検定	JTB総合研究所
日本の宿おもてなし検定	旅館の接遇力の標準化。高いレベルのおもてなしを促すことを目的とした検定	日本の宿　おもてなし検定委員会
ホテルビジネス実務検定	ホテルの実務知識の体系的理解度を測定するための評価基準となる検定	日本ホテル教育センター

資料：各資格・検定ホームページより

精選過去問題にチャレンジ

問題 001

観光の効果に関する文章中の（　　）に入る最も適切な語句の組合せを、以下の**ア**から**エ**までのうち1つ選びなさい。

　訪日外国人旅行者が日本で使う金額は「（　a　）」といわれ、日本人旅行者が海外旅行をし、海外で使う金額は「（　b　）」といわれる。（a）は日本側から見て（　c　）と捉えられ、逆に（b）は（　d　）に相当する。このことから、国際観光は「見えざる貿易」と呼ばれている。

ア. a. 国際観光収入　　b. 国際観光支出　　c. 輸入　　d. 輸出
イ. a. 国際観光支出　　b. 国際観光収入　　c. 輸入　　d. 輸出
ウ. a. 国際観光支出　　b. 国際観光収入　　c. 輸出　　d. 輸入
エ. a. 国際観光収入　　b. 国際観光支出　　c. 輸出　　d. 輸入

■ 解説

　訪日外国人旅行者が日本で使う金額は「国際観光収入」といわれ、日本人旅行者が海外旅行をし、海外で使う金額は「国際観光支出」といわれる。国際観光収入は日本側から見て、輸出と捉えられ、逆に国際観光支出は輸入に相当する。このことから、国際観光は「見えざる貿易」と呼ばれている。

解答　　**エ**

<table>
<tr><td>問題
002</td><td>次の図は、2016 年と 2019 年の日本の旅行消費額の内訳を示したものである。図中の（　）に入る最も<u>適切</u>な語句の組合せを、以下の**ア**から**エ**までのうち 1 つ選びなさい。</td></tr>
</table>

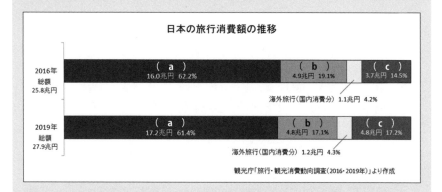

日本の旅行消費額の推移

2016年
総額
25.8兆円

（ a ）
16.0兆円 62.2%

（ b ）
4.9兆円 19.1%

（ c ）
3.7兆円 14.5%

海外旅行（国内消費分） 1.1兆円 4.2%

2019年
総額
27.9兆円

（ a ）
17.2兆円 61.4%

（ b ）
4.8兆円 17.1%

（ c ）
4.8兆円 17.2%

海外旅行（国内消費分） 1.2兆円 4.3%

観光庁「旅行・観光消費動向調査（2016・2019年）」より作成

ア. a. 日本人国内日帰り旅行　b. 日本人国内宿泊旅行　c. 訪日外国人旅行

イ. a. 日本人国内宿泊旅行　b. 日本人国内日帰り旅行　c. 訪日外国人旅行

ウ. a. 日本人国内宿泊旅行　b. 訪日外国人旅行　c. 日本人国内日帰り旅行

エ. a. 訪日外国人旅行　b. 日本人国内日帰り旅行　c. 日本人国内宿泊旅行

■ 解説

　2016 年と 2019 年の日本の旅行消費額の内訳を比較すると、日本人国内宿泊旅行が約 6 割を占めている点は変わらないが、訪日外国人旅行が 14.5% から 17.2%（3.7 兆円→ 4.8 兆円）と増加していることが目を引く。2019 年において、訪日外国人旅行の消費額は統計上日本人国内日帰り旅行を超える結果となっている（訪日外国人旅行：4.81 兆円　日本人国内日帰り旅行 4.78 兆円）。

<table>
<tr><td>解答</td><td>イ</td></tr>
</table>

| 問題 003 | 訪日外国人旅行者数の推移と主な出来事に関する以下の**ア**から**エ**までの記述のうち、最も適切ではないものを1つ選びなさい。 |

ア. 大阪万博が開催された1970年（昭和45年）には、訪日外国人旅行者数が約85万人となり、大きく伸びた。

イ. 1980年代後半から円高が進行して1995年（平成7年）に史上最高値となり、この頃の訪日外国人旅行者数は一時的に減少した。

ウ. 1970年までは、訪日外国人旅行者数が日本人の海外旅行者数を上回っていた。しかし1971年（昭和46年）に日本人の海外旅行がブームとなり、この頃から2019年（令和元年）に至るまで、訪日外国人旅行者数が日本人の海外旅行者数を上回ったことはない。

エ. 2008年（平成20年）のリーマンショックや2011年（平成23年）の東日本大震災などにより訪日外国人旅行者数は大きく落ち込みを見せていたが、2012年（平成24年）には早くも復調の兆しを見せ、この頃から訪日外国人旅行者数は2019年まで年々増え続けている。

解説

「この頃から2019年（令和元年）に至るまで、訪日外国人旅行者数が日本人の海外旅行者数を上回ったことはない。」が誤りである。1970年（昭和45年）までは、訪日外国人旅行者数が日本人の海外旅行者数を上回っていた。しかし1971年（昭和46年）に日本人の海外旅行がブームとなり、この年から日本人の海外旅行者数が訪日外国人旅行者数を上回るようになる。2003年以降の訪日外国人旅行者誘致策の効果により、2015年（平成27年）には45年ぶりに、訪日外国人旅行者数が日本人の海外旅行者数を上回った。その後も年々増え続け、2018年（平成30年）には初めて3,000万人を超えた。

| 解答 | ウ |

02

第 2 課題
インバウンド総論

Inbound Business Director

1. インバウンドの現状－訪日外国人旅行者数－

■インバウンドとは

　インバウンド（inbound）とは、訪日外国人旅行のことをいう。日本以外に居住する外国人が日本を訪れ日本国内を旅行することである。近年、訪日外国人旅行者数が劇的に拡大し、インバウンドという言葉も一般化した。インバウンドには、観光目的だけではなくビジネス目的や親戚知人訪問目的も含まれる。日本経済への影響も大きく、観光業界にとどまらずデパートや小売業など多くの業界からも注目されるようになった。中国人旅行者の購買現象を表した「爆買い」が流行語となり、民泊が法制化されるなど、インバウンドの隆盛が新たな社会現象を生み出し、連日のようにメディアに取り上げられるようになった。このインバウンドのさらなる拡大が、観光立国宣言以降、日本のツーリズムの大きな課題となっている。

■訪日外国人旅行者数と目標

　2019年に日本を訪れた外国人旅行者数は、約3,188万人であった。観光立国推進基本計画において当初2010年の達成を目標としていた1,000万人を3年遅れの2013年に突破し、2018年には3,000万人の大台を超え、過去最高の旅行者数を記録した。

　従来の目標は東京オリンピック・パラリンピック開催の2020年の訪日外国人旅行者数2,000万人、同旅行消費額4兆円とされてきた。しかし、2015年の段階で約1,974万人が訪日し、約3兆4,771億円が消費されたため、新たな目標が図表2-1のように示された。

図表 2-1　新たな目標値

	2020 年	2030 年
訪日外国人旅行者数	4,000 万人 (2015 年の約 2 倍)	6,000 万人 (2015 年の約 3 倍)
訪日外国人旅行消費額	8 兆円 (2015 年の 2 倍超)	15 兆円 (2015 年の 4 倍超)
地方部での外国人延べ宿泊者数	7,000 万人泊 (2015 年の 3 倍弱)	1 億 3,000 万人泊 (2015 年の 5 倍超)
外国人リピーター数	2,400 万人 (2015 年の約 2 倍)	3,600 万人 (2015 年の約 3 倍)
日本人国内旅行消費額	21 兆円 (最近 5 年間の平均から約 5%増)	22 兆円 (最近 5 年間の平均から約 10%増)

「明日の日本を支える観光ビジョン　概要」を基に作成

■訪日外国人旅行者数の推移

　図表 2-2 は、訪日外国人旅行者数の推移を表したものである。大阪万博が開催された 1970 年までは、訪日外国人旅行者数が日本人の海外への出国者数を上回っていた。1970 年は大阪万博の影響により訪日外国人旅行者数は大きく伸び約 85 万人で、日本人の出国者数を 20 万人ほど上回っていたが、翌年から海外旅行ブームとなり日本人の出国者数が訪日外国人旅行者数を上回り、以降急速に伸びていく。

　1980 年代後半から始まった円高の進行は 1995 年に史上最高値となり、この頃は外国人旅行者の訪日意欲を一時的に減退させたものの、長期的にみると右肩上がりで順調に拡大している様子が分かる。円高以外に、米国同時多発テロ、SARS、イラク戦争などの戦争・紛争・疫病などの要因が加わり訪日外国人旅行者数は伸び悩みを見せる。

図表 2-2　訪日外国人旅行者数の推移　　　　　　　　　　　　（単位：人）

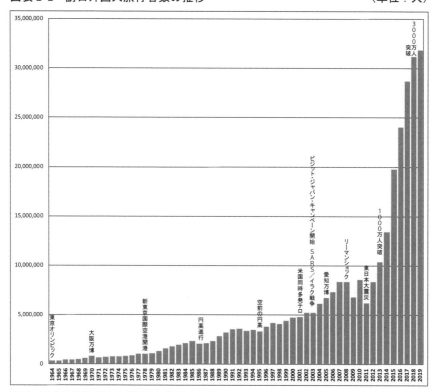

資料：日本政府観光局（JNTO）より作成

その後、官民一体となって取り組んだ「ビジット・ジャパン・キャンペーン」がスタートした 2003 年以降、訪日外国人旅行者数は極めて順調に推移したが、2008 年のリーマンショックによる世界的な景気低迷、2011 年の東日本大震災、福島原発事故などにより再び大きな落ち込みを見せた。しかし、2012 年には早くも復調の兆しを見せ、2013 年には念願の 1,000 万人を達成し、2015 年には 45 年ぶりに訪日外国人旅行者数は日本人の出国数を上回った。そして、2016 年に 2,000 万人を突破し、2018 年には 3,000 万人の大台にのり、2019 年 3,188 万人の訪日外国人旅行者数を記録した。

■訪日外国人旅行者数増加の背景

　訪日外国人旅行者数の急伸の背景には、以下の要因が複合的に影響している。

　第一に長期にわたる円安傾向による旅行費用の割安感の浸透である。第二に訪日外国人旅行者の中で大きなシェアを持つアジア諸国・地域の経済発展による、中間所得者層の増加に伴う旅行需要の拡大である。一方で日本側の施策としては、アジアの国・地域に対するビザ発給要件の緩和やビザ免除措置が効果を発揮した。また、消費税免税制度の拡充も効果を上げた。

　2003 年からスタートした「ビジット・ジャパン・キャンペーン」以来継続的に取り組まれている「ビジット・ジャパン事業」による訪日プロモーションの効果が現れてきている。アジア各国・地域では、「日本観光ブーム」が起こっていると言われ、欧米においてもクールジャパン、和食などが注目され日本への関心が高まっている。

　さらに、主に東アジアを中心とした LCC（格安航空会社）の新規就航、大量輸送が可能なクルーズ客船の日本寄港の増加も大きな要因となった。

　一方で、大きな市場である中国、韓国との外交関係悪化による交流の冷え込み、長引く原発事故問題、不安定な為替レート、自然災害の多発、疫病などの懸念材料もある。実際に 2020 年、新型コロナウイルス感染症の世界的な感染拡大により、訪日外国人旅行者数は激減した。

■世界各国・地域の外国人訪問者数

　図表 2-3 は、フランス、中国など 2018 年のデータも混じっているが、2019 年の世界各国・地域の外国人訪問者数上位 30 を表したものである。

　観光大国フランスは8,932万人と群を抜き1位を守り続けている。2位はスペインの約8,350万人が続いた。3位のアメリカも約7,925万人もの旅行者を外国から呼び込んでいる。ベスト10を見ると、5ヶ国はヨーロッパで、陸続き（フランスとイギリスは英仏海峡トンネルで結ばれている）ということもあり人の交流が盛んであることが分かる。

　日本は外国人訪問者数を着実に伸ばし、世界の観光主要国に仲間入りをする勢いではあるが、2019年は12位であった。アジアでは中国（世界5位）やトルコ（同6位）、タイ（同8位）に続いて4位となっている。

図表2-3　世界各国・地域への外国人訪問者数（2019年）　　　　（単位：千人）

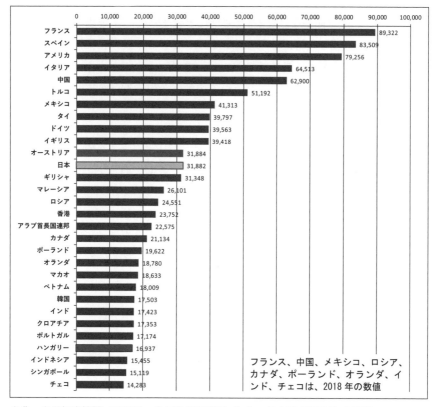

出典：世界観光機関（UNWTO）、各国政府観光局　作成：日本政府観光局（JNTO）
　　　外国人旅行者数は、各国・地域ごとに日本とは異なる統計基準により算出・公表されている場合がある

2. インバウンドの現状－国・地域別旅行者数－

■国・地域別訪日外国人旅行者数

　図表2-4は、日本を訪れた外国人旅行者の国・地域別の人数とシェア（2017年-2019年）を表したものである。

　2019年、アジアの国・地域から訪れる旅行者数は約2,682万人で、訪日外国人旅行者全体の84％と大きなシェアを占めている。日本のインバウンドはアジアの人々を迎え入れることによって成立していることが分かる。とくに隣国である中国、韓国、台湾、香港の4ヶ国・地域を合わせたシェアは70％を超えている。距離的に遠い北アメリカ、ヨーロッパからの旅行者のシェアは合わせて13％程度となっている。

　2019年の全体の伸び率は2.2％と微増にとどまった。主要出発国・地域の旅行者数は、激減した韓国を除き伸びを示している。特に、中国だけではなく、東南アジアのタイ、フィリピン、シンガポール、ベトナム、インドの伸長が際立っている。また、アメリカ、カナダも2桁の伸びを示し、ヨーロッパ全体も2桁伸びた。

　2019年に日本を訪れた旅行者数が最も多かった国は中国で、959万人と過去最高を記録し、シェアは全体の3割以上を占めている。2位は韓国からの558万人で激減した。3位は台湾で489万人と着実に伸びている。4位は香港で229万人であった。5位は日本と関わりが深いアメリカで172万人と大きく伸びた。この東アジアの隣国である4ヶ国・地域とアメリカが、順位の変動はあったものの不動のベスト5で全体の3/4以上を占めている。

　6位以下は、タイ、オーストラリア、フィリピン、マレーシア、ベトナムと続く。ヨーロッパはベスト10に入らなかったが、12位イギリス、15位フランス、16位ドイツと続いている。

図表 2-4　訪日外国人旅行者数　国・地域別人数・シェア（2017 年-2019 年）（人）

順位	国・地域	2019 年 人数	2019 年 伸率	2018 年 人数	2018 年 伸率	2017 年 人数	2017 年 伸率	2019 年 シェア	2018 年 シェア	2017 年 シェア
	総数	31,882,049	2.2%	31,191,856	8.7%	28,691,073	19.3%	100.0%	100.0%	100.0%
	アジア計	26,819,278	0.2%	26,757,917	8.3%	24,716,396	21.0%	84.1%	85.8%	86.1%
1	中国	9,594,394	14.5%	8,380,034	13.9%	7,355,818	15.4%	30.1%	26.9%	25.6%
2	韓国	5,584,597	-25.9%	7,538,952	5.6%	7,140,438	40.3%	17.5%	24.2%	24.9%
3	台湾	4,890,602	2.8%	4,757,258	4.2%	4,564,053	9.5%	15.3%	15.3%	15.9%
4	香港	2,290,792	3.8%	2,207,804	-1.1%	2,231,568	21.3%	7.2%	7.1%	7.8%
6	タイ	1,318,977	16.5%	1,132,160	14.7%	987,211	9.5%	4.1%	3.6%	3.4%
8	フィリピン	613,114	21.7%	503,976	18.8%	424,121	21.9%	1.9%	1.6%	1.5%
9	マレーシア	501,592	7.1%	468,360	6.6%	439,548	11.5%	1.6%	1.5%	1.5%
11	シンガポール	492,252	12.6%	437,280	8.2%	404,132	11.7%	1.5%	1.4%	1.4%
13	インドネシア	412,779	4.0%	396,852	12.6%	352,330	30.0%	1.3%	1.3%	1.2%
10	ベトナム	495,051	27.3%	389,004	25.9%	308,898	32.1%	1.6%	1.2%	1.1%
17	インド	175,896	14.2%	154,029	14.6%	134,371	9.3%	0.6%	0.5%	0.5%
	ヨーロッパ計	1,986,529	15.5%	1,720,064	12.7%	1,525,662	7.3%	6.2%	5.5%	5.3%
12	イギリス	424,279	27.0%	333,979	7.6%	310,499	6.2%	1.3%	1.1%	1.1%
15	フランス	336,333	10.3%	304,896	13.5%	268,605	6.0%	1.1%	1.0%	0.9%
16	ドイツ	236,544	9.8%	215,336	10.1%	195,606	6.7%	0.7%	0.7%	0.7%
18	イタリア	162,769	8.5%	150,060	19.2%	125,864	5.5%	0.5%	0.5%	0.4%
19	スペイン	130,243	9.5%	118,901	19.1%	99,814	8.7%	0.4%	0.4%	0.3%
21	ロシア	120,043	26.6%	94,810	22.7%	77,251	40.9%	0.4%	0.3%	0.3%
	北アメリカ計	2,187,557	12.8%	1,939,719	10.4%	1,756,732	11.9%	6.9%	6.2%	6.1%
5	アメリカ	1,723,861	12.9%	1,526,407	11.0%	1,374,964	10.6%	5.4%	4.9%	4.8%
14	カナダ	375,262	13.5%	330,600	8.2%	305,591	11.9%	1.2%	1.1%	1.1%
	オセアニア計	721,718	14.5%	630,527	11.7%	564,527	11.6%	2.3%	2.0%	2.0%
7	オーストラリア	621,771	12.5%	552,440	11.6%	495,054	11.2%	2.0%	1.8%	1.7%
	南アメリカ計	111,200	6.1%	104,804	13.8%	92,106	18.1%	0.3%	0.3%	0.3%
	アフリカ計	55,039	44.3%	38,151	9.6%	34,803	3.1%	0.2%	0.1%	0.1%

出典：日本政府観光局（JNTO）「訪日外客数（総数）」より作成

※ビジットジャパン事業重点市場の国・地域を記載。

　「計」数値は他の国・地域の数値も含むものである。

　「順位」は 2019 年のもので、他の国・地域も含めた数字である。

■国・地域別訪日外国人旅行者数−月別

　図表2-5（58ページ）は、2019年の月別の国・地域別訪日外国人旅行者数である。外国人旅行者がいつ日本を訪れているかが分かる。近年は季節に偏らず観光地や街かどで外国人旅行者を見かけることが多くなった印象を裏づけるように、全体を見ると平準化され各月200万人以上が訪れていることが分かる。季節による変動が激しい日本人旅行者数と比較すると旅行業界にとってはメリットのある旅行行動と言える。

　旅行者の最も多い月は夏休みが始まる7月で、6月、4月と続く。しかし、図表2-5（58ページ）の網掛けは各国のベスト3となる月を表したものだが、それぞれの国の休暇制度、旅行習慣の違いによりピークが異なることが分かる。また日本人旅行者のピーク期となる日本の夏休みの8月に集中が見られないのもインバウンドの特徴と言える。2019年は、日本においてラグビーワールドカップが開催され、ラグビーファンの多いイギリスなどヨーロッパの国の旅行者が9月と10月に増加した。

3. インバウンドの現状−国・地域別概況−

■中国

　2019年の訪日旅行者数は約959万人で過去最高を記録し、初めて950万人を超えた。FITおよび大型クルーズ客船による需要の高まりと航空路線の拡充を背景に、年間を通してほぼ毎月70万人以上の訪問が続き、全ての月で同月過去最高を更新した。7月、8月には全市場で初めてとなる単月100万人を記録した。2月頃の春節（旧正月）と10月の国慶節という長期休暇以外の需要を捉えた。

■韓国

　2019年の訪日旅行者数は約558万人で、2018年から大きく減少した。これは、韓中関係改善による中国渡航需要の回復、ベトナム旅行の人気など海外渡航先の多様化、観光経済の低迷に加え、7月以降は日韓情勢の影響を受け下半期の激減によるものである。韓国は冬休みが12月下旬から2月初旬であり、上半期はその需要を捉えた。

■台湾

2019 年の訪日旅行者数は約 489 万人で過去最高を記録した。4 月や 5 月など前年同月を下回る月がある一方で、日本の地方都市を着地とする航空路線の新規就航や増便等に伴う航空座席供給量の拡大もあり、年間の訪日旅行者数は前年を上回った。リピーター、FIT を中心に順調に推移した。月毎の波動は少ないが、6 月、7 月がピークになっている。

■香港

2019 年の訪日旅行者数は約 229 万人で過去最高を記録した。大規模デモの影響で、空港閉鎖等混乱も発生したものの、日本の地方都市を着地とする航空路線の新規就航や増便等に伴う航空座席供給量の拡大もあり、年間の訪日旅行者数は過去最高となった。年間を通して毎月 15 万人以上が訪日している。香港は春節、国慶節にも長期休暇があるが、クリスマス休暇のある 12 月が最多月になった。

■タイ

2019 年の訪日旅行者数は約 132 万人で過去最高を記録した。日本の地方都市を着地とする航空路線や LCC の新規就航、増便等に伴う航空座席供給量の拡大に加え、継続的な訪日プロモーションの効果もあり、6 月と 7 月を除く全ての月で同月過去最高を更新した。12 月は、年間最大の旅行シーズンであるソンクラーン（タイの旧正月）休暇のある 4 月と同水準となった。FIT やリピーターが増加傾向にあり、訪日目的地の多様化も進んだ。

■マレーシア

2019 年の訪日旅行者数は約 50 万人で過去最高を記録し、初めて年計で 50 万人を超えた。前年同月を下回る月があったものの、10 月以降は前年同月比が 2 桁の伸びとなるなど好調に推移し、12 月には単月として過去最高となる 7.8 万人を記録した。中華系に比べてまだ訪日旅行が一般的でないムスリム層の訪日意欲の向上が望まれる。

■シンガポール

2019 年の訪日旅行者数は約 49 万人となり過去最高を記録した。12 月には

単月として過去最高となる 10 万人を記録した。増便や機材の大型化による
航空座席供給量の増加もあり、4 月や 5 月を除く全ての月で同月過去最高を
更新した。シンガポール市場は FIT が訪日市場を牽引している。訪問先の
地方への拡大が期待される。

図表 2-5　訪日外国人旅行者数　国・地域別／月別（2019 年）

	1 月	2 月	3 月	4 月	5 月	6 月
全体	2,689,339	2,604,322	2,760,136	2,926,685	2,773,091	2,880,041
中国	754,421	723,617	691,279	726,132	756,365	880,651
韓国	779,383	715,804	585,586	566,624	603,394	611,867
台湾	387,498	399,829	402,433	403,467	426,537	461,085
香港	154,292	179,324	171,430	194,806	189,007	209,030
タイ	92,649	107,845	147,443	164,817	107,857	62,984
マレーシア	31,399	36,660	50,615	46,092	42,629	30,534
シンガポール	22,676	26,102	43,687	36,704	37,650	47,264
フィリピン	35,987	35,170	48,277	69,266	59,578	46,842
インドネシア	32,477	24,622	39,609	39,768	30,107	49,290
ベトナム	35,375	39,377	47,881	55,295	39,900	35,419
インド	12,468	9,071	17,752	18,376	19,914	15,359
イギリス	21,554	23,554	38,610	44,537	31,642	25,801
フランス	15,320	17,397	29,408	46,005	30,863	21,317
ドイツ	11,358	13,384	28,659	27,829	21,552	15,697
イタリア	6,033	5,897	14,956	24,062	12,463	11,357
スペイン	4,382	4,533	8,916	13,858	9,971	9,762
ロシア	6,316	5,601	11,701	13,787	9,691	8,844
アメリカ	103,191	92,669	176,564	170,247	156,962	175,491
カナダ	22,293	23,883	37,959	38,897	35,335	25,402
オーストラリア	81,063	47,658	44,175	70,504	46,223	37,283

出典：日本政府観光局（JNTO）「2019 年　訪日外客数（総数）」

■フィリピン

2019 年の訪日旅行者数は約 61 万人で過去最高を記録し、初めて年間で 60 万人を超えた。イースター休暇の移動（2018 年は 3 月、2019 年は 4 月）に伴い訪日旅行者数が前年同月を下回った 3 月を除く全ての月で同月過去最高を記録した。特に、2 月、7 月、8 月の新規就航等による航空座席供給量の増加もあり、6 月以降は前年同月比が 20％増を超える伸びとなり、12 月に

※網掛けは各国・地域のベスト 3 の月　　　　　　　　　　　　　　（人）

7 月	8 月	9 月	10 月	11 月	12 月	年計
2,991,189	2,520,134	2,272,883	2,496,568	2,441,274	2,526,387	31,882,049
1,050,420	1,000,639	819,054	730,631	750,951	710,234	9,594,394
561,675	308,730	201,252	197,281	205,042	247,959	5,584,597
459,216	420,279	376,186	413,701	392,102	348,269	4,890,602
216,810	190,260	155,927	180,562	199,702	249,642	2,290,792
73,202	49,589	62,057	145,333	140,265	164,936	1,318,977
22,957	19,827	28,778	48,864	64,987	78,250	501,592
21,716	19,698	29,147	41,937	65,295	100,376	492,252
37,771	31,470	37,758	64,690	64,763	81,542	613,114
25,215	16,160	25,021	34,094	37,213	59,203	412,779
40,762	43,709	38,325	46,510	41,892	30,606	495,051
13,222	13,308	15,895	13,929	14,863	11,739	175,896
28,928	26,213	49,580	68,401	37,709	27,750	424,279
34,634	30,851	26,530	39,457	24,290	20,261	336,333
18,593	17,264	22,768	26,276	19,525	13,639	236,544
13,566	22,804	13,354	14,731	12,350	11,196	162,769
15,771	20,009	11,472	13,739	10,535	7,295	130,243
9,005	8,321	10,454	14,348	13,142	8,833	120,043
156,865	117,828	127,190	153,363	148,993	144,498	1,723,861
29,285	27,568	28,525	37,667	33,316	35,132	375,262
34,873	26,951	60,498	51,563	48,327	72,653	621,771

は単月として過去最高となる 8 万人超を記録した。

■インドネシア

2019 年の訪日旅行者数は約 41 万人で過去最高を記録し、初めて年計で 40 万人を超えた。航空座席供給量の減少の影響により前年同月を下回る月があったが、9 月以降は 4 か月連続で同月過去最高を更新し、12 月には単月として過去最高となる 5.9 万人を記録した。訪日旅行シーズンであるレバラン（ラマダーン明け大祭）休暇や学校休暇などの需要以外も吸収した。

■ベトナム

2019 年の訪日旅行者数は約 50 万人で過去最高を記録し、初めて年計で 40 万人を超え、50 万人に迫った。航空路線の新規就航や増便等に伴う航空座席供給量の拡大により、4 月は単月として過去最高となる 5.5 万人超を記録した。その他の月は前年同月比 2 桁増の好調な伸びを記録し、全ての月で同月過去最高を更新した。旅行シーズンであるテト（旧正月）以外の需要も捉え、訪日旅行者数は全月 3 万人を超えた。

■インド

2019 年の訪日旅行者数は約 18 万人で過去最高を記録した。訪日旅行プロモーション効果もあり、全ての月で同月過去最高を更新するなど好調に推移した。桜シーズンにより訪日需要が高まる 3 月以降、3 か月連続で単月として過去最高を更新し、5 月には単月として過去最高となる約 2 万人を録した。訪日需要の着実な高まりが感じられる。

■イギリス

2019 年の訪日旅行者数は約 42 万人で過去最高を記録し、初めて年間で 40 万人を超えた。EU 離脱後の経済に対する不安感はあるものの、新規就航等による航空座席供給量の増加に加え、ラグビーワールドカップの開催を契機とした旅行先としての日本への関心が高まった。クルーズ需要の減少等の影響を受けた 2 月を除く全ての月で同月過去最高を更新した。特に、ラグビーワールドカップの開催期間中の 9 月、10 月は激増し、10 月には単月として過去最高の 6.8 万人を記録した。

■フランス

　2019 年の訪日旅行者数は約 34 万人で過去最高を記録した。2018 年の日仏友好 160 周年の日本関連の文化イベント等により旅行先としての日本への関心が高まっている中で、増便による航空座席供給量の増加もあり、全ての月で同月過去最高を更新した。特に、桜シーズンの 4 月には単月として過去最高の 4.6 万人となった。ラグビーワールドカップの開催を契機とした訪日旅行需要の増加により、9 月以降前年同月比が 2 桁となるなど好調に推移した。

■ドイツ

　2019 年の訪日旅行者数は約 24 万人で過去最高を記録した。ドイツ経済が減速傾向にある中で、訪日旅行プロモーション効果などにより、全ての月で同月過去最高を更新した。桜シーズンにより訪日需要が高まる 3 月には単月として過去最高となる 2.8 万人を記録した。日本への関心が高まり、着実に訪日需要が拡大している。

■イタリア

　2019 年の訪日旅行者数は約 16 万人で過去最高を記録した。桜シーズンで訪日需要が高まる時期、イースターと他の祝日が重なり連休を取りやすくなり、4 月に訪日旅行需要が集中し、単月として過去最高となる 2.4 万人を記録した。経由便の座席供給量の増加もあり、多くの月で同月過去最高を更新した。安全な渡航先としての日本へ旅行需要は維持されている。

■スペイン

　2019 年の訪日旅行者数は約 13 万人で過去最高を記録した。イースター休暇の移動に伴い訪日旅行者数が前年同月を下回った 3 月とラグビーワールドカップ開催により欧州からの訪日需要増加に伴う航空券の価格高騰等の影響を受けた 10 月を除く全ての月で同月過去最高を更新した。特に、夏季休暇シーズンにあたる 8 月には単月として過去最高の 2 万人を超える記録となった。

■ロシア

　2019 年の訪日旅行者数は約 12 万人で過去最高を記録、初めて年間で 10

万人を超えた。「ロシアにおける日本年」及び「日本におけるロシア年」を背景に日露間の直行便の増便や機材の大型化、ウラジオストク便の新規就航等による航空座席供給量の増加により、全ての月で同月過去最高を更新した。特に、10月には単月として過去最高の1.4万人を記録した。

■アメリカ

2019年の訪日旅行者数は約172万人で過去最高を記録し、初めて年間170万人を超えた。アメリカにおける海外旅行市場が堅調に推移する中で、メディアによる日本関連情報の増加や訪日クルーズ需要増加により、全ての月で同月過去最高を更新した。特に、桜シーズンの3月は単月として過去最高の17.6万人を記録した。

■カナダ

2019年の訪日旅行者数は約38万人で過去最高を記録した。2018年のモントリオール便の新規就航、中国や香港から日本への海外渡航先変更等により1月を除く全ての月で同月過去最高を更新した。桜シーズンの3月と4月は2か月連続で単月として過去最高を更新し、4月には3.8万人を記録した。アニメや日本食など日本の文化にも注目が集まっており、訪日意欲が向上している。

■オーストラリア

2019年の訪日旅行者数は約62万人で過去最高を記録し、初めて年間で60万人を超えた。新規就航による航空座席供給量の増加に加え、日本におけるラグビーワールドカップの開催を契機とした訪日旅行需要の増加により、イースター休暇の移動に伴い前年同月を下回った3月を除く全ての月で同月過去最高を更新した。特に、スキー目的や学校休暇で旅行需要が高まる1月に単月として過去最高となる8.1万人を記録した。

当項参考資料：日本政府観光局（JNTO）「2020.1 ニュースリリース」

4. インバウンドの歴史

■明治期

　明治期になり、日本を訪れる外国人旅行者が徐々に増加し、外国人向けの西洋式ホテルが各地に誕生する。神戸の「オリエンタルホテル」(1870年)、東京の「帝国ホテル」(1890年)などである。並行して、日光の「金谷ホテル」(1873年)、箱根の「富士屋ホテル」(1878年)、軽井沢の「万平ホテル」(1894年)など、外国人が訪問する観光地、保養地にも西洋式ホテルが開業する。

　1893年、外貨獲得を主な目的とした国際観光事業の必要性と有益性が注目され、銀行家の渋沢栄一が中心となり、外国人旅行者誘致のための組織「喜賓会 (Welcome Society)」が設立される。訪日外国人旅行者をもてなす日本で最初の近代的組織であった。

　1912年、外国人旅行者誘客促進、斡旋を目的とし官民合同の「ジャパン・ツーリスト・ビューロー (Japan Tourist Bureau)」(現在のJTBの前身)が設立された。

■大正〜終戦

　ジャパン・ツーリスト・ビューローは、欧米主要都市、中国大陸にも案内所、支部を設置した。あわせて、日本の国情・文化を紹介した各国語による宣伝物を作成、和英両文による機関紙『ツーリスト』を発刊する。1915年、東京駅の案内所開設を契機に外国人専用乗車券の販売を開始した。また、訪日外国人向けの英ポンド、米ドルの旅行小切手の取り扱いも開始している。1914年第1次世界大戦が勃発すると外国人旅行者数は伸び悩むが、戦後漸次回復し、大正期ではビューローの斡旋した外国人旅行者数はおよそ25万人に上った。

　昭和に入ると国際収支改善のため、国際観光に関する行政機関として、国際観光局、さらに国際観光協会が設立される。世界恐慌後の1934年、円の為替相場が暴落するが、訪日外国人にとっては好都合となりインバウンド・ブームを迎える。1936年の訪日外国人数は42,500人、その消費額は1億800万円を記録し、インバウンドは綿織物や生糸、絹織物に次いで、外貨獲得額第4位の輸出産業となった。しかし、1937年日中戦争の開戦以降、外

国人旅行者は激減していく。

■戦後黎明期

　ジャパン・ツーリスト・ビューローは戦時中、東亜交通公社と改称されたが、戦後「財団法人日本交通公社（Japan Travel Bureau）」と変更し、「外客誘致ヲ為スヲ目的トス」を明確に掲げ始動する。行政も 1945 年に運輸省鉄道総局に観光係を設置する。

　1947 年、貿易業務が再開され、ノースウエスト航空、パンアメリカン航空、アメリカン・プレジデント・ライン社の営業が開始され、同年横浜港にAPL 社の世界一周旅行の参加客 72 名の乗った客船を受け入れる。その後も世界周遊旅客船での訪日がインバウンドの主流になる。

　1952 年 JTB はニューヨークに、翌年にはサンフランシスコに日本観光宣伝事務所を開設し、直接誘致活動を始める。1952 年、東京国際空港（羽田）が日本に返還され、翌 1953 年には航空機による来日客が大幅に増加し、同年の訪日外国人数は 75,000 人を超えた。

　1949 年、「通訳案内士法」を制定しガイドの国家資格を創設する。同年「国際観光ホテル整備法」が、1952 年、「旅行あっ旋業法」、同年「物品税施行規則の一部改正」により外国人向け土産品に対する免税措置が講じられた。

■戦後成長期

　1955 年頃になると世界的な好況、国際平和の進展、国際交通網の発展、観光宣伝の普及などの要因に支えられ、国際旅行ブームが到来する。この年の訪日外国人旅行者は初めて 10 万人を突破する。

　1955 年、個人観光客に加えビジネス客、在日外国人の増加に伴い、JTBは外国人向けの「定期スペシャルツアー」として、日光ツアー、続いて鎌倉、箱根などを催行する。後の訪日外国人向けパッケージツアー「サンライズツアーズ」の基礎となる。

　1959 年、「日本観光振興協会」の前身となる「日本観光協会」が特殊法人として設立された。同年、太平洋線にジェット機が就航し、1963 年には空港からの入国者が 70％を超え、航空機全盛時代を迎えることになる。

　1964 年、アジア初のオリンピックが東京で開催された。この年、東京オ

リンピックに照準を合わせ、国内の観光インフラが整備される。東京—新大阪間に東海道新幹線が開業し、高速道路も整備され、羽田空港が拡充、東京モノレールが開業する。また、東京や大阪で大型の都市ホテルが次々に建設され、「第1次ホテルブーム」と呼ばれる。

■大阪万博以降

1970年、世界77ヶ国という史上最多の国々が参加し6ヶ月間にわたる「日本万国博覧会」が大阪で開催され、数10万人におよぶ外国人観覧者が来日した。インバウンドの歴史の中で画期的な出来事であった。

東京オリンピック以降、一時低迷していたホテル建設も、1967年頃から万博を視野に入れて再び活況を呈し、「第2次ホテルブーム」となる。

1970年、大型旅客機ボーイング747、愛称ジャンボジェット機が世界中に就航する。大量輸送時代に突入し、航空運賃が低下する。日本人の海外旅行も急増し、1971年、海外旅行者数が訪日外国人旅行者数を追い抜いた。

1977年にようやく訪日外国人旅行者数は100万人を達成する。その後も順調に右肩上がりで推移していったが、1985年、ニューヨークでプラザ合意が発表されると為替は一気に円高に転じ、プラザ合意以前の1ドルのレート260〜270円が、合意2年後の1987年には120円までの円高となった。この円高傾向はその後も続きインバウンドの成長を鈍化させる原因となった。

5. インバウンド政策の変遷

■海外旅行倍増計画・外国人旅行者受入態勢の整備推進

明治の開国後、日本は外貨獲得と国際親善を目的としてインバウンドを重視してきた。戦後の外貨獲得は至上命令であり、朝鮮戦争以後ようやく順調な外貨獲得が行われるようになった。しかし、1980年代になると大幅な貿易黒字に転じ、以降貿易黒字の拡大は加速する。日本は大幅な経常収支の不均衡、黒字の是正と国際化の努力が求められるようになった。

1987年、国際交流を促進するためにはアウトバウンドとインバウンドの両面で国レベルの振興策を打ち出すこととなった。「海外旅行倍増計画（テンミリオン計画）」と「外国人旅行者受入態勢の整備推進」である。

「海外旅行倍増計画」とは、前年1986年500万人だった日本人海外旅行者

数を5年間で2倍の1,000万人にする計画である。結果、1990年に予定より1年早く1,000万人を達成した。

一方、「外国人旅行者受入体制の整備推進」は、国際観光モデル地区の整備、海外での宣伝活動強化、国際会議観光都市指定制度の創設などを行い、徐々にではあるが訪日外国人旅行者数も伸びはじめた。

■観光交流拡大計画－Two Way Tourism 21

1991年、運輸省は21世紀を展望した新たな国際観光の振興のための行動計画として「観光交流拡大計画（Two Way Tourism 21）」を策定し、双方向の観光交流の拡大と海外旅行の質的向上を目指す施策を発表した。

インバウンド促進では、低廉な宿泊施設を紹介するウェルカム・イン予約センターの充実や国際交流村の整備、国際市民交流基盤施設の整備、ホテル・旅館の外国人旅行者接遇の充実、コンベンションの振興などを掲げた。

■ウェルカムプラン21－訪日観光交流倍増計画

1994年の日本人の海外旅行者数約1,360万人に対し、訪日外国人旅行者数は約350万人と1/4にすぎなかった。1996年、運輸省は「ウェルカムプラン21（訪日観光交流倍増計画）」を策定。外国人旅行者を2005年までに700万人に増やす計画を発表した。経済効果の拡大だけでなく日本への理解の促進が目的である。これを実現するため、「外国人観光旅客の来訪地域の多様化の促進による国際交流の振興に関する法律」（外客誘致法）を作り、「ウェルカムカード」の発行や国際観光テーマ地区などの事業を推進した。

■新ウェルカムプラン21

2000年、「観光産業振興フォーラム」において「訪日外客倍増に向けた取組みに関する緊急提言」が採択され、2007年を目途に訪日外国人旅行者数800万人を目標とする「新ウェルカムプラン21」が提言された。従来の「ウェルカムプラン21」を充実強化させたものである。

■ビジット・ジャパン・キャンペーン（VJC）

2003年から開始した官民による外国人旅行者の訪日促進活動。2010年に訪日外国人旅行者数を1,000万人にする目標を掲げた。キャンペーンでは、

韓国・アメリカ・中国・香港・台湾・ドイツ・フランス・イギリス・オーストラリア・カナダ・タイ・シンガポール・インドネシア、マレーシアの14の国・地域を重点市場に選定。国際競争力のある国内観光地の整備、外国人向け旅行商品の開発、多言語で表記した案内などのインフラ整備、アジア諸国への査証（ビザ）発給条件の緩和、出入国手続の改善、拠点空港の整備、LCC（格安航空会社）の誘致などが推進された。訪日外国人旅行者数は、2008年のリーマンショックや2011年の東日本大震災の影響で落ち込み、当初目標の1,000万人を達成したのは2013年であったが以後訪日旅行者誘致は加速した。

■ビジット・ジャパン事業（ＶＪ）

　訪日外国人旅行者のさらなる増加を目的とした訪日プロモーション事業。VJCの対象重点市場にフィリピン・ベトナム・インド・イタリア・ロシア・スペインの6ヶ国を加え、20の国・地域を重点市場としている。日本政府観光局（JNTO）を中心に官民一体となり取り組んでいる。

6. インバウンド業務

■インバウンド業務のビジネスモデル

　図表2-6は、インバウンド業務のビジネスモデルを表したものである。インバウンドの市場は海外にあり、海外の各国の人々が観光やビジネスなどで日本に来ることでビジネスが成り立っている。

　世界各国にある旅行会社は、日本を訪れる旅行商品を造成して自国内で販売したり、旅行者の要望に応じて手配を行う。日本の旅行会社は海外の旅行会社からの依頼を受け、企画やコンサルティングを行い、ホテル、旅館、レストラン、鉄道、航空、バス、イベント、観光施設、通訳ガイドなどの予約、手配を行い、これらを提供することにより対価を得る。この日本側旅行会社の役割はランドオペレーター、ツアーオペレーターと呼ばれる。

図表 2-6　インバウンド業務のビジネスモデル

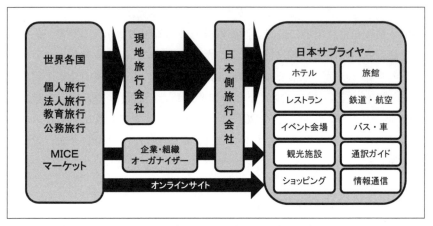

資料：JTB グローバルマーケティングトラベル作成の図を筆者改変

　2013 年、日本旅行業協会（JATA）は、訪日外国人旅行者に対し旅行の品
質を保証するという目的で、「ツアーオペレーター品質認証制度」を発足さ
せている。訪日旅行の分野は国内旅行や海外旅行に比べ法制度が遅れている
ため、旅行を取り扱う旅行会社のレベルの差が生じており、この状況を是正
するために作られたものである。

　その他に、企業や組織が海外の旅行会社を通さずに、直接日本の旅行会社
に旅行手配を依頼する流れもある。旅行を依頼する企業や組織を「オーガナ
イザー」と呼ぶ。もうひとつの流れがオンライン予約である。海外向けに作
られたインターネットサイトに、世界各国の旅行者が直接アクセスし、日本
のホテル、旅館やツアーなどを予約するケースで、需要が急増している。

　訪日外国人旅行全体の中で、日本の主要旅行会社が取り扱っているシェア
は極めて小さい。

■インバウンド業務の対象となる主要旅行形態
①観光
　観光目的で日本を訪問する旅行。年間を通して訪日している。

②ＳＩＴ（Special Interest Tour）
　特定の活動に特化した目的で日本を訪問する旅行。伝統芸能、バード

ウォッチング、日本料理、健診・治療などテーマは多岐にわたる。

③業務旅行

業務を目的として日本を訪問する旅行。欧米諸国に多い。

④教育旅行

学校行事や学生個人単位で参加する旅行もある。

⑤クルーズ

外国クルーズ客船に乗船している旅行者の日本国内寄港地における観光を取り扱う。一気に1,000人を超える旅行者を取り扱うのが特徴である。

⑥MICE

ビジネストラベルの一形態。参加者が多いだけでなく、一般の観光旅行に比べ消費額が大きいことが特徴である。

7. インバウンドと為替

■インバウンドと円安

今日、インバウンドの急伸の背景には「円安」傾向があると言われている。円安とは、ドル、ユーロなどの諸外国通貨に対して円の価値が低くなることをいう。例えば、1ドル = 100円だったのが1ドル = 120円になった時、円安ドル高になったと表現する。1ドルが100円で買えていたのに、120円必要になったと解釈すれば理解しやすい。逆に1ドル = 100円が1ドル = 80円になることを、円高ドル安と表現する。

円安は海外から見て日本の商品が安くなるため売れやすくなり、輸出企業に有利になる。国際観光において、海外旅行は輸入、インバウンドは輸出に相当する。従って、円安は今日のインバウンドの好調を支えている大きな要素であることは間違いない。実際に為替レートはインバウンドの伸長に大きな影響を及ぼしてきた。

■為替レートの変遷

　終戦後、軍用交換相場は 1 ドル = 15 円となった。その後の急速なインフレにより、1947 年に 1 ドル = 50 円、1949 年には 1 ドル = 360 円になり、その後、360 円の固定相場の時代へと移った。

　1973 年には変動相場制へ移行し、導入直後に 1 ドル = 260 円台まで円高が進んだ。1985 年のプラザ合意によるドル安誘導政策で急激に円高が進行し、1986 年には 160 円を突破した。

　その後、為替レートは図表 2-7 の対ドル為替レートの推移のように、その変遷を俯瞰すると長い円高傾向にあるといえるが、日本や世界の金融、経済、政治や有事などの要因により円安円高が繰り返され、海外旅行やインバウンドに絶えず影響を与えてきた。2011 年にはドル円史上最安値 75.5 円を記録し、底を打った。これを契機に円安傾向に転じ、インバウンドが急速に伸びたことが分かる。

図表 2-7　対ドル為替レートの推移

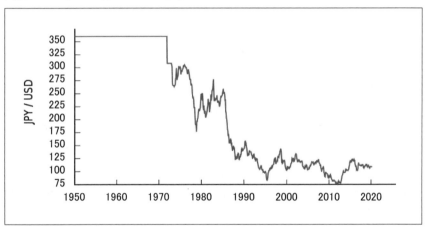

資料：日本銀行

■近年の為替とインバウンド

　2011 年、1 ドル 76 円だった為替レートが、2015 年には 1 ドル 120 円台まで円安になった。日本でのインバウンド需要の推移も、為替レートの変動と強い相関関係にあると言える。2011 年以降、円安に転じたことを機に訪日外国人旅行者数が増加している。

最も来訪者の多い中国を見てみると、2011年には対中国元レートが12円を記録していたが、2014年後半には19円以上まで上昇し円安状態となった。これにより中国人旅行者にとって日本への旅行がより割安に感じられるようになった。12円の時と比べると約2/3の費用で日本旅行が楽しめるようになり、日本で「爆買い」を起こす背景となった。しかし、その後円高傾向となるが、中国人旅行者は増加している。インバウンドにとって為替レートは大きな要因の1つとなるが、今日さまざまな要因が関連しているので、円高に伴ってインバウンドが減少するとは言いきれない。

8. インバウンドと日本政府観光局

■日本政府観光局

　日本政府観光局とは観光庁が所管する訪日外国人旅行者誘致を目的とする機関である。正式名称は「独立行政法人 国際観光振興機構（Japan National Tourism Organization）」で略称は「JNTO」である。国際観光振興機構法により設置された日本の正式な政府観光局として、インバウンド事業を推進する中核的な組織である。

　「海外における観光宣伝、外国人観光旅客に対する観光案内その他外国人観光旅客の来訪の促進に必要な業務を効率的に行うことにより、国際観光の振興を図る」ことを目的として、インバウンドの振興を通じて、「観光立国」の実現を目指している。主な事業活動は以下のとおりである。

■ビジット・ジャパン事業

　ビジット・ジャパン事業（VJ）は、訪日外国人旅行者の増加を目的とした訪日プロモーション事業で、日本政府観光局が各市場の最前線で中核的な役割を担っている。

　VJ事業対象市場は韓国、台湾、中国、香港、タイ、シンガポール、マレーシア、インドネシア、フィリピン、ベトナム、インド、オーストラリア、アメリカ、カナダ、イギリス、フランス、ドイツ、ロシア、イタリア、スペインで、各国・地域、都市で訪日プロモーション活動を行っている。

　活動方針として、①各市場のターゲットシーズンを定め、年間を通じた訪日需要の創出、②全世界を対象としたデスティネーションキャンペーンの実

施などによる地方への誘客、③欧米豪旅行者や富裕層などを強化ターゲットにするとしている。

また、魅力ある訪日旅行商品の企画・開発・販売の支援、海外現地メディアを通じた情報発信、ウェブサイトやSNSを通じた訪日観光情報の提供、外国語ツールによる情報発信などの活動にも取り組んでいる。

■MICE誘致・開催支援

一度の参加者が多く、一般の観光旅行に比べ消費額が大きいことなどから、MICE（103ページ参照）誘致に取り組む国・地域は多い。MICEは経済波及効果が大きく、ビジネス・イノベーションの機会を創造し、国・都市の競争力を向上させる効果があるとされている。

日本政府観光局は国際会議などの誘致・開催推進、国内の会議主催者への支援、国際会議観光都市への支援などを実施している。

■受入環境整備・向上の支援

日本政府観光局は訪日外国人旅行者の受け入れ環境整備に取り組んでいる。具体的には外国人観光案内所（ツーリスト・インフォメーション・センター：TIC）の運営、外国人観光案内所の認定・サポート、外国人受入接遇研修、通訳案内士試験の実施、グッドウィルガイド（善意通訳普及運動：言葉が通じず困っている外国人旅行者を見かけた際に、語学力を活かして積極的に手助けするなどの一人一人のボランティア精神の普及運動）などを実施している。

外国語による観光パンフレットやガイドブック、地図の制作も行っている。また、外国人旅行者が一人でも旅行しやすいように、テーマ別の観光スポットを取りまとめた資料や、旅行に必要な会話を掲載した筆談集も配布している。

■海外拠点

現地事務所として、旅行会社・メディアとの日常的な連携、現地市場のマーケティング情報の収集・分析、現地消費者に対する情報発信を実施しているのが海外事務所である。ソウル、北京、広州、上海、香港、デリー、ジャカルタ、シンガポール、バンコク、マニラ、ハノイ、クアラルンプー

ル、シドニー、ニューヨーク、ロサンゼルス、トロント、ロンドン、フランクフルト、パリ、モスクワ、ローマ、マドリードの 22 都市に設置されている。（2020 年 2 月現在）

9. インバウンドと地域組織

■観光協会

　拡大するインバウンドの需要を地域が取り込むこと、すなわち多くの訪日外国人旅行者が地域を訪れることが、地域活性化につながる。地域においてもインバウンド誘致の活動は始まっている。地域においてその推進主体となっているのが観光協会である。

　観光協会とは観光地と呼ばれる地域内の観光振興を目的とした観光事業者で、都道府県単位の協会および市町村単位の協会がある。都道府県単位のものについては、「○○県観光協会」のほか、「観光連盟」「観光コンベンション協会」「観光コンベンションビューロー」などと称しているところもある。

　コンベンションビューローとは、自治体だけでなく民間企業も参加し、国内外から国際会議をはじめとした MICE を誘致する組織のことである。かつては国際会議の誘致を専門に行っていたが、近年は広く観光旅行者の誘致も欠かせないことから、「コンベンション＆ビジターズ・ビューロー」と称するところもある。

　基本的に観光協会は地域の観光振興を目的に国内旅行者を対象としてきたが、インバウンドの拡大に伴い、外国人旅行者の受入体制整備などインバウンド誘致に向け積極的な取組みを始めている。

■観光協会の課題

　観光協会は地域の観光振興に一定の役割を果たしてきたが、時代の変化や旅行者ニーズの多様化、とくにインバウンドの拡大などにより、課題も出てきた。旅行者のニーズを充足できない、自治体の外郭機関として民間企業、団体などへの公平な取り扱いを重視する、前例踏襲型の活動、2～3 年単位で異動する自治体からの出向者が中心、観光の専門職が少ない、自治体の地理的範囲内での活動になりがち、などの課題である。

■DMO

DMO（Destination Management Organization）とは、観光施設、自然、食、芸術・芸能、風習、風俗など当該地域にある観光資源に精通し、地域と協同して観光まちづくりを行う法人のことである。欧米ではすでに実践されている観光施策で、直訳すればDMOとは「旅行目的地をマネジメントする組織」という意味になる。「地域がインバウンドツーリズムを主導していくシステム」ということもできる。

また、DMC（Destination Management Company）とは、来訪者の実際の手配や体験を提供する、地域に特化した旅行会社のことである。

■登録DMO

地域創生、地域活性化のために国は「登録DMO」を推進している。登録DMOは、当初日本版DMOと呼ばれていたものである。観光庁によると登録DMOとは、「地域の『稼ぐ力』を引き出すとともに地域への誇りと愛着を醸成する『観光地経営』の視点に立った観光地域づくりの舵取り役として、多様な関係者と協同しながら、明確なコンセプトに基づいた観光地域づくりを実現するための戦略を策定するとともに、戦略を着実に実施するための調整機能を備えた法人」のこととしている。

地域の現状、いわゆる観光協会方式の、関係者の巻き込みが不十分、データの収集・分析が不十分、民間的手法の導入が不十分という課題に対応した新しい地域の観光振興の組織づくりの提案である。現在、「広域連携DMO」10件、「地域連携DMO」83件、「地域DMO」81件の計174件が登録されている（2021年1月現在）。登録を行った法人およびこれと連携して事業を行う関係団体に対して、関係省庁が支援を行うとしている。

登録DMOの特徴は、複数地域の連携、共通コンセプト、民間主導という点であり、新しい観光プラットフォームといえよう。地域のインバウンド誘致のみが目的の観光施策ではないが、地域が伝えたい魅力を世界に発信するために、また、旅行者を地域が一体となって受け入れる体制を作るためにも、インバウンド誘致・受入に欠かすことのできない地域の組織となるだろう。

10. インバウンドと関連諸団体

■国連世界観光機関（World Tourism Organization：UNWTO）

　各国政府を正会員とする観光分野における世界最大の国際機関である。観光を通じて、国際間の理解、平和および繁栄に寄与するため、また、性、言語または宗教の違いで差別することなく、すべての者のために人権および基本的自由を普遍的に尊重し遵守することに寄与するため、観光を振興し発展させることを目的としている。1975年に発足し、本部をマドリードに置く。2003年には国際連合の専門機関となる。加盟国159ヶ国、加盟地域6地域、500以上の賛助会員（2019年現在）により活発な活動を行っている。

■アジア太平洋経済協力会議（Asia-Pacific Economic Cooperation：APEC）

　環太平洋地域における多国間経済協力を進めるための非公式な枠組みである。観光については観光ワーキンググループが、APEC域内の環境と調和した持続可能な観光開発や観光分野の経済的障壁などについて討議している。

■太平洋アジア観光協会（Pacific Asia Travel Association：PATA）

　1952年に設立された、太平洋アジア地域各国の旅行事業者の国際的な組織。主な事業は、共同宣伝を主体としたマーケティング活動、自然や環境保護に対する調査、観光施設の開発・整備促進などがある。域内の相互観光交流の促進も重要な目的。事業本部はサンフランシスコ、運営本部はバンコクにある。

■国際機関日本アセアンセンター（ASEAN-JAPAN CENTRE）

　ASEAN加盟国政府と日本国政府の協定によって1981年に設立された国際機関、正式名称は「東南アジア諸国連合貿易投資観光促進センター」という。日本とASEAN諸国間の「貿易」「投資」「観光」という3分野における経済促進と、「人物交流」の促進を主な目的とし、観光については、主に日本からアセアン諸国への観光交流促進の活動を行っている。

■日本観光振興協会（Japan Travel and Tourism Association）

　観光振興に関する中枢機関として、観光振興を総合的に図るための各種事業を行うことにより、観光立国の実現、地域経済および観光産業の発展に寄与することを目的に掲げ活動する公益社団法人で、地方公共団体や都道府県観光協会などが加盟している。

■日本旅行業協会（Japan Association of Travel Agents：JATA）

　旅行会社の業界団体。旅行需要の拡大と旅行業の健全な発展、旅行者に対する旅行業務の改善、旅行サービスの向上などを目的とした一般社団法人。会員は第一種・第二種の比較的大規模な旅行会社が多い。業務は国内旅行、海外旅行、インバウンドなど旅行全体で、弁財保証業務、国家試験「総合旅行業務取扱管理者試験」の代行業務、消費者相談なども対応している。

■全国旅行業協会（All Nippon Travel agents Association：ANTA）

　旅行会社の業界団体。法定業務、指定業務、旅行業の健全な発展と経営の合理化に資する業務などを行う一般社団法人。会員は第2種・第3種の比較的小規模な旅行会社が多い。業務は、主に国内旅行が中心で、弁財保証業務、国家試験「国内旅行業務取扱管理者試験」の代行業務、消費者相談などにも対応している。

■日本ホテル協会（Japan Hotel Association）

　日本を代表するホテルが加盟する業界団体で、ホテルの質の向上、ホテル産業の振興などを目的とした一般社団法人である。100年以上の歴史があり、長年にわたり外国人旅行者誘致に力を注いできた。

■日本旅館協会（Japan Ryokan & Hotel Association）

　2012年、国際観光旅館連盟と日本観光旅館連盟が統合され設立された、主に旅館を会員とする一般社団法人。国内外からの旅行者に対して快適な宿泊を提供し、宿泊施設の接遇サービスの向上を図り旅館ホテル業の健全な発展を図ることを目的としている。

■ジャパニーズ・イン・グループ（Japanese Inn Group：JIG）

　小規模旅館が連携して外国人旅行者向けに宣伝活動を行っているグループ。訪日外国人旅行者への宿泊提供と接遇を通して日本文化を伝え国際親善に寄与することを目的とした中小旅館の団体である。加盟旅館は、日本の生活様式を体験できる廉価な宿泊施設が多く、FITの外国人旅行者に好評を博している。

■アジア太平洋観光交流センター（Asia-Pacific Tourism Exchange Center：APTEC）

　アジア太平洋諸国からの国際貢献への期待に応えて、国連世界観光機関（UNWTO）アジア太平洋センターの活動支援を行うほか、国際観光交流の推進、国際観光情報の集積・発信、観光学の振興などをサポートしている。

■日本観光通訳協会（Japan Guide Association：JGA）

　通訳案内士、通訳ガイドの一般社団法人。通訳案内士業務の向上改善を図るとともに、国際観光事業の発達に貢献し、あわせて国際親善に寄与することを目的としている。

■全日本通訳案内士連盟（Japan Federation of Certified Guides：JFG）

　全国を区域とする通訳案内士の事業協同組合で、通訳案内士試験の合格者が組合員となっている。通訳ガイド、企業通訳、イベント通訳、翻訳など、さまざまな場で外国語サービスを提供している。

■自治体国際化協会（Council of Local Authorities for International Relations：CLAIR）

　地方公共団体の国際化推進のための活動を、地方公共団体が共同して行うための組織として設立された一般財団法人。各都道府県と政令指定都市に支部を置き、ニューヨーク、ロンドン、パリ、シンガポール、ソウル、シドニー、北京に海外事務所を設置している。

■日本エコツーリズム協会（Japan Ecotourism Society：JES）

　エコツーリズムの啓発と健全な推進をはかるため、エコツーリズムに関する情報提供や人材の育成などを目的とした一般社団法人。訪日外国人旅行者への国内エコツアー、エコサイトの情報発信、誘致に取り組んでいる。

■ジャパンショッピングツーリズム協会
（Japan Shopping Tourism Organization：JSTO）

　ショッピングを軸とした訪日観光プロモーションを通じて、日本の魅力を世界に伝え、より多くの訪日ゲストを迎えることを目的に、観光業や流通業だけでなく幅広い民間企業によって設立された一般社団法人。

■アジアインバウンド観光振興会
（Asia Inbound Sightseeing Organization：AISO）

　訪日外国人旅行を取扱う旅行会社が集まり設立した一般社団法人。訪日旅行のルール作り、不法ガイドの排除、ガイド認定制度の構築、粗悪な格安団体旅行の排除など、健全な訪日旅行の増大に寄与している。

■ハラル・ジャパン協会（Japan Halal Business Association）

　ハラル（ハラール）への正しい理解を促し、イスラム圏と日本を結ぶ架け橋との位置づけで設立された一般社団法人。

■日本ハラール協会（Japan Halal Association）

　ムスリムが日本で生活しやすくなるよう、食を中心とした環境改善を提案。また、ハラール認証活動や各種講習会を開催している。

精選過去問題にチャレンジ

問題 001

次の図は、2019年の訪日外国人旅行者数を表したものである。図中の（　）に入る最も適切な国・地域の組合せを、以下の**ア**から**エ**までのうち1つ選びなさい。

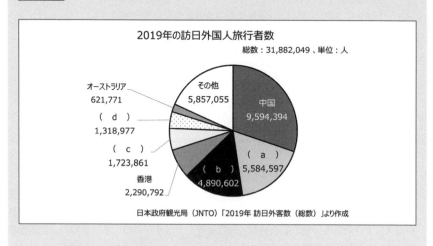

2019年の訪日外国人旅行者数
総数：31,882,049、単位：人

中国 9,594,394
その他 5,857,055
オーストラリア 621,771
（ d ） 1,318,977
（ c ） 1,723,861
香港 2,290,792
（ b ） 4,890,602
（ a ） 5,584,597

日本政府観光局（JNTO）「2019年 訪日外客数（総数）」より作成

	a.	b.	c.	d.
ア.	韓国	台湾	アメリカ	タイ
イ.	韓国	台湾	タイ	アメリカ
ウ.	台湾	韓国	アメリカ	タイ
エ.	台湾	韓国	タイ	アメリカ

解説

a「韓国」、b「台湾」、c「アメリカ」、d「タイ」である。

なお、オーストラリアの後は、フィリピン（613,114人）、マレーシア（501,592人）、ベトナム（495,051人）が続く。

解答　**ア**

観光の歴史に関する以下の**ア**から**エ**までの記述のうち、最も適切ではないものを 1 つ選びなさい。

ア. 明治期に、訪日外国人旅行者が徐々に増加し、外国人向けの西洋式ホテルが誕生した。

イ. 1893 年（明治 26 年）、日本で最初の外客誘致の専門機関である「ジャパン・ツーリスト・ビューロー」が設立された。

ウ. 1905 年（明治 38 年）に、日本最初の旅行会社「日本旅行会」が創業され、創業者である南新助は、日本で初めて鉄道を貸し切りにし、伊勢神宮参拝などの旅行を企画した。

エ. 1953 年（昭和 28 年）、前年に行われた東京国際空港（羽田）の日本への返還により、航空機による来日客が増加した。

■ 解説

「ジャパン・ツーリスト・ビューロー」が誤りで、正しくは「喜賓会」である。「喜賓会」は、当時の日本を代表する実業家の一人であった渋沢栄一が国際観光事業の重要性を唱え設立されたもので、訪日外国人旅行者をもてなすための日本で最初の近代的組織として、各種旅行案内書の発行などを行った。

「ジャパン・ツーリスト・ビューロー」は、1912 年（明治 45 年）に外国人旅行者誘客促進、斡旋を目的として設立された官民合同の機関であり、現在の株式会社 JTB の前身である。

解答 　イ

| 問題 003 | 次の説明文と合致する語句を、以下の**ア**から**エ**までのうち１つ選びなさい。 |

2003年（平成15年）に開始された官民一体で取り組まれた外国人旅行者の訪日促進活動。2010年（平成22年）までに訪日外国人旅行者数を1,000万人にする目標が掲げられた。

ア. テンミリオン計画
イ. ウェルカムプラン21
ウ. 新ウェルカムプラン21
エ. ビジット・ジャパン・キャンペーン

解説

2003年から開始した官民による外国人旅行者の訪日促進活動は、ビジット・ジャパン・キャンペーンである。2010年までに訪日外国人旅行者数を1,000万人にする目標を掲げた。

キャンペーンでは、14の国・地域を重点市場に選定。国際競争力のある国内観光地の整備、外国人向け旅行商品の開発、多言語で表記した案内などのインフラ整備、アジア諸国への査証（ビザ）発給条件の緩和、出入国手続の改善、拠点空港の整備、LCC（格安航空会社）の誘致などが推進された。

当初目標の1,000万人を達成したのは2013年（平成25年）であったが以後訪日旅行者誘致は加速し、現在はビジット・ジャパン事業として取り組まれている。

解答　エ

問題 004	為替に関する以下の**ア**から**エ**までの記述のうち、最も適切なものを1つ選びなさい。

ア. 円安になると、海外から見て日本の商品が高くなるため、商品が売れにくくなる傾向がある。

イ. 例えば1ドル＝100円だったものが、1ドル＝80円になる場合は、円高ドル安と表現する。

ウ. 円高は、一般的には輸入に不利で、輸出には有利と言われている。

エ. 国際観光において、インバウンドは輸入、アウトバウンドは輸出に相当する。

▌解説

ア不適切。円安になると、海外から見て日本の商品が安くなるため、商品が売れやすくなり、輸出企業に有利になる。

イ適　切。記述の通り。例えば1ドル＝100円だったものが、1ドル＝80円になる場合は、円高ドル安と表現し、逆に1ドル＝100円だったものが、1ドル＝120円になる場合は、円安ドル高と表現する。

ウ不適切。円高は、一般的には輸出に不利で、輸入には有利と言われている。

エ不適切。国際観光において、インバウンドは輸出、アウトバウンドは輸入に相当する。

解答	イ

03

第 3 課題
インバウンドの現状と動向

Inbound Business Director

1. インバウンドのデスティネーション

■ゴールデンルート

　訪日外国人旅行には、「ゴールデンルート」と呼ばれる定番の人気ルートがある。成田国際空港で入国し、東京および東京周辺の観光スポットを巡り、その後、箱根、富士山、名古屋を経由し京都観光を楽しみ、大阪の街を観光し関西国際空港から帰国するのが基本ルートである。初めて訪日するアジアの国々の旅行者、特に中国人旅行者のお気に入りのルートで、今日でも主流の観光ルートである。

　一方で、欧米からの旅行者やアジアの中でも訪日回数が多い旅行者は、北海道や沖縄などの観光地のほか、さまざまな地域に足を延ばし、日本人が意外に思うような場所にも訪れ始めている。受け入れ側である地域では気づいていないが、外国人旅行者にとって魅力のある観光資源が数多く隠されている可能性がある。

■訪日外国人旅行者の都道府県別訪問率

　図表3-1は、2019年の訪日外国人旅行者の都道府県別訪問率（全国籍・地域／観光目的）を表したものである。観光を目的とした旅行者の都道府県別の訪問率をみると、アジアに近い玄関口である大阪府が首位となった。首都であり訪日旅行の玄関口となる東京都が僅差で続いている。この日本を代表する大都市であり、それぞれ異なる都市観光を味わうことができる大阪府、東京都に半数近くの旅行者が訪れている。3位は日本を代表する観光都市、多くの世界遺産を有する京都府33％であり、特に、欧米の旅行者の訪問率が高い。4位が千葉県32％で、成田空港、TDR（東京ディズニー・リゾート）がある。

　以下、奈良県は、古都奈良、法隆寺などの世界遺産を巡る欧米人が多い。北海道は、雪が降らない東南アジアからの訪日外国人に人気である。愛知県は、名古屋観光の中国人や日本のものづくりを視察観光する欧米人もいる。福岡県は、高速艇でも結ばれ交流の盛んな韓国の訪問率が高い。沖縄県は、日本を代表するリゾート地で、香港からの旅行者に人気がある。神奈川県は、箱根の温泉郷と横浜、鎌倉の人気が高い。山梨県は、富士山観光を大きな目的とし、河口湖・山中湖を訪れる中国や東南アジアの訪日外国人が多

い。兵庫県は、神戸観光と姫路城が主で、訪れる旅行者の国・地域の偏りがない。静岡県は、伊豆の温泉と富士山が人気だ。大分県は、別府温泉・由布院温泉などに韓国から多くの旅行者が訪れている。岐阜県には多くの国の旅行者を呼ぶ高山と下呂温泉がある。

図表 3-1　訪日外国人旅行者の都道府県別訪問率上位 15

（全国籍・地域 / 観光目的 / 2019 年）

順位	都道府県	訪問率（%）	順位	都道府県	訪問率（%）
1	大阪府	43.4	9	沖縄県	7.5
2	東京都	42.4	10	神奈川県	6.6
3	京都府	32.8	11	山梨県	6.5
4	千葉県	32.3	12	兵庫県	6.4
5	奈良県	14.3	13	静岡県	5.2
6	北海道	9.7	14	大分県	3.9
7	愛知県	9.3	15	岐阜県	3.6
8	福岡県	9.0			

資料：観光庁「訪日外国人消費動向調査」より作成

■国・地域別の都道府県別訪問率

図表 3-2 は、2019 年の訪日外国人旅行者の都道府県別訪問率（全国籍・地域 / 観光目的）について、国・地域別にベスト 5 の都道府県を一覧にしたものである。国・地域により、訪問地が異なったり、順位が異なっていることが分かる。

ほとんどの国・地域で日本の玄関口である東京都と大阪府、千葉県が 1 位、2 位となっている。その中で、訪問者の多い中国、韓国、台湾、香港とマレーシアは大阪府が 1 位になっており、大阪府全体の訪問率を引き上げた。欧米諸国は東京都か千葉県が 1 位になっている。また、韓国は高速艇でも結ばれている福岡県が 2 位になっている。日本を代表する歴史的建造物が残る京都府は 20 の国・地域すべてで 4 位以内に入っている。

北海道は雪が降らないタイ、マレーシア、シンガポールで、沖縄県は台湾で、山梨県はインドネシアでそれぞれ 5 位に入っている。厳島神社と原爆ドームの二つの世界遺産がある広島県は、イギリス、フランス、ドイツ、イタリア、スペインのヨーロッパの国々とインド、カナダ、オーストラリアで 5 位に入っている。大都市近郊で都市観光と温泉が楽しめる神奈川県もアメリカで 5 位以内に入っている。愛知県はベトナムで 5 位に入った。

図表 3-2　都道府県別訪問率 国・地域別ベスト 5

（国籍・地域別／観光目的・2019 年）

順位	中国	韓国	台湾	香港	タイ	マレーシア	シンガポール	フィリピン	インドネシア	ベトナム
1	大阪府	大阪府	大阪府	大阪府	東京都	大阪府	東京都	東京都	東京都	東京都
2	東京都	福岡県	東京都	東京都	千葉県	東京都	大阪府	千葉県	大阪府	大阪府
3	京都府	京都府	千葉県	千葉県	大阪府	京都府	千葉県	大阪府	千葉県	千葉県
4	千葉県	東京都	京都府	京都府	京都府	千葉県	京都府	京都府	京都府	京都府
5	奈良県	千葉県	沖縄県	福岡県	北海道	北海道	北海道	奈良県	山梨県	愛知県
順位	インド	イギリス	フランス	ドイツ	イタリア	スペイン	ロシア	アメリカ	カナダ	オーストラリア
1	東京都	東京都	東京都	東京都	東京都	東京都	千葉県	東京都	東京都	東京都
2	千葉県	千葉県	京都府	千葉県	京都府	千葉県	東京都	千葉県	千葉県	千葉県
3	京都府	京都府	千葉県	京都府	千葉県	京都府	京都府	京都府	京都府	大阪府
4	大阪府	大阪府	大阪府	大阪府	大阪府	大阪府	大阪府	大阪府	大阪府	京都府
5	広島県	広島県	広島県	広島県	広島県	広島県	奈良県	神奈川県	広島県	広島県

資料：観光庁「訪日外国人消費動向調査」より作成

2. インバウンドの新しいデスティネーション

■外国人に人気の日本の観光スポット

　多くの外国人旅行者はインターネットなどの旅行情報を活用し、新しい日本の観光スポットを見つけようとしている。図表 3-3 は、世界最大の旅行口コミサイトといわれるトリップアドバイザーが発表した「外国人に人気の日本の観光スポット 2020」のうちベスト 25 を表したものである。同サイトに投稿された日本語以外の口コミをもとに作られたものである。

　トップの「広島平和記念資料館」は、原爆ドームと平和記念公園、資料館に多くの外国人旅行者に注目されていることが分かる。2 位の「伏見稲荷大社」は、赤い千本鳥居が魅力といわれている。

　3 位は野外彫刻を中心とした美術館「箱根彫刻の森美術館」であった。東京周辺の観光地では他に、7 位に栃木県の「日光東照宮」、10 位以下に山梨県の「久保田一竹美術館」「忠霊塔」が入っている。

　4 位は、古都奈良の「東大寺」、奈良県からは「奈良公園」も入っている。5 位は金沢の「兼六園」だった。金沢の「人形ミュージアム」が 8 位に入っているのが興味深い。6 位は東京の「新宿御苑」、東京都内は他に「東京都

庁展望室」「根津美術館」「浅草寺」が入っている。9 位「姫路城」、10 位
「高野山 奥之院」と続く。

　以下、日本の大観光地である古都京都は「永観堂禅林寺」「金閣寺」「愛宕
念仏寺」「三十三間堂」の他「京都鉄道博物館」が入った。広島県からは
「宮島（厳島）」「縮景園」「大本山 大聖院」が入っている。サルの温泉入浴
姿が珍しい長野県の「地獄谷野猿公苑」も入った。

図表 3-3　外国人に人気の日本の観光スポット 2020

順位	観光スポット	所在地
1	広島平和記念資料館（原爆ドーム、平和記念公園等含む）	広島県 広島市
2	伏見稲荷大社	京都府 京都市
3	箱根彫刻の森美術館	神奈川県 箱根町
4	東大寺	奈良県 奈良市
5	兼六園	石川県 金沢市
6	新宿御苑	東京都 新宿区
7	日光東照宮	栃木県 日光市
8	人形ミュージアム	石川県 金沢市
9	姫路城	兵庫県 姫路市
10	高野山 奥之院	和歌山県 高野町
11	東京都庁展望室	東京都 新宿区
12	永観堂禅林寺	京都府 京都市
13	縮景園	広島県 広島市
14	金閣寺	京都府 京都市
15	愛宕念仏寺	京都府 京都市
16	大本山 大聖院	広島県 廿日市市
17	久保田一竹美術館	山梨県 富士河口湖町
18	宮島（厳島）	広島県 廿日市市
19	地獄谷野猿公苑	長野県 山ノ内町
20	根津美術館	東京都 港区
21	奈良公園	奈良県 奈良市
22	三十三間堂	京都府 京都市
23	浅草寺	東京都 台東区
24	京都鉄道博物館	京都府 京都市
25	忠霊塔	山梨県 富士吉田市

資料：トリップアドバイザーより

※評価方法：2019 年 1 月〜 12 月の 1 年間にトリップアドバイザー上の日本の観光スポッ
　　　　　トに投稿された外国語の口コミの評価、投稿数などをもとに、独自のアルゴ
　　　　　リズムで集計。

■日本国内で行ってみたい観光地

　図表3-4は、海外旅行経験者に行ってみたい観光地を61の選択肢から選ばせ、複数回答で調査した結果の上位15ヶ所を示したものである。最も訪問意向が高かったのは東京で、富士山、大阪、京都、北海道、沖縄の順で続いている。ゴールデンルートと北海道、沖縄の人気が高い。

　地域別にみると、台湾と香港は、鹿児島や軽井沢、函館、立山／黒部など地方観光地への訪問意向が高くなっている。韓国は福岡／博多、別府／由布院など九州北部に加え沖縄への訪問意向が高い。欧米豪は広島への訪問意向が高い。

図表3-4　日本国内で行ってみたい観光地
（複数回答・海外旅行経験者のみ　2019年）

順位	都市・地域	選択率（%）
1	東京	44.1
2	富士山	41.0
3	大阪	32.6
4	京都	30.7
5	北海道	29.9
6	沖縄	20.6
7	札幌	18.7
8	名古屋	14.9
9	神戸	13.6
10	広島	12.2
11	奈良	11.4
12	横浜	10.6
13	長崎	10.0
14	九州	9.5
15	関西	9.5

資料：「DBJ・JTBF・アジア・欧米豪訪日外国人旅行者の意向調査（2019年度版）」『旅行年報2019』（公益財団法人日本交通公社）より　※サンプル数：5,747

■広域観光周遊ルート

　国はゴールデンルートだけではなく、訪日外国人旅行者の地方分散と滞在日数の長期化を目指し、新ゴールデンルートを提案している。複数の都道府県をまたがって存在する、テーマ性・ストーリー性を備えた一連の魅力ある

観光地について、交通アクセスも含めてネットワーク化し、訪日を強く動機づけることを目的とする「広域観光周遊ルート」のひとつである。すでに、名古屋から能登半島を結ぶ「昇龍道」は人気があり、瀬戸内海沿岸各地を巡る「新ゴールデンルート」も注目されている。図表3-5はその一例で、海外へ積極的に情報発信していくとしている。

図表3-5　広域観光周遊ルートモデルコース例（2020年現在）

周遊ルート名	主なモデルコース名	観光地域	対象市場
アジアの宝 悠久の自然美への道 ひがし 北・海・道 Hokkaido – Route to Asian Natural Treasures	Explore the Wonderland in winter	北海道	台湾、中国、香港、タイ
日本の奥の院・東北探訪ルート "Exploration to the Deep North of Japan"	四季が織りなす東北の宝コース	東北	北米、欧州、タイ
昇龍道 SHORYUDO	Dragon コース《伝承空間への誘い》	東海・北陸・信州	中国、台湾、香港
美の伝説 THE FLOWER OF JAPAN, KANSAI	KANSAI 〜日本の精神文化の聖地 美の伝承〜	関西	中国、タイ
せとうち・海の道 The Inland Sea, SETOUCHI	新ゴールデンルート 〜新たな西日本発見の旅	兵庫・岡山・広島・山口 香川・徳島・愛媛	台湾、中国、タイ、香港
スピリチュアルな島 〜四国遍路〜 Spiritual Island 〜SHIKOKU HENRO〜	四国スピリチュアル・コース	四国	欧州、米国、豪州
温泉アイランド九州 広域観光周遊ルート Extensive sightseeing route of 'Onsen Island' Kyushu	鉄道・バスで廻る九州の魅力満喫コース	九州	中国、台湾、タイ
日本のてっぺん。きた北海道ルート。 Amazing Northernmost Japan, Hokkaido route	The Top of Japan- 夏	北海道	台湾、香港、タイ
広域関東周遊ルート「東京圏大回廊」 The Wider Kanto Route "Around Tokyo"	自然大回廊（太平洋）コース	関東・福島	中国、台湾、香港
縁（えん）の道〜山陰〜 Route Romantique San'in	日本の原風景（世界遺産・日本遺産見聞録）	山陰	フランス、香港、台湾
Be.Okinawa 琉球列島周遊ルート "Visit Our Exciting Ryukyu Islands in The Pacific Ocean"	Secrets of Okinawa History（沖縄の歴史と琉球王国の誕生秘話）	沖縄	米国、フランス、ドイツ、台湾

資料：観光庁発表資料より作成

3. インバウンドの客層動向

■訪日外国人旅行者の来訪目的

　図表3-6 は、5 年間の訪日外国人旅行者（全国籍・地域）の来訪目的を表したものである。2019 年は約 77％が観光目的で来訪しており、業務目的は14％程度であった。観光目的で訪れる旅行者が増加する傾向にあったが2019 年は微減となった。訪日外国人旅行者数全体が増加しており、業務目的旅行者も、人数は増加している。

　観光庁の調査における「業務目的」は、「主な旅行目的」のうち、「展示会・見本市」「国際会議」「企業ミーティング」「研修」「その他ビジネス」の合計である。「その他」の中で最も多いのは「親族・知人訪問」（4.8％）である。外国で暮らす親族・知人を訪問することを目的とする旅行のことを旅行業界では「VFR（Visiting Friends and Relatives）」という。

図表 3-6　訪日外国人旅行者の来訪目的の変化

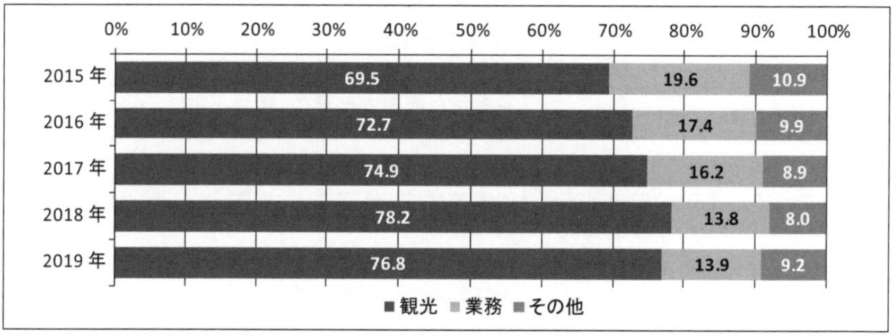

資料：観光庁「訪日外国人消費動向調査」より作成

■訪日外国人旅行者の訪日経験回数

　図表3-7 は、5 年間の訪日外国人旅行者（全国籍・地域 / 全目的）の訪日経験回数の変化を表したものである。2019 年は 1 回目が 36％となっている。3〜5 回目のリピーターも 2 割強いる。

　5 年間の推移をみると、1〜2 回目の割合は減少傾向にある。6 回目以上の割合は増加傾向にあり、2 回目以上の訪日リピーターが人数ベースでは増加している。

図表 3-7　訪日外国人旅行者の訪日経験回数の変化

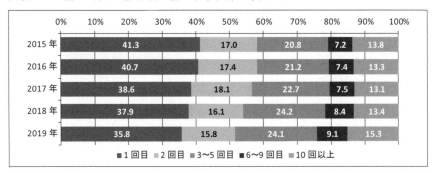

資料：観光庁「訪日外国人消費動向調査」より作成

■訪日外国人旅行者の旅行手配方法

　図表 3-8 は、5 年間の訪日外国人旅行者（全国籍・地域 / 全目的）の旅行手配方法の変化を表したものである。2019 年は団体ツアー・パッケージ利用が 23％であった。個別手配の FIT が増加していることが話題になるが、パッケージ利用も決して少なくない。中国人旅行者は団体ツアー・パッケージ利用者が多い。個別手配は人数ベースでも急増しており、FIT の動向に注視する必要がある。

図表 3-8　訪日外国人旅行者の旅行手配方法の変化

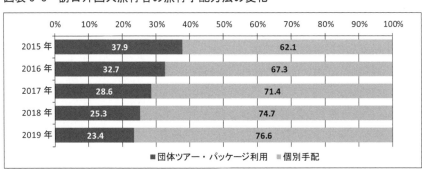

資料：観光庁「訪日外国人消費動向調査」より作成

4. インバウンドの旅行動向

■訪日外国人旅行者の同行者

　図表3-9は、2019年の訪日外国人旅行者（全国籍・地域／観光目的）の同行者を表したものである。観光を目的とした旅行者の同行者をみると、「家族・親族」が最も多く約38％を占める。「友人」がおよそ25％と続いている。「夫婦・パートナー」は18％とやや少ない。日本人の海外旅行の同行者と比較すると、「夫婦・パートナー」が少なく、「家族、親族」「友人」の割合が多いのが特徴といえる。

図表 3-9　訪日外国人旅行者の同行者

（全国籍・地域／観光目的・2019年）

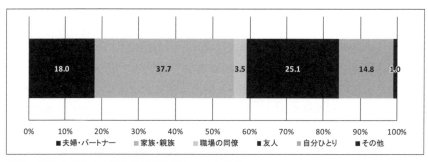

資料：観光庁「訪日外国人消費動向調査」より作成

■訪日外国人旅行者の滞在日数

　図表3-10は、2019年の訪日外国人旅行者（複数回答／全国籍・地域／全目的）の平均滞在日数を表したものである。「4〜6日間」が半数を占める。次に「7〜13日間」がおよそ30％となっている。国・地域別では地理的に近い東アジア、東南アジアは「4〜6日間」が多く、遠隔地となる欧米は「7〜13日間」が多い。日本人の海外旅行に比べると滞在日数が長い。

図表 3-10　訪日外国人旅行者の滞在日数（全国籍・地域／全目的・2019）

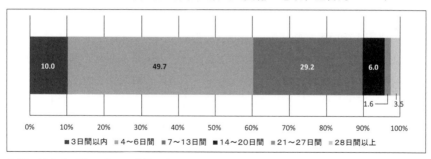

資料：観光庁「訪日外国人消費動向調査」より作成

■訪日外国人旅行者の宿泊施設

　図表 3-11 は、2019 年の訪日外国人旅行者（複数回答／全国籍・地域／全目的）の宿泊施設を表したものである。訪日外国人旅行者が利用した宿泊施設タイプは、圧倒的に洋室にベッドという形式の「ホテル」が主流である。しかし、ほとんどの外国人旅行者にとって不慣れな和室、畳という形式の「旅館」も 17％程度が利用している。これは積極的に日本の伝統文化を体験したいとする旅行者行動のあらわれだと考えられる。有料での住宅宿泊の利用者が増加傾向にある。

図表 3-11　訪日外国人旅行者の宿泊施設
　　　　　（複数回答／全国籍・地域／全目的・2019 年）

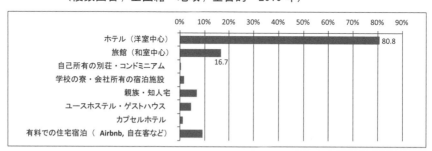

資料：観光庁「訪日外国人消費動向調査」より作成

5. インバウンドの期待と活動

■訪日外国人旅行者が訪日前に期待したこと

　図表3-12は、2019年の訪日外国人旅行者（全国籍・地域／観光目的）の「訪日前に最も期待したこと（単一回答）」「訪日前に期待したこと（複数回答）」および「今回したこと（複数回答）」を表したものである。訪日外国人旅行者の期待とその実態を知るために、「訪日前に期待したこと（複数回答）」の順位で並べている。

　「訪日前に期待したこと（複数回答）」の問いでは、「日本食を食べること」が72％でトップであった。続いて、「ショッピング」（57％）、「自然・景観地観光」（52％）、「繁華街の街歩き」（47％）、「温泉入浴」（30％）の順となっている。複数回答の「期待」においては「日本食」が他を圧倒している。

　2008年までトップであった「ショッピング」や「自然・景観地観光」「繁華街の街歩き」、日本固有の「温泉入浴」よりも「日本食を食べること」が訪日前の期待となっており、訪日の大きな動機、目的となっていると推測される。

　「訪日前に最も期待したこと（単一回答）」は、「日本食を食べること」が25％で群を抜いてトップであった。「自然・景観地観光」（16％）、「ショッピング」（12％）が続き、2桁なのはこの3位までで、最大の期待は分散していることも分かるが、同時に「日本食」が他の項目と比べ突出した期待であるといえる。

■訪日外国人旅行者が今回したこと

　「今回したこと（複数回答）」は「日本食を食べること」が97％で訪日前の期待と同様トップであった。海外旅行中にその国の食事をするのは当然のことでもあり、実現の機会が多いともいえる。続いて、「ショッピング」（87％）、「繁華街の街歩き」（80％）、「自然・景観地観光」（73％）の順で多く、これらは2/3以上の旅行者が体験している。また、「日本の酒を飲むこと」（40％）、「温泉入浴」（36％）、「旅館に宿泊」（31％）と日本らしさを味わう活動が上位に挙がった。「日本食」だけではなく「日本の酒」も経験しているのが分かる。

図表 3-12　訪日外国人旅行者が訪日前に期待したこと・今回したこと
（全国籍・地域 / 観光目的・2019 年）

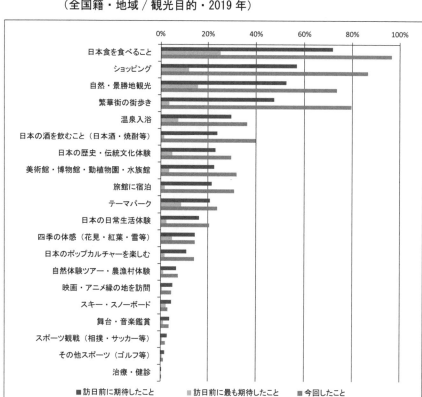

資料：観光庁「訪日外国人消費動向調査」より作成

6. インバウンドの期待と活動 – 国・地域別 –

■訪日外国人旅行者が訪日前に期待したこと

　図表 3-13 は、2019 年の訪日外国人旅行者（国籍・地域別 / 観光目的）が「訪日前に期待したこと（複数回答）」について、そのベスト 5 を国・地域別に表したものである。

　「日本食を食べること」がインドを除くすべての国・地域で 1 位となっており、「日本食」に対する期待が高まっていることが分かる。アジアの国・地域においては台湾とインドを除いて「ショッピング」が 2 位になってお

り、欧米の国々ではドイツ、イタリア、ロシアを除いて「自然・景観地観光」が2位になっているのが特徴的である。

　3位以下は国・地域によって異なるが、アジアの国・地域は「温泉入浴」が多く入っている。一方、欧米の国々は「歴史・伝統文化体験」が「繁華街の街歩き」とともに入っている。

図表 3-13　訪日外国人旅行者が訪日前に期待したことベスト5
（複数回答 / 国籍・地域別 / 観光目的・2019 年）

	中国	韓国	台湾	香港	タイ	マレーシア	シンガポール	フィリピン	インドネシア	ベトナム
1	日本食	日本食	日本食	日本食	日本食	日本食	日本食	日本食	日本食	日本食
2	ショッピング	ショッピング	自然・景勝地	ショッピング	ショッピング	ショッピング	ショッピング	ショッピング	ショッピング	ショッピング
3	自然・景勝地	自然・景勝地	ショッピング	自然・景勝地	自然・景勝地	自然・景勝地	自然・景勝地	繁華街	自然・景勝地	繁華街
4	繁華街	繁華街	繁華街	繁華街	繁華街	繁華街	繁華街	テーマパーク	繁華街	自然・景勝地
5	温泉入浴	日本の酒	温泉入浴	温泉入浴	温泉入浴	歴史・文化	歴史・文化	自然・景勝地	歴史・文化	歴史・文化
	インド	イギリス	フランス	ドイツ	イタリア	スペイン	ロシア	アメリカ	カナダ	オーストラリア
1	自然・景勝地	日本食	日本食	日本食	日本食	日本食	日本食	日本食	日本食	日本食
2	日本食	自然・景勝地	自然・景勝地	歴史・文化	ショッピング	自然・景勝地	ショッピング	自然・景勝地	自然・景勝地	自然・景勝地
3	繁華街	歴史・文化	歴史・文化	自然・景勝地	繁華街	歴史・文化	繁華街	繁華街	繁華街	ショッピング
4	ショッピング	美術館・動物園	繁華街	日本酒	自然・景勝地	繁華街	自然・景勝地	歴史・文化	ショッピング	繁華街
5	歴史・文化	繁華街	ショッピング	日常生活体験	歴史・文化	ショッピング	美術館・動物園	ショッピング	歴史・文化	歴史・文化

資料：観光庁「訪日外国人消費動向調査」より作成

■訪日外国人旅行者が今回したこと

　図表 3-14 は、2019 年の訪日外国人旅行者（国籍・地域別 / 観光目的）が「今回したこと（複数回答）」のベスト5を国・地域別に表したものである。

　「日本食を食べること」がインドを除くすべての国・地域で1位となっている。海外旅行中にその国の食事をするのは当然のことでもあるが、訪日前に期待していたものに挑戦し、実現しているものと思われる。アジアの国・地域においては「ショッピング」がインドで1位、その他のすべての国・地

域で２位になっている。ショッピングに対する意欲が感じられる。一方、欧米の国々の２位は「繁華街の街歩き」「ショッピング」「自然・景観地観光」と分かれている。３位以下は国・地域によって異なるがアジアの国・地域は、「繁華街の街歩き」「自然・景観地観光」に続き「温泉入浴」「旅館に宿泊」が入っているのが興味深い。

図表 3-14　訪日外国人旅行者が今回したことベスト５

（複数回答／国籍・地域別／観光目的・2019 年）

	中国	韓国	台湾	香港	タイ	マレーシア	シンガポール	フィリピン	インドネシア	ベトナム
1	日本食	日本食	日本食	日本食	日本食	日本食	日本食	日本食	日本食	日本食
2	ショッピング	ショッピング	ショッピング	ショッピング	ショッピング	ショッピング	ショッピング	ショッピング	ショッピング	ショッピング
3	繁華街	繁華街	繁華街	繁華街	自然・景勝地	自然・景勝地	自然・景勝地	繁華街	繁華街	繁華街
4	自然・景勝地	自然・景勝地	自然・景勝地	自然・景勝地	繁華街	繁華街	繁華街	自然・景勝地	自然・景勝地	自然・景勝地
5	旅館宿泊	日本の酒	温泉入浴	温泉入浴	温泉入浴	歴史・文化	日本酒	テーマパーク	歴史・文化	歴史・文化
	インド	イギリス	フランス	ドイツ	イタリア	スペイン	ロシア	アメリカ	カナダ	オーストラリア
1	ショッピング	日本食	日本食	日本食	日本食	日本食	日本食	日本食	日本食	日本食
2	自然・景勝地	自然・景勝地	ショッピング	自然・景勝地	繁華街	自然・景勝地	ショッピング	繁華街	自然・景勝地	繁華街
3	繁華街	繁華街	自然・景勝地	歴史・文化	ショッピング	繁華街	繁華街	自然・景勝地	繁華街	自然・景勝地
4	日本食	歴史・文化	歴史・文化	繁華街	自然・景勝地	ショッピング	自然・景勝地	ショッピング	ショッピング	ショッピング
5	歴史・文化	ショッピング	繁華街	日本酒	歴史・文化	歴史・文化	美術館・動物園	歴史・文化	歴史・文化	日本の酒

資料：観光庁「訪日外国人消費動向調査」より作成

7. インバウンドとビザ

■ビザとは

　ビザ（visa）は日本語では「査証」という。国が自国民以外に対して、その人物の所持するパスポートが有効であり、その人物が入国しても差し支えないと示す書類、いわば渡航先の入国許可証である。

　日本人が海外へ渡航する際のビザは、渡航先国、渡航目的、滞在期間等に

よって要否、種類が異なる。基本的には、日本にある渡航先国の大使館・総領事館で取得する必要がある。しかし、日本人の海外旅行で、観光、商用、親族・知人訪問などを目的とする在留資格「短期滞在」に該当する場合は、「ビザ免除」の対象とされる国が多い。査証免除措置国・地域は、中国や韓国、台湾、アメリカ、イギリスなど190以上の国・地域に及んでいる。ただし、ビザを取得していても、入国許可の最終判断は現地の入国審査官により決定されるので、入国拒否に遭うこともある。

　逆に外国人が日本を訪問する場合、インバウンドにおいては日本のビザが必要となる。日本も68の国・地域の旅行者の商用、会議、観光、親族・知人訪問などを目的とする短期滞在の場合には「ビザ免除」にしている（2019.12月現在）。しかし、訪日が期待される近隣のアジア諸国に対してはビザ免除の取り扱いは決して多くなく、インバウンド拡大の大きな障壁となっていた。近年、国はそれらの国に対して戦略的なビザ要件の緩和を実施している。

■ビザの緩和

　国は治安への十分な配慮を前提としつつ、インバウンド拡大に大きな効果の見込まれるタイ、マレーシア、インドネシアへのビザ免除、フィリピン、ベトナムなど東南アジアの国々、そして中国に対してビザ発給要件の緩和措置を実施している。このいわゆるビザ緩和が訪日外国人旅行者の急増に大きな影響を及ぼした。

　図表3-15は、一般旅券保持者に対する近年のビザ発給要件の緩和を一覧にしたものである。短期間にビザの要件を緩和してきたことが分かる。

　多くの国において一次ビザから数次ビザが取得できるようになり、日本への訪問が容易になりリピーターを生み出している。ボリュームのある中国に対しても大きく発給要件の緩和している。2015年には①商用目的の者や文化人・知識人に対する数次ビザ（商用：訪日渡航要件廃止、文化人・知識人：身元保証書等省略）、②沖縄・東北三県数次ビザの発給要件の緩和（過去3年以内に訪日歴のある者については経済力の要件を緩和）、③訪問先条件のない数次ビザの新たな導入（相当の高所得者を対象）の措置が行われた。

　さらに、2017年には、①十分な経済力を有する者に対する数次ビザの発

給開始（有効期間3年、1回の滞在期間30日の数次ビザ）、②相当の高所得者に対する数次ビザの緩和（初回の訪日目的を観光に限定せず、商用や知人訪問等の目的でも利用でき、航空券・宿泊先等を自ら手配できる）、③東北三県数次ビザの六県への拡大（過去3年以内の日本への渡航歴要件を廃止）、④中国国外居住者に対する数次ビザの導入、⑤クレジットカード（ゴールド）所持者の一次ビザ申請手続き簡素化、などの措置を開始した。2019年にも緩和措置を拡大している。

　日本には、2種類のビザがあり、有効期間内に一回のみ使える「一次ビザ」と有効期間内に何回でも使える「数次ビザ」がある。それぞれのビザには有効期間が定められていて、定められた有効期間内に日本へ入国しなければならない。また、別途定められる滞在期間がある。

図表 3-15　ビザ緩和（一般旅券所持者）

開始年	国名	緩和措置 （最長滞在・有効期間）
2013 年	タイ	IC 旅券ビザ免除（15 日）
	マレーシア	IC 旅券ビザ免除再開（90 日）
	ベトナム	数次ビザ（15 日・3 年）
	フィリピン	数次ビザ（15 日・3 年）
	インドネシア	数次ビザの滞在期間延長（30 日・3 年）
	アラブ首長国連邦	数次ビザ（90 日・3 年）
	カンボジア	数次ビザ（15 日・3 年）
	ラオス	数次ビザ（15 日・3 年）
	パプアニューギニア	数次ビザ（15 日・3 年）
2014 年	ミャンマー	数次ビザ（15 日・3 年）
	インド	数次ビザ（15 日・3 年）
	インドネシア	数次ビザ発給要件の大幅緩和（30 日・5 年）
	フィリピン	
	ベトナム	
	インドネシア	指定旅行会社パッケージツアー 参加者の 申請手続き簡素化（15 日）
	フィリピン	
	ベトナム	
	インドネシア	IC 旅券事前登録制によるビザ免除（15 日・3 年）
2015 年	中国	①商用目的，文化人・知識人数次ビザの緩和（90 日・5 年）
		②沖縄県・東北三県数次ビザの緩和（30 日・3 年）
		③相当の高所得者用数次ビザの導入（90 日・5 年）
	ブラジル	数次ビザ（30 日・3 年）2016 から最長滞在期間 90 日
	モンゴル	数次ビザ（15 日・3 年）

開始年	国名	緩和措置 （最長滞在・有効期間）
	ベトナム，インド	数次ビザ発給要件の緩和（90日・10年）
	インド	数次ビザ発給要件の大幅緩和（30日・5年）
	カタール	数次ビザ導入（90日・3年）
	中国	①商用目的，文化人・知識人数次ビザの緩和（90日・10年）
		②一部大学生・卒業生等の個人観光一次ビザ申請手続き簡素化（30日）
2017年	ロシア	①数次ビザ導入（30日・3年）
		②商用目的，文化人・知識人数次ビザの緩和（90日・5年）
		③自己支弁による渡航の場合，身元保証書等の省略
	インド	大学生・卒業生等の一次ビザ申請手続き簡素化（30日）
	中国	①十分な経済力を有する者向け数次ビザの導入
		②相当の高所得者向け数次ビザの緩和
		③東北六県数次ビザ
		④中国国外居住者に対する数次ビザの導入
		⑤クレジットカード（ゴールド）所持者の一次ビザ申請手続き簡素化
	アラブ首長国連邦	旅券の事前登録制によるビザ免除（30日・3年）
	カザフスタン，キルギス，タジキスタン，トルクメニスタン，ウズベキスタン，ジョージア，アルメニア，アゼルバイジャン	①商用目的，文化人・知識人数次ビザの緩和（90日・5年） ②自己支弁による渡航の場合，身元保証書等の省略
2018年	モルドバ，ベラルーシ	①商用目的，文化人・知識人数次ビザの緩和（90日・5年）
		②自己支弁による渡航の場合，身元保証書等の省略
	ウクライナ	①数次ビザ導入（30日・3年）
		②商用目的，文化人・知識人数次ビザの緩和（90日・5年）
		③自己支弁による渡航の場合，身元保証書等の省略
	インド	①数次ビザの申請書類の簡素化
		②数次ビザの発給対象者の拡大（90日・5年）
	サウジアラビア	商用目的，文化人・知識人数次ビザの緩和（90日・5年）
	フィリピン	商用目的，文化人・知識人数次ビザの緩和（90日・10年）
	太平洋島嶼国	数次ビザ導入（30日・3年）
	ロシア	団体観光パッケージツアー参加者用短期滞在一次ビザの導入（15日又は30日）

開始年	国名	緩和措置 （最長滞在・有効期間）
	アゼルバイジャン， アルメニア， ジョージア	数次ビザ導入（30 日・3 年）
	セントビンセント， エクアドル	商用目的，文化人・知識人数次ビザの緩和（90 日・5 年）
2019 年	セントクリスト ファー・ネーヴィス	商用目的，文化人・知識人数次ビザの緩和（90 日・5 年）
	香港，マカオ	香港 DI・マカオ旅行証所持者に対する数次ビザの導入
	インド	①数次ビザの発給対象者の拡大（90 日・5 年）
		②数次ビザの申請書類の簡素化
	中国	①一部大学生・卒業生等の個人観光一次ビザ申請手続き簡 　素化の対象校拡大（30 日）
		②十分な経済力を有する者向け数次ビザの発給対象者の拡 　大（30 日・3 年）
	コロンビア	①数次ビザ導入（90 日・3 年）
		②商用目的，文化人・知識人数次ビザの緩和（90 日・5 年）
	カタール	①数次ビザの緩和（90 日・5 年）
		②商用目的，文化人・知識人数次ビザの緩和（90 日・5 年）
	ラオス	商用目的，文化人・知識人数次ビザの緩和（90 日・5 年）
	ロシア	①8 項目の「協力プラン」に関与するロシア企業等の常勤 　者等に対する数次ビザ導入
		②大学生等に対する一次ビザ申請手続きの簡素化

資料：外務省ホームページ（2020.3）

■ビザ免除の国・地域

　図表 3-16 は、商用、会議、観光、親族・知人訪問などを目的とする短期滞在の日本訪問の際「ビザ免除」となる国・地域である。

　アジアの国・地域では韓国、台湾、香港に加え、シンガポール、マカオ、タイ、マレーシア、インドネシアもビザ免除となっている。北米のアメリカ、カナダ、大洋州のオーストラリア、ニュージーランドもビザ免除国である。

　ヨーロッパはイギリス、フランス、ドイツ、イタリアなど多くの国がビザ免除国となっている。中南米はブラジルを除く主要な国々はビザ免除の対象になっている。その他、イスラエル、トルコ、アフリカの一部の国もビザ免除対象国となっている。

　訪日旅行者の多い国でビザが必要なのは中国、フィリピン、ベトナム、インド、そしてロシアなどの国々である。

図表 3-16　ビザ免除措置国・地域一覧表（2019 年 12 月時点）

アジア	中南米	大洋州
インドネシア	アルゼンチン	オーストラリア
シンガポール	ウルグアイ	ニュージーランド
タイ（15 日以内）	エルサルバドル	
マレーシア	グアテマラ	中東
ブルネイ（15 日以内）	コスタリカ	アラブ首長国連邦
韓国	スリナム	イスラエル
台湾	チリ	トルコ
香港	ドミニカ共和国	アフリカ
マカオ	バハマ	チュニジア
	バルバドス	モーリシャス
北米	ホンジュラス	レソト
アメリカ	メキシコ	
カナダ		

欧州	欧州	欧州
アイスランド	スウェーデン	ベルギー
アイルランド	スペイン	ポーランド
アンドラ	スロバキア	ポルトガル
イギリス	スロベニア	北マケドニア
イタリア	セルビア	マルタ
エストニア	チェコ	モナコ
オーストリア	デンマーク	ラトビア
オランダ	ドイツ	リトアニア
キプロス	ノルウェー	リヒテンシュタイン
ギリシャ	ハンガリー	ルーマニア
クロアチア	フィンランド	ルクセンブルク
サンマリノ	フランス	
スイス	ブルガリア	

資料：外務省ホームページ（2019. 12）
※それぞれの国・地域により条件は異なる

8. インバウンドと MICE

■MICEとは

MICE（マイス）とは、Meeting（会議・研修・セミナー）、Incentive Travel（報奨・招待旅行）、Convention または Conference（大会・学会・国際会議）、Exhibition（展示会・見本市）または Event（文化・スポーツイベント）の頭文字をとった造語で、ビジネストラベルの一形態を指す。

一度に大人数が動くため、一般の観光旅行に比べ参加者の消費額が大きいことなどから、日本においてもインバウンド振興の大きな柱に位置づけられ、国や地域の自治体による海外向けの誘致活動が行われている。

観光庁は MICE の開催・誘致の推進の主要な効果として次の3つを挙げている。

①ビジネス・イノベーションの機会の創造

MICE 開催を通じて世界から企業や学会の主要メンバーが日本に集うことは、新しいビジネスやイノベーションの機会を呼び込むことにつながる。

②地域への経済効果

MICE は会議開催、宿泊、飲食、観光など消費活動の裾野が広く、また滞在期間が比較的長く、一般的な観光旅行者以上に周辺地域への経済効果を生み出す。

③国・都市の競争力向上

MICE 開催を通じた国際・国内相互の人や情報の流通、ネットワークの構築、集客力などはビジネスや研究環境の向上につながり、都市の競争力、ひいては国の競争力向上につながる。

■国際会議の現状

日本政府観光局（JNTO）による国際会議の基準は、国際機関・国際団体または、国家機関・国内団体（民間企業以外）が主催者となり、参加者総数50名以上、日本を含む3ヶ国以上が参加し、開催期間が1日以上の会議のことである。国際会議は、参加者が多いこと、参加者や同行者向けに開催地周

辺の観光ツアーが用意されるなど経済効果が大きい。

　2019年に日本で開催された国際会議の件数は、前年比5.5%増の3,621件であった。図表3-17の国際会議開催件数の推移のように、東日本大震災のあった2011年を除くと着実に増加していることが分かる。都市別では、1位東京23区（561件）、2位神戸市（438件）、3位京都市（383件）であった。（日本政府観光局）

図表 3-17　国際会議開催件数の推移　　　　　　　　　　　　　　　（件数）

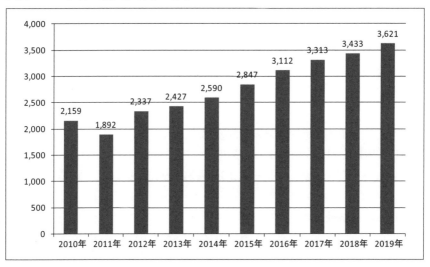

資料：日本政府観光局（JNTO）より作成

　参加者数においては、総数が約1,994千人で、そのうち外国人参加者数が213千人であった。図表3-18は外国人参加者数の推移である。2011年は別として拡大傾向にはあるものの年により波があり、不安定な数字となっている。1件あたりの平均開催日数は2.29日、開催延べ日数は8,287日であった。（日本政府観光局）

図表 3-18　国際会議の外国人参加者数の推移　　　　　　（人）

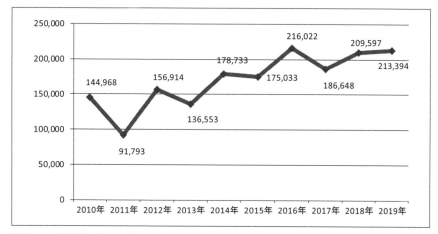

資料：日本政府観光局（JNTO）より作成

■東京オリンピック・パラリンピック

　2020年の開催が2021年に延期された東京オリンピック・パラリンピック
は世界最大のスポーツイベントであり、大型のMICE案件と位置づけられ
る。開催期間前後に、選手団、審判団、応援の外国人旅行者が数多く日本に
集まってくることが予想されていたが、2021年3月に、外国人観客の受入
は断念された。

　通常時であれば、それ以外にも、事前事後の各種競技連盟のミーティン
グ、各国企業が優良顧客を招待しての報奨旅行、観戦、自国選手との交流、
東京および周辺地観光、大会を前提として数年前より数次にわたり行われる
国際会議、国際大会、それに伴うエクスカーション、懇親会、オフィシャル
スポンサーの企業イベント、各競技団体のスポーツ合宿などが考えられる。

　オリンピックには文化芸術活動も求められている。2012年のロンドン大
会では、「London 2012 Festival」が開催され、前後約3ヶ月間にわたり、多
様な文化芸術イベントがロンドンを中心に開催された。

■ユニークベニュー

　ユニークベニューとは、歴史的建造物、文化施設や公的空間等で、会議・
レセプションを開催することで特別感や地域特性を演出できる会場のことを

指す。パリのルーブル美術館、ロンドンの自然史博物館など、諸外国では積極的にユニークベニューとしての施設活用が行われている。MICE 誘致に大きな効果を発揮する都市のユニークベニューは日本においても積極展開が求められている。

　日本政府観光局（JNTO）は、ユニークベニューとして、迎賓館赤坂離宮（東京）、二条城（京都）、沖縄美ら海水族館などさまざまな施設を紹介している。

9. インバウンドと輸送手段

■訪日外国人旅行者の訪日手段

　島国である日本への訪問は航空機か船舶が交通手段となる。最も一般的な手段は定期航路による航空機の利用である。航空機利用だけではなく、近年の訪日外国人旅行者数増加の背景にはクルーズ客船の寄港があり、インバウンドの拡大に寄与している。

　また、LCC の就航がインバウンドを後押ししている。さらに、数はまだ少ないが富裕層が利用するビジネスジェットでの来日も増加しつつある。

■クルーズ客船

　クルーズ客船とは、長期間の船旅を楽しむことのできる客船である。クルーズ市場は欧米では長期にわたってブームが続いている。日本においても、団塊世代がリタイア時期を迎え、クルーズ客船を利用する人口が増加している。大型クルーズ客船の客室はホテルと変わらず、船内にはレストランやバーをはじめ、プール、フィットネス、スパのほか、ライブラリー、シアター、カジノ、ダンスホール、美容室、医務室などの施設が整備され、退屈せずに船旅が楽しめるようになっている。

　日本には、飛鳥Ⅱ（郵船クルーズ）、にっぽん丸（商船三井客船）、ぱしふぃっくびいなす（日本クルーズ客船）があるが、近年、多くの外国客船も日本に寄港するようになった。

　クルーズ客船は、客室数の多さゆえ、寄港地には一度に大勢の旅行者が訪れる。グルメ、ショッピングなど地域での消費が生まれるとともに、地域の人々との交流が進展する。大型クルーズ客船が寄港すると 2,000〜3,000 人が

入国するが、乗客1人当たりの消費額は3万から4万円で、その経済効果は1億円を超えると試算されている。今後、外国クルーズ客船の誘致が地域の課題ともなっている。

図表3-19は、クルーズ客船による外国人入国者数の推移を表したものである。2019年の訪日クルーズ旅客数は215.3万人、2013年に比べ、12倍に増加している。しかし、この数年は減少傾向にある。クルーズ客船の寄港回数は2,867回であった。港湾別では、1位那覇港260回、2位博多港229回、3位横浜港188回であった。（法務省出入国在留管理庁）

図表3-19　クルーズ客船による外国人入国者数の推移　　　　（単位：万人）

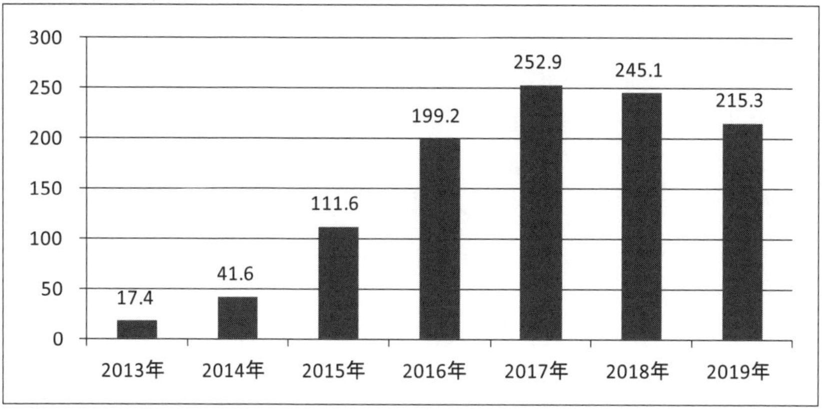

資料：法務省出入国在留管理庁の集計（乗員を除く外国人入国者概数）

■LCC

LCC（Low Cost Carrier）とは、効率化の向上によって低い運航費用を実現し低価格の運賃で運航する航空会社のことである。「格安航空会社」ともいわれる。運航コストの低減、人件費の節減、機内サービスの簡略化、航空券販売コストの低減による効率化を行っている。近年、アジアを中心に日本への路線が増加し、インバウンドの拡大に寄与している。

成田、羽田、関西の各国際空港からだけではなく、地方空港からの発着も数多い。現在、ピーチ、ジェットスター、春秋航空、エアアジア、スクート、タイガーエア、エアプサン、チェジュ航空、ティーウェイ航空、ジンエアー、香港エクスプレス、セブパシフィック航空が就航している。各空港に

LCC 専用のターミナルも作られている。

■ビジネスジェット

　ビジネスジェットとは、企業・団体又は個人が商用目的で利用する航空運送のことである。運航形態としては、社用機や個人所有機による運航である自家用運航と、航空会社等の事業用機による運航で、用機者が自己都合のために航空機をチャーターする形態であるオウンユースチャーターの2つがある。ビジネスジェットは、欧米を中心としてグローバルな企業活動の重要なビジネスツールとなっている。少人数であるが富裕層やエグゼクティブがその旅客となるため、日本は積極的な受入れと体制作りを始め、富裕層インバウンドの大きな要素となりつつある。

　ビジネスジェット機の機数は、世界全体で2万機程度（2015年現在、一般社団法人日本ビジネス航空協会）で、欧米に多く、日本を含めアジアでは少ない。ビジネスジェットは欧米では、すでに欠くことのできない有効な移動手段として定着しており、ビジネス用途にとどまらず、著名な個人（有名スポーツ選手・歌手等）の移動手段として、富裕層のレジャーや観光にも広く使われている。

　日本ではビジネスジェット受け入れ体制の強化が急務となっており、首都圏空港（羽田・成田）発着枠の拡大、施設の充実、利用手続きの簡素化などが始まっている。

■国際航路

　国際航路は航空路線の発達により、発着便数が少なくなったが、海を隔てた隣国である韓国、中国、ロシアとの間には旅客船の定期便が運航されている。旅客船による相互訪問も、インバウンドにとって欠かすことのできない輸送手段である。特に韓国との国際航路による交流は多い。現在、日本を発着する国際航路は次の通りである。

・関釜フェリー：下関（山口県）〜釜山（韓国）
・カメリアライン：博多（福岡県）〜釜山（韓国）
・ビートル（JR 九州高速船）：博多（福岡県）〜釜山（韓国）
　　　　　　　　　　　　　　　　対馬（長崎県）〜釜山（韓国）
・新鑑真／蘇州號（日中国際フェリー）：大阪・神戸（兵庫県）〜上海（中国）

10. インバウンドと案内表記

■多言語表記

　訪日外国人旅行者の快適・円滑な移動・滞在のための環境整備を図り、外国人旅行者の満足度を高め、リピーター化を促進するためには、多言語表記が不可欠である。外国人目線に立った多言語対応の改善、強化が全体的な統一感を持って進められなくてはならない。

　具体的には英語併記、また施設特性や地域特性の観点から、中国語または韓国語の表記、その他の必要とされる言語の表記が望まれる。さらに、日本および日本語に予備知識のない、日本に初めて来る外国人にも分かりやすいピクトグラムの開発や地図記号の改正なども行われている。

　観光庁「観光立国実現に向けた多言語対応の改善・強化のためのガイドライン」（2014 年）、経済産業省「小売業の店内の多言語表示にかかるガイドライン」（2016 年）などのガイドラインも示されている。

■多言語表記のポイント

　観光庁のガイドラインでは多言語対応の対象となる情報の「種類」や「重要度」「対応時期」など多くの項目について記載されている。「固有名詞の表記方法」のポイントは次のとおりである。多言語表記を頼りに旅行する外国人旅行者にとって「どう表記されていれば分かりやすいか」という視点が重要である。

①施設などの正式表記が決まっている場合はその表記を優先
・東京大学　　　The University of Tokyo（Tokyo University ではない）
・帝国ホテル　　Imperial Hotel（Teikoku Hotel ではない）

②一般的な固有名詞の場合
・西新宿　　　　Nishi-Shinjuku（日本語由来）
・南アルプス　　Minami-Alps　（日本語由来＋外国由来）

③普通名詞を含む固有名詞の場合

・日比谷公園→日比谷＋公園　Hibiya Park
・成田空港→成田＋空港　Narita Airport
・富士山　　Mt. Fuji　　　　・石狩川　　Ishikari River
・琵琶湖　　Lake Biwa　　　・熊本城　　Kumamoto Castle

④固有名詞部分と普通名詞部分を分けられない場合

・立山　　　　Mt. Tateyama　　（Mt. Tate ではない）
・荒川　　　　Arakawa River　　（Ara River ではない）
・芦ノ湖　　　Lake Ashinoko　　（Lake Ashino ではない）
・二条城　　　Nijo-jo Castle　　（Nijo Castle ではない）
・東大寺　　　Todaiji Temple　　（Todai Temple ではない）

⑤施設名や駅名の補足

・国会議事堂前　　　Kokkai-Gijidomae（National Diet Bldg.）
・哲学の道　　　　　Tetsugaku-no-Michi（Path of Philosophy）

⑥日本語由来の普通名詞の場合（日本語の表音表記が既に広く認識されている場合）

・寿司　　　Sushi
・温泉　　　Onsen

⑦日本語由来の普通名詞の場合（日本語の読み方を伝える必要がある場合）

・茶碗　　　Chawan（Tea bowl）
・暖簾　　　Noren（Traditional shop curtain）

■小売業の多言語表記

　外国人旅行者のためには、売り場案内、商品案内のほか、禁止事項や注意事項について、日本語のほかに英語の併記で言語表示することが望まれる。トイレ、階段、エレベーターやサービスカウンターなどの機能表示については、ピクトグラムによる表示で十分に分かる例もあり、言語による表示と適宜使い分けるとよい。店内表示で対応すべき言語については、施設特性や地

域特性によっても異なる。

　土産品を購入する訪日外国人旅行者、特にアジア系外国人は、購入希望商品が決まっている場合が多く、その商品がどこに置いてあるかを店員に尋ねる傾向がある。一方で、欧米系外国人は気に入ったものがあれば購入するというスタンスで店内を見て回る人が多い。

　店内での売り場表示は、日本語を軸に英語を補助的に表示すること、日本語表記でも、外国人に難解なカタカナでの表記を避け、できる限り漢字での表記を採用することで、中国系旅行者は英語表記とあわせて大まかな意味を把握できる。

　ブランド名称などの固有名詞については、原語表記を行うと理解されやすい。価格は数字なので言語を問わず理解されるが、総額表示が一般的な国と税抜表示が一般的な国があるので、誤解が生じないよう外国語表記をする必要がある。

■ピクトグラム

　ピクトグラム（pictogram）とは、「絵文字」「絵単語」などとも呼ばれ、何らかの情報や注意を示すために表示される視覚記号のことである。

　1960 年代以降、言語の制約を受けない「視覚言語」として世界的に注目された。日本では、1964 年の東京オリンピックを契機に導入され、競技施設での誘導・案内などにその効果を発揮した。訪日外国人旅行者への対応としてその活用が期待されている。ピクトグラムは、公益財団法人交通エコロジー・モビリティ財団による標準案内用図記号が広く用いられている。

図表 3-20　ピクトグラムの例

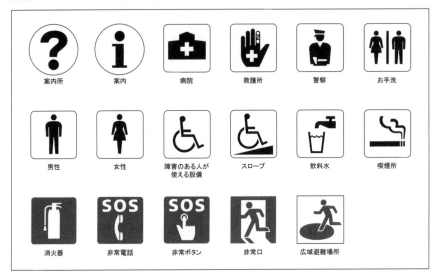

資料：標準案内用図記号　交通エコロジー・モビリティ財団

■地図記号

　インバウンドの拡大に伴い、訪日外国人旅行者にも分かりやすくするため、「地図記号」の表記の見直しが行われている。国土交通省国土地理院はホテルやレストランなど、外国人旅行者がよく訪れる施設の「外国人向け地図記号」（15施設）を2016年に決定した。（その後、「観光案内所」を追加）

図表 3-21　外国人向け地図記号

項目	地図記号	項目	地図記号
郵便局	 ✉	コンビニエンスストア／スーパーマーケット	 🛍
交番	 👮	ホテル	 🛏
神社	 ⛩	レストラン	 🍴
教会	✝	トイレ	 🚻
博物館／美術館	 🏛	温泉	 ♨
病院	 ✚	鉄道駅	 🚆
銀行／ATM	 ¥	空港／飛行場	 ✈
ショッピングセンター／百貨店	 🛒	観光案内所	 ⓘ❓

資料：国土交通省国土地理院

11. インバウンドの課題

■インバウンド促進の課題

　訪日外国人旅行者数を拡大していくためには大小の課題がある。

①ビザ発給要件の緩和

　ビザ発給要件の緩和はかなり進んでいるが、治安への十分な配慮を前提として、観光目的の旅行者へのビザ発給要件のさらなる緩和を図る。

②出入国手続の改善

　空港での出入国手続（CIQ：税関・出入国管理・検疫）の迅速化を図るため、自動化ゲートの利用を促進する。国際会議の参加者や重要ビジネス旅客向けに、専用の入国審査レーン（ファーストレーン）を設置する。クルーズ客船入港時の入国審査手続の迅速化・円滑化を促進する。

③航空ネットワークの充実

　空港の発着枠拡大、LCC を含めた新規就航、増便を図る。国際空港の機能強化と地方空港の活用。国土交通省は、さらに多くの外国人旅行者を受け入れるために、首都圏空港をはじめとする国際線需要の高い空港の機能強化を図りつつも、地方空港への国際線就航を促進し、「地方イン・地方アウト」の流れを作ることが必要、としている。国際チャーター便の運航拡大、ビジネスジェットの利用環境の整備を促進する。

④宿泊施設の拡大

　東京や大阪など訪日外国人旅行者に人気の大都市圏では、宿泊施設の収容能力（キャパシティ）が限界に達している。ホテルの新設、旅館の利用誘導、民泊の利用拡大、ゲストハウス・ドミトリーの活用などが急務である。

⑤観光バス不足・通訳ガイド不足

　訪日外国人旅行者が利用する観光バス不足も深刻化している。通訳ガイドも不足している状態が続いている。インバウンドビジネス現場での人材も含め不足解消に向けた対応が必要である。

⑥地方誘致

　東京、大阪、京都などいわゆるゴールデンルートに訪日外国人旅行者は集中している。リピーター化を促進するなかで地方誘致の推進が不可欠である。

■訪日外国人旅行の受入改善

　日本において、外国人旅行者に対する「おもてなし」は定評があるが、言葉や言語表記の問題など受入のための改善事項は数多くある。

①多言語対応の改善・強化

外国人旅行者の最大の不満と不安は言葉と言語表記の問題である。宿泊施設や飲食施設、交通機関、観光施設などにおける多言語の対応は不可欠である

②観光案内所（ツーリズム・インフォメーション・センター）

外国人旅行者にとって、観光都市・観光地におけるツーリズム・インフォメーション・センターは最も頼りになる存在である。多言語対応を前提に拡大、整備する。同時にウェブでの情報提供を拡充する。

③免税制度の周知・拡大

外国人旅行者に対する消費税免税制度は改善されてきているが、地域の免税店の拡大、認知向上を図る必要がある。

④交通機関の快適性

日本の交通網の充実、安全性は世界に誇れるものではあるが、外国人旅行者にとっては利用しにくい点が多いといわれている。多言語表記や駅などでの英語対応、フリーきっぷ、フリーパスの開発などの取組みが必要である。

⑤クレジットカード・電子マネーの利用環境拡大

外国人旅行者が利用できるクレジットカードや電子マネーの利用可能な施設の拡大を促進する。

⑥両替環境の改善

日本においては、外貨から日本円へ両替可能な場所が極めて少ない。市中両替店やATMの設置拡大が急がれる。

⑦Ｗｉ－Ｆｉサービスの充実

外国人旅行者にとって無料公衆無線LAN環境は重要である。民間の協力も重要だが、国、自治体が主体的に整備しなくてはならない。

⑧ムスリム旅行者への対応

　ムスリム（イスラム教徒）旅行者に配慮した食事の提供や礼拝スペースの確保、さらに、ハラール認証の取得の拡大などの対応を進めなければならない。

■オーバーツーリズム

　訪日外国人旅行者の増加により、一部の観光地においては、地域住民と訪問する旅行者の間で、混雑やマナー違反などの課題が顕在化している。オーバーツーリズムとは、「特定の観光地において、訪問客の著しい増加等が、市民生活や自然環境、景観等に対する負の影響を受忍できない程度にもたらしたり、旅行者にとっても満足度を大幅に低下させたりするような観光の状況」（「観光白書」観光庁 2018）のことであり、「観光公害」とも呼ばれる。

　オーバーツーリズムの要因には、訪日外国人旅行者が急増し、生活文化・習慣の違いや相互理解の不足を背景としたマナー違反等、旅行者と地域住民との摩擦が生じやすくなっていることが挙げられる。また、もう一つの要因として、観光そのものの変化があり、近年は地域文化や生活そのものが観光資源となり、旅行先で日常的な生活文化を体験する旅行形態が定着し、住民生活と観光の距離が近くなっていることにあるともいわれている。

　日本では、外国人旅行者が多く訪れる京都や鎌倉の混雑状況が話題になり、特に京都の交通渋滞は深刻で、バスの混雑は市民の日常生活に深刻な影響を与えた。また、文化財や観光資源への落書きや食べ歩きによるゴミ問題もある。これらの問題は全国各地の人気観光地でも起こっている現象である。

　日本だけでなく、世界の観光都市においてもオーバーツーリズムは深刻な問題となっている。イタリアのベネチア、スペインのバルセロナ、オランダのアムステルダムが大きな話題となった。いずれも人口の数倍の観光旅行者の訪問により起こった異常な観光地化や環境破壊、交通渋滞、騒音問題などである。

　オーバーツーリズムは、持続可能な観光を実現するために向き合わなければならない重要な課題の一つであり、適切な観光地マネジメントが求められている。

精選過去問題にチャレンジ

問題 001

インバウンドのデスティネーション（目的地）に関する以下の**ア**から**エ**までの記述のうち、最も適切ではないものを1つ選びなさい。

ア. 「ゴールデンルート」は、成田国際空港もしくは羽田空港で入国し、東京及び東京周辺の観光スポットを巡り、その後、箱根、富士山、名古屋などを経由し京都観光を楽しみ、最後に大阪の街を観光して、関西国際空港から帰国するのが基本的なルートである。

イ. 「昇龍道」は、中部地方の各自治体が連携して創成した広域観光周遊ルートモデルコースで、伊勢志摩・名古屋から能登半島までがそのコースに含まれている。

ウ. 観光庁調査による観光・レジャー目的の訪日外国人旅行者全体の都道府県訪問率について、2016年（平成28年）から2018年（平成30年）までの3年間の結果を見ると、1位と2位は東京都と大阪府で占められている。

エ. 観光庁調査による観光・レジャー目的の訪日外国人旅行者の国・地域別都道府県訪問率（2018年）を見ると、韓国では2位に広島県が、アメリカでは6位に福岡県が入っているのが特徴的である。

解説

「韓国では2位に広島県が、アメリカでは6位に福岡県が」が誤りで、正しくは「韓国では2位に福岡県が、アメリカでは6位に広島県が」である。

韓国では、福岡県の他に大分県が5位で、九州は韓国人旅行者の人気デスティネーションとなっていることがうかがえる。アメリカで6位の広島県は欧米人に人気（ドイツ、フランス、イタリア、スペイン、オーストラリアで5位、イギリスで6位）のデスティネーションである。

解答 **エ**

旅行形態・目的の用語に関する以下の**ア**から**エ**までの記述のうち、最も適切なものを 1 つ選びなさい。

ア. VFR は、旅行者の旅行目的の分類のひとつで、旅行先に住む親戚や友人を訪問することである。

イ. FIT は、航空券や宿泊、観光、現地の送迎などがひとつにまとまった団体旅行のことである。

ウ. GIT は、団体旅行や団体向けパッケージツアーを利用せずに行く、海外個人旅行もしくは個人旅行者のことである。

エ. SIT は、特にテーマを絞らずその時期、場所などにおいて最も見る価値のある場所を訪ねる旅行のことである。

解説

ア適　切。記述の通り。VFR は「Visit Friends and Relatives」の略である。

イ不適切。FIT は、「Foreign Independent Tour」(または「Free Individual Traveler」)の略で、団体旅行や団体向けパッケージツアーを利用せずに行く、海外個人旅行もしくは旅行者のことである。

ウ不適切。GIT は、「Group Inclusive Tour」の略で、航空券や宿泊、観光、現地の送迎などがひとつにまとまった団体旅行のことである。

エ不適切。SIT は、「Special Interest Tour」の略で、テーマ性が高い特別な目的に絞った旅行のことである。

解答	ア

問題 003

MICE に関する以下の**ア**から**エ**までの記述のうち、最も適切ではないものを1つ選びなさい。

ア. 観光庁は MICE 開催・誘致の主要な効果として「ビジネス・イノベーションの機会の創造」「地域への経済効果」「国・都市の競争力向上」の3つを挙げている。

イ. 2019年の日本国内の都市別に国際会議の開催件数をみると、最も多く開催しているのは、東京（23区）である。

ウ. MICE の「C」は「Convention／Conference」の頭文字で、国際会議・大会・学会などを指す。

エ. MICE 誘致のツールの一つにユニークベニューが挙げられるが、ユニークベニューとは、国際会議場などの MICE 施設、ショッピングモールやテーマパークなどのレクリエーション施設が一体となった複合観光集客施設のことである。

解説

ア適 切。記述の通り。

イ適 切。2019年における、日本国内の都市別にみた国際会議の開催件数が最も多いのは、東京（23区）の561件である。次いで、神戸市438件、京都市383件と続く。

ウ適 切。記述の通り。MICE とは、企業等の会議（Meeting）、企業等の行う報奨旅行（インセンティブ旅行）（Incentive Travel）、国際機関・団体、学会等が行う国際会議・大会・学会（Convention／Conference）、展示会・見本市、イベント（Exhibition／Event）の頭文字のことであり、多くの集客交流が見込まれるビジネスイベントなどの総称である。

エ不適切。ユニークベニューとは、歴史的建造物、文化施設や公的空間等で、会議・レセプションを開催することで特別感や地域特性を演出できる会場のことを指す。海外では、MICE に合わせた文化施設や公的空間等を利用したレセプション等の開催は、一般的となっている。誘致に大きな効果を発揮する各都市のユニークベニューは日本においても積極展開が求められている。東京・赤坂迎賓館、京都・二条城などは日本の代表的なユニークベニューである。

解答 エ

問題 004	次の図は、訪日外国人旅行者が日本滞在中に利用した宿泊施設の上位5つを順に並べたものである。図中の（　　　）に入る最も適切な語句の組合せを、以下のアからエまでのうち1つ選びなさい。

ア. a. ユースホステル・ゲストハウス　b. 有料での住宅宿泊（Airbnb, 自在客など）
　　c. 旅館（和室中心）

イ. a. 旅館（和室中心）　　　　　　　b. 有料での住宅宿泊（Airbnb, 自在客など）
　　c. ユースホステル・ゲストハウス

ウ. a. 有料での住宅宿泊（Airbnb, 自在客など）　　b. 旅館（和室中心）
　　c. ユースホステル・ゲストハウス

エ. a. ユースホステル・ゲストハウス　　　　　　b. 旅館（和室中心）
　　c. 有料での住宅宿泊（Airbnb, 自在客など）

解説

　2019年（令和元年）の訪日外国人旅行者が日本滞在中に利用した宿泊施設の調査の結果は、93ページ図表3-11の通りである。本問は、「観光・レジャー目的」の数値であるが、上位3項目の順位については「全目的」との違いはない。

　訪日外国人旅行者が普段から慣れている洋室中心のホテルが圧倒的に多い。一方で、不慣れと考えられる和室中心の旅館も2割ほどいる。また、有料での住宅宿泊（Airbnbなど）の利用率も高くなってきている。

解答	イ

04

第 4 課題
インバウンドと消費

Inbound Business Director

1. インバウンドの消費動向

■訪日外国人旅行者の消費額

　訪日外国人旅行者（全国籍・地域）の 2019 年の旅行消費額、いわゆる「インバウンド消費」は前年比 6.5％増の 4 兆 8,135 億円で、旅行者数の増加に伴って過去最高額を記録した。図表 4-1 は、訪日外国人旅行者の旅行消費額の 8 年間の推移を表したものである。順調に消費額は拡大しており、その金額は 7 年前の 4 倍以上となっている。

図表 4-1　訪日外国人旅行消費額の推移　　　　　　　　　　　（億円）

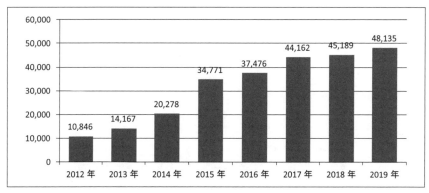

資料：観光庁「訪日外国人消費動向調査」より作成

　図表 4-2 は、2019 年の国・地域別の訪日外国人旅行消費額を表したものである。図表 4-3 を見るとそのシェアが確認できる。

　国・地域別の旅行消費額は、中国が 1 兆 7,704 億円で、消費額全体のおよそ 37％を占めた。続いて台湾が 5,517 億円でおよそ 12％を占め、韓国が 4,247 億円でおよそ 9％を占める。香港が 3,525 億円、アメリカが 3,228 億円と続き、この上位 5 ヶ国・地域で全体の 70％以上のシェアを占める。タイ、オーストラリアも 1,000 億円を超えている。

図表 4-2　国・地域別の訪日外国人旅行消費額（2019 年）（単位：億円）

国・地域	旅行消費額	構成比
全国籍・地域	48,135	100.0%
中国	17,704	36.8%
台湾	5,517	11.5%
韓国	4,247	8.8%
香港	3,525	7.3%
アメリカ	3,228	6.7%
タイ	1,732	3.6%
オーストラリア	1,519	3.2%
英国	999	2.1%
ベトナム	875	1.8%
シンガポール	852	1.8%
フランス	798	1.7%
カナダ	670	1.4%
マレーシア	665	1.4%
フィリピン	659	1.4%
インドネシア	539	1.1%
ドイツ	465	1.0%
イタリア	324	0.7%
スペイン	288	0.6%
インド	274	0.6%
ロシア	218	0.5%
その他	3,040	6.3%

資料：観光庁「訪日外国人消費動向調査」より作成

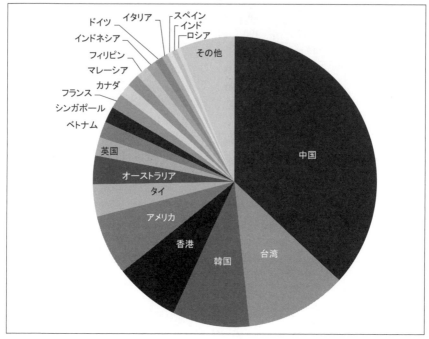

資料：観光庁「訪日外国人消費動向調査」より作成

■訪日外国人旅行者の 1 人あたりの消費額

　1 人当たりの旅行支出は為替レートや買い物動向の変化で、前年比 4％増の 15 万 8,531 円となり、前年の支出額を上回った。図表 4-4 は、訪日外国人旅行者 1 人あたりの消費額の推移を表したものである。訪日外国人旅行者の消費額は順調に拡大し、2015 年には最大の 17 万 6,167 円に達した。円安傾向に加え、消費税免税制度の充実と中国人旅行者の意欲的な買物行動である、いわゆる「爆買い」が後押しとなった。しかし、翌 2016 年に減少し、横ばいが続いている。為替レートが円高傾向に転じたことや中国人旅行者の 1 人あたりの旅行支出の減少が大きく影響した。

図表 4-4　訪日外国人旅行者 1 人あたりの消費額の推移　　　　　（円）

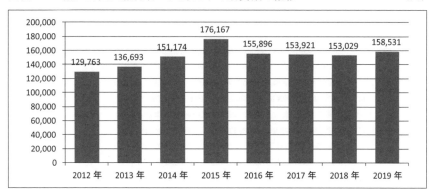

資料：観光庁「訪日外国人消費動向調査」より作成

　図表 4-5 は、2019 年の国・地域別の訪日外国人旅行者 1 人あたりの消費額を表したものである。主要国で旅行者 1 人あたりの消費額が最も高いのは、オーストラリアで、24 万 7,868 円であった。これはオーストラリア人旅行者のスキー旅行などの滞在日数が長いことと相関がある。2 位はイギリスの 24 万 1,264 円で、3 位がフランスの 23 万 7,420 円、4 位がスペインの 22 万 1,331 円と、ヨーロッパ諸国が続く。滞在日数が長いことと、2019 年に開催されたラグビーワールドカップの観戦が影響している。

　5 位が中国で 21 万 2,810 円であった。徐々に落ち着いてきているが買い物支出が大きい。以下、ドイツ、イタリア、アメリカ、ロシア、カナダと欧米諸国が続いた。アジアではベトナムがそのあとに位置する。ベトナムは中国ほどではないが買い物支出が大きい。以下、シンガポール、インド、香港、マレーシア、タイ、インドネシア、台湾、フィリピンと続き、いずれも 10 万円を超えている。韓国は滞在日数が短く、主要国においては最下位になっている。

図表 4-5　国・地域別の訪日外国人旅行者 1 人あたりの消費額（2019 年）　（円）

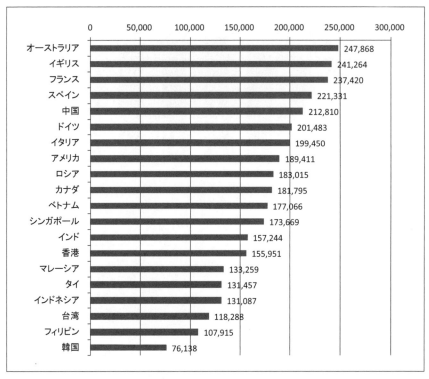

資料：観光庁「訪日外国人消費動向調査」より作成

■訪日外国人旅行者の 1 人あたり費目別旅行支出額

　図表 4-6 は、訪日外国人旅行者の一人あたりの費目別旅行支出額を表したものである。旅行支出額 15.9 万円のうち、最も大きなウェイトを占めているのは買い物代で、約 5.3 万円となっており、旅行総支出額全体の 34％にあたる。宿泊費がそれに続いており、4.7 万円程度となっており、全体の 30％を占めている。交通費はおよそ 1.7 万円で、娯楽等サービス費は少ない。

図表 4-6　訪日外国人旅行者 1 人あたり費目別旅行支出額（2019 年）　　　（円）

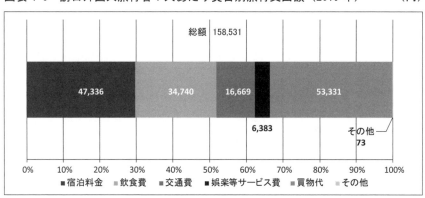

資料：観光庁「訪日外国人消費動向調査」より作成

　図表 4-7 は、国・地域別の訪日外国人旅行者 1 人あたりの費目別旅行支出額を表したものである。

　最も特徴的なのは、訪日中国人旅行者の買い物代の高さである。他を圧倒する 10.9 万円となっており、全体平均の倍以上を支出し、総額の 5 割を占めている。支出額が減少しているとはいえ、中国人旅行者の旺盛な買い物志向は変わっていないと考えられる。

　欧米各国は、滞在日数が長いことから宿泊料金のシェアが大きくなっている。東アジア、東南アジアの国・地域の宿泊料金シェアは小さい。ベトナム、香港は買い物代が高く、5 万円を超えていてそれぞれの総額に占める割合も大きい。ラグビーワールドカップ観戦によりイギリスの娯楽等サービス費が突出した。オーストラリアはスキー旅行者が多く娯楽等サービス費が大きい。

図表 4-7 　国・地域別の訪日外国人旅行者 1 人あたり費目別旅行支出額（2019 年）

（円）

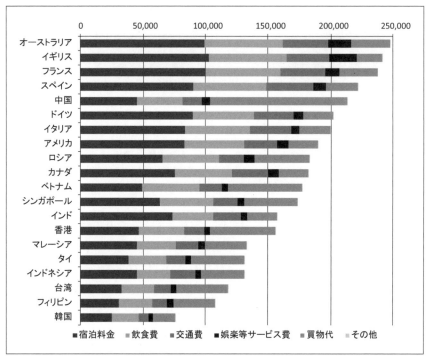

資料：観光庁「訪日外国人消費動向調査」より作成

2. インバウンドの買い物動向

■訪日外国人旅行者の 1 人あたりの買い物代

　訪日外国人旅行者の 1 人あたりの旅行支出額のうち最も大きなウェイトを占めているのは買い物代で、総額の 34 ％であった。買い物は観光ビジネスだけではなく小売ビジネスを中心に大きな経済効果をもたらす。

　図表 4-8 は、2019 年の国・地域別訪日外国人旅行者 1 人あたりの買い物代を表したものである。中国が突出し、10.9 万円になっており、2 位のベトナムの倍近くに達している。3 位は香港、4 位ロシアと続いている。ロシアを除くと、上位にはアジアの国・地域が並んでおり、欧米の国々の買い物代は総じて低い。韓国が最下位となっているのは滞在日数が少ないためと考えられる。

図表 4-8　国・地域別訪日外国人旅行者 1 人あたりの買い物代（2019 年）　（円）

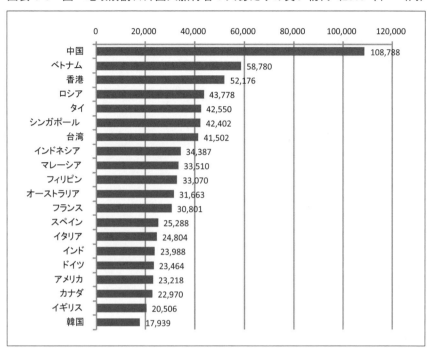

国・地域	買い物代（円）
中国	108,788
ベトナム	58,780
香港	52,176
ロシア	43,778
タイ	42,550
シンガポール	42,402
台湾	41,502
インドネシア	34,387
マレーシア	33,510
フィリピン	33,070
オーストラリア	31,663
フランス	30,801
スペイン	25,288
イタリア	24,804
インド	23,988
ドイツ	23,464
アメリカ	23,218
カナダ	22,970
イギリス	20,506
韓国	17,939

資料：観光庁「訪日外国人消費動向調査」より作成

■訪日外国人旅行者の買い物場所

　訪日外国人旅行者はどんな店で買い物を楽しんでいるのだろう。図表 4-9 は、観光目的の訪日外国人旅行者の買い物場所（複数回答 / 全国籍・地域 / 観光目的・2019）を表したものである。

　日本国内どこにでもあり、気軽に入れる「コンビニエンスストア」の利用率がトップであった。医薬品・健康グッズ・トイレタリーなどが購入できる「ドラッグストア」が 2 位になっている。「空港の免税店」「百貨店・デパート」が続き、これらの業態を外国人旅行者の 60％以上が利用している。

　「スーパーマーケット」も半数が利用し、「観光地の土産店」も 3 割強が利用している。「都心の複合商業施設」「家電量販店」がそれに続き 2 割が利用している。「ファッション専門店」も 2 割近くが訪れている。

図表 4-9　訪日外国人旅行者の買い物場所

（複数回答 / 全国籍・地域 / 観光目的・2019）（%）

買物場所	利用率
コンビニエンスストア	77.7
ドラッグストア	66.1
空港の免税店	62.1
百貨店・デパート	60.0
スーパーマーケット	49.8
観光地の土産店	33.8
都心の複合商業施設	22.6
家電量販店	21.2
ファッション専門店	19.9
100 円ショップ	16.5
ディスカウントストア	16.2
アウトレットモール	16.0
その他ショッピングセンター	14.4
鉄道駅構内の店舗	10.5
宿泊施設	7.2
高速道路の SA・道の駅	5.4
クルーズ寄港港湾内の店舗	0.6
その他	2.9

資料：観光庁「訪日外国人消費動向調査」より作成

■訪日外国人旅行者の買い物の購入品の購入率と購入者単価

　図表 4-10 は訪日外国人旅行者の買い物の購入品の購入率と購入者単価（複数回答 / 全国籍・地域 / 観光目的・2019 年）を表したものである。

　購入率では「菓子類」がトップで 73%だった。日本の菓子は定番の土産になっているようだ。2 位が「化粧品・香水」で 47%、3 位が「衣類」40%で、ともに自分用と土産用に購入されている。4 位が「医薬品」で安全で効果の高い日本の医薬品は化粧品とともに人気が高い。以下、「その他食料品・飲料・たばこ」「靴・かばん・革製品」と続く。

　購入者単価を見ると、購入率は高くないが、「時計・フィルムカメラ」の55,765 円、「宝石・貴金属」の 45,181 円が突出している。購入率の高い、「化粧品・香水」（33,052 円）、「靴・かばん・革製品」（28,783 円）も高額になっている。

図表 4-10　訪日外国人旅行者の買い物の購入品の購入率と購入者単価

（複数回答 / 全国籍・地域 / 観光目的・2019 年）（%・円）

品名	購入率	購入者単価
菓子類	73.4	8,067
化粧品・香水	47.0	33,052
衣類	39.7	19,097
医薬品	39.5	14,499
その他食料品・飲料・たばこ	39.4	7,607
靴・かばん・革製品	22.7	28,783
酒類	19.0	7,368
健康グッズ・トイレタリー	18.1	14,184
民芸品・伝統工芸品	9.8	8,166
電気製品（デジタルカメラ／PC／家電等）	9.3	24,470
生鮮農産物	7.8	4,320
本・雑誌・ガイドブックなど	4.5	5,519
時計・フィルムカメラ	3.4	55,765
音楽・映像・ゲームなどソフトウェア	3.2	13,589
宝石・貴金属	1.5	45,181
その他買物代	7.1	14,640

資料：観光庁「訪日外国人消費動向調査」より作成

■訪日外国人旅行者の一番満足した購入商品

　図表 4-11 は、訪日外国人旅行者の一番満足した購入商品（自由回答 / 全国籍・地域 / 全目的・2019 年）を表したものである。

　購入率トップの「菓子類」が 1 位となった。バラエティに富み、美味しく、手頃な価格が評価され、お土産としての満足度が高くなっている。2 位は「化粧品・香水」でブランド、安全性などが評価されている。3 位「衣類」、4 位「靴・かばん・革製品」は品質とデザイン、ブランドによるものである。5 位「医薬品」、6 位「その他食料品・飲料・たばこ」と続く。購入者単価が高い「電気製品」も品質やデザインが評価されそれらに続いている。

図表 4-11　訪日外国人旅行者の一番満足した購入商品

（自由回答 / 全国籍・地域 / 全目的・2019 年）（%）

購入商品	選択率
菓子類	20.3
化粧品・香水	14.5
衣類	13.0
靴・かばん・革製品	8.1
医薬品	7.3
その他食料品・飲料・たばこ	5.8
電気製品	4.0
民芸品・伝統工芸品	3.2
酒類	3.0
時計・フィルムカメラ	1.6
生鮮農産物	1.5
本・雑誌・ガイドブックなど	1.0
健康グッズ・トイレタリー	0.8
音楽・映像・ゲームなどソフトウェア	0.5
宝石・貴金属	0.2
その他買物代	15.1

資料：観光庁「訪日外国人消費動向調査」より作成

■訪日外国人旅行者の一番満足した購入商品の理由

　図表 4-12 は、訪日外国人旅行者の一番満足した購入商品の理由（自由回答 / 全国籍・地域 / 全目的・2019 年）を表したものである。

　「品質が良い」が選択率で群を抜いている。日本にとっては嬉しい満足理由といえよう。2 位は「日本製」が評価され各製品の満足度をあげている。続いて、「美味しい」「価格が手頃・自国より安い」「デザインが良い・かわいい」が並んでいる。品質とともに価格、デザインが評価されている。価格に関しては円安効果、免税効果と考えられる。

　3 位の「美味しい」は、菓子類、食品類への評価である。「伝統的・日本独特」の全体の選択率は低いが、欧米各国では 20～30% と高い。

図表 4-12　訪日外国人旅行者の一番満足した購入商品の理由
（複数回答／全国籍・地域／全目的・2019 年）（%）

満足した理由	選択率
品質が良い	44.2
日本製	30.0
美味しい	23.9
価格が手頃・自国より安い	23.9
デザインが良い・かわいい	21.7
好きなブランド・商品である	19.3
自国で入手が難しい	17.0
人気がある・有名	16.2
お土産に良い・頼まれた	15.6
伝統的・日本独特	10.3
便利だから	2.2

資料：観光庁「訪日外国人消費動向調査」より作成

3. インバウンドの飲食動向

■訪日外国人旅行者の一番満足した飲食

　訪日外国人旅行者（全国籍・地域／全目的・2019 年）が「訪日前に期待したこと（複数回答）」の 1 位は「日本食を食べること」で 69.7％であった。「最も期待していたこと（単一回答）」でも 27.6％とトップであった。「今回したこと（複数回答）」も 96.6％とトップで、「次回したいこと（複数回答）」においても 57.6％といずれも 1 位となっている。「日本食」はインバウンドにおいて最大の観光資源となっていると言える。なお、訪日外国人旅行者の旅行支出額のうち飲食費は 22％を占めている。

　図表 4-13 は、訪日外国人旅行者の一番満足した飲食（自由回答／全国籍・地域／全目的・2019 年）を表したものである。1 位は肉料理であった。和牛のすきやき、しゃぶしゃぶ、ステーキだけでなく、焼肉料理、とんかつも評価されている。2 位は日本の国民食として定着しているラーメンであった。海外の各都市にも日本のラーメン店が進出していることが影響している。3 位は、定番の寿司になっている。魚料理、その他日本料理と続く。

図表 4-13　訪日外国人旅行者の一番満足した飲食

（自由回答 / 全国籍・地域 / 全目的・2019 年）（%）

飲食	選択率
肉料理	26.7
ラーメン	19.3
寿司	15.6
魚料理	12.6
その他日本料理	6.5
そば・うどん	4.4
その他料理	4.3
小麦粉料理	3.4
菓子類	3.1
酒	1.1
外国の料理	0.7
果物	0.6
その他食料品・飲料	1.6

資料：観光庁「訪日外国人消費動向調査」より作成

　図表 4-14 は、訪日外国人旅行者の一番満足した飲食（自由回答 / 全国籍・地域 / 全目的・2019 年）を国・地域別で表したものである。飲食に関しては、数年前まではラーメン、寿司の人気が圧倒的だったが、国・地域によりばらつきがみられるようになった。中国、韓国、台湾、香港の１位は肉料理で、この４国・地域以外のアジア各国はラーメンが多い。２位にラーメン、肉料理、3、4 位に寿司、魚料理が並ぶ。

　欧米各国は、寿司が１位、ラーメンが２位のところが多い。３位以下は肉料理が入り、４位には多くの国で小麦粉料理が入っている。小麦粉料理とは、お好み焼き、たこ焼きなどのことである。

図表 4-14　訪日外国人旅行者の一番満足した飲食　国・地域別

（自由回答／国籍・地域別／全目的・2019 年）

	中国	韓国	台湾	香港	タイ
1	肉料理	肉料理	肉料理	肉料理	ラーメン
2	ラーメン	寿司	ラーメン	魚料理	肉料理
3	魚料理	ラーメン	魚料理	ラーメン	寿司
4	寿司	魚料理	寿司	寿司	魚料理
5	他日本料理	そば・うどん	他日本料理	他日本料理	他日本料理
	マレーシア	シンガポール	フィリピン	インドネシア	ベトナム
1	ラーメン	ラーメン	ラーメン	ラーメン	寿司
2	肉料理	肉料理	肉料理	肉料理	ラーメン
3	魚料理	寿司	寿司	寿司	肉料理
4	寿司	魚料理	他日本料理	魚料理	魚料理
5	他日本料理	他日本料理	小麦粉料理	他日本料理	他日本料理
	インド	イギリス	フランス	ドイツ	イタリア
1	寿司	寿司	寿司	寿司	寿司
2	ラーメン	肉料理	ラーメン	ラーメン	ラーメン
3	酒	ラーメン	肉料理	肉料理	肉料理
4	その他料理	小麦粉料理	小麦粉料理	小麦粉料理	小麦粉料理
5	外国の料理	他日本料理	他日本料理	魚料理	他日本料理
	スペイン	ロシア	アメリカ	カナダ	オーストラリア
1	寿司	寿司	寿司	寿司	ラーメン
2	ラーメン	ラーメン	ラーメン	肉料理	肉料理
3	肉料理	魚料理	肉料理	ラーメン	寿司
4	小麦粉料理	肉料理	他日本料理	小麦粉料理	小麦粉料理
5	他日本料理	そば・うどん	その他料理	他日本料理	魚料理

資料：観光庁「訪日外国人消費動向調査（2019）」より作成

■訪日外国人旅行者の一番満足した飲食の理由

　図表 4-15 は、訪日外国人旅行者の一番満足した飲食の理由（自由回答／全国籍・地域／全目的・2019 年）を表したものである。

　「美味しい」が突出し、次いで「食材が新鮮」が 44％の選択率になっている。「伝統的・日本独特」「好きな料理・食品である」「自国で味わうことができない」が続いている。

図表 4-15 訪日外国人旅行者の一番満足した飲食の理由

（自由回答 / 全国籍・地域 / 全目的・2019 年）（%）

満足した理由	選択率
美味しい	92.7
食材が新鮮	44.4
伝統的・日本独特	24.4
好きな料理・食品である	19.7
自国で味わうことができない	17.4
人気がある・有名	13.7
価格が手頃・自国より安い	12.3
店のサービスや雰囲気	8.3
量や種類が適切	6.4
盛り付けの見た目が良い	6.3
健康に良い	6.0

資料：観光庁「訪日外国人消費動向調査（2019）」より作成

4. インバウンドと決済

■訪日外国人旅行者の利用金融機関・決済方法

　訪日外国人旅行者が日本で食事や買い物などする場合、基本的に自国か日本で両替し、日本円で支払うことになる。クレジットカードでの支払いも一般化している。

　図表 4-16 は、観光目的の訪日外国人旅行者の利用金融機関・決済方法（複数回答 / 全国籍・地域 / 観光目的・2019 年）を表したものである。

　「現金」が 1 位で、ほとんどの訪日外国人旅行者が支払いに使っている。2位は「クレジットカード」で半数以上の旅行者が利用している。3 位はスマートフォンなどのモバイル機器を用いて料金の決済を行う「モバイル決済」で、増加傾向にある。4 位は Suica 等の「交通系 IC カード」であった。5 位は従来中国人旅行者に多く利用されていた「銀聯カード」で、以前と比べると利用率は小さくなっている。

図表 4-16　訪日外国人旅行者の利用した決済方法

（複数回答 / 全国籍・地域 / 観光目的・2019 年）（%）

金融機関・決済方法	利用率
現金	97.4
クレジットカード	59.9
モバイル決済（Alipay，WeChat 等）	22.9
交通系 IC カード（Suica 等）	16.4
デビットカード（銀聯，Visa デビット等）	10.2
割引クーポン	2.1
その他 IC カード（Edy 等）	0.2
お金は全く使わなかった	0.1
仮想通貨（BitCoin 等）	0.0
その他	0.0

資料：観光庁「訪日外国人消費動向調査」より作成

■両替

　外貨両替とは、ある国の通貨を別の国の通貨に交換することである。日本円から外貨への両替は日本国内はもとより、ほとんどの旅行先の国でも可能である。また、主要国の通貨は日本国内でも日本円に両替できる。

　成田空港、関西空港などの国際空港にある銀行、両替店で両替できるほか、市中の郵便局、銀行、旅行会社、両替店、ホテルなどで両替することができる。また、クレジットカード、キャッシュカードを利用し ATM から日本円を引き出すことも可能である。日本は海外と比べて両替所が少なく、海外発行カード対応の ATM の数も十分とは言えない。しかし、近年クレジットカード決済やモバイル決済が普及し、両替の需要は減少しており、訪日外国人旅行者の「旅行中に困ったこと」の調査に対する回答には、以前ほど「両替」「ATM の利用」が挙がらなくなってきた。

■クレジットカード

　訪日外国人旅行者の「旅行中に困ったこと」の調査に対する回答の上位に、「クレジットカード利用」が挙がっている。

　海外ではクレジットカードの普及率が高く、欧米では「コーヒー1杯でもカードで払う」と言われるほどクレジットカードによる支払いが一般的に

なっている。日本でもクレジットカードを利用できる店舗は拡大しているが、小規模小売店などまだまだ利用できないところが多い。

　訪日外国人旅行者が所持している国際ブランドのクレジットカードには、VISA（ビザ）、Mastercard（マスターカード）、銀聯（ユニオンペイ）、American Express（アメックス）、Diners Club（ダイナース）、DISCOVER（ディスカバー）がある。日本の JCB（ジェーシービー）も国際ブランドの1つである。

■銀聯カードと新韓カード

　銀聯は中国人民銀行主導で 2002 年に設立された決済ネットワークで、銀聯カードの発行枚数は世界で 80 億枚を超えている（2020 年現在）。訪日中国人旅行者のほとんどが銀聯カードを所持している。銀聯カードはキャッシュカード兼デビットカードであり、デビットカードとして利用できる。日本国内でも銀聯カードが利用できる店舗は増えている。

　新韓カードは、韓国において、会員数、取扱規模で No.1 のクレジットカードである。本カードの種類には、VISA や Mastercard などの国際ブランドが付帯したカードのほかに、国際ブランドが付帯されず、主に韓国国内での利用を目的とした「新韓ハウスカード（韓国ハウスカード）」がある。新韓ハウスカードを所持する韓国人は非常に多く、地理的に韓国と近く訪日韓国人旅行者の多い九州などでは、新韓ハウスカードを使うことができる店舗も増えている。

■新しい決済方法（モバイル決済）

　訪日外国人旅行者の決済方法の多様化は急速に進んでいる。モバイル決済とはスマートフォン、タブレットなどのモバイル機器を用いて、料金の決済を行うことである。キャッシュレス決済の普及が進行する中、モバイル決済の利用が増加している。モバイル決済の運営の代表的な会社には、楽天ペイメント、STORES 決済（旧コイニー）、Air ペイ、Square などがある。店側は、カードリーダーの提供を受け、専用アプリをインストールしたスマートフォン、タブレットとカードリーダーを接続して、客のカードを読み取るスタイルが一般的である。専用の端末を準備する必要がないので、導入に際しての費用的、時間的なハードルが低いことが特長である。

　また、訪日外国人、特に中国人旅行者は、クレジットカードを使用しないQR決済サービスであるAlipay（アリペイ / 支付宝）、WeChat Payment（ウィーチャットペイメント / 微信決済）を利用することが非常に多くなっている。

　Alipayは、中国アリババグループが提供する中国全土のオンラインストア、店舗で利用されている決済システムであり、中国モバイルペイメント業界では50％以上のシェアを占め、アジア各国に10億人以上のアクティブユーザーがいる。WeChat Payは、中国で最も普及しているスマートフォン用SNSアプリ「WeChat」を使用した決済システムで、SNSアプリをダウンロードしてあればスマホひとつで決済できる。利用者は8億人以上と言われ、中国人にとって日常的な支払手段のひとつとなっている。

　これらの決済サービスにも対応することが、インバウンド向けの小売店、飲食業者には必要になる。モバイル決済の運営会社により対応する決済に違いがあるので、対象とする客層、国籍などを考慮して導入することが必要である。

図表 4-17　新しい決済方法（カード決済端末と決済方法）

決算端末	利用可能カードブランド	利用可能 QR：決済	利用可能な電子マネー
楽天ペイ	VISA（ビザ） Mastercard（マスターカード） American Express（アメックス） Diners Club（ダイナース） DISCOVER（ディスカバー） JCB（ジェーシービー）	楽天ペイ auPAY Alipay WeChatPay	Suica PASMO ICOCA 等交通系カード
STORES 決済	VISA（ビザ） MasterCard（マスターカード） American Express（アメックス） Diners Club（ダイナース） DISCOVER（ディスカバー） JCB（ジェーシービー）	WeChatPay	Suica PASMO ICOCA 等交通系カード
Air ペイ	VISA（ビザ） MasterCard（マスターカード） 銀聯（ユニオンペイ） American Express（アメックス） Diners Club（ダイナース） DISCOVER（ディスカバー） JCB（ジェーシービー）	PayPay LINE Pay d 払い auPAY J-CoinPay Alipay WeChatPay 等	Suica PASMO ICOCA 等交通系カード
Square	VISA（ビザ） MasterCard（マスターカード） American Express（アメックス） Diners Club（ダイナース） DISCOVER（ディスカバー） JCB（ジェーシービー）		Suica PASMO ICOCA 等交通系カード

資料：各ホームページ等より

5. インバウンドと免税店制度

■消費税免税制度の拡充

　インバウンドの拡大の要因の1つに近年の免税店制度の充実が挙げられている。国は、訪日外国人旅行者向けの消費税免税制度の拡充を進めてきた。これまでの免税店制度拡充の取り組みは、以下の通りである。

・免税対象品目の拡大（2014年10月1日運用開始）
　それまで対象外であった「消耗品」が免税対象とされた。
・手続委託型輸出物品販売場制度（免税手続一括カウンター）の創設
　（2015年4月1日運用開始）
・免税対象金額の引き下げ（2016年5月1日運用開始）
　最低購入金額が「5,000円以上」とされた。
・「一般物品」と「消耗品」合算（2018年7月1日運用開始）
・「臨時免税店制度」の創設（2019年7月1日運用開始）
・免税販売手続の電子化（2020年4月1日運用開始）
・「自動販売機」での免税（2021年10月1日運用開始予定）

■消費税免税店制度

　免税とは、出国する旅行者に対して、商品にかかる税金（消費税や酒税、輸入品の関税など）を免除して販売することをいう。

　消費税免税店制度とは、消費税免税店（輸出物品販売場）を経営する事業者が外国人旅行者などの非居住者に対して一定の方法で販売する場合には、消費税が免除される制度のことである。

　消費税免税店とは外国人旅行者などの非居住者に対して特定の物品を一定の方法で販売する場合に消費税を免除して販売できる店舗のことで、「輸出物品販売場」が正式名称だ。事業者が経営する販売場ごとに、事業者の納税地を所轄する税務署長の許可を受けなければならない。

　対象者は「非居住者」であること。外国人でも、日本国内の事業所に勤務する者、6ヶ月以上日本に在住する者は非居住者には該当しない（図表4-18-1参照）。

図表 4-18-1　非居住者と居住者

外国人	
非居住者	居住者
①外国人は原則として非居住者として取り扱われる	①日本国内にある事務所に勤務する者
②外国政府又は国際機関の公務を帯びる者	②日本に入国後6か月以上経過するに至った者

日本人	
非居住者	居住者
①外国にある事務所（日本法人の海外支店等、現地法人、駐在員事務所及び国際機関を含む）に勤務する目的で出国し外国に滞在する者	①日本人は、原則として居住者として取り扱われる
②2年以上外国に滞在する目的で出国し外国に滞在する者	②日本の在外公館に勤務する目的で出国し外国に滞在する者は、居住者として取り扱われる
③①及び②に掲げる者のほか、日本出国後、外国に2年以上滞在するに至った者	
④①から③までに掲げる者で、事務連絡、休暇等のため一時帰国し、その滞在期間が6か月未満の者	

※居住者又は非居住者と同居し、かつ、その生計費が専らその居住者又は非居住者に負担されている家族については、その居住者又は非居住者の居住性の判定に従うことになる。

観光庁・経済産業省「消費税免税店の手引き」より

　免税対象物品は、次の条件を満たす物品に限られる。

①通常生活の用に供されるものであること。

②同一の非居住者に対して、同一店舗における1日の一般物品の販売合計額が5,000円以上であること。

③同一の非居住者に対して、同一店舗における1日の消耗品（食品類、飲料類、たばこ、薬品類、化粧品類、その他消耗品）の販売合計額が5,000円以上、50万円までの範囲であること。ただし、5,000円未満でも一般物品と消耗品の販売合計額が5,000円以上であれば、一般物品を消耗品と同様の指定された方法により包装することで、免税となる。これにより、例えば民芸品や伝統工芸品など単価の低い商品も免税で購入しやすくなり、外国人旅行者が地方でより多くの買い物をすることを促す効果が期待される。

■一般物品と消耗品

　免税対象物品は、通常生活の用に供される一般物品、消耗品であり、非居住者が事業用または販売用として購入することが明らかな場合は、免税販売対象外になる。

　図表 4-18-2 のように、一般物品とは、家電製品、バッグ、衣料品などの消耗品以外のものであり、消耗品とは、飲食料品、医薬品、化粧品などである。一般物品と消耗品の明確な区別は事業者に委ねられている。

図表 4-18-2　一般物品と消耗品

資料：観光庁ホームページより

※当項参考資料：観光庁・経済産業省「消費税免税店の手引き」

6. インバウンドと免税店

■消費税免税店の種類

　消費税免税店には、「一般型消費税免税店」と「手続委託型消費税免税店」の２種類がある。「一般型」とは商品を販売する店舗で免税手続を行う免税店を指し、「手続委託型」とは商店街やショッピングセンター内に出店している店舗で免税手続カウンターに免税手続を委託する店を指す。また、2019年７月から「臨時販売場制度」が創設された。臨時販売場は販売期間が７か月以内限定の免税店で、イベント等に出店する場合において、簡素な手続きにより免税販売が可能となる。

■消費税免税店になるには

　一般型消費税免税店になるには、納税地を所轄する税務署に申請しなくてはならない。

　企業規模を問わず誰でも免税店になることができる。次の①～③の要件すべてを満たしていることが必要である。

①認可条件は、次のイおよびロの要件を満たす事業者（消費税の課税事業者に限る）が経営する販売場であること。

　イ．現に国税の滞納がないこと。

　ロ．輸出物品販売場の許可を取り消され、その取消しの日から３年を経過しない者でないこと。その他輸出物品販売場を経営する事業者として特に不適当と認められる事情がないこと。

②現に非居住者の利用する場所または非居住者の利用が見込まれる場所に所在する販売場であること。

③免税販売手続に必要な人員を配置し、かつ免税販売手続を行うための設備を有する販売場であること。

　許可要件の考え方は、次のとおりである。

　「免税販売手続に必要な人員の配置」とは、免税販売の際に必要となる手続を非居住者に対して説明できる人員の配置が求められる。なお、外国語については、母国語のように流暢に話せることまでは求めておらず、パンフレットなどの補助材料を活用して、非居住者に手続きを説明できる程度で差し支えない。

「免税販売手続を行うための設備を有する」とは、非居住者であることの確認や購入記録票の作成など免税販売の際に必要となる手続を行うためのカウンターなどの設備があれば十分であり、免税販売を行う特別なカウンターを設けることまでを求めているものではない。

■申請のために必要な書類

前述の条件を満たしていれば、消費税免税店を経営しようとする事業者の納税地を所轄する税務署長へ申請し、認可を受ける流れとなる。その際、以下の書類の提出が必要となる。

・輸出物品販売場許可申請書（一般型用）
・許可を受けようとする販売場の見取図
・免税販売の方法を販売員に周知するための資料（免税販売手続マニュアルなど）
・免税販売手続を行う人員の配置状況が確認できる資料（免税販売手続を行う場所の見取図に人員の配置状況を付記したものなど）
・申請者の事業内容が確認できる資料（会社案内やホームページ掲載情報など）
・許可を受けようとする販売場の取扱商品が確認できる資料（取扱商品リスト・商品カタログなど）
・許可を受けようとする販売場において作成する購入記録票のサンプル

なお、申請に費用は特段かからず、通常1〜2ヶ月程度で所轄税務署が審査し、許可を得ることができる。

■手続委託型輸出物品販売場制度

2015年度の税制改正において、「手続委託型輸出物品販売場制度」が創設され、商店街やショッピングセンターなどの特定商業施設内で免税手続きを代理者に一括で引き受けさせることが可能になった。訪日外国人旅行者に対する事業の後押しとなっている。

免税販売手続の委託を可能とする免税手続カウンターの設置が認められ、手続委託型輸出物品販売場では通常の客と同様に外国人旅行者に販売し、免税手続については承認を受けた免税手続カウンターに委託できるようになる。特定商業施設とは、商店街、ショッピングセンター、テナントビルなど

である。その商店街やショッピングセンターの中の複数の店舗で同一の日に同一の非居住者に購入された商品は、合算して免税販売手続きができる。

　販売場を「手続委託型消費税免税店」にしようとする事業者は販売場ごとに、納税地の所轄税務署長の許可を受ける必要がある。免税手続カウンターを設置する事業者も納税地の所轄税務署長の承認を受け、「承認免税手続事業者」となる必要がある。

　認可要件は、一般型消費税免税店の要件に加え、販売場を経営する事業者と当該販売場の所在する特定商業施設内に免税手続カウンターを設置する承認免税手続事業者との間において、次の要件のすべてを満たす関係があること。

①販売場において譲渡する物品に係る免税販売手続につき、代理に関する契約が締結されていること。

②販売場において譲渡した物品と免税手続カウンターにおいて免税販売手続を行う物品とが同一であることを確認するための措置が講じられていること。

③免税販売手続につき必要な情報を共有するための措置が講じられていること。

　また、申請書の手続き書類については、一般型消費税免税店の「販売場の見取図」に代えて、

・許可を受けようとする販売場が所在する特定商業施設の見取図
・免税販売手続の代理に関する契約書の写し
・特定商業施設に該当することを証する書類
　が必要となる。

図表 4-19　手続委託型輸出物品販売場制度

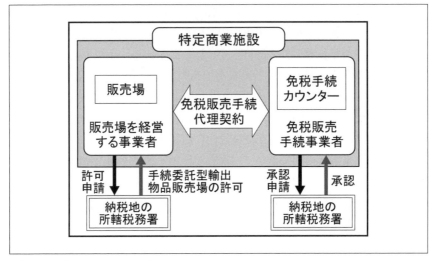

資料：国税庁ホームページより

■臨時販売場制度

　臨時販売場制度とは、7か月以内の期間限定で設置される臨時販売場に関する制度。あらかじめ納税地の所轄税務署長の承認を受けた事業者が、その臨時販売場を設置する日の前日までに、納税地の所轄税務署長に「臨時販売場設置届出書」を提出することにより、当該臨時販売場を輸出物品販売場とみなして免税販売を行うことができる制度。外航クルーズ客船が寄港する際、埠頭に免税店を臨時出店する「事前承認港湾施設内における輸出物品販売場に係る届出制度」に代わるものである。地域のお祭りや商店街のイベント等に出店する場合において、簡素な手続きにより免税販売が可能になり、外国人旅行者への販売機会が増加し、更なる消費拡大につながることが期待される。

※当項参考資料：観光庁・経済産業省「消費税免税店の手引き」

7. インバウンドと免税販売

■消費税免税販売手続の流れ

訪日外国人旅行者が消費税免税店を訪れ、一般物品、消耗品を購入する時、免税措置を希望する場合は、次のような手続きを行う。2020年4月より免税販売手続きが電子化され、紙による購入記録票の作成が廃止された。ただし、2021年9月までは従来の書面による方法も認められる。

①パスポート等の確認

パスポート現物が必要（代替証あり）

※確認事項

非居住者か？入国から6か月たっていないか？販売品は免税対象か？（品目、金額下限、上限）商用利用ではないか？

②購入物品の確認

免税範囲の金額確認と物品区別

一般物品：5,000円以上、消耗品：5,000円以上50万円まで

※一般物品と消耗品の販売額合計が5,000円以上であれば、一般物品も消耗品と同様の特殊梱包（日本国内での消費防止）をすることで免税となる。

③購入記録情報の送信（国税庁の受信システムへ）

従前の購入記録票（パスポート等に貼付・割印等）廃止。

「購入者誓約書」のサイン、提出廃止。

④出国時の手続き説明

輸出するために購入するものであること。出国する際に、税関でパスポートの提示が必要であること。持ち出されていないことが発覚した場合、出国の際に消費税を追徴されること。

⑤精算・商品渡し

税抜き価格（非課税）で精算、もしくは消費税を徴収して販売後、免税カウンターなどで消費税分を返金。消耗品は指定方法にて包装する。

⑦輸出

　非居住者は、出国の際に税関にパスポート等に貼付された購入記録票を提出する。非居住者は、購入した免税物品を携帯して国外へ持ち出す。

※非居住者は免税物品を出国前に他人に譲渡してはならない。

※飲料類、化粧品類等における液体物は、国際線においては客室内への持込制限があるので、受託手荷物とする。

※購入記録情報の保存（7年間）

■梱包の方法

　消耗品を免税販売する際は、梱包が必要となる。包装は「プラスチック製の袋」または「ダンボール製等の箱」が可能。包装は以下のような要件を満たすこと

・出国までに破損しない十分な強度を有すること。

・開封した場合に開封したことが分かるシールで封印すること。

・包装の中の内容物や個数が確認できること。

・出国まで開封しないこと等を日本語および外国語で注意喚起する記載または記載した書面を貼付すること。

図表 4-20　梱包の方法

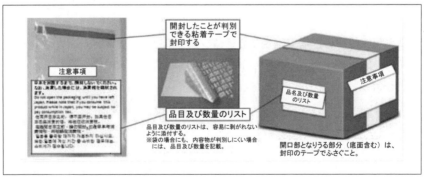

資料：観光庁ホームページより

■免税販売ツール

　免税店において外国人旅行者に物品を販売するとき、免税手続きについて説明するのは容易ではなく、英語だけではなくさまざまな言語に対応する必

要もあり、現実的には難しいことが多い。

　そこで、外国人旅行者向け消費税免税制度を分かりやすく、多言語で説明するためのシート、「免税手続の多言語説明シート」が観光庁のホームページからダウンロードできるので、店舗への掲載、手続カウンターでの説明などに活用したい。英語のほか、中国語（簡体字・繁体字）、韓国語、タイ語などのシートが用意されている。その中の「買い物おたすけシート」は、指差し会話シートとして、コミュニケーションの手助けになる。

図表 4-21　買い物おたすけシート（英語）

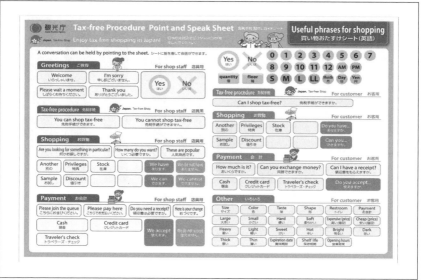

資料：観光庁ホームページより
※当項参考資料：観光庁・経済産業省「消費税免税店の手引き」

8.　インバウンドと免税店拡大

■消費税免税店

　消費税免税店は全国に広がっている。図表 4-22 は、消費税免税店数の推移を表したものである。2020 年 9 月時点の免税店数は、全国で 55,134 店となり、8 年間で 10 倍以上になっているのが分かる。免税店立地の内訳としては、三大都市圏で 34,347 店、三大都市圏を除く地方で 20,787 店となり

（観光庁）、まだ都市圏に集中しているものの、地方でも着実に増加している。

　免税店では、「免税」「TaxFree」のPOPや看板を掲げ外国人旅行者に対し視認性を高めるよう工夫している。また、「免税店シンボルマーク」の掲示も進められている。市中で時折見られる「Duty Free（保税免税店）」は「外国製品を日本に輸入する際に課せられる関税を免除する」ことを指し、日本国内では一部の店舗に限られている。

図表 4-22　消費税免税店数の推移　　　　　　　　　　　　　　　　（店）

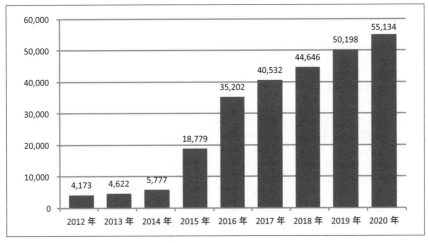

資料：観光庁ホームページより作成

■免税店シンボルマーク

　免税店のブランド化、認知度向上のために「免税店シンボルマーク」がある。店頭にシンボルマークを掲示することにより、外国人旅行者からの識別性を向上させ、外国人旅行者の利便性を高める。

　また、「免税手続カウンターシンボルマーク」も作られ、このシンボルマークを手続カウンターなどに表示することで、外国人旅行者に免税手続きをどこですればよいか、分かりやすく示すことができる。

　使用できる対象者は、消費税免税店（輸出物品販売場）の許可を得ている事業者。申請方法は所定の資料をWeb、もしくは郵送のいずれかにより提出する。提出資料は、免税店シンボルマーク使用申請書、免税店一覧、輸出物品販売場許可書の写しである。

図表 4-23 「免税店シンボルマーク」と「免税手続カウンターシンボルマーク」

資料：観光庁ホームページより

■免税店の情報発信

　消費税免税制度や全国の免税店を訪日外国人旅行者に広く知らせるため、各レベルで情報が発信されている。

　日本政府観光局は、ホームページや Facebook において、免税店の利用方法および免税店のリストを情報発信している。店舗検索も可能。また、各国の日本政府観光局の現地事務所から現地旅行会社、メディア、出版社などへ情報提供し、ガイドブックなどへの掲載を働きかけている。

　さらに、国内外のエアラインの機内誌において消費税免税制度や免税店の利用方法を紹介している。

9. インバウンドと免税手続実施状況

■訪日外国人旅行者の免税手続き実施率

　訪日外国人旅行者に対する消費税免税制度は徐々に浸透し、免税店も増加しているが、実際に訪日外国人旅行者は買い物の際に免税手続きを実施しているのだろうか。

　図表 4-24 は、2019 年の訪日外国人旅行者の免税手続き実施率について全体の実施率と主要 20 ヶ国・地域の実施率を表したものである。全体の実施率はおよそ 55％で、半数以上の外国人旅行者は消費税免税制度を認知し実際に手続きを行っている。

　しかし、国・地域によりその実施率はばらつきがある。旅行者数が多く、かつ買い物行動が盛んな中国が群を抜き、81％の実施率だった。香港、台湾も 70％を超える実施率になっている。これらの国・地域は消費税免税制度

が認知されていることが分かる。以下、アジアのほとんどの国は40%程度の実施率になっている。一方、欧米各国はほとんどの国で20%程度と実施率が低い。

図表4-24　訪日外国人旅行者の免税手続き実施率（全国籍・地域別・2019年）

(%)

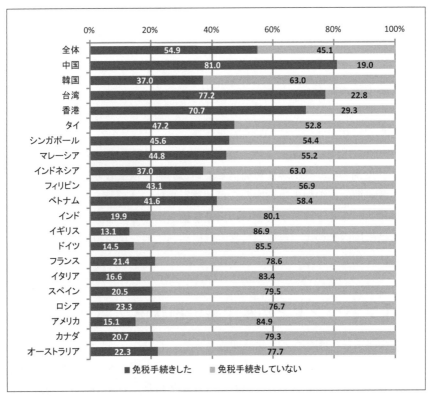

資料：観光庁「訪日外国人消費動向調査」より作成

■訪日外国人旅行者の消費税に関わる免税物品購入総額

　図表4-25は、2019年の訪日外国人旅行者の消費税に関わる免税物品購入総額（消費税を除く）の全体の購入総額と主要20ヶ国・地域の購入総額を表したものである。

　全体の1人あたり平均購入総額は、56,225円であった。国・地域別では、中国が群を抜き1人あたり平均92,886円であった。ベトナムが52,830円と

続いている。3位が香港で46,149円と高額になっている。以下、アジアのほとんどの国・地域が3〜4万円で、欧米各国はほとんどが2〜3万円となっている。買い物の額自体が低い韓国は免税物品購入総額も低い。

図表4-25　訪日外国人旅行者の消費税に係る免税物品購入総額
（消費税を除く・全国籍・地域別・2019年）　　　　（円／人）

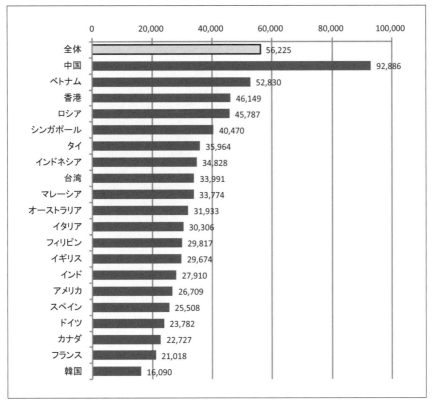

資料：観光庁「訪日外国人消費動向調査」より作成

■訪日外国人旅行者が消費税免税の手続きをした品目

　訪日外国人旅行者が実際に消費税免税手続きをした購入品目はどんなものがあるのだろうか。図表4-26は、訪日外国人旅行者が消費税免税の手続きをした品目（複数回答／全国籍・地域・2019年）を表したものである。

　最も消費税免税手続きの実施率が高かった品目は、「化粧品・香水」であ

り、「医薬品」「菓子類」「衣類」が続く。

図表 4-26　訪日外国人旅行者が消費税免税の手続きをした品目
（複数回答 / 全国籍・地域・2019 年）（%）

購入商品	実施率
化粧品・香水	29.2
医薬品	22.7
菓子類	19.4
衣類	18.9
靴・かばん・革製品	12.4
健康グッズ・トイレタリー	9.6
その他食料品・飲料・たばこ	6.8
電気製品（デジタルカメラ／PC／家電等）	5.7
酒類	3.8
時計・フィルムカメラ	2.1
その他買物代	1.4
民芸品・伝統工芸品	1.4
音楽・映像・ゲームなどソフトウェア	0.9
生鮮農産物	0.7
宝石・貴金属	0.7
本・雑誌・ガイドブックなど	0.4

資料：観光庁「訪日外国人消費動向調査」より作成

精選過去問題にチャレンジ

次の表は、訪日外国人の旅行消費額を表したものである。表中の（　）に入る最も適切な国・地域の組合せを、以下のアからエまでのうち1つ選びなさい。

2019年（総額：4兆8,135億円）

国・地域	消費額
（　a　）	17,704億円
（　b　）	5,517億円
韓国	4,247億円
（　c　）	3,525億円
アメリカ	3,228億円

2018年（総額：4兆5,189億円）

国・地域	消費額
（　a　）	15,450億円
韓国	5,881億円
（　b　）	5,817億円
（　c　）	3,358億円
アメリカ	2,893億円

観光庁「訪日外国人消費動向調査」の「2019年全国調査結果（確報値）」および「訪日外国人消費動向調査（2018年）」より作成

ア. a. 中国　　b. 香港　　c. 台湾
イ. a. 台湾　　b. 香港　　c. 中国
ウ. a. 中国　　b. 台湾　　c. 香港
エ. a. 台湾　　b. 中国　　c. 香港

▌解説

　2019年（令和元年）の観光庁による「訪日外国人消費動向調査」では、訪日外国人旅行消費額が多い上位5か国・地域は、123ページ図表4-2の通りの結果となった。2018年（平成30年）と比べると、台湾と韓国が逆転している。韓国が大幅に減っているが、これは日韓情勢の悪化による影響が少なからずあるとも考えられる。

解答　　ウ

問題 002	次の表は、訪日外国人旅行者１人あたりの旅行支出総額（全目的）の上位５か国を表したものである。表および文章中の（　　）に入る最も適切な国の組合せを、以下の**ア**から**エ**までのうち１つ選びなさい。

費目別１人あたりの旅行支出（全目的）

※パッケージツアー参加費内訳含む　単位：円

	総額	宿泊費	飲食費	交通費	娯楽等サービス費	買物代	その他
（　a　）	247,868	99,537	62,130	35,997	18,540	31,663	0
（　b　）	241,264	102,944	62,101	33,557	22,091	20,506	64
フランス	237,420	100,136	59,608	35,846	11,029	30,801	0
スペイン	221,331	90,552	58,116	37,432	9,911	25,288	32
（　c　）	212,810	45,217	36,631	15,233	6,914	108,788	26

観光庁「訪日外国人消費動向調査（2019年）」より作成

2019年の訪日外国人旅行者１人あたりの国・地域別の旅行支出を、2018年と比べると、総額は前年に（　c　）に替わって１位になった（　a　）が２年連続して１位となった。費目の内訳を見ると、「娯楽等サービス費」の項において（a）に替わって（　b　）が１位になっているのが注目される。

ア. a. 中国 　　　　b. オーストラリア 　　c. イギリス
イ. a. 中国 　　　　b. イギリス 　　　　　c. オーストラリア
ウ. a. イギリス 　　b. オーストラリア 　　c. 中国
エ. a. オーストラリア 　b. イギリス 　　　c. 中国

■ 解説

　aは「オーストラリア」、bは「イギリス」、cは「中国」である。

　訪日外国人旅行者１人あたりの旅行支出は、宿泊日数の多い欧米豪、特にヨーロッパが高くなる傾向にある。ヨーロッパ各国の旅行支出は、平均20万円で全体に比べて高い。内訳を見ると娯楽等サービス費への支出が高く、買い物代が低い傾向がある。イギリスの娯楽等サービス費が前年（8,341円）に比べて高くなった背景には、ラグビーワールドカップ2019日本大会の影響があるとも考えられる。（イギリスは、ラグビーワールドカップ2019日本大会開催期間中の９月と10月に前年同月比80％増を超える伸率を示し初めて訪日旅行者が40万人を突破した。）

解答　　**エ**

問題 003	次の図は、2019 年における訪日外国人旅行者の決済方法の利用率を表したものである。図中の（　　）に入る最も<u>適切な</u>項目の組合せを、以下の**ア**から**エ**までのうち 1 つ選びなさい。

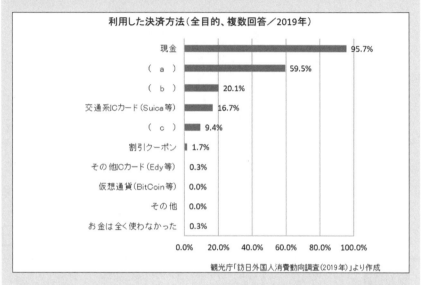

利用した決済方法（全目的、複数回答／2019年）

現金	95.7%
（ a ）	59.5%
（ b ）	20.1%
交通系ICカード（Suica等）	16.7%
（ c ）	9.4%
割引クーポン	1.7%
その他ICカード（Edy等）	0.3%
仮想通貨（BitCoin等）	0.0%
その他	0.0%
お金は全く使わなかった	0.3%

0.0%　20.0%　40.0%　60.0%　80.0%　100.0%

観光庁「訪日外国人消費動向調査(2019年)」より作成

ア. a. クレジットカード　　　　b. モバイル決済（Alipay，WeChat 等）
　　c. デビットカード（銀聯，Visa デビット等）
イ. a. クレジットカード　　　　b. デビットカード（銀聯，Visa デビット等）
　　c. モバイル決済（Alipay，WeChat 等）
ウ. a. デビットカード（銀聯，Visa デビット等）　　b. クレジットカード
　　c. モバイル決済（Alipay，WeChat 等）
エ. a. モバイル決済（Alipay，WeChat 等）　　b. クレジットカード
　　c. デビットカード（銀聯，Visa デビット等）

■ 解説

　「モバイル決済（Alipay，WeChat 等）」は、調査項目名に「Alipay，WeChat 等」とあることからもわかるが中国人旅行者の利用が圧倒的（73.2％）で、かつて多くの中国人旅行者に利用されていた「デビットカード（銀聯，Visa デビット等）」（27.7％）を大きく上回っている。一方「交通系 IC カード（Suica 等）」は、アジア、欧米を問わず各国・地域の旅行者に利用されており、キャッシュレス化への対応の必要性が感じられる。

解答　ア

問題 004	消費税免税販売に関する以下の**ア**から**エ**までの記述のうち、最も適切ではないものを 1 つ選びなさい。

ア. 日本国内の事業所に勤務する外国人は、消費税免税販売の対象とならない。

イ. 日本に入国後 3 か月以上経過した外国人は、消費税免税販売の対象とはならない。

ウ. 消費税免税の対象となる物品は、通常生活の用に供されるものとされ、事業用、販売用であることが明らかなものは免税の対象外となる。

エ. 消費税免税で物品を購入した訪日外国人旅行者は、出国の際にパスポート等を税関に提示し、免税物品を国外へ持ち出さなければならない。

解説

「3 か月以上」としているのが誤り。「非居住者」に該当しない場合として、日本に入国後 6 か月以上経過した外国人であることが挙げられる。

解答	イ

問題 005	消費税免税に関する以下の**ア**から**エ**までの記述のうち、最も適切ではないものを 1 つ選びなさい。

ア. 販売場を経営する者がその販売場において免税販売手続を行う消費税免税店のことを、「一般型消費税免税店」という。

イ. その販売場が所在する特定商業施設内に免税手続カウンターを設置する承認免税手続事業者が、免税販売手続を行う消費税免税店のことを、「手続委託型消費税免税店」という。

ウ. 免税販売の対象となる最低購入金額について、一般物品の場合は 1 万円、消耗品の場合は 5 千円である。

エ. 免税販売の対象となる最高購入金額について、一般物品の場合は上限なし、消耗品の場合は 50 万円である。

解説

消費税免税において、免税販売の対象となる最低購入金額は、一般物品の場合も消耗品の場合も 5,000 円とされている。

解答	ウ

05

第 5 課題
インバウンドとビジネス

Inbound Business Director

1. インバウンドビジネスとは

■インバウンドビジネスとは

　インバウンドビジネスとは、海外から訪れる外国人旅行者をターゲットとしたビジネス、またはその訪問に付随して発生するビジネスのことである。訪日外国人旅行者に商品やサービスを提供しているビジネス、商売全般と言ってもよい。

　インバウンドは訪日外国人旅行のことである。したがって、ツーリズムに関わるビジネスがまず該当する。旅行業、宿泊業、鉄道交通、航空交通、道路交通、観光土産店、観光案内、観光施設、飲食業、ショッピング、さらに、レジャー施設、スポーツ施設、エンタテインメントなど、訪日外国人が訪れて、利用する可能性のあるビジネスは、すべてインバウンドビジネスに関わっていることになる。情報産業やIT産業なども大きく関わりを持ち始めており、また例えば、かつてはビジネスモデルが存在していなかったシェアリングエコノミーも大きなインバウンドビジネスとなっている。

　訪日外国人旅行者が増加し、大都市や有名観光地だけではなく日本全国の地域を訪れ、多様な人々が今までの観光行動とは異なる活動をしている。例えば、街の飲食店や居酒屋に、スーパーマーケットや小売店に外国人旅行者が日常的に訪れ、実質的にその店舗はインバウンドビジネスのプレイヤーになっている。美容室やカラオケ、スポーツ施設などでも、インバウンドビジネスに積極的に取り組み始めているところも出現している。インバウンドビジネスはこうしたさまざまな業界へ広がっており、これに合わせて、物流業界や人材派遣業界などからの参入も相次いでいる。

　訪日外国人旅行者の着実な増加とともに、インバウンドビジネスの市場は年々拡大している。インバウンドビジネスはさまざまな分野に波及しており、インバウンドに関連しない業界は皆無と言っても過言ではないだろう。実際に、既存のビジネスモデルを利用して新たなビジネスモデルを立ち上げて、成功している企業もある。

■インバウンドビジネス戦略

　インバウンドビジネスを展開するにあたって、ビジネスを拡大し、成功するためには積極的にインバウンドと向きあうことが必要である。

　もちろん外国人旅行者の受入れに消極的で、やむを得ず受け入れているというケースもあるであろうが、拡大するインバウンド需要を取り込むことは、もはやすべてのビジネスにおいて避けては通れなくなっている。

①外国人の本質的ニーズを知る

　外国人旅行者といっても、自社の商品・サービスを提供する以上、自社の顧客であることに変わりはない。自らが顧客のニーズを正確に把握し、ニーズに即した商品・サービスを提供することが重要である。外国人は多様な価値観や行動特性を持っているだけに、できる限りさまざまな方法を駆使して、訪日前に本質的なニーズを掴むことがポイントとなる。

②入口を押さえる

　顧客に一番近いところをいかに押さえるかがポイントとなる。インバウンドビジネスの場合は、訪日前の入口である、現地旅行会社や現地企業にアプローチするのが効果的である。また、日本の入り口となる日本側の旅行会社やランドオペレーターも鍵を握っている。

③需要吸収・需要創造・異業種連携

　外国人旅行者の日本国内における行動の中心は消費活動である。その消費ニーズを取り込む受入体制、販売促進が必要である。また、新たな需要を創造することが重要である、旅の途中の外国人旅行者の財布のひもは緩い。とはいえ、外国人旅行者のニーズは多様化しているだけに、個別のコンテンツだけでは不十分なことも多く、その場合は異業種間のプレイヤーの連携が効果を生み出す。

④再訪促進・越境EC

　訪日外国人旅行者を顧客として捉え、Web上で繋がり、帰国後も相互コミュニケーションをとることがグローバル戦略となる。訪日外国人は、訪日中は旅行者だが、帰国すれば現地で生活する一消費者となる。日本の、そして自社の最新情報を送ることにより再訪問を促すことができる。また、形のある商品であれば越境EC（国境をまたいだインターネット通販）により市場を拡大する可能性もある。

図表 5-1　インバウンドビジネス戦略のイメージ

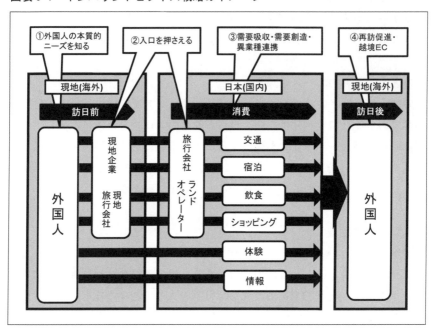

2. 旅行業ビジネス

■ランドオペレーター

　ランドオペレーターとは、旅行会社の依頼を受け、旅行先のホテルやレストラン、ガイド、バス・鉄道などの手配・予約を専門に行う会社のことである。インバウンドにおいては、海外の旅行会社からの依頼を受け、企画やコンサルティングを行い、ホテル、旅館、レストラン、鉄道、航空、バス、イベント、観光施設、通訳ガイドなどの予約、手配を行う日本側旅行会社のことである。ツアーオペレーターとも呼ばれる。

　日本の主要旅行会社もランドオペレーターの役割を果たしているが、シェアは小さい。海外出身者が日本でランドオペレーターとして事業を立ち上げ、自国とのパイプを生かし事業展開している会社が多い。

　訪日旅行の分野は国内旅行や海外旅行に比べ法制度の整備が遅れており、ランドオペレーターのレベルに差がある。その状況を是正するために、2013年、日本旅行業協会（JATA）は、訪日外国人旅行者に対し旅行の品質を保

証する目的で、「ツアーオペレーター品質認証制度」を発足させている。

　2017年の旅行業法改正により、旅行業登録をしていないランドオペレーターに対しては新たに「旅行サービス手配業」の登録制度を導入し、営業所ごとに1人以上の管理者の選任、サービス内容の書面交付などを義務づけ、登録事業者には禁止行為と違反に対する罰則が整備された。2020年現在、旅行サービス手配業は1,500以上登録されている。

■着地型旅行商品

　着地型旅行商品とは、旅行者の旅行目的地、着地である地域の側で商品企画・造成・販売を行う旅行商品や体験プログラムのことである。

　着地型旅行を推進するために、国は2007年、旅行業法を改正し、それまで企画旅行を企画・実施できなかった第3種旅行業者に地域限定で国内募集型企画旅行の企画・実施を認めた。また、2012年には営業保証金の供託額と基準資産額を引き下げて、「地域限定旅行業」を創設し着地型旅行商品の普及を進めた。

　さらに、インバウンド拡大が進む中、着地型旅行を推進することが地方の活性化に直結するとの考え方から、2017年、旅行業登録の要件を緩和した。地域に限定した知識だけで取得できる「地域限定旅行業務取扱管理者」資格を創設、旅行業務取扱管理者1営業所1人の選任基準を緩和し、1人が近接する複数営業所を兼務できるようになった。これにより、地域の観光協会、旅館・ホテル、NPO法人などが地域発着のパッケージツアーを企画・造成・販売するハードルが低くなった。

■OTA

　OTA（Online Travel Agent）とは、店舗を構えず、インターネット上だけで取引を行う旅行会社のことで、「オンライン旅行会社」とも呼ばれる。24時間いつでも膨大な数の商品を閲覧・検索でき、店舗へ出向く必要のない利便性が消費者・旅行者の支持を得ている。インバウンドにおいては、海外の個人旅行者の多くが利用している。

　オンライン取引なので国境の概念はなく、Booking.com、Expedia、Agodaなど大手海外OTAが大きなシェアを持っている。日本のOTAには、楽天トラベル、じゃらんnetなどがあるが、インバウンドにおいては苦戦を強い

られている。

■パッケージツアー

　パッケージツアーとは、旅行会社が出発地（集合場所）から帰着地（解散場所）までの全旅程を管理する形態の旅行商品で、旅行業約款上は「募集型企画旅行」という。JTB の「サンライズツアーズ」をはじめ、訪日外国人旅行者向けパッケージツアーは、インバウンド拡大に合わせて、数やバリエーションを増やしている。

　また、従来のパッケージツアーとは異質な、Web 上で完結する新しいタイプのパッケージツアーとして、ダイナミックパッケージがある。航空機などの交通手段とホテルなどの宿泊施設を、所定の範囲内で任意に選択でき、自由な旅程を可能にする旅行商品である。価格も毎日変動するシステムとなっている。

3. 宿泊業ビジネス

■旅館とホテルの定義

　日本の宿泊ビジネスは、日本の伝統的な宿である旅館と西洋から入ってきたホテルに大きく分類することができる。

　しかし、実際にはホテルと旅館と言う名称の区別をはっきりとしないまま利用していることが多い。旅館の洋風化も進んでいる。ホテルという言葉が宿泊施設全般を指す言葉としても使われている。

　旅館とホテルは、旅館業法によって定められていた。旅館は主に和式の構造・設備を持つ施設、ホテルは主に洋式の構造・設備を持つ施設と定義されていた。旅館は和室の部屋数が 5 室以上、1 部屋あたりの広さが 7㎡以上、ホテルは洋室の部屋数が 10 室以上、1 部屋あたりの広さが 9㎡以上と定められていた。しかし、2018 年の旅館業法改正により、「ホテル営業」と「旅館営業」という種別が、「旅館・ホテル営業」に統合され、最低客室数や構造設備要件が廃止され、最低床面積などが緩和された。法律上は旅館とホテルの違いはなくなった。

　両者の本質的な違いは、歴史的背景から生まれた「和」と「洋」という文化表現の相違にある。ホテルは世界標準となっているが、日本の伝統文化を

守る独自の宿泊形態である旅館が全国的に存在し多くの旅行者に利用されている現実は世界的に見ても稀有なことである。

■旅館とホテルの相違

　旅館とホテルの違いは、ハード、ソフトどの観点からも極めて大きく、利用の仕方も異なっている。日本人の旅行者はこの二つの宿泊施設を見事に使い分けている。インバウンドにおいて、訪日外国人旅行者は日頃から使い慣れている洋室、ベッドで、かつプライバシーが守られるホテルを一般的に好むが、日本固有の旅館の宿泊体験を希望する外国人旅行者も多い。

　図表5-2は、旅館とホテルの相違を表にまとめたものである。このように旅館とホテルでは見事なまでに相違があるが、ともにホスピタリティが経営の基本になっていることは共通している。旅館は特に人的な対応を密にしたおもてなしを前面に打ち出し「和」の文化を強調している。一方、ホテルは宿泊客のプライバシーを大切にし、セキュリティの高さを謳っている。

図表5-2　旅館とホテルの相違

	旅館	ホテル
立地	主に観光地	主に都市
建物	主に和風建築	洋風建築
客室	和室（和洋室・洋室も一部ある） 靴は脱ぐ 就寝は布団 定員は4〜6名が基本	洋室（ベッドルーム） 靴のまま入る 就寝はベッド 定員は2名基本（1名・3〜4名もある）
浴室	大浴場（客室内にも和式風呂がある）	原則客室内（洋式風呂）
パブリックスペース	原則宿泊者のみが利用 スリッパ・浴衣で利用できる	外来客も利用できる スリッパ・浴衣での利用はできない
食事	主に和食（洋食を選択できるところもある）	主に洋食（和食を選択できるところもある）
食事場所	主に客室・館内食事処・和式宴会場	洋食レストラン・洋式宴会場
従業員	和装仲居（客室係）	洋装（フロント・ベル・ウェイター・ウェイトレス）
販売形態	主に一泊二食料金制	主に室料制・一泊朝食料金制
経営形態	小規模施設・地場事業者・家族経営	大規模施設・企業経営・ホテルチェーン
キーワード	おもてなし・伝統文化	ホスピタリティ・プライバシー・セキュリティ

■旅館・ホテルの現状

　旅館・ホテルの施設数はおよそ5万軒で推移している。内訳は旧旅館営業が4万軒ほどで圧倒的に多い。この数年での施設数の減少は旧旅館営業の廃業に伴うものである。小規模、家族経営の多い旧旅館営業は減少傾向が続いている。客室数はおよそ160万室で、増加傾向にある。これは旧ホテル営業の増加によるもので、ホテルの平均客室数は旅館の数倍になる。日本人のライフスタイルの変化などから、旧旅館営業の施設数は減少傾向にあるが、ホテルは着実に増加している。旅行者への供給客室数は漸増している。

　2019年の宿泊施設の延べ宿泊者数（全体）はおよそ5億9,592万人泊であった。日本人延べ宿泊者数は4億8,027万人泊であった。外国人延べ宿泊者数は1億1,566万人泊となり過去最高となった。客室稼働率は全体62.7%であった。施設タイプ別では、シティーホテル（79.5%）、ビジネスホテル（75.8%）、リゾートホテル（58.5%）、旅館（39.6%）となった（観光庁「宿泊旅行統計調査2019」）。

■インバウンドと宿泊業ビジネス

　観光ビジネスはいずれも需要変動型産業であるが、宿泊業ビジネスのその需要の変動幅は大きく、従業員を多く抱えているためその影響は大きい。需要変動の原因となるものは、「景気」と「季節・曜日」である。特に冬季などのオフシーズンと平日の対策が最大の課題となっている。

　訪日外国人旅行は、その課題解決の大きな要素となっている。外国人旅行者は日本の平日、休日に関係なく日本国内で行動するので、宿泊施設の平日と週末、休日との繁閑差を埋めてくれる。季節的にも日本人旅行者はまとまった休暇の取れるGWやお盆、年末年始に集中するが、外国人旅行者の行動は日本の連休とは関係がない。それだけではなく、外国人旅行者は旅行日数が長く、連泊する傾向にあり、2〜3泊、長い場合は数週間の滞在もある。

　さらに国・地域によって休暇時期が異なることも大きなプラス要素である。中国系の国・地域は1〜2月頃に春節（旧正月）、10月に国慶節があり、この時期に訪日旅行を予定する人が多い。タイのソンクラーン（旧正月）は4月、欧米の国々にはクリスマス休暇が1週間程度ある。

■旅館のインバウンド対応

訪日外国人旅行者にとって、日本的情緒を味わうことができる宿泊施設である旅館だが、受入体制はまだ十分とはいえない。

第一に、旅館の宿泊施設としての認知度が不足している。訪日外国人旅行者に、旅館という日本固有の宿泊施設が存在することが知られていない。ホテルとの違いが認識されておらず、日本旅館の魅力が伝わっていない。

また、予約経路が不足している。旅館の自社ホームページが多言語対応していないところが多く、電話でも日本語でしか予約できない。海外の宿泊予約サイトに出稿していない、など外国人にとって予約しづらい点が多い。

ホテルに比べ外国語対応が遅れており、館内においても多言語表示がされていない旅館が多い。外国人旅行者は就寝の時、布団ではなく、ベッドを求める人が多い。食事付きのプランは求めていない人も多いなど、そもそもの受入の課題がある。ベッドも設置された「和洋室」、和のスタイルを壊さない畳の部屋に合った和室用ベッドの活用、食事に関しては、洋食、中華を含めた「メニュー選択制」、さらに客室と食事を別々に販売する「泊食分離」の導入などが試行されている。

しかし、旅館はハード、ソフトの両面で日本の伝統・文化の素晴らしさを味わえる数少ない空間である。どの旅館にも日本独特のおもてなしの心が根付いている。インバウンドにとって他の国と差別化できる魅力的な観光資源でもあることを忘れてはならない。

■ホテルの種類

ホテルは、立地や規模、業態、機能などからさまざまに分類されるが、一般的に次のようになる。訪日外国人旅行者は目的、滞在地、宿泊料などによりこれらを使い分けている。

①シティホテル

都市部に立地する高級大型ホテル。部屋数も多く建築も豪華で設備も充実している。宿泊だけでなくレストランや宴会場、プール、スポーツジムなどの付帯施設を十分に備えたホテル。ブティック、美容院、フラワーショップ、ギフトショップなどのテナント店舗を有している。また、外国人旅行者にも快適に利用できるよう国際的な仕様となっている、いわゆる有名一流ホ

テルが多い。欧米のホテルでは、第三者格付け組織により、そのホテルを総合的に評価して、「星の数」などで格付けされているが、日本ではこのような格付けは行われていない。

②リゾートホテル

主にビーチ、高原、湖畔、温泉など風光明媚な環境の一等地に立地するホテル。観光、保養、スポーツなどを目的とする旅行者が主要な宿泊客となる。長期滞在向きのホテルで、ゆったりしたタイプの部屋が多い。プールやプライベートビーチ、テニスコート、ゴルフ場、スパ、エステなどの付帯施設を持つものもある。

③ビジネスホテル

都市中心部に立地、ビジネス客の出張利用に特化したホテル。企業の出張旅費の範囲内で宿泊料金を設定してあるホテルで、日本特有の形態である。シングルルームの比率が高く、レストランなどの飲食部門は重視しない傾向にある。ホテルチェーンとして全国に展開されているホテルも多く、訪日外国人旅行者の宿泊率が高い。

その他に、自動車でそのままルーム近くまで入ることができるカーホテル、都市の繁華街に立地しカプセル型の簡易ベッドが提供されるカプセルホテルがある。カプセルホテルは日本固有のもので、訪日外国人旅行者が興味を持って宿泊することもある。

また、レジャーホテル（旅館業法に基づくラブホテル類似ホテル）が、ホテル不足の受け皿として注目されている。ホテル全体を一般旅行者向けに改修したり、客室をリニューアルする施設もでてきた。

■その他宿泊業ビジネス

日本の観光を支える宿泊業ビジネスには次のようなものがある。比較的安価で宿泊することができる経済的な宿泊施設である。

①民宿

民宿は、主に海水浴場、スキー場、観光地に立地する小規模で客室が和室の宿泊施設のことである。レジャーや観光目的の旅行者を対象としている。多

くは家族単位での経営である。旅館業法の分類では施設基準により、簡易宿所営業の許可を取得していることが多い。

②ペンション

　民宿のうち、建物が西洋風の外観・内装で、客室はベッドとフローリングの床などを備えた洋室で、食事も主に西洋料理を提供する宿泊施設のことである。主に高原リゾートや山岳リゾート、スキー場、海水浴場、離島などに立地する。民宿同様、家族経営であることが多く、小規模である。訪日外国人のスキー客が宿泊するケースが多い。

③公共の宿

　公共の宿とは、国、地方公共団体、厚生年金、国民年金など公の機関が出資設立、運営している宿泊施設のことである。宿泊料金は低価格だが、設備、食事、サービスも旅館やホテルと遜色のない宿が多い。ほとんどの施設が基本的には誰でも利用できる。

　「休暇村」（財団法人休暇村協会）は、国立・国定公園の中にある宿泊のできるリゾート施設で全国に37施設（2020年）ある。訪日外国人旅行者の誘致も積極的に行っている。その他に、「公営国民宿舎」「かんぽの宿」（日本郵政株式会社運営）、「ハイツ＆いこいの村」（厚生労働省出資設立・財団法人日本勤労福祉センター等運営）、「旅と宿」（全国市町村職員共済組合連合会運営）などがある。

■民泊

　民泊とは、自宅の一部や全部、または空き別荘やマンションの一室などに有料で旅行者を宿泊させるこという。訪日外国人旅行者の増加により宿泊施設が不足する中で、民泊事業者が増加し、インターネットを利用して部屋の貸し手と借り手を仲介する民泊ビジネスも登場した。このような状況のもと、民泊サービスの健全な普及を図るため、2018年、住宅宿泊事業法（民泊新法）が施行された。民泊が旅館業法の対象外となる条件は「人を宿泊させる日数が1年間で180日を超えないもの」とされている。民泊（住宅宿泊事業）を始めようとする者は、都道府県知事に届出をすることにより、民泊を営むことができるようになった。

4. 鉄道交通ビジネス

■駅案内

　訪日外国人旅行者が「旅行中に困ったこと」についての調査に対する回答として、「多言語表示の少なさ・わかりにくさ（観光案内板・地図等）」「公共交通の利用」「鉄道の割引きっぷ」など鉄道交通に関する不満が挙げられている。

　訪日外国人旅行者が頻繁に利用する駅の案内表示の多言語化や切符の購入に際しても多言語対応が進められている。案内表示の連続性の確保、事業者間で異なる案内表示の統一、ピクトグラムの強調、日本語、英語、中国語、韓国語の4ヶ国語による外国語表記の推進なども課題である。駅ナンバリングの整備は着実に進んでいるものの、十分に普及しているとはいえない。

　多言語対応の駅観光案内所、訪日外国人旅行者に向けた無料公衆無線LANサービスの提供の拡大、Suica電子マネーに関する案内の充実、タブレット端末を活用した多言語による情報提供の強化など訪日外国人旅行者向けサービスの拡充が急がれている。

■レールパス

　JRや私鉄などでは訪日外国人旅行者向けのチケットを販売している。代表的なものは次の通りである。

・JAPAN RAIL PASS

　JRグループ6社が共同で発売する外国人旅行者向けの北海道から九州まで乗り放題で利用できるチケット。「のぞみ」「みずほ」以外の新幹線、特急列車を含むすべてのJR線が利用可能。JRバス会社の各ローカル線、宮島フェリー、東京モノレールも利用できる。

　対象は、外国から「短期滞在」の入国資格により観光目的で日本を訪れる外国人旅行者、および一定の条件を満たす海外在住の日本人である。日本国外で購入する必要があるが、2017年から日本国内の一部の箇所で発売されている。グリーン車用と普通車用の2種類があり、7日、14日、21日間用パスに分かれている。価格はリーズナブルで、訪日外国人旅行者に人気がある。

　他にも、JR各社が地域限定で販売している外国人旅行者専用のレールパ

スがある。

- Hokkaido Rail Pass（JR 北海道）
- JR East Pass（JR 東日本）
- Tourist Pass（JR 東海）
- JR West Rail Pass（JR 西日本）
- ALL SHIKOKU Rail Pass（JR 四国）
- JR Kyushu Rail Pass（JR 九州）

その他の主な外国人旅行者向けパス。

- N'EX TOKYO Round Trip Ticket

JR 東日本が提供している成田空港から東京都内までの外国人旅行者向けの特別チケット。

- WELCOME! Tokyo Subway Ticket

「都営地下鉄および東京メトロ全線」と「羽田空港第1・第2ターミナル駅〜泉岳寺駅間の京急線」がセットになった乗車券。

- KANSAI ONE PASS

訪日外国人限定の関西の JR・地下鉄・私鉄・バスの利用に便利なチャージ式交通 IC カード。

- KANSAI THRU PASS

関西私鉄の各線に2日・3日間乗り降り可能となるチケット。外国人および行動を共にする日本国内の居住者が対象。

- KINTETSU RAIL PASS

外国人旅行者を対象とした、近鉄線が5日間乗り降り自由になるチケット。

■クルーズトレイン

　クルーズトレインとは、クルーズ客船のような贅沢な旅を鉄道で提供する豪華観光寝台列車のことである。JR 各社の営業エリア内の観光地を数日間かけて巡るもので、座席指定ではなく旅行商品として販売される。高級感のある客室やダイニングルーム、ラウンジ、景色が楽しめる展望車などを備えている。2013 年に JR 九州が運行開始した「ななつ星 in 九州」が日本初。2017 年には、JR 東日本の「TRAIN SUITE 四季島」、JR 西日本の「TWILIGHT EXPRESS 瑞風」が運行を開始した。

いずれの旅行商品も数十万円と高額なもので、日本の富裕層のみならず、インバウンド富裕層向けのコンテンツの少ない日本にとって貴重な観光資源となる。

■駅弁

駅弁とは、鉄道駅や列車内で販売されている鉄道旅客向け弁当のことである。駅弁の基本は、ごはんとおかずのワンセットになっており、おかずには、魚や肉、野菜、海藻などの多彩な食材が使われている。地域ならではの食材を使用することも多い。衛生面から、あえて冷ましてから詰め、冷めても美味しく食べられる味付けや調理方法で作られるのが特徴である。訪日外国人旅行者も新幹線をはじめ鉄道の旅が多くなり、日本の「OBENTO」が注目されているのと同様に、日本固有の「EKIBEN」にもファンが増えている。

しかし、駅弁がさらに多くの訪日外国人旅行者に受け入れられるためには、文化の違いを理解し、その対応策を考えることが必要である。1つ目が、外国人旅行者は冷えてしまった米飯に慣れていないため、米飯が冷めても美味しく味わえることを理解してもらうことである。2つ目は、大半の駅弁が中身が見えないパッケージを採用しているため、食べられない食材が入っているかもしれないと感じさせる点を理解することである。

5. 航空交通ビジネス

■訪日外国人旅行者向け割引航空運賃

航空会社も訪日外国人旅行者のための国内線運賃を設定している。時期や区間によってはLCCよりも安くなる場合がある。

・ANA Experience JAPAN Fare

国内線を格安運賃で利用することができる。利用条件は、日本国外に居住していること、日本以外のパスポートを持つ外国籍の人または海外永住権を持つ日本人、日本国外発日本着、日本発日本国外着の国際航空券（他航空会社含む）を持っていること。

・JAL Japan Explorer Pass

国内線を格安運賃で利用することができる。利用条件は、日本国外に居住していることで、海外の永住権を持つ日本人でも利用できる。

・Welcome to HOKKAIDO Fare

AIR DO が訪日外国人旅行者向けに提供する運賃で、東京−札幌間に格安の設定がされている。利用条件は、日本以外のパスポートを所持している外国籍の人で、日本着および日本発の国際航空券を所持していれば、その航空券で日本に滞在する期間中の便でのみ利用できる。

・JAL JTA Okinawa Island Pass

日本トランスオーシャン航空（JTA）の訪日外国人旅行者向けの特別割引料金。旅行者は、沖縄にある4つの島間ルートを利用することができる。対象となる乗客は、日本を訪れる日本国外在住者。

■国内LCC

海外からLCC（格安航空会社）で訪日した外国人旅行者の多くは日本国内の移動にも気軽にLCCを利用している。LCCは、従来の航空会社に比べてサービスを簡素化したり、コスト削減を徹底することで格安運賃を実現し提供している航空会社で、機内食や手荷物預りが有料であるなどデメリットとなる部分もあるが、外国人旅行者にとって短時間の国内移動には大きな障壁にはなっていない。

2016年現在、ピーチ、スカイマーク、ジェットスター、春秋航空など各航空会社が、成田、羽田、関西、中部、札幌、福岡、那覇の主要空港はじめ、仙台、茨城、神戸、広島、高松、松山、佐賀、熊本、長崎、大分、宮崎、鹿児島、奄美大島の各空港間に就航している。

■空港ビジネス

日本を代表する空港である成田国際空港は、訪日外国人旅行者に対してさまざまなサービスを行っている。2015年にはLCC専用の第3ターミナルをオープンさせている。

成田国際空港は外国人旅行者向けに「TABIMORI」というアプリを配信している。このアプリは空港だけではなく、天気予報から乗換案内、通貨計算に大使館情報など日本滞在中における必要な情報を配信している。また、このアプリは「japan-guide.com」とも連携している。

さらに、成田国際空港では、言語の壁を撤去するために空港内サービスカウンターで「テレビ電話案内サービス」を実施している。カウンターに設置

されたディスプレイ端末を使用することで、オペレーターによる多言語での
サポートを受けることができる。現在では各ターミナルの案内サービスカ
ウンターに設置されている。また、乗り継ぎ旅客の入国促進を目指し、外国
人に対しツアーガイドを行っている。これは「Narita Airport Transit & Stay
Program」と呼ばれ、短い乗り継ぎ時間でも日本を楽しめるよう、空港周辺
で日本の自然や文化を体験できるコースを用意している。

　成田国際空港内には、出発前エリア、出発後エリアそれぞれにムスリムが
礼拝を行うことができるスペースが設置されている。また、出国前エリアに
ある有料待合室ではハラールミールのケータリングサービスを行っている。
成田空港内にはハラール認証レストランもある。このようなムスリム旅行者
に対する取り組みは関西国際空港はじめ各空港で進んでいる。

6.　道路交通ビジネス

■観光バス

　インバウンドの急激な拡大に伴い、訪日外国人旅行者向けの観光バスの不
足が深刻化している。

　2000年代以降に急増したアジアからの多くの旅行者が求めたのが安価な
貸切バスであった。大手バス事業者はこの要望にこたえる供給数が見込めた
ものの、需要に応える価格設定では採算が合わないとして参入を見送ったた
め、中小貸切バス事業者が受け皿とならざるを得なかった。これが観光バス
不足を引き起こす原因であり、日本のインバウンドの構造的な問題となって
いる。

　その一方で、バス会社は、今までは週末やハイシーズン以外は稼働率が低
かった貸切バスがインバウンド需要により平日でも稼働するようになり、売
上げも大幅に上がっている。また、インバウンドの拡大とともに運送会社な
どが出資して新規参入するケースも増えてきている。

　観光バスに関わるもう1つの問題が深刻な運転士不足である。バス運転士
の数はこの10年間ほぼ横ばい状態で、高齢化も進んでいる。運転士が不足
している理由の1つは、バスの運転に必要な大型2種免許の保有者数が少な
いことにある。

　インバウンド需要の取り込みの中で、豪華観光バスが登場している。大型

観光バスは通常4列45席程度あるが、3列シート、さらに全10席などのものも登場している。座席は革張り、各席には映画などが見られるモニターが設置されシャワートイレが備えられているもの、無料Wi-Fiがあるものなど進化している。

■タクシー

　訪日外国人旅行者は日本国内の都市や観光地での移動の際、バスなどに比べ利便性が高いことからタクシーを利用することが多い。近年、都市部のタクシードライバーは1日に数回外国人を乗せることが珍しくないと言う。FITの訪日外国人旅行者が増加する傾向の中でタクシーの需要はますます増えると予想されている。

　日本のタクシーは、「親切である」「道に迷うことなく目的地まで行ける」「どこでも乗車できる」「不当な料金をとられない」、さらに、「ドアが自動ドア」「忘れ物をしても出てくる」など、日本では当たり前のことが、外国人旅行者には高く評価されている。

　一方で日本のタクシー運賃は諸外国の都市に比べ非常に高いと言われている。多くの海外の都市では、タクシーの初乗り運賃は2～4ドル（約200～400円）程度である。

　東京（東京都23区、武蔵野市、三鷹市）のタクシーは、2017年1月から初乗り運賃を2キロ730円だったところ、1.052キロ410円とした。日本人乗客の「ちょい乗り」需要の喚起、高齢者の短距離移動のニーズへの対応とともに、訪日外国人旅行者の金銭感覚に合わせることも大きな目的となっている。

　また、日本のタクシーには多言語対応、無料Wi-Fi、多様な決済方法などの課題も残されている。

　東京のタクシー業界には「TSTiE（タスティー）ドライバー認定制度」がある。TSTiEとは、「Tokyo Sightseeing Taxi in English」、つまり「英語による東京観光タクシー」の意味で、東京ハイヤータクシー協会が認定している資格である。この資格は高い英会話力と東京観光の知識を有したドライバーであることを認めるものだが、まだわずかなドライバーしか認定を受けていない。インバウンド対応として、認定者が増えることが期待されている。

　全国のタクシー会社もそれぞれインバウンド対策に積極的に乗り出してい

る。ある市のタクシー会社は、2011年から訪日外国人旅行者向けのサービスとして、「1,000円タクシー」のサービス提供を行っている。利用料金は1人あたり3時間1,000円で、観光地の歴史、文化を学んだドライバーが観光案内をしている。あるタクシー会社は「インバウンドおもてなしタクシー」を運行している。大型のバンタイプの車両を使用したタクシーでドライバーが英語で対応し、観光情報の提供やフリーWi-Fiサービス、クレジットカード決済、英語での予約サービスを行っている。

「英会話ドライバー制度」を整備し、社内での英語研修を強化するだけでなく、ドライバーの「海外留学制度」を導入しているタクシー会社もある。あるタクシー会社は外部のオペレーターを通じ、外国人旅行者との会話の翻訳を英語、中国語、韓国語など5ヶ国語に対応するシステムを導入した。さらに、リアルタイムに相互の翻訳ができる多言語音声翻訳システムの実証実験を開始しているタクシー会社もある。

また、ある大手タクシー会社はタクシー運賃の支払いにクレジットカードだけではなく、「Alipay（アリペイ）」などのスマートフォンを利用する決済サービスを開始している。このように全国で、訪日外国人旅行者にとって使いやすいタクシーの実現に向けて、取り組みが進んでいる。

■レンタカー

近年では訪日外国人旅行者の移動手段の一つとしてレンタカーの利用が増えている。観光庁の「訪日外国人旅行者におけるレンタカー利用環境の現状について」(2019)によると、レンタカーを利用する外国人旅行者は急激に増加し、2012年度に26.7万人だった利用者が2017年度に140.6万人になっている。那覇・新千歳ではレンタカー利用の割合が高く、首都圏（成田・羽田）、関西、福岡の各空港も増加している。訪日外国人旅行者のレンタカー利用率は12%と決して高くないが、訪日回数に応じてレンタカー利用率は高くなり6回以上は20%程になる。今後のリピーター増加に伴う、レンタカー利用のさらなる増加が予想される。

各事業者は、多言語対応（ホームページ、カーナビゲーション等）によって予約環境を整備するとともに、相互送客のため、海外レンタカー事業者との提携を実施している。また、一部の事業者では、事前カード決済や海外事務所の開設、旅行保険の開発等、利便・安心を高める取組を実施している。

こうした動きを受けて、高速道路を運営する NEXCO 3 社（東日本・中日本・西日本）は、共同で訪日外国人旅行者向けの乗り放題パス「Japan Expressway Pass」を販売している。これは、日本以外のパスポートを持つ者または日本以外に永住権を持つ日本人で、日本で利用可能な運転免許証を保持する者を対象としている。レンタカーと専用の ETC カードで利用する仕組みになっている。

なお、訪日外国人が日本で自動車を運転する場合、次のいずれかの免許証を所持している必要がある。

1. 日本の免許証
2. 道路交通に関する条約（ジュネーブ条約）に基づく国際免許証
3. 自動車等の運転に関する外国（国際免許証を発給していない国又は地域であって日本と同等の水準にあると認められる免許制度を有している国又は地域）の免許証。政令で定める者が作成した日本語による翻訳文が添付されているものに限る。

図表 5-3 の表は主な国・地域の旅行者の日本での運転の可否を示したものである。

図表 5-3　重点市場各国・地域旅行者の日本での運転の可否

		国・地域名
日本で運転可能	ジュネーブ交通条約加盟国・地域	韓国　香港　フィリピン　シンガポール　タイ　マレーシア　インド　イギリス　フランス　イタリア　スペイン　ロシア　アメリカ　オーストラリア　カナダ
	非加盟だが、特別な条約で認められている国・地域	ドイツ　台湾
日本で運転不可		中国　ベトナム　インドネシア

資料：JNTO「訪日ドライブ旅行の現状と課題」を基に作成

■道の駅

道の駅とは、全国の主要道路に設けられた、道路利用者のための「休憩機能」、道路利用者や地域の人々のための「情報発信機能」、そして道の駅をきっかけに活力ある地域づくりをともに行うための「地域の連携機能」の3つの機能を併せ持つ休憩施設である。全国で1,180駅が登録されている（国土交通省・2020年7月現在）。

道の駅には、24時間利用可能な一定数の駐車スペース、トイレ、24時間利用可能な電話、情報提供施設が備えられている。それに加え、訪日外国人旅行者の受入環境整備の一環として、全国112ヶ所の道の駅が「外国人観光案内所」として認定されている。多言語に対応した外国人案内所や地域の特産品が購入できる免税店、無線LAN、海外発行カード対応ATMなど、外国人旅行者ドライバーのニーズに応えることを目指している。

7. 観光土産ビジネス

■観光土産店

　土産は、旅行先で家族や友人・知人に配る目的で買い求めるその土地にちなむ品物のことである。「土産」は元来、「どさん」または「とさん」と読む漢語で、「土地の産物」を意味する。

　観光土産店とは、主に観光目的の旅行者に対して、土産品を販売する店のことである。いわゆる観光地や観光施設の内外とその周辺、それらのアクセスポイントとなる鉄道駅や空港、港など交通機関のターミナル施設に立地する。多くの旅行者を集める観光地では、土産店が軒を連ねることが多い。地域経済において、土産の製造・販売は大きな比重を占めている。

　観光土産としては、その地域に関わりのある土産菓子、農水産物、加工品、民芸品、工芸品などがある。通常はその土地の名産品、特産品が多い。

　インバウンドにおいては、東京、大阪などの大都市自体も観光地と認識され、各国・地域の旅行者専用の総合土産店もあり、その国の言葉で買物ができることから、多くの団体客が訪れている。

　また、実際にはデパート、スーパーマーケット、コンビニエンスストア、ドラッグストア、家電量販店、100円ショップ、ディスカウントショップなど、日本人が日常的に利用する場所も訪日外国人旅行者の土産購入場所になっている。

■観光土産品

　観光庁の調査によると、外国人旅行者の購入商品としては、菓子類、食料品・飲料・酒・たばこ、医薬品・健康グッズ・トイレタリー、化粧品・香水、服・かばん・靴、電気製品、マンガ・アニメ・キャラクター関連商品な

どが購入されている。

　地方の観光地においては、日本人旅行者と同様に地域の名産品、特産品も外国人旅行者の観光土産の対象となる。しかし、いわゆる地域らしい土産品である、「民芸品」は観光庁調査では購入の上位にはなっていない。

　外国人旅行者にとっては、「地域らしい」より以前に、「日本らしい」がポイントになっている。図表5-4は、在日外国人が運営するサイトで紹介されている「外国人が喜ぶお土産」である。これらが日本らしい観光土産の事例である。外国人旅行者の国・地域、世代、ライフスタイルにより大きく異なるとはいえ、参考になる。

図表 5-4　外国人が喜ぶ日本の観光土産

土産品	土産品（英語）
文房具	Japanese Stationery
英語に翻訳されている漫画	Manga
日本のカレンダー	Japanese Calendars
折り紙	Origami Paper
食品サンプル	Food Replica Samples
電車に関連する商品	Train Goods
漢字が書いてある物	Anything With Kanji
お守り	Good Luck Charms
弁当箱	Bento Box
風呂敷	Furoshiki Wrapping Cloth
扇子	Folding Fans
団扇	Non-Bending Flat Fans
手拭	Washcloth/Dishcloth or Headband
暖簾	Traditional Japanese Split Curtains
箸	Japanese Chopsticks
陶磁器	Japanese Ceramics
招き猫	Manekineko/The Waving Cat
浴衣・甚平	Yukata&Jinbei
風鈴	Japanese Wind Chimes
浮世絵	Ukiyo-e/Pictures of the Floating World
達磨	Daruma Doll
こけし	Traditional Japanese Dolls
けん玉	Kendama

資料：外国人が運営するサイトを基に筆者作成

8. ショッピングビジネス

■デパート

　デパート各社の売上げは、日本人客の売上げが低迷する中、外国人旅行者の購入によって押し上げられてきた。外国人旅行者の購入が拡大する転機になったのが2014年である。それまで家電や衣料品などの一般物品に限定されていた消費税免税対象商品が化粧品や食料品などの消耗品にまで拡大されたからだ。これを背景に2015年には社会現象といわれた中国人旅行者の「爆買い」が日本各地を席巻した。爆買いによる売上げは拡大したが、2016年にはその買い物行動が沈静化した。

　2019年度の全国デパートの年間売上高は既存店ベースで前年比3.1%減の5兆6,186億円となり、前年割れとなった。外国人旅行者の免税総売上は3,461億円と過去最高を更新し、購買者数は約514万人であった。外国人旅行者の売上の内訳は、一般物品1,880億円（前年同月比99.7%）、消耗品1,581億円（前年同月比104.8%）と、一般物品は減少し、消耗品は拡大している。図表5-5は、2019年のデパートの外国人旅行者の月別売上高である（日本百貨店協会発表）。

図表5-5　デパートの外国人旅行者の月別売上高（2019年）　　　（単位：億円）

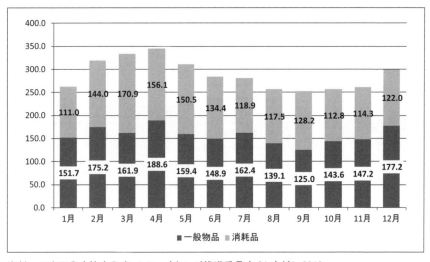

資料：日本百貨店協会発表（インバウンド推進委員店91店舗）2019

デパート各社はインバウンド対策を強化している。免税カウンターの拡大や移設をはじめ、外貨両替機や無料 Wi-Fi の設置、通訳スタッフの増員、メイド・イン・ジャパンにフィーチャーしたプロモーションなどを実施。さらに、訪日外国人の固定客化に注力し始めている。あるデパートでは、来店頻度や購入金額が高い訪日外国人を対象に「VIP 会員証」の発行を始めた。メールアドレスなどの連絡先に新商品の情報を提供するとともに、来店時には通訳に加えて接客専門の「コンシェルジュ」を配置している。

■コンビニエンスストア・ドラッグストア・家電量販店

コンビニエンスストアは、外国人旅行者のスピーディな免税手続が可能な「免税サービス」の対象店舗数を拡大していくと発表している。食料品、化粧品などの消耗品が免税対象になったことで、コンビニは外国人旅行者にとっても使いやすい店になった。各カード決済だけでなく、「微信支付（Wechat Payment）」など電子決済の導入も進んでいる。また、各国語を記載した指差しシートの用意、さらに「コールセンター」による多言語対応サービスも開始されている。

ドラッグストアも、中国人旅行者の大量購入が減少したとはいえ、日本製の化粧品、薬などの人気が高く、外国人旅行者には根強い人気スポットとなっている。外国人旅行者は、自国にいる家族や友人と連絡を取って購入するケースが多いことから店内に無料 Wi-Fi を導入しているところが多い。訪日外国人旅行者は日本の商品に高品質を求めており、出身国別の消費行動をデータ化し、商品開発に反映しているドラッグストアもある。

家電量販店は、中国人旅行者による大量購入の鎮静化に最も大きく影響を受けているが、平日の午前中に家電量販店を訪れる外国人旅行者は依然多く、店にとって重要な客となっている。各店舗とも、英語、中国語などを話せるスタッフを備え、外国人旅行者に対応している。日本製品の信頼性は高く、ドライヤー、一眼レフカメラ、シェーバー、マグボトル、炊飯器、空気清浄機、電気便座、高級オーブンレンジなども人気がある。

ショッピング施設が訪日外国人旅行者によりよく対応するには、多言語対応、電子決済の導入、免税手続きの対応などがポイントとなる。

9. 飲食ビジネス

■飲食店の訪日外国人旅行者受け入れ状況

　前述したが、「日本食を食べること」は、訪日外国人旅行者が「訪日前に期待したこと」も「今回したこと」、そして「次回したいこと」においていずれも1位となっている。「一番満足した飲食」の1位は肉料理、2位は日本の国民食として定着しているラーメンで、「一番満足した飲食の理由」の1位は「美味しい」が突出していた。日本の飲食ビジネス、外食産業にとっては、インバウンドの拡大は大きなビジネスチャンスといえる。

　図表5-6は、飲食店の訪日外国人旅行者受け入れ状況を表したものである。最多の「来店があれば受け入れている」の75%に対して、「積極的に受け入れている」飲食店はわずか17%と、対策をしていない飲食店の多さが伺える。今後の受け入れ意向では、「積極的に受け入れたい・増やしたい」が26%と、積極姿勢の飲食店が多くなる結果になった。

図表5-6　飲食店の訪日外国人旅行者受け入れ状況（2018）

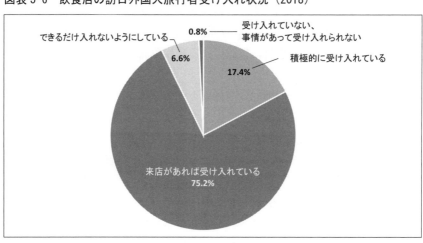

資料：ぐるなび調べ（2018.11）n＝483

今後、新たに実施したい、もっと力を入れたい訪日外国人旅行者への集客対策としては次のものが挙がった

1位　店外に外国語のメニュー表があることを掲示（14.3%）
2位　飲食店情報サイト（外国語版）への掲載（10.4%）
3位　海外の旅行・観光情報サイトへの掲載（8.7%）

それぞれ効果的な対策で、すでに多くの飲食店が行っている。今後も実施していく飲食店が増えていくことが望まれる。

■海外の日本食レストラン

訪日外国人旅行者の日本の食の理解や人気の背景には、海外の日本食レストランの増加がある。地元での日本食のレストランで、さまざまな日本食を日常的に食べるようになり、本場の日本で食べてみたいと多くの外国人が思っていることが推察される。

農林水産省の推計によると2019年の海外における日本食レストランは、約15.6万店であった。図表5-7は、地区別に2017年との対比を表したものである。海外における日本食レストランは、2017年から約3割増加していることがわかる。地区別でみると10万店を超えるアジアでおよそ5割、中南米、オセアニア、アフリカでは3～4割、北米も2桁の伸びを示した。ますます、日本の食を求め訪日する外国人が増加していくものと考えられる。

図表5-7　海外の日本食レストランの数（概数）

	2019年	2017年	対比
アジア	101,000	69,300	146%
ヨーロッパ	12,200	12,200	100%
ロシア	2,600	2,400	108%
中東	1,000	1,000	100%
北米	29,400	25,300	116%
中南米	6,100	4,600	133%
オセアニア	3,400	2,400	142%
アフリカ	500	350	143%
合計	156,200	117,550	133%

資料：農林水産省（2019.12）

■ミシュラン星付レストラン

2007 年、『ミシュランガイド東京 2008』（日本語版・英語版）が刊行された。ミシュランガイド東京版は欧米以外で初となる版であり、日本料理店や寿司屋が 3 つ星を取得した初めての例でもあった。また、英語版は日本国内だけでなく世界 90 ヶ国で販売された。この出来事は、日本のグルメ文化が世界で高く評価され始めたことを端的に示している。

発売当初の東京版では、最上位の 3 つ星がパリの 10 軒に次ぐ 8 軒だったのをはじめ、150 の掲載店すべてが 1 つ星以上を獲得し、星の累計は 191 でパリの 64 軒 97 個の倍以上を獲得して世界最多となり話題となった。3 つ星の評価の条件は「それを味わうために旅行する価値がある卓越した料理」となっている。欧米では、星付のレストランで食事することを目的に、遠隔地まで旅行することが定着している。

実際に、日本でも星付の日本料理店、寿司屋などは早くから外国人旅行者の予約で満席になり、日本人客の予約が取れないという状況が続いている。現在は、東京版のほかに、京都・大阪を対象エリアとした関西版、特別版として北海道、宮城、兵庫、富山・石川、広島、九州などが発売されている。

■飲食店のインバウンド対応

インバウンドが拡大する中、すべての飲食店は外国人旅行者の訪問を受ける可能性がある。また、積極的に受入れることにより売り上げを伸ばすことができるかもしれない。

外国人旅行者の来店を促すには、外国人の目に触れ、入ってみようかな、と思わせることが必要である。外国人の目に触れるためには、外国語メニューが用意されていること、各種クレジットカードが使用できること、外国語を話せるスタッフがいることなどの表記が有効である。「We Have English Menu」「店内有中文菜単」などの店頭表示は外国人旅行者を安心させる。

外国語メニューには、料理の説明文か、料理の写真を添えるのが有効である。外国人にとっては、日本の飲食店のメニューは自国の言葉で解説されても、イメージが湧かず、どんな食べ物かを想像できない、といわれているからである。

また、自店のためにも、日本の飲食ビジネスのためにも、外国人旅行者に

口コミをしてもらうことが大切で、SNS を有効に活用したい。外国人旅行者本人の再訪はそれほど望めないとしても、友人・知人だけでなくその国の訪日希望者に対して、「この飲食店は良かった」ということを情報発信してもらいたい。Facebook や Twitter、Instagram などでの情報発信を上手に促すことがポイントとなる。

10. 観光施設ビジネス

■観光施設ビジネスとは

　観光施設ビジネスとは、観光に関連したすべての施設を運営する事業を指す。したがって、観光の中で大きなウェイトを占める、宿泊施設や観光交通も観光施設ということができる。また、清水寺や伊勢神宮、姫路城、兼六園など歴史的な価値のある観光資源も、観光旅行者の利用に供されることから観光施設のひとつといえる。しかし、一般的には、観光施設は近代以降に観光やレクリエーションの旅行者を誘引する目的で作られたもの、また、観光旅行者に対するサービスを提供する施設を指すことが多い。

■歴史観光資源

　歴史観光資源とは、おおむね江戸期以前に人間によって作られた歴史的な価値のある建造物などのことである。観光施設ビジネスの範囲に入れるのは違和感があるが、インバウンドにおいては、訪日外国人旅行者が日本の歴史文化を知る上で欠かすことのできない観光施設となっている。

具体的には、史跡、神社、仏閣、城郭、庭園、名園、記念碑、像、歴史的建造物（武家屋敷、町家、古民家、芝居小屋、蔵等）などのことであり、いずれも外国人旅行者が訪れてみたい観光スポットといわれている。

　外国人旅行者の人気の観光スポットとして、常に上位に登場する、伏見稲荷大社、厳島神社、東大寺、金閣寺、清水寺、三十三間堂、浅草寺、兼六園、栗林公園などがその代表例である。

■近代観光資源

　近代観光資源とは、明治以降に人間が作り旅行者を誘引する観光資源として定着している施設のことである。動物園、水族館、植物園、博物館、美術館、近代公園、遊園地、テーマパーク、近代的建造物（ビル、タワー、橋、ダムなど）などを指す。

　旭山動物園、沖縄美ら海水族館、国立西洋美術館、箱根彫刻の森美術館、TDR（東京ディズニーリゾート）、USJ（ユニバーサル・スタジオ・ジャパン）、東京スカイツリーなどがその代表例である。

■レクリエーション施設

　レクリエーション施設とは、スポーツやリラクゼーションを体験するための施設のことである。スキー場、ゴルフ場、テニス場、海水浴場、ダイビング施設、温泉施設、エステ施設、農業公園、観光農園、観光牧場、農業体験施設、漁業体験施設などが挙げられる。

　特に日本のスキー場には、オーストラリアや韓国、台湾からのスキーヤーが数多く訪れている。滞在日数が長く、消費額も多い傾向にある。日本人のスキー人口が減少し、厳しい経営状況にあるスキー場が多いだけに、訪日外国人の取り込みは非常に重要である。

　その他に、観光農園、農業体験施設などで果実狩りを楽しむ訪日外国人旅行者も多い。

■観光施設のインバウンド対応

　訪日外国人旅行者の利用増加により、基本的な対応として多言語対応がどの施設にも求められている。対応する言語については、施設特性や地域特性の観点および多言語対応の対象となる情報の種類により異なるが、名称・標

識・サイン・情報系に関しては、英語併記することが基本となる。

　また、解説系すなわち、「展示物等の理解のための文章での解説」については、スペースの都合があれば、まず世界の共通語と言える英語を優先して併記する。また、施設特性や地域特性の観点から、中国語または韓国語などの表記の必要性が高い施設では、中国語または韓国語を併記する。パンフレット・チラシなどの紙媒体やモバイル媒体による情報提供、係員による口頭での案内、音声案内（放送、音声ガイドなど）で、多言語対応を補うことも効果的である。

■訪日外国人旅行者SNS発信地点

　図表5-8は、訪日外国人旅行者のSNS解析ツールによって解析したデータをもとに、訪日外国人の口コミ発信地点情報を中心に集計・分析を行い、訪日外国人旅行者の動向を調査し、ランキング化したものである。（『インバウンドレポート2018』RJCリサーチ・ナイトレイ）訪日外国人旅行者が微博（ウェイボー）やTwitterなどで日本国内滞在中に発信した投稿のうち、約37万件のSNS解析結果データを集計対象としている。

　年間のSNS投稿量が最も多かった場所第1位は「USJ」、第2位「東京ディズニーランド」、第3位「伏見稲荷大社」だった。USJと東京ディズニーランドは、季節変動が小さくオールシーズン型であることや、人気テーマパークで多様な感動を提供していることが投稿の年間総量を押し上げたと分析されている。外国人旅行者の日本の観光施設への興味の傾向が分かる。

図表5-8　訪日外国人旅行者SNS発信地点ランキング　TOP20（総合）（2018年）

順位	SNS発信地点	都道府県	SNS投稿量スコア（pt）
1	USJ	大阪府	5,045
2	東京ディズニーランド	千葉県	4,442
3	伏見稲荷大社	京都府	4,404
4	東京ディズニーシー	千葉県	4,248
5	大阪城	大阪府	3,431
6	東京タワー	東京都	2,559
7	明治神宮	東京都	2,506
8	東京スカイツリー	東京都	2,498
9	奈良公園	奈良県	2,264

順位	SNS 発信地点	都道府県	SNS 投稿量スコア（pt）
10	竹林の小径	京都府	2,213
11	渋谷駅前スクランブル交差点	東京都	1,868
12	築地市場	東京都	1,712
13	道頓堀	大阪府	1,642
14	六本木ヒルズ	東京都	1,639
15	清水寺	京都府	1,627
16	金閣寺	京都府	1,429
17	白川郷	岐阜県	1,317
18	お台場ビーチ	東京都	1,185
19	海遊館	大阪府	1,090
20	チームラボ	東京都	1,007

資料：RJC リサーチ・ナイトレイ「インバウンドレポート 2018」（2018 年 1-12 月）
「SNS 投稿量スコア」：「inbound insight」により取得された各陶工の構成要素（テキスト、イメージ、プレイス情報の有無）を合計し、情報量を図る指標としてスコア化したもの
※「グルメ部門」の店名は除いている

11. エンタテインメントビジネス

■歌舞伎

インバウンド消費は、「モノ」から「コト」へと変化しつつある。多くの訪日外国人旅行者は、日本でしか体験できないエンタテインメントを求め始めている。

その代表格は歌舞伎だといえる。歌舞伎は日本の代表的な伝統芸能の1つだ。歌舞伎の始まりは1600年頃に一人の女性が始めた踊りとされており、400年以上の歴史がある。歌舞伎は最初から最後まですべて観ようとすると、4～5時間を要する。そこで、好きな演目だけを観ることができる一幕見席という席も設けられている。ほぼ毎日公演している上、日本語が分からなくても鑑賞できるよう、東京の国立劇場や歌舞伎座などでは英語のイヤホンガイドなどが用意されている。外国人旅行者にとっては気軽に日本文化の味わえるエンタテインメントといえる。

■落語

　落語とは、1人の落語家が高座の上でオチのある物語を話す日本の伝統的な演芸のこと。落語は江戸時代にできたといわれており、今なお大衆の娯楽として人気がある。落語は寄席で体験することができる。落語は基本的にすべて日本語で語られ、話の内容が分からないとおもしろくない芸のため、落語家の背後にスクリーンを設け、そこに英語と日本語の字幕を映し出す字幕落語が、外国人旅行者の集客を促している。今後、このような取り組みが外国人旅行者をさらに呼ぶことになろう。

■文楽

　文楽とは、江戸時代にできた日本の伝統芸能である。もともと浄瑠璃と呼ばれる語り物と人形を合わせたことでできたもので、今は文楽のことを人形浄瑠璃とも呼ぶ。文楽は太夫、三味線、人形遣いの「三業」と呼ばれる役割で成り立つ総合芸術である。文楽のチケットは比較的安価で、外国人旅行者も観に行きやすい。文楽の公演は大阪が多いので、関西を訪れる外国人旅行者に観てもらいたい。

■大相撲

　相撲の聖地、両国国技館に多くの外国人旅行者が訪れるようになり、東京観光の際は訪れたいスポットとして人気の地となっている。外国人客用の券売機では毎場所約3,000枚のチケットが販売される盛況ぶりで、旅行会社主催の相撲ツアーもすぐに完売するほど人気を博している。

　また、相撲部屋の見学や体験入門も人気で、事前予約すれば間近で朝稽古を見学できる部屋もある。相撲部屋の見学を希望する外国人旅行者の数は増加しており、相撲部屋を訪れた外国人旅行者がSNSや動画投稿サイトなどで情報を発信している。

■競馬

　競馬場観戦ツアーも訪日外国人旅行者、特に中国本土に競馬がない中国人旅行者に人気がある。競馬体験は独特の内容で満足度が高いという。東京競馬場に併設されている競馬博物館では、競馬の歴史、競馬が日本に導入されてからのストーリー、模擬レースの参加などを通じて、競馬は日本の文化で

あることを伝えている。

■非言語劇

　言葉に頼らない、ノンバーバル・パフォーマンス『ギア –GEAR-』（京都市）が、訪日外国人旅行者に大人気になっている。ロングラン9年目に突入、2021年1月には小さな劇場で観客動員数25万人を突破した。

　光や映像と連動したマイム、ブレイクダンス、マジック、ジャグリングによる迫力のパフォーマンスで感動のストーリーを描くとともに、セリフを使わない「ノンバーバル」という演出により、外国人も言葉の壁を越えて楽しめる。このような非言語の催しに対する取組みは各地で始まっている。

12. 観光案内ビジネス

■観光案内所

　観光案内所とは、観光地、鉄道駅、空港などで旅行者に無償で観光情報を提供する場所のことである。外国人旅行者向けには「ツーリストインフォメーションセンター（Tourist information center）」と表示されることが多い。外国人旅行者の多い地域では、外国語を話すことができるスタッフを配置するなど多言語対応が進められている。当該の市町村が直接運営しているところと、観光協会などに委託して運営しているところとがある。

　一般的なサービス内容は、当該地域の観光情報の提供、宿泊予約サービス、劇場・博物館・美術館などのチケット販売、観光バス、観光ツアーの予約、乗車券販売などで、その他に外国通貨の両替所、土産物販売、レンタサイクルの貸し出しなどを行うところもある。

■ JNTO認定外国人観光案内所

　日本政府観光局（JNTO）では、外国人観光案内所の認定制度を運用している。JNTOでは、外国語ウェブサイトや海外事務所を通じてJNTO認定外国人観光案内所ネットワークの情報を海外にPRし、外国人旅行者の利用を促進している。

　認定区分（カテゴリー）は次のようになっている。

・カテゴリー3　常時英語による対応が可能。その上で、英語を除く2つ以

上の言語での案内も常時可能な体制がある。全国レベルの観光案内を提供。原則年中無休。Wi-Fi あり。ゲートウェイや外国人来訪者の多いところに立地。

・カテゴリー2　少なくとも英語で対応可能なスタッフが常駐。広域の案内を提供。

・カテゴリー1　常駐でなくとも何らかの方法で英語対応可能。地域の案内を提供。

・パートナー施設　観光案内を専業としない施設であっても、外国人旅行者を積極的に受け入れる意欲があり、公平・中立な立場で地域の案内を提供。

■手ぶら観光カウンター

外国人の訪日旅行は FIT も多数あり、その多くは自分で大きな荷物を持って日本国内を移動している。自ら荷物を運ぶ必要がなければ、訪日外国人旅行者の利便性が向上する。国土交通省は、訪日外国人旅行者が日本の宅配運送サービスを利用し、手ぶらで観光できる環境を定着させるため外国人対応の「手ぶら観光カウンター」を設置、共通ロゴマークを使用しアピールしている（2019 年 12 月 31 日現在 539ヶ所認定）。

■通訳ガイド

通訳ガイドの業務は基本的には「通訳案内士」が行う。通訳案内士とは、有償での外国語ガイドが可能となる資格で、他国語の語学力はもとより、日本の地理や歴史から産業、経済、および文化に至るまで幅広い知識と素養を必要とする国家資格である。

通訳案内士法が改正され、通訳案内士資格は業務独占から名称独占へと変更され、幅広い主体による通訳ガイドが可能になった。また、通訳案内士は、全国対応のガイドである「全国通訳案内士」に加えて、地域に特化したガイドである「地域通訳案内士」の資格制度が創設された。全国通訳案内士に対しては定期的な研修の受講を義務づけ、質の向上を図っている。

■観光ボランティアガイド

観光ボランティアガイドとは、地域を訪れる旅行者に対し、原則無料で、

自発的に継続して、自分なりのやり方で観光案内・ガイドを行う人のことである。地域のリタイアしたシニア層が多い。全国の多くの観光地で観光ボランティア組織が誕生している。訪日外国人旅行者向けに外国語でガイドをしている人も多く、訪日外国人旅行者の満足度の向上に大きく寄与している。

13. インバウンド支援ビジネス

■インバウンド支援ビジネスとは

　専業として、あるいは兼業として訪日外国人旅行者を相手にビジネスを展開する企業・組織、個人をサポートするビジネスのことである。直接、外国人旅行者とは接しないがインバウンドビジネスの推進に重要な役割を果たしている。

■語学関連

　インバウンドビジネスに関わっていくためには、英語をはじめとした多言語対応が欠かせず、そのサポートが必要となる。

・語学支援機関

　実際に外国人旅行者と接するスタッフが語学スキルを習得するための研修を実施する学校・会社である。短期間で必要最低限の語学スキルが身につく外国人旅行者対応語学講座を開催している学校・会社も数多くある。

・翻訳支援会社

　インバウンドビジネスで必要となる言語の翻訳を支援する会社である。店頭表示、チラシ、パンフレット、レター、メニュー、商品・展示物解説、ホームページなどさまざまなシーンで必要となってくる。

・多言語コールセンター

　電話で英語をはじめとした多言語でオペレーターが対応するコールセンターで、インバウンドビジネスでは心強いサポートとなる。24 時間 365日、テレビ通話、タブレット端末、専門分野などさまざまな対応がある。

・外国人スタッフ派遣

　外国人旅行者が多くなると、それぞれの言語を話す外国人スタッフが必要となってくるケースがある。正社員、契約社員、短期アルバイトなどの

ニーズに対応する外国人専門の人材派遣会社がある。

■インフラ整備

インバウンドビジネスを始める場合に必要となるインフラ整備をサポートする会社がある。

・決済関連サポート

クレジットカード、電子マネーなどの決済のための端末などの整備。

・免税関連サポート

免税のための専用レジスターやパスポートリーダーなど機器、免税品包装用のバッグなど設備、消耗品を用意する会社。

・Wi-Fi 環境整備

Wi-Fi 環境が必要な場合、その機器の設置をサポートする会社。

■プロモーション関連

積極的にインバウンドビジネスを展開する時に、外国人旅行者を集客するためのプロモーションのサポートが必要となる。

・コンサルティング会社

インバウンドビジネスに特化したコンサルティングサービスを提供する会社が数多くできている。

・広告会社

インバウンドビジネス専門の広告・販促を提供する会社もある。

■メディア関連

インバウンド支援をする既存メディア、専門のメディアが数多くあり、外国人旅行者の集客の手助けをしている。

・フリーペーパー

外国人旅行者に特化したフリーペーパーがあり、空港ターミナル、鉄道駅、観光案内所、ホテル・旅館、現地旅行会社などに配備されている。

・旅行ガイドブック

世界各国で発行されているガイドブックが多数あり、影響力は大きい。

・ウェブメディア

インバウンドメディアと呼ばれ多数あり、外国人旅行者の利用が多い。

14. シェアリングエコノミー

■シェアリングエコノミーとは

　シェアリングエコノミー（Sharing Economy）とは、スマートフォンやパソコンを使って個人が保有する無形のものも含む遊休資産の貸出しを仲介するサービスである。空き部屋や空き家など、目に見えるものから料理や DIY の代行など目に見えないものまでがその対象となっている。貸主は遊休資産の活用による収入を得、借主は所有することなく利用できるというメリットがある。

　欧米を中心に広がる中、日本でも普及し始め、その経済効果は非常に大きなものになると予想されている。英国大手コンサルファーム PwC によると、2013 年に約 150 億ドルだった市場規模は、2025 年には約 3,350 億ドルまで成長する見込みだ（総務省ホームページより）。

　代表的な例が、登録された空き部屋などを仲介する Airbnb（エアビーアンドビー）、ハイヤー会社やタクシー会社に加え個人ドライバーと契約し仲介を行う Uber（ウーバー）、空いている駐車場を仲介する akippa（アキッパ）などで、日本でも近年サービスが開始されている。

　インバウンドにおいても、個人旅行者の増加に伴い、さまざまなウェブサービスが利用されているが、シェアリングエコノミーは特に注目されており、実際の活用も増加し始めている。

　資産を有効に利活用するという観点から、環境的負荷や経済的負荷の軽減につながると期待される一方、既存のサービスを規制する法律との整合性が課題になっている。

■Airbnb

　Airbnb（エアビーアンドビー）とは、空き部屋や不動産などの貸借をマッチングするオンラインプラットフォームである。個人・法人を問わず利用でき、共用スペースから戸建て住宅、アパート、個室をはじめ、個人が所有する島に至るまで幅広い物件が登録されている。アパートを 1 泊でも、城を 1 週間でも、ヴィラを 1 ヶ月でも、物件、期間、費用を自由に組み合わせて宿泊する、ユニークな旅行体験ができる。190 ヶ国以上の 65,000 を超える都市で 100 万以上の宿（2019 年現在）が提供されている。

■Uber

　Uber（ウーバー）とは、スマホアプリを使ったタクシー配車サービスで、一般的なタクシー・ハイヤーの配車に加え、一般人が自分の空き時間に自家用車を使って他人を運ぶ仕組みを構築しているのが特徴である。移動ニーズのある利用者とドライバーをマッチングさせるサービスで、世界各地で展開されている。しかし、日本では原則として自家用車を有償で運送の用に供してはならない法規制があるため、海外で一般的に行われているウーバーの自家用車によるサービスを行うことはできない。日本では、一部の都市でプロのタクシードライバーと利用者を結ぶサービスとして、Uber Taxi（ウーバータクシー）の配車サービスが始まっている。

図表 5-9　代表的なシェアリングエコノミー

サービス名	内　容
Airbnb	部屋を提供する人と泊まりたい人を結びつけるサービス、旅先で現地の人の家に安価で泊まることができる
Uber	移動ニーズのある利用者とドライバーをマッチングさせるサービス
Voyagin	旅行者に体験を提供したいと思う現地の人が企画したツアーを楽しむことができる
DogVacay	旅行にペットを連れていけない時に預けたい人と預かりたい人をマッチングするサービス
KitchHike	料理をつくる人（COOK）と食べる人（HIKER）を結びつける交流コミュニティサイト
Feastly	食事を作りたい人と食べたい人をつなぐサービス、作りたい人は時間と場所、料理などを登録する
TaskRabbit	掃除や買い物などの用事の代行を頼みたい人とその用事を受けてくれる人を結びつけるサービス

資料：各サービスのホームページより

精選過去問題にチャレンジ

問題 001

民泊（住宅宿泊事業）に関する以下の**ア**から**エ**までの記述のうち、最も適切ではないものを 1 つ選びなさい。

ア．民泊とは、一般家庭などが空き部屋などに有料で旅行者を宿泊させることで、営業日数が 180 日を超えないものをいう。

イ．2018 年（平成 30 年）6 月に施行された住宅宿泊事業法（民泊新法）は、民泊事業を始めようとする者が届出等を行う必要がなく、いつでも簡単に事業を始められるようにすることを目的として作られた。

ウ．民泊新法の成立の背景には、民泊事業が世界各国で展開されており、日本でも急速に普及していること、急増する訪日外国人旅行者のニーズや大都市部での宿泊需給の逼迫状況を解消する必要があることなどが挙げられる。

エ．民泊は、借主にとっては、「安く泊まれる」、「ホテルでは味わえない現地の生活を体験できる」などといったメリットがあり、貸主にとっては、「空き室や空き家を有効活用できる」、「世界各国の旅行者と交流できる」などのメリットがある。

■ 解説

ア適　切。民泊（住宅宿泊事業）とは、戸建住宅やマンションの部屋などを貸し出して、旅行者や出張者などに宿泊サービスを提供することをいう。インターネットを通じて、空き室を短期で貸したい人と宿泊を希望する旅行者とをマッチングするビジネスとして増加している。

イ不適切。民泊（住宅宿泊事業）を始めようとする者は、住宅宿泊事業法による住宅宿泊事業の届出を行わなければならない。住宅宿泊事業法（民泊新法）がつくられる前は、住宅を宿泊所として有料で提供する民泊も、旅館業法に基づく旅館業の営業許可を取得する必要があったが、一般の住宅が旅館業の許可を取ることは容易ではなく、許可を得ないまま民泊を行うケースが多くあり、問題となっていた。そこで、違法な民泊をなくし、一定のルールに基づいた健全な民泊サービスを広げるため民泊新法が作られた。

ウ適　切。記述の通り。

エ適　切。記述の通り。

解答　イ

問題
002

鉄道交通ビジネスに関する以下の**ア**から**エ**までの記述のうち、最も<u>適切ではないもの</u>を1つ選びなさい。

ア. Japan Rail Pass は、「のぞみ」「みずほ」以外の新幹線、特急列車など全国の JR 線が乗り放題のチケットであり、東京モノレールも利用することができる。

イ. Japan Rail Pass には、グリーン車用と普通車用の2種類があり、7日、14日、21 日間用パスに分かれている。

ウ. クルーズトレインとは、各地の観光地を数日間かけて巡り、クルーズ客船のような贅沢な旅を提供する豪華観光寝台列車のことである。

エ. 日本初のクルーズトレインは、2013 年に運行開始した JR 東日本の「TRAIN SUITE 四季島」である。

■ 解説

　クルーズトレインとは、クルーズ客船のような贅沢な旅を鉄道で提供する豪華観光寝台列車のことである。各地の観光地を数日間かけて巡るもので、座席指定ではなく旅行商品として販売される。2013 年に <u>JR 九州</u>が運行開始した「ななつ星 in 九州」が日本初のクルーズトレインである。2017 年には、JR 東日本の「TRAIN SUITE 四季島」、JR 西日本の「TWILIGHT EXPRESS 瑞風」が運行開始した。

解答	エ

問題 003	次の表は、訪日外国人旅行者の日本における買い物の費目別購入率と購入者単価を表したものである。表中の（　）に入る最も適切な項目の組合せを、以下のアからエまでのうち1つ選びなさい。

費目別購入率および購入者単価（複数回答 / 観光・レジャー目的）

費目	購入率（%）	購入者単価（円）
（　　a　　）	73.4	8,067
（　　b　　）	47.0	33,052
衣類	39.7	19,097
医薬品	39.5	14,499
その他食料品・飲料・たばこ	39.4	7,607
靴・かばん・革製品	22.7	28,783
酒類	9.0	7,368
健康グッズ・トイレタリー	8.0	14,184
（　　c　　）	9.8	8,166
電気製品（デジタルカメラ／PC／家電等）	9.3	24,470
生鮮農産物	7.8	4,320
本・雑誌・ガイドブックなど	4.5	5,519
時計・フィルムカメラ	3.4	55,765
音楽・映像・ゲームなどソフトウェア	3.2	13,589
宝石・貴金属	1.5	45,181
その他買物代	7.1	14,640

観光庁「訪日外国人消費動向調査（2019年）」より作成

ア．a. 菓子類　　　　　b. 民芸品・伝統工芸品　　　c. 化粧品・香水

イ．a. 化粧品・香水　　b. 菓子類　　　　　　　　c. 民芸品・伝統工芸品

ウ．a. 菓子類　　　　　b. 化粧品・香水　　　　　c. 民芸品・伝統工芸品

エ．a. 化粧品・香水　　b. 民芸品・伝統工芸品　　　c. 菓子類

解説

　購入率が最も高く、単価が比較的安いのが「菓子類」の特徴である。知人・友人への土産としての需要が高いと考えられる。二番目に購入率が高いのが「化粧品・香水」である。「菓子類」に比べると単価は高くなっている。「民芸品・伝統工芸品」は、アジアの国・地域の旅行者の購入率は軒並み10%以下と低く、逆に欧米豪の旅行者の購入率は10%から40%と高いのが特徴で、トータルするとこのような数字になる。

解答	ウ

198　第5課題　インバウンドとビジネス

| 問題 004 | シェアリングエコノミーに関する以下の**ア**から**エ**までの記述のうち、最も適切ではないものを1つ選びなさい。 |

ア. シェアリングエコノミーとは、スキルや時間等の無形のものを除く、個人等が保有する活用可能な資産等を、インターネット上のマッチングプラットフォームを介して他の個人等も利用可能とする経済活性化活動のことをいう。

イ. シェアリングエコノミーは、資産を有効に利活用するという観点から、環境的負荷や経済的負荷の軽減につながると期待される一方、その普及には既存のサービスを規制する法律との整合性が課題になっている。

ウ. インバウンドにおいても、個人旅行者の増加に伴い、シェアリングエコノミーは注目されており、宿泊施設の仲介など、実際の活用も増加し始めている。

エ. akippa（アキッパ）は、契約されていない月極駐車場や個人宅の車庫・空き地・商業施設などの空きスペースを、駐車場利用者に仲介するサービスである。

解説

「スキルや時間等の無形のものを除く」が誤りで、正しくは「スキルや時間等の無形のものを含む」である。シェアリングエコノミーには、個人等のスキルや時間等の無形のものを、インターネット上のマッチングプラットフォームを介して他の個人等に提供する経済活性化活動も含まれる。「スキルや時間等の無形のもの」とは、例えば料理のスキルや、家事の手伝いを行う時間などが考えられる。

| 解答 | ア |

ア. フィリピン   **イ**. タイ   **ウ**. 中国   **エ**. 韓国

■ 解説

　フィリピン、タイ、韓国は、ジュネーブ道路交通条約に加盟しているので、国際運転免許証を所持している旅行者は日本での運転が認められている。一方、ジュネーブ交通条約加盟国ではない国である中国からの旅行者は、日本国内で運転することが認められていない。

　なお、ジュネーブ交通条約に加盟していない国・地域であっても、ドイツや台湾からの旅行者は一定の条件のもとで日本での運転が認められている。

解答 **ウ**

06

第 6 課題
インバウンドと
ニューツーリズム

Inbound Business Director

1. ニューツーリズムとは

■ニューツーリズム

　ニューツーリズム（New Tourism）とは、従来の物見遊山的な観光旅行に対して、テーマ性が強く、人や自然との触れ合いなど体験的、交流的要素を取り入れた新しいタイプの旅行を指す。旅行商品化にあたっても都市部の旅行会社主導でなく、地域主導で地域の特性を生かすことが重要視される。その意味でニューツーリズムは地域活性化につながる新しい旅行の仕組み全体を指すこともある。

　インバウンドにおいて、リピーターを中心に日本の観光の中で体験を求める傾向が強まっている。ニューツーリズムは訪日外国人旅行者の新しいニーズに応える旅行スタイルといえる。すでに、各地域で、今後ますます増加する訪日外国人需要を取り込むべく、ニューツーリズム関連のさまざまな観光資源を活用した着地型の滞在プログラムの企画・造成が進んでいる。

■ニューツーリズム誕生の背景

　第二次世界大戦後、欧米や日本においてはマスツーリズム（Mass Tourism）の時代を迎える。

　マスツーリズムとは、戦後に欧米や日本などの先進諸国で発生した観光が大衆の間で広く行われるようになった現象を指す。それまで一部の特権階級、富裕層に限られていた観光旅行を幅広い人たち、数多くの人たちが体験できるようになった観光現象のことである。

　日本においては欧米諸国に遅れ 1960 年代後半から始まった。1964 年の東京オリンピックを機に、東海道新幹線が開業、高速道路の開通、大型ホテルの建設、海外観光旅行の自由化などが相次いだ。さらに、ジャンボジェット機も登場する。運輸・宿泊関連の拡充とそれに伴う低価格化、旅行会社の台頭、人々の経済力向上に伴う可処分所得の増加、休暇の拡大などを背景に、1970 年の大阪万博を境に一気にマスツーリズム化が進んだ。

　マスツーリズムの進行は、旅行の低価格化を実現し、多くの一般の人々がいつでも気軽に旅行する環境を作り、大量の旅行者が有名観光地に訪れるようになった。天然資源や特に目立った産業のない国々や地域が観光地へと発展し、その地に大きな経済的繁栄をもたらすこともあった。

■ニューツーリズムの誕生

　マスツーリズムは、多くの人々に観光という楽しい経験を与える一方で、大量の人々による観光資源の頻繁な利用がさまざまな問題を引き起こしていた。自然環境の破壊、地域文化の侵害、治安の悪化、さらに観光地からの利益の奪取などの問題である。さらに効率重視による観光商品の規格化が進んだことで、個性化、多様化する旅行者のニーズを満たしていないとの批判を受けるようにもなった。

　1980年代の後半には、マスツーリズムに代わる新たな観光のあり方として、「オルタナティブツーリズム（Alternative Tourism）」という概念が提唱された。マスツーリズムに取って代わる「もうひとつの観光」という意味である。さらに、その後、「サステイナブルツーリズム（Sustainable Tourism）」という概念が提唱された。「持続可能な観光」という意味で、マスツーリズムの反省から、環境や文化の悪化、過度な商業化を避けつつ、観光地本来の姿を追求するという考え方である。ともに今後の観光のスタイルを考える時の大きな指針となる概念であり、具体的な旅行スタイルの提示ではなく今後の観光のあり方の理念を示したものである。

　このような考え方を背景として、観光市場の成熟ともあいまって1990年代になると、多くの旅行者と行動をともにする名所旧跡を巡る画一的な旅行が敬遠され始め、個人の興味関心を探求する、そこでしかできない感動体験を求める多様なツーリズムが生まれ始める。この新しいスタイルの旅行が「ニューツーリズム（New Tourism）」と呼ばれる。

　またこれらの背景には、観光が成熟し旅行者の旅行動機や旅行目的が多様化、個性化してきたことがあり、欧米の先進国の旅行者から始まったニューツーリズムは、今日世界的な潮流となっている。

2. エコツーリズム

■エコツーリズム

　エコツーリズム（Ecotourism）とは、自然・歴史・文化など地域固有の資源を生かした観光を成立させること、観光によってそれらの資源が損なわれることがないよう適切な管理に基づく保護・保全を図ること、地域資源の健全な存続による地域経済への波及効果が実現することをねらいとする、資源

の保護、観光業の成立、地域振興の融合を目指す観光の考え方である。地域固有の資源とは、自然だけでなく歴史や文化、生活も含まれる。旅行者に魅力的な地域資源との触れ合いの機会が永続的に提供され、地域の暮らしが安定し、資源が守られていくことを目的とする。これから求められる「地域への責任ある旅行」であり「持続可能な観光」の代表格と言える。

　エコツアーとは、エコツーリズムの理念や考え方を実践するためのツアーであり、日本においては、自然だけでなく、地域ごとの個性的な歴史や文化もツアーの魅力の大きな要素となる。優れた自然の中を探訪するツアーだけではなく、生活文化を題材とする体験ツアーもエコツアーの範疇である。こうした活動を国が支援する「エコツーリズム推進法」が 2007 年に可決され、翌年より施行されている。

　欧米の旅行者を中心に、豊かな自然と特異な文化風土を味わうことができる日本のエコツーリズムは強い興味を抱かれている。多言語でその情報を発信する地域のエコツーリズムのサイトは増えている。

■日本型エコツーリズム

　日本においては、自然豊かな地域だけではなく、従来の観光では対象とされてこなかった、固有の地域資源をもつ里地里山地域にもエコツーリズムの考え方が拡大されていった。その現象を「日本型エコツーリズム」と呼ぶ。日本型エコツーリズムは、3 つのタイプに類型化することができる。

①大自然エリア：豊かな自然の中での取り組み（典型的エコツーリズムの適正化）

　大自然エリアは、山や海の手つかずの自然が残された地域での、典型的なエコツーリズムの取組み地域である。世界自然遺産に登録されている知床や白神山地、屋久島、小笠原諸島がその代表例である。

②観光地エリア：多くの来訪者が訪れる観光地での取り組み（マスツーリズムのエコ化）

　観光地エリアは、すでに多くの旅行者を呼ぶ観光地やその周辺に残された自然や文化を観光資源として取組む地域である。富士山麓や長野県軽井沢、福島県裏磐梯、三重県鳥羽などが代表例である。

③里地里山エリア：里地里山の身近な自然、地域の産業や生活文化を活用した取り組み（エコツーリズムで地域づくり）

　日本特有の里地里山エリアでの取組みが、日本人だけでなく外国人旅行者の注目を集めている。元来観光に縁のなかった地域で、地域の自然と密接に関わる文化、暮らし、食などを観光資源としてエコツーリズムを推進する地域である。長野県飯田市や岩手県二戸市、三重県熊野市、埼玉県飯能市などが代表例であり、全国の里地里山へと拡大している。

■訪日外国人旅行者のエコツアー事例

　四季によって移り変わる日本の自然やそこで生活する人々との出会いを演出する、訪日外国人旅行者も楽しめるエコツアーも多い。

・自然湖ネイチャーカヌーツアー（長野県）

　1984年に起きた地震で山体崩壊を起こした御嶽山の土石流が川を堰き止めてできた自然湖をカヌーに乗って散策するツアー。

・スノーシュー半日ロングツアー（群馬県）

　雪深いみなかみ町で催行されるツアーで、冬の自然環境に詳しいネイチャーガイドとともにスノーシューを履き雪山をハイキングするツアー。

・鳥羽の台所つまみ食いウォーキング（三重県）

　魚介の宝庫である、鳥羽の港・街を地元で愛されるさまざまな食材をつまみ食いしながら巡る短時間のツアー。

・飛騨里山サイクリング（岐阜県）

　地元に精通したガイドとともに自転車で旅するツアー。このツアーの最大の魅力は地域住民との交流が楽しめることである。

3. ロングステイ

■ロングステイ

　ロングステイ（Longstay）とは、同じ場所に長期滞在し、日常生活を通じて現地の人や文化、慣習に触れることを楽しむ旅行の一形態であり、「暮らすようにする旅」を指す。「長期滞在型旅行」「二地域居住」と呼ばれることもある。滞在期間の定義はなく、2週間以上の滞在を指すことが多い。

　もともとは日本人のハワイやカナダ、オーストラリアなど豪華なリゾート

地での長期滞在旅行から始まったものだが、近年は団塊の世代のリタイア後のライフスタイルとして、生活費が安く、日本からも近いマレーシア、タイなどでロングステイする形態が新しい旅行スタイルとして定着している。

インバウンドが拡大する中、外国人旅行者のニーズも多様化し、日本での長期滞在を望む人たちが出てきている。生活の源泉を母国に置きつつ日本の1ヶ所の地域に長期滞在し、日本やその地域の文化、暮らしに触れ、住民と交流を深めながら、豊かな時間を過ごすライフスタイルが注目されている。

■ロングステイのデスティネーション

日本人の日本国内のロングステイのデスティネーションは、気候が良く生活のしやすい沖縄や、夏は涼しく、花粉症や梅雨に悩まされず自然豊かな北海道、温泉や高原のある長野などが代表的な場所となっている。

外国人旅行者が日本国内において長期滞在するデスティネーションは、北海道、沖縄や温泉保養地、高原保養地ばかりでなく、東京、大阪、京都などの大都市を望むことも多い。宿泊施設にはホテルや旅館で高級なものから低廉なものまで数多いが、外国人ロングステイヤー向けのキッチンを備えたサービスアパートメント、コンドミニアムなどの宿泊インフラは、欧米に比べるとまだ多くはない。ロングステイヤーの長期滞在に耐えうるハードとソフトの構築が課題といえる。そのひとつとして都市部では、民泊や外国人ゲストハウスなどが注目されている。

■ロングステイビザ

2015年より、日本政府はビザ免除国の富裕層に限り、日本での長期滞在を可能にするビザを発給している。「特定ビザ:特定活動(観光・保養を目的とするロングステイ)」がそれで、一般的には「ロングステイビザ」と呼ばれている。本ビザを取得して来日する外国人は、観光、リゾート地滞在、健診・医療の受診、親戚・知人の訪問など目的は多岐にわたる。ただし、日本滞在中に、事業や就労はできない。観光や保養を目的として訪日する外国人旅行者は、在留資格「短期滞在」で入国することが可能だが、「短期滞在」では原則最長90日までしか在留することができない。それを外国人富裕層対象に、原則6カ月、最長1年間の「特定活動」の在留資格で日本に滞在することを許可されるのが本ビザである。

対象となる外国人の要件は、下記の通りである。

・在留資格「短期滞在」により入国しようとする者に対し、日本が査証免除措置を取っている国・地域の者

・18歳以上、預貯金が邦貨換算3,000万円以上を有する者（夫婦合算可）

■訪日外国人旅行者のロングステイ事例

　北海道のニセコでは、雪質を気に入ったオーストラリア人が数多く訪れているが、そのオーストラリア人が倶知安町にコンドミニアムを購入して長期滞在しスキーを楽しむという現象が起こっている。同じく外国人旅行者のスキー客が多い長野県白馬でもロングステイ用のプログラムを用意している。

　日本の民家の中には、建造されてから時を経ているが、今なおそれぞれの地域らしさを残し、佇んでいるものも多く見られる。この古民家に外国人旅行者を迎えるロングステイの取組みが各地で進んでいる。古民家滞在を通したロングステイで、日本文化と地域の文化を伝え、保存と継承促進につなげていこうというものだ。飛騨地方では、白川郷の合掌造りに代表される古民家滞在が用意されている。また、沖縄の石垣島では、昔ながらの赤瓦の古民家を長期滞在者向けに貸し出すサービスが行われている。

4. グリーンツーリズム

■グリーンツーリズム

　グリーンツーリズム（Green Tourism）とは、農山漁村地域において自然、文化、人々との交流を楽しむ滞在型の余暇活動である。農林漁業体験や地元の人々との交流を楽しむ旅行のことである。近年、都市生活者を中心に自然派志向を目指す家族が増えていること、農漁業体験をさせる中学校や高校が増えたこと、各種団体が実施する農漁業体験が増えたこと、その受け入れ側となる地域の農業者、漁業者の理解が深まったことなどが、グリーンツーリズムが拡大する背景にある。農業公園、観光農園、観光牧場なども数多く設立されている。地域全体をまとめ、多様な体験プログラムを作り、農家民泊などで受入体制を整備しているところもある。

　農村での余暇活動、農業体験は「アグリツーリズム（Agritourism）」、漁村や島での余暇活動、漁業体験は「ブルーツーリズム（Blue Tourism）」と呼ぶ

こともある。ヨーロッパが発祥地で、「アグリツーリズモ（Agriturismo）」（イタリア）、「ルーラルツーリズム（Rural Tourism）」（イギリス）、「ツーリズム・ベール（Tourisme vert）」（緑の旅行・フランス）ともいわれている。いずれも、農村に長期滞在しバカンスを楽しむという余暇の過ごし方である。

　日本では、ヨーロッパのような長期休暇が定着していないこと、都市と農村の距離が比較的近いことなどから、観光農園での果実狩り、農漁村の祭り・イベントへの参加、産地直売所での農林水産物の購入などの短期滞在や日帰り旅行もグリーンツーリズムと位置づけられ、「日本型グリーンツーリズム」と表現することがある。

　グリーンツーリズム施設としては、農作業、農畜産物加工、漁師体験などができる体験施設のほか、農家が経営する宿泊施設である「農村民泊」「ファームイン」、農家が経営するレストランである「農家レストラン」「ファームレストラン」、農家・漁家や農協・漁協が運営する「農産物産地直売所」「ファーマーズマーケット」「フィッシャーマンズワーフ」などがある。

■国際グリーンツーリズム

　国際グリーンツーリズムとは、拡大するインバウンドを背景として、日本での体験を求める外国人旅行者を地域の農村漁村に誘致して農漁業体験を楽しんでもらおうという活動である。

　もともとグリーンツーリズムは欧米先進国が発祥で、バカンスとして馴染み深い旅行形態である。また、アジアにおいても香港やシンガポールなどの都市国家では農村への憧れがある。外国人旅行者にとって田舎こそ「日本ブランド」であるという声もある。田舎の農村風景が日本の原風景であるともいわれ、外国人旅行者の潜在需要は多いと考えられている。

■果実狩り

　最も気軽に楽しめるグリーンツーリズム、日本人にとっては定番の果実狩りが訪日外国人旅行者にとって人気になっている。

　新鮮なフルーツを自分で収穫して食べられる日本の観光農園に、東南アジアからの旅行者が増加している。旬のフルーツを、生産地の果樹園やビニールハウスで自分の手で採り、その場で食べるスタイルである。日本にはイチ

ゴ、サクランボ、ブルーベリー、桃、ブドウ、梨、リンゴ、ミカンなど、どの季節でも何かしら収穫できる果物がある。甘くて美味しい、食べ放題などをうたい文句として、年間を通して楽しめるアクティビティとして注目されている。

■訪日外国人旅行者のグリーンツーリズム事例

　秋田県仙北市は、地域ぐるみで外国人旅行者の受入れに取り組んでいる地域である。仙北市農山村体験推進協議会が農家民宿のコーディネートを行っており、台湾や中国など東南アジアからの旅行者が多いが、時にヨーロッパからの訪問者もあり、素朴な田舎暮らし体験を楽しんでいる。宿泊可能な農家民宿は30軒以上ある。

　日本のグリーンツーリズムの発祥の地といわれる大分県の安心院では、韓国のネット系旅行会社と提携し、韓国国内で認知度が高く来訪者が多い由布院温泉と連携することで、「温泉と田舎生活の体験」をテーマとした商品化を行っている。

5. カルチャーツーリズム

■カルチャーツーリズム

　カルチャーツーリズム（Cultural Tourism）とは、日本独自の歴史に根ざした文化財、伝統的な祭り、伝統工芸、伝統芸能、伝統的な生活文化などの文化的な観光資源に触れ、これに関する知識を深め、知的欲求を満たすことを目的とした観光のことである。主にインバウンドを意識した観光スタイルで、特に、ヨーロッパやアメリカからの訪日外国人旅行者は日本のカルチャーに関心が高く、日本の歴史・伝統文化体験や生活文化体験に対する満足度は高い。「文化観光」と呼ばれることもある。

　実際、訪日外国人旅行者に日本の歴史伝統文化の体験が注目されている。茶道体験、華道体験、書道体験、座禅体験、寿司作り体験、そば打ち体験、和菓子作り体験などである。また、日本固有の新しいサブカルチャーも含めることもある。日本の映画、マンガ、アニメ、ゲームなどのメディア芸術、和食や郷土料理からB級グルメを含めた食文化、アートフェスティバル、ファッションなどである。欧米からの訪日外国人旅行者は、歴史伝統文化と

同じように高い興味を示している。これらは「クールジャパン」と呼ばれ世界的に注目を集めている。

　クールジャパンの取組みは、インバウンドの促進に結びついている。クールジャパンの海外プロモーション展開や魅力的な国内拠点の創造が訪日外国人旅行者の拡大につながり、日本のファンを増やすことになるからだ。

　独自の魅力ある「日本ブランド」を確立し、日本への誘致を促進するとともに、訪日外国人旅行者のリピーターを増やし、外国人も魅力的と感じる独自の地域文化を創造し「地域ブランド」を構築することが大切である。カルチャーツーリズムは、日本ブランドと地域ブランドの双方の構築に大きな役割を果たしている。

■日本伝統文化体験

・茶道・書道・華道体験

　短時間で定番の日本伝統文化を味わえる体験。

・折り紙体験

　一枚の正方形の紙が持つ、無限の可能性が魅力の折り紙を体験。

・盆栽体験

　小さな鉢植えの中に自然の壮大さが秘められた盆栽の世界を体験。

・和太鼓体験

　大迫力の響きが楽しめる日本の伝統楽器である和太鼓の体験。

・舞妓・芸者体験

　衣装をレンタル、本格メイクで舞妓・芸者を体験。

・忍者体験

　忍者姿に変身し、忍者の体術や武器術を体験。

■日本伝統工芸体験

・手漉き和紙体験

　手漉きならではの独特な風合いが魅力の和紙作りを体験。

・江戸手描提灯体験

　職人の技を見ながら、筆と墨を使って江戸手描提灯作りを体験。

・食品サンプル作り

　本物と間違えるようなリアルさが楽しい食品サンプル作りを体験。

■日本料理体験

・寿司作り体験

日本の新鮮な食材で日本のオーソドックスな寿司作りを体験。

・そば打ち体験

国内産の自家製粉のそば粉を使ってそば打ちを体験。

・キャラ弁当作り体験

子どもたちに人気のあるキャラ弁当作りを体験。

6. 産業ツーリズム

■産業ツーリズム

　産業ツーリズム（Industrial Tourism）とは、「産業観光」とも呼ばれ、歴史的・文化的価値のある工場、鉱山やその遺構、今も続く伝統産業などのものづくりの現場、最先端の技術を備えた工場などを対象とした学びや体験を伴う観光のことである。いずれも訪日外国人旅行者の知的好奇心をくすぐる観光コンテンツで、欧米の旅行者を中心に体験者を増やしている。

　産業ツーリズムは愛知県を中心とする東海地方から始まった。東海地方は昔から製造業を中心として栄えてきた地域であり、さまざまな分野のものづくりの現場に直接触れ合うことができる。また、自動車工場や新幹線工場など日本を代表する最先端工場も見学することができる。

　産業ツーリズムは、産業遺産はもちろんのこと、伝統技術や工業生産の現場の見学やものづくり体験などを通じて、日本のものづくりの心に触れることができるため、学生生徒児童の学習の場としても魅力がある。

　産業ツーリズムで、旅行者を受け入れる企業や施設にとっては、消費者に直に接して意見を聞くことや反応を確かめることができ、また企業活動や製品・サービスをPRするよい機会にもなる。また、商用やコンベンション目的の訪問者も産業ツーリズムのターゲットとなり、国の内外を問わず人々の交流の促進や新たなビジネス創出など地域活性化にもつながっている。訪日外国人旅行者の訪問は、まさに海外への情報発信となるビジネスチャンスとなる。

■産業ツーリズムの３分類
①産業遺産
　現在稼働していないが、ある時代の日本やその地域で大きな役割を果たしていた産業の姿を伝える遺物や遺跡。世界文化遺産にも登録されている石見銀山（島根県）や富岡製糸場（群馬県）、軍艦島（端島・長崎県）、韮山反射炉（静岡県）、尚古集成館（鹿児島県）などがその代表である。

②伝統産業
　古来より受け継がれてきた技術や製法を用い、日本の伝統的な文化や生活に根ざしている産業。手工業を中心とした地場産業が多い。陶磁器、織物、漆器、和紙、金細工、人形など生産現場やガラス工房、酒蔵、味噌蔵、醤油醸造所などが全国各地にあり、見学・体験することができる。

③工場現場
　日本ならではの最先端の技術を備えた工場などの生産現場。トヨタ自動車工場（愛知県）、新幹線工場（静岡県）や大田区中小企業工場（東京都）、東大阪市町工場（大阪府）などが代表である。全国にあるさまざまな工場が見学ツアーを受け入れている。

■訪日外国人旅行者の産業ツーリズム事例
　軍艦島は長崎県長崎市にある島で、正式名称は端島という。軍艦の製造を行っていたわけではなく、外観が軍艦のように見えることから、その名で呼ばれるようになった。明治から昭和にかけて海底炭鉱で栄えたが、1974年の閉山に伴い島民が島を離れ、現在は無人島となっている。無人島になってからは産業遺産、集合住宅の遺構として注目され、世界文化遺産に登録された。映画の『007 スカイフォール』（2012）に登場する島のモデルになったり、タイの映画『ハシマ・プロジェクト』（2013）のロケ地にもなっている。海外メディアや投稿動画サイトでも紹介され、外国人旅行者が増加している。

　白鶴酒造資料館（兵庫県）は、大正初期に建造された酒蔵を利用した酒造資料館。昔ながらの酒造工程や作業内容を立体的に展示し、歴史的な建物とともに見学・体験できる。英語（一部中国語・韓国語）案内、無線 LAN

サービスがある。外国人旅行者には日本酒の試飲・購買も好評である。

　パナソニック エコテクノロジーセンター（兵庫県）は、家電製品のリサイクル施設で、「見て・聞いて・触る」多角的な体験を通じて、家電リサイクルに対する理解を深めることができる。ビデオなどで英語、中国語での案内もあり、世界各国から見学者が来訪している。

7. ヘルスツーリズム

■ヘルスツーリズム

　ヘルスツーリズム（Health Tourism）とは、自然豊かな地域を訪れ、医学的、科学的、心理学的な根拠に基づき健康回復や維持、増進を図ることを目的とする観光のことである。病気やけがの治療・療養のほか、美容・痩身、ストレス解消、体力増強など健康増進を目的とした旅行全般を指す。

　近年では、旅行中の医学的、生理学的、心理学的な健康効果を求めるだけではなく、旅行をきっかけとしたQOL（生活の質）の向上を図るための手段として期待されるようになっている。地域では、日本温泉保養士協会が認定する資格による「温泉保養士」を養成したり、温泉や食事を組み合わせた健康プログラムを提供したりするなどさまざまな取組みを始めている。さらに、官公庁、旅行会社、地方自治体などが連携して、ヘルスツーリズムに結びつけた観光資源開発が全国各地で行なわれている。

■ヘルスツーリズムにおける療法
①温泉療法
　温泉地の気候要素を含めて医療や保養に利用することで病気を治療する。湯治として古来より行われている。

②食事療法
　バランスよく食事の成分・量などを調節することによって病気の予防や治療をする。地域固有の薬膳料理なども用いられる。

③運動療法
　運動を用いた心身の健康回復・維持・増進を図るための医学的な療法である。

④気候療法

　日常生活と異なった気候環境に転地して病気の治療や休養、保養を行う自然療法である。

⑤地形療法

　自然環境である地形を利活用して歩行運動を行うことにより、健康・体力づくりを目指す療法である。

⑥森林療法（森林セラピー）

　森林内に入って心身をリフレッシュし、健康を維持することを目的とした「森林浴」を中心とした療法である。

⑦海洋療法（タラソテラピー）

　海水、海藻、海泥、砂および大気、海洋性気候が有するさまざまな海洋環境の特性により予防や治療をする療法である。

■ヘルスツーリズム認証制度

　ヘルスツーリズム認証制度は、ヘルスツーリズムの観光サービス商品（プログラム）の品質を第三者認証によって評価する制度である。日本ヘルスツーリズム振興機構、日本規格協会、日本スポーツツーリズム推進機構が運営するヘルスツーリズム認証委員会による認証が、2018年から開始された。評価については、「安心・安全への配慮」、「情緒的価値の提供」、「健康への気づきの促進」の３点が審査される。認証審査の結果、認証基準に適合していると判定された事業体は「ヘルスツーリズムプログラム提供事業者」、そのサービス商品は「ヘルスツーリズムプログラム」として登録され、旅行者がプログラムの品質を判断するための「見える化」が図られる。

■訪日外国人旅行者のヘルスツーリズム事例

　アトピーや乾癬に効能があり「奇跡の湯」と呼ばれる北海道の豊富温泉の「ミライノトウジ」は、健康相談員が常駐して湯治客をサポートするプログラムである。

　また、既存のヘルスツーリズムのプログラムは温泉地に偏りがちであった

が、近年は温泉地以外の場所で、その土地の風土や歴史、文化に触れられる滞在型プログラムが増加している。一例として、熊野古道を語り部や運動インストラクターとともに歩くことで、自然治癒力を高める和歌山県熊野地域の「熊野古道健康ウォーキング」や、各地で実施されている薬膳料理をテーマとするツアーがある。

8. メディカルツーリズム

■メディカルツーリズム

メディカルツーリズム（Medical Tourism）とは、居住国とは異なる国や地域で検査や治療などの医療サービスを受けに行く旅行のことである。PET検査などの検診、歯科治療や美容整形などの軽度な治療から、がん治療や心臓バイパス手術などの高度手術までを含む検診や病気治療に行く、観光と医療サービスをセットにした旅行のことである。「医療観光」「医療ツーリズム」とも呼ばれる。

旅行先で検診や治療を受け、その後にその国の観光も楽しむ。また、付き添いとなる同行者の観光活動も期待される。メディカルツーリズム先進国といわれるタイやマレーシア、韓国などでは、安くて質の良い医療を求めて訪れる外国人患者を積極的に受け入れている。

国はメディカルツーリズムをインバウンドにおける次世代成長分野と位置づけ推進している。外国人患者の誘致に積極的な病院も出てきており、旅行業界でもパッケージツアー化し、販売を開始している。しかし、外国人患者受入れにあたっては言語の問題をはじめ、治療費用の問題、異文化の問題、国による医療レベルの問題、アフターフォローの問題など、さまざまな課題が存在している。

■メディカルツーリズムの３分類
①治療

治療を目的としたメディカルツーリズムでは、その治療内容によっても異なるが、医療への比重が大きく、ほとんどが観光の要素をまったく含んでいないか、含んでいてもその比重が比較的小さい。具体的な治療としては、がん治療や心臓病治療、臓器移植など高度な医療が挙げられる。

②健診

健診を目的としたメディカルツーリズムの場合は、健診と観光を合わせた人が多い。具体的には、人間ドックやPET検査などが挙げられる。

③美容・健康増進

美容・健康増進を目的としたメディカルツーリズムでは、比較的、医療より観光の比重が大きくなる傾向にある。家族とともに来訪するケースが多い。具体的には、歯科矯正、プチ整形や美容エステ、スパ、森林療法、海洋療法などが挙げられる。

■医療滞在ビザ

医療滞在ビザとは、日本において治療などを受けることを目的として訪日する外国人患者等（人間ドックの受診者等を含む）および同伴者に対し発給されるビザである。受入分野は、医療機関における治療行為だけでなく、人間ドック・健康診断、歯科治療から温泉湯治などの療養まで幅広い。必要に応じ、数次有効のビザが発給される。同伴者は、外国人患者の親戚だけでなく、親戚以外の者も認められる。有効期限は必要に応じ3年で、滞在期間は90日以内、6ヶ月または1年である（90日を超える場合は入院が前提となる）。

■外国人患者受入れ医療機関認証制度

「外国人患者受入れ医療機関認証制度（JMIP）」とは、日本国内の医療機関を対象に、多言語による診療案内や宗教への対応など、日本人とは異なる文化・背景などに配慮した外国人患者の受け入れについて第三者的に評価する認証制度である。48医療機関（2018年現在）が認定を受けている。

また、26の医療機関（2018年現在）が、病院プログラム、大学医療センタープログラム、外来診療プログラム、長期ケアプログラムでJCI（Joint Commission International）を取得している。JCIとは、米国の病院評価機構（JC：The Joint Commission）から発展して設立された、医療の質と患者の安全性を国際的に審査する機関である。

9. フードツーリズム

■フードツーリズム

　フードツーリズム（Food Tourism）とは、その国や地域ならではの食文化である「地域の食」を楽しむことを主な旅行動機や主な旅行目的、主な活動とした旅行を指し、目的地での食に関するさまざまな体験をする旅行も含まれる。これら食文化に触れたり、体験する旅行や考え方をフードツーリズムという。また、地域の食とは、その国民や地域住民が誇りに感じている、その土地固有の食材、加工品、料理、飲料、およびその食にかかわる空間、イベント、食文化のことである。

　前述の通り、「日本食を食べること」は、訪日外国人旅行者が「訪日前に期待したこと」「今回したこと」「今回した人のうち満足した人の割合」、そして「次回したいこと」のいずれの問いについても、上位の回答となっている。訪日外国人旅行者の多くは日本という旅行目的地でフードツーリズムを楽しんでいるといってもいい。また、日本のインバウンドにとって日本の食が外国人旅行者を誘客する、そして感動させる最大の観光資源となっているといえるだろう。

　日本においては、1970年代から、地域の旬の食材や地域独特の豪華料理、郷土料理を求めるグルメツアーが定着し、1990年代に入るとご当地ラーメンブーム、B級グルメブーム、ご当地グルメブームなどの庶民食もその対象となった。また、味覚狩りや農漁業体験など食の生産過程を体験する旅や、道の駅や産地直売所などに地元の新鮮な農産物、海産物を購入しに行く買い物ツアーなども定着してきた。さらに、ワイナリー巡りや酒蔵巡りなどの酒類を体験、試飲、購入する旅も普及し始めている。インバウンドにおいても、定番の日本食だけでなくさまざまな「日本の食」を求め、地方へも外国人旅行者は足を延ばし始めている。

■フードツーリズムの6類型

　日本のフードツーリズムは、食に対する観光行動の質や、食の消費単価などから6つに類型される。

①高級グルメツーリズム

　地域の特徴ある高級食材を用いた料理や地域に古来より伝わってきた会席料理形式の高級伝統料理などの高額な美食を楽しむ旅行である。インバウンドにおいては、都市や食材の産地の高級料亭や高級レストランなどで食す、懐石料理や会席料理、寿司、天ぷら、すき焼き、鰻料理などである。また、ミシュランの星付レストランなども含まれる。

②庶民グルメツーリズム

　地域の自然風土、歴史文化、食材、食習慣などを背景として、地域の暮らしの中から生まれ、地域住民が日頃より好んで食し、愛し、誇りに思っている、美味しくて安価な庶民的な郷土食を食べに行く旅行である。インバウンドにおいては日本の国民食となっているラーメンが代表格で、そば・うどん、お好み焼き、カレーライス、さらに居酒屋食などが挙げられる。

③マルチグルメツーリズム

　地域外の旅行者を惹きつける魅力のある、安価な庶民グルメから高額な高級グルメまで、異質な多種類の特徴ある名物料理を有する都市を訪れ、それらの名物料理を楽しむ旅行のことである。ラーメンから豪華な海鮮料理まで楽しむことができる札幌や、沖縄そばから琉球料理まである那覇などがそれにあたる。

④食購買ツーリズム

　地域で生産される特徴ある食材、食加工品、料理を地域の市場、朝市、道の駅、産地直売所、加工工場などへ購買に行く旅行である。インバウンドにおいてはこれから需要が見込める旅行形態となる。

⑤食体験ツーリズム

　地域における、味覚狩り、食加工体験、郷土食講習会、農業・漁業・酪農体験など、地域で生産される食に関わる生産工程の体験を目的とした旅行である。食に関わる体験型旅行でインバウンドにおいて注目されている。

⑥ワイン・酒ツーリズム

　ワイナリーやブドウ畑を訪れ、ワインと地元の食、生産者との交流、ワイン産地の風土を楽しむこと、または、日本酒や焼酎の酒蔵を訪れることを目的とした旅行である。ワインツーリズム、酒蔵ツーリズムともいわれる。

10.　ワインツーリズム・酒蔵ツーリズム

■ワインツーリズム

　ワインツーリズム（Wine Tourism）とは、地域のワイナリーやブドウ畑を訪れ、その土地の自然、文化、歴史、暮らしに触れ、つくり手や地元の人々と交流し、ワインやその土地の料理を味わう旅行のことである。ワイナリーとはブドウからワインを生産する現場であり、ワインを貯蔵する場所のことである。フードツーリズムのひとつのカテゴリーである。

　1980年代頃より、ワイナリーやブドウ畑を訪れ、ワインと地元の食を楽しむワインツーリズムが、欧米やオーストラリアなどのワイン生産国で盛んになり、今日では余暇を楽しむツーリズムの大きな分野に成長している。日本では、ワイン文化の歴史が浅く、ワイン生産量も少なく、ワイン生産地の受入体制が十分ではなかったため、ワインツーリズムの普及は一部の愛好家にとどまっていたが、近年徐々に一般旅行者にも浸透し始め、注目されている。

　すでに、本格的な国産ワインを生産する有名ワイナリーや、洒落たレストランや宿泊施設を備えたワイナリーには、多くの旅行者が訪れるようになってきている。ワイナリーツアーや見学ツアーなどの着地型旅行や体験プログラムも各地で作られている。自治体や農協、第3セクターやNPO法人などが、観光まちづくりの観点から取組み始めている例も少なくない。

　インバウンドにおいては、ワイン先進国であるヨーロッパやアメリカ、オーストラリアの国々のワイン愛好家の間で、徐々に日本のワイナリーへの理解が広がりつつあり、訪れる外国人旅行者も増えている。日本には北海道から九州まで、300以上のワイナリーがあり、近年、訪日外国人旅行者を含めて積極的な見学者受け入れが始まっている。多くのワイナリーが集積し、本格的なワインツーリズムに取組む山梨県の勝沼地区は最も認知度の高い地域である。

■酒蔵ツーリズム

　ワインツーリズムと酷似したツーリズムが日本には古くからある。酒蔵ツーリズムである。日本酒を醸造、貯蔵する酒蔵を訪れ、生産工程を見学し、試飲し、酒に合う料理を味わい、生産者と交流する旅のことである。日本人にとって魅力的な旅であるが、訪日外国人旅行者にとってもインパクトの強い旅行スタイルとなる。特に海外で人気の高い吟醸酒にスポットを当てた「吟醸ツーリズム」が注目されている。

　海外で日本食ブームが起こり、寿司・刺身などの日本食とともに日本酒を楽しむことが世界中に広まり、日本の「sake」が高い評価を受け始めている。この数年、欧米やアジアの大都市では、日本食レストラン以外のメニューでも日本酒が目立つようになっている。また、ワインショップ、リカーショップ、スーパーマーケットなどで日本酒の扱いが増えており、数種の日本酒を置く店も少なくない。

　実際、2019年の日本酒（清酒）の輸出総額は、約234億円となり、過去最高を記録し、2010年から約2.8倍になっている（国税庁2020年）。その背景には、海外での日本食の人気により、日本食レストランで日本酒を提供し始めたことがある。また、日本酒自体の美味しさが高い評価を得たことも影響している。とくに大吟醸などの高級日本酒は、パリの星付レストランのメニューにもオンリストされている。また、毎年ロンドンで開催されるワインコンペティション「インターナショナルワインチャレンジ（IWC）」では、2007年から「Sake Category（日本酒部門）」が新設されている。

　国内においては、日本人の健康志向、日常食の欧米化、酒類の多様化、若年層のアルコール離れなどを背景に、日本酒消費量は激減しており、それに伴い生産量、製造者である蔵元の数も減少している。こうした中で、政府は日本再生戦略の一つとして、日本酒や焼酎など「國酒」の海外需要開拓に期待をかけている。日本酒の輸出拡大だけではなく、酒蔵を軸とした観光による地域活性化も目指しており、新たな訪日外国人旅行者誘致策と位置づけている。

　2017年から、酒類製造者が、消費税法に規定する輸出物品販売場の許可を受けた酒類の製造場において、自ら製造した酒類を外国人旅行者などの非居住者に対して、一定の方法で販売する場合には、当該酒類に係る消費税に加えて酒税が免除される「輸出酒類販売場制度」が施行された。これは、酒蔵ツーリズムの魅力を高めていくために導入された制度である。

11. スポーツツーリズム

■スポーツツーリズム

　スポーツツーリズム（Sport Tourism）とは、地域で開催されるプロスポーツなどの観戦や、マラソン、ウォーキングなどのスポーツイベントへの参加、スポーツイベントへの支援を目的として、開催地とその周辺観光に訪れる旅行のことである。スポーツとツーリズムを融合させ、交流人口の拡大や地域経済への波及効果などを目指す取組みでもある。

　地域のハイレベルな「みるスポーツ」や、世代を超えて人気を集める「するスポーツ」、地域を挙げてスポーツイベントを誘致・支援する「支えるスポーツ」の３つを柱とするスポーツ資源を活用し、周辺の観光旅行を推進、活性化するもので、訪日外国人旅行者の増加、国際イベントの開催件数増加、国内旅行の宿泊数・消費額の増加などの効果が期待されている。

■スポーツツーリズムの３類型
①みるスポーツ

　オリンピックやワールドカップなどの国際競技大会をはじめ、日本において人気の高いプロ野球、Ｊリーグ、ラグビー、プロゴルフ、バスケット、相撲、柔道、公営競技などの観戦である。これらは国際的に高い評価を受け、日本独自のスポーツ文化ともなっている。

②するスポーツ

　豊かな自然環境や美しい四季を利用したスキー、ゴルフ、ウォーキング、登山、サイクリング、海水浴、魅力的な都市で行われる市民マラソン、地域の自然資源を利用したラフティング、トレッキングなどのアウトドアスポーツ、豊かな海や島で行われるマリンスポーツやダイビングなどのオーシャンスポーツなど、外国人が「するスポーツ」として来日の動機とするスポーツの種類は数多い。

③支えるスポーツ

　地域のスポーツ活動の現場において、大小さまざまなスポーツイベントの誘致から運営までの幅広い活動が「支えるスポーツ」である。「みるスポー

ツ」や「するスポーツ」を支え、スポーツイベントを成功に導く人々の活動のことである。スポーツボランティアの存在などもある。

　国は、スポーツツーリズムは日本の観光資源を誇示していくトリガー（引き鉄）になるとし、スポーツという切り口を活用し、日本の多種多様な観光資源を顕在化させていくとしている。

■訪日外国人が日本で経験してみたい「する」スポーツ・「みる」スポーツ

　図表 6-1 は、国がスポーツツーリズムの主要なターゲットとして考えている中国、韓国、台湾、香港、アメリカ、タイ、オーストラリアの 7 か国・地域を対象に日本で経験してみたい「する」スポーツ・「みる」スポーツを尋ねた調査結果である。

　「する」スポーツでは、各国・地域共に「スノースポーツ（スキー・スノーボード等）・スノーアクティビティ」「登山・ハイキング・トレッキング」「ウォーキング」の意向が高かった。「みる」スポーツでは、各国・地域共に日本の国技であり、日本でしか見ることのできない「大相撲」と「武道（柔道、空手、剣道、合気道など）」が人気であった。自国・地域にもプロ野球がある韓国、台湾では「野球」の人気が高い。「する」スポーツでも意向が高かった「スノースポーツ」は「みる」スポーツとしての意向もある。2019 年、日本でラグビーワールドカップが開催され、イギリスをはじめとしてヨーロッパの国々から多くの観戦者が来日した。これは「みる」スポーツツーリズムの例である。

図表 6-1　日本で経験してみたい「する」スポーツ・「みる」スポーツ

日本で経験してみたい「する」スポーツ（上位 3 項目）

順位	中国	韓国	台湾	香港	アメリカ	タイ	オーストラリア
1	登山・ハイキング	登山・ハイキング	スノースポーツ	登山・ハイキング	ウォーキング	スノースポーツ	ウォーキング
2	海水浴	ウォーキング /	登山・ハイキング	スノースポーツ	テニス	サイクリング	登山・ハイキング
3	マリンスポーツ	海水浴 / スキューバーダイビング	ウォーキング	ウォーキング	ランニング・ジョギング	ウォーキング	スノースポーツ

日本で経験してみたい「みる」スポーツ（上位 3 項目）

順位	中国	韓国	台湾	香港	アメリカ	タイ	オーストラリア
1	武道	野球	野球	武道	武道	バレーボール	大相撲
2	大相撲	サッカー	スノースポーツ	大相撲	サッカー	武道	武道
3	マリンスポーツ	大相撲	大相撲	スノースポーツ	バスケットボール	サッカー	サッカー

資料：「スポーツツーリズムに関する海外マーケティング調査報告書」スポーツ庁（2018）
調査時期：2017 年 10 月　調査方法：WEB 調査
対象エリア：中国、韓国、台湾、香港、アメリカ、タイ、オーストラリア
対象者：直近 3 年以内に訪日経験がある 20〜60 代の男女 各エリア 300 人

12.　コンテンツツーリズム

■コンテンツツーリズム

　コンテンツツーリズム（Contents Tourism）とは、小説・映画・テレビドラマ・マンガ・アニメ・ゲーム・音楽・絵画などの作品に興味を抱いて、その作品に登場する舞台、作者ゆかりの地域を訪れる旅のことである。地域にコンテンツを通じて醸成された地域固有の「物語性」を観光資源として活用する観光のことを指す。小説や映画・テレビドラマなどに登場する観光地を楽しむ旅行スタイルは古くからあったが、近年、マンガ・アニメなどがその対象として注目され顕在化してきた。

　映画やテレビドラマなどの映像作品に登場する舞台を訪ねる旅は、フィルムツーリズム、シネマツーリズム、スクリーンツーリズム、ロケ地ツーリズ

ム、メディア誘発型観光などと呼ばれることもある。また、マンガ・アニメの舞台を訪ねる旅はアニメツーリズム、聖地巡礼とも呼ばれる。

インバウンド誘致において、コンテンツツーリズムは最も注目されているニューツーリズムのひとつである。インバウンド政策だけでなく、経済産業省が主導する「クールジャパン戦略」（デザイン・アニメ・ファッション・映画などのクリエイティブ産業の海外進出促進計画）の中でもアニメ、映画は重要コンテンツとして位置づけられ、両政策が連動して展開されている。

訪日外国人消費動向調査の「訪日前に期待したこと・今回したこと」（複数回答／全国籍・地域／観光目的・2019）において、「映画・アニメ縁の地を訪問」は「期待していたこと」で5.0％、「今回したこと」で4.7％だった。決して大きな数値ではないが、明確な目的をもって訪れている外国人旅行者の存在が見てとれる。

作品の舞台となった地域に、多くの訪日外国人旅行者を呼び込むには、まず地域の関係者や住民が作品をよく知り好きになること、作品世界と現実の地域空間とが相互確認できるようにすること、地域から直接に世界に発信していくこと、原作者、出版社、映画会社、テレビ会社などの著作権者の利益を考慮し信頼関係、協力関係を作り上げることが重要となる。

■フィルムツーリズム

フィルムツーリズムとは、映画やテレビドラマなどの映像作品の舞台となったロケ地や、原作の舞台を訪れる旅である。それが顕在化したのは、1953年にアメリカで制作・公開（日本公開1954年）され世界的大ヒットとなった名作『ローマの休日』の登場に端を発する。映画に触発され、世界中の人々がローマを目指し、長く続く観光現象となった。

日本映画『Love Letter』（1995）は、雪の小樽を舞台にしたラブストーリーである。1999年には韓国でも公開され、韓国での観客動員数100万人という大ヒットを記録した。舞台となった小樽には日本人だけでなく韓国人旅行者が大勢押し寄せた。

中国の大ヒット映画『非誠勿擾』（邦題『狙った恋の落とし方。』2008）の映画後半の主舞台となったのが北海道の道東であるが、この映画の影響で、撮影地を訪れる中国人による北海道観光ブームが起こり、阿寒湖、網走などのロケ地に中国人旅行者が殺到した。韓国テレビドラマ『IRIS-アイリス-』

（2009）は、日本の秋田県で長期ロケが行われ、放送後ロケ地巡りをする韓国人旅行者が激増した。

　このように、映画のロケ地が国内旅行者にとどまらず海外訪日旅行者も呼び寄せる有力な観光資源であると、全国の地域の人々が気づき始めた。2000年代になると、全国各地にロケ誘致を推進するフィルムコミッションが次々と設立され、現在その団体は300以上に及ぶ。

■アニメツーリズム（聖地巡礼）

　聖地巡礼という観光現象が一般的に知られるようになったのは、2007年の『らき☆すた』の埼玉県鷲宮町（現：久喜市）、2009年の『けいおん！』の滋賀県豊郷町以降である。ともに、地元商工会などが地域振興を意識した活動を行い、地域に大きな経済効果を生んだ。その後全国各地で「聖地」が誕生し、多くのファンが訪れている。2016年『君の名は。』の大ヒットによる聖地巡礼は社会現象化した。2020年にはマンガと映画で『鬼滅の刃』が大ヒットし、コロナ禍にもかかわらず登場人物たちに関連する場所をめぐるファンが多くみられた。

　日本のアニメ・マンガはアジアだけでなく世界中で高い評価を受け、熱狂的なファンも多い。今後、インバウンドの拡大に最も寄与するツーリズムとなる可能性がある。

精選過去問題にチャレンジ

問題 001

ニューツーリズムに関する以下のアからエまでの記述のうち、最も適切<u>ではないもの</u>を1つ選びなさい。

ア. ニューツーリズムとは、従来の物見遊山的な観光旅行に対して、テーマ性が強く、人や自然とのふれあいなど体験的、交流的要素を取り入れた新しいタイプの旅行を指す。

イ. ニューツーリズムは、戦後の経済発展に伴う大衆の収入向上と余暇時間の拡大により、欧米や日本などの先進諸国で発生した。

ウ. ニューツーリズムは、従来はなかった新しい観光資源のみを対象とするものではなく、地域で従来から活用されている観光資源や施設もその対象となる。

エ. ニューツーリズムの旅行商品化にあたっては、都市部の旅行会社主導でなく、地域主導で地域の特性を生かすことが重要視される。

■ 解説

ア適　切。記述の通り。

イ不適切。戦後の経済発展に伴う大衆の収入向上と余暇時間の拡大により、欧米や日本などの先進諸国で発生したのは、マスツーリズムである。ニューツーリズムは、マスツーリズムに飽き足らない旅行者のニーズに応える形で発生した。

ウ適　切。地域で従来から活用されている観光資源や施設も、決してニューツーリズムの資源の対象から除外されるわけではない。旅行者に対する資源の見せ方、伝え方あるいは体験のさせ方などを工夫することによって、旅行者により深く観光資源の本質を伝えることができる。

エ適　切。記述の通り。

解答　**イ**

問題 002 ニューツーリズムに関する以下の**ア**から**エ**までの記述のうち、<u>適切ではないもの</u>を1つ選びなさい。

ア. グリーンツーリズムは、手つかずの自然豊かな地域において自然、文化、人々との交流を楽しむ滞在型の余暇活動であり、滞在の期間は、日帰りの場合から、宿泊・滞在を伴う場合までさまざまである。

イ. エコツーリズムは、地域ぐるみで自然環境や歴史・文化など、地域固有の魅力を旅行者に伝えることにより、その価値や大切さが理解され、保全につながっていくことを目指していく仕組みである。

ウ. ヘルスツーリズムは、自然豊かな地域を訪れ、医学的、科学的、心理学的な根拠に基づき健康回復や維持、増進を図ることを目的とする観光のことであり、病気やけがの治療・療養のほか、ストレス解消、体力増強など健康増進を目的とした旅行全般を指す。

エ. フードツーリズムは、その国や地域ならではの食文化である「地域の食」を楽しむことを主な旅行動機や主な旅行目的、主な活動とした旅行を指し、目的地での食に関するさまざまな体験をする旅行も含まれる。

解説

　エコツーリズムとグリーンツーリズムは、その名称から、ともすれば似たようなものと考えられ、その違いが理解されていないことが多い。

　グリーンツーリズムは、「農山漁村地域」における活動、滞在であることがポイントであり、選択肢アは「手つかずの自然豊かな地域」としていることが誤りである。

　それに対してエコツーリズムは、エコツーリズム推進法において「自然観光資源について知識を有する者から案内又は助言を受け、当該自然観光資源の保護に配慮しつつ当該自然観光資源と触れ合い、これに関する知識及び理解を深めるための活動」とされており、対象となる地域は広い。「自然観光資源」とは、自然環境や歴史文化のこととされ、農産漁村地域もその対象になる場合がある。結果的に両ツーリズムの具体的な活動は似たものになるケースもある（例えば里地里山における活動）が、理念、考え方が異なるといえる。

解答　**ア**

問題 003	コンテンツツーリズムに関する以下の**ア**から**エ**までの記述のうち、<u>適切ではないもの</u>を1つ選びなさい。

ア. コンテンツツーリズムとは、小説・映画・テレビドラマ・マンガ・アニメなどの作品に興味を抱いて、その作品に登場する舞台、作者ゆかりの地域を訪れる旅のことである。

イ. 観光庁の「訪日外国人消費動向調査」には、訪日旅行の目的、期待、満足度の項目として「映画・アニメ縁の地を訪問」は、まだ設けられていない。

ウ. 2016年（平成28年）公開の映画「君の名は。」は日本以外でも公開され、舞台のモデルとされた岐阜県飛騨市には多くの外国人旅行者が訪れた。

エ. 日本でロケが行われた外国映画を見た外国人が、そのロケ地を訪ねるために来日するケースも多く、コンテンツツーリズムはインバウンドと親和性が高い。

▊ 解説

　観光庁の「訪日外国人消費動向調査」には「映画・アニメ縁の地を訪問」という項目が設けられている。ちなみに2019年の「映画・アニメ縁の地を訪問」の調査結果（観光・レジャー目的）は以下の通り。

「今回したこと」・・・4.7%

「今回した人のうち満足した人の割合」・・・93.7%

「訪日前に期待していたこと」・・・5.0%

「訪日前に最も期待していたこと」・・・0.8%

「次回したいこと」・・・11.1%

　決して大きな数字ではないが、「映画・アニメ縁の地を訪問」を明確な目的として日本を訪れる外国人旅行者が存在することがわかる。

解答	イ

07

第 7 課題
訪日外国人旅行者の理解

Inbound Business Director

1. 訪日外国人旅行者への対応姿勢

■外国人旅行者への対応の心構え

　訪日外国人旅行者と接するインバウンドビジネスの実務に携わる人々、旅行会社、ホテル・旅館、交通機関、観光施設、土産物店、小売店、飲食店などでの対応は、日本を訪れる外国人にとって、日本の印象を決める大きな要因となる。親切で心温まる対応を受け、とても楽しい旅行だった、もう一度日本に来たい、日本はいい国だと皆に伝えたい、日本が大好きになった、と感じてもらう大きな役割を担っている。

　しかし、外国人だからといって、基本的には日頃の日本人客への対応と変わりはない。「お客様に喜んでいただける商品・サービスを提供する」ことが、何より優先されるべき基本的な心構えである。

　しかし、外国人旅行者の場合は、言葉や人種、宗教、教育、価値観、文化、習慣、風習、食生活などが大きく異なるため、日本人客への対応以上に、細やかな配慮、気配りが必要とされる。日本人には誰にでも「おもてなし」の心がある。その気持ちをしっかりと表現すれば良い。

■外国人旅行者への対応の基本

　訪日外国人旅行者との対応の基本は、人と人とのコミュニケーションである。英語をはじめとしたそれぞれの国の言葉による応対が望ましいが、現実的には難しい。多言語表示などによる案内はその一助になる。外国人旅行者が求めているサービスは、自国と同様のサービスではない。大切なのは、日本流のスタイルで、日本流のおもてなしを提供する中で、それぞれの国の習慣や考え方を十分に理解し相手に合わせた、心の通ったコミュニケーションを図ることである。外国人旅行者を受け入れるために特別な商品やサービスを準備する必要はない。今ある商品・サービスを、今ある形で提供すれば良い。

■外国人旅行者との対応のポイント

①笑顔の挨拶

　人と人とが出会って、最初に交すのが挨拶である。笑顔できっちり挨拶することが大切である。日本人は無表情で何を考えているか分からないと言われる

ことがある。そのイメージを最初に払拭したい。

②心のこもったサービス

　ビジネスにおいて、相手が何を求めているかを見極めるのが、最大のサービスであり、おもてなしの真髄である。相手の立場を配慮した誠意ある対応は、国や文化の違いを超えて必ず伝わるものである。

③積極的な姿勢

　日本人は外国人旅行者を前にすると消極的になってしまう傾向がある。それは、言葉の壁や日本人の性格などからくるものであるが、外国人に対しては、積極的にコミュニケーションをとろうとする姿勢が重要である。

④多言語で対応する

　外国人旅行者のそれぞれの言語で対応できれば良いが、なかなか困難である。多言語案内表示、指差し会話シートなど多言語の対応の用意や工夫があれば、彼らの安心感は増す。

⑤自分の商品・サービスを知る

　自分の取り扱う商品やサービスはどういうものか、どんな魅力があるのか、他とどのように違うのか、外国人旅行者にとってどのようなものなのかを知ることが必要である。そして、それを正確に伝えることが大切である。

⑥相手のニーズを知る

　まず外国人旅行者を理解する努力が必要である。そのためには、それぞれの国・地域の特徴や国民性などを事前に学習しておくことも大切である。また、旅の途中の今何を求めているかを感じることも必要である。

⑦差別をしない

　外国人旅行者の対応において、最もしてはいけないことは、国籍や人種、年齢、性別、肌の色などによって応対の仕方を変えることである。外国人は日本人よりもはるかに差別に敏感である。一人ひとりを、大切な「お客様」として尊重し、分け隔てなく対応することが最大のポイントである。

2. 中国人旅行者の理解

■中国の基礎データ

正式名称	中華人民共和国 People's Republic of China, PRC	名目 GDP	約 14 兆 8,608 億米ドル（2019）
		1 人あたり GDP	約 10,582 米ドル（2020）
首都	北京	平均月収	868 米ドル（2019）
人口	約 14 億 39.3 百万人（2020）	海外旅行者数／出国率	1 億 6,921 万人（2019）／約 12%
言語	中国語（北京語）※文字は「簡体字」	訪日旅行者数／日本シェア	959 万人（2019）／約 6%
宗教	仏教、道教、イスラム教、キリスト教など	主な海外旅行先	①香港　②タイ　③マカオ　④日本
日本との時差	−1 時間	物価：地下鉄初乗り運賃	約 143 円
通貨	元（CNY）　1 元＝16.3 円（2021.1）	：ビッグマック価格	約 326 円

資料：「UNFPA 世界人口白書 2020 年版」「JETRO 海外ビジネス情報」「JNTO 訪日データハンドブック」「訪日ラボ」「エコノミスト・ビッグマック指数」等参照

　中国は、インバウンド市場において、訪日旅行者数、インバウンド消費ともに最大の主要顧客である訪日外国人旅行者の国であり、インバウンド対策において、必ず考慮しなければならない国である。2019 年の訪日中国人旅行者数は 959 万人で全体の 30.1％のシェアを占め、インバウンド消費額は 1 兆 7,704 億円で全体の 4 割弱となっている。「爆買い」現象は沈静化したものの、中国の出国率はわずか 12％にすぎず、まだまだ伸び代がある。中国人旅行者について知ることが大切であるが、中国は広大であり、南部と北部、都市と地方、沿岸部と内陸部などで言葉や文化・風習も異なり、ひと括りにするのは難しい。文字は簡体字が使われている。

■中国人の国民性
・中国は広大な国土を有するため、地域によって国民性、風俗、習慣などが大きく異なる。（日本のほぼ 26 倍の国土面積）
・強い行動力を持ち、団体行動はあまり得意ではない。

・メンツを重んじる。

・特別なもてなしをされるのを好む。

・家族・親戚を大事にする。

・頑固なところがあり、あまり他人には譲らない。

■中国人の訪日旅行動向

・海外旅行先 …… 香港、タイ、マカオに次いで日本は4位。

・入国空港　…… 関西国際空港が42%、成田国際空港が22%、羽田空港が13%。

・性・年代　…… 男性40%、女性60%、20・30代女性がそれぞれ2割程度。

・滞在日数　…… 4〜6日間が55%、7〜13日間が37%。

・訪日回数　…… 初訪問が50%で最も多い。

・同行者　…… 家族・親族が33%、次いで友人24%。

・来訪目的　…… 観光が84%と圧倒している。

・宿泊施設　…… ホテルが84%、旅館も22%と少なくない。

・旅行手配　…… 個別手配が66%。

・申込方法　…… ウェブサイトからが67%、店頭は29%。

資料：観光庁「訪日外国人消費動向調査」（全目的・2019）※宿泊施設は複数回答、『訪日インバウンド市場トレンド2020』JTB総合研究所

■中国人の訪日旅行トレンド

・初訪日旅行者はゴールデンルートを好む一方、リピーター向けツアーは多様化している。

・中国文化の影響を受けた寺社仏閣がある京都やテーマパーク、温泉、グルメに加え、日本の四季が味わえる桜、花火、紅葉などが注目されている。

・ビザの発給条件の緩和により、個人旅行が急増している。

・買い物できる「モノ」だけでなく、体験やサービスなどの「コト」で日本を楽しもうという傾向がでてきている。

・「深度游」という言葉が流行し、ひとつの場所に長く滞在し、個人的な趣味趣向、ディープな目的、テーマを持った旅のスタイルが人気となっている。

■中国の休暇

・春節（旧正月　1～2月頃）、国慶節（10月）に長期休暇がある。
・一般的に日本に比べ、まとまった休暇が取りやすい。

■中国人の買い物傾向

日本滞在中の買物代	108,788 円	買物代　主要国・地域別順位	1 位
免税手続き率	81.0%	免税品の買物代	92,886 円
クレジットカード利用率	61.2%	デビットカード利用率	27.7%

資料：観光庁「訪日外国人消費動向調査」（全国籍・地域・2019）

　「爆買い」現象は沈静化したが、1人当たりの買い物代は10.9万円で、群を抜き主要国トップである。免税手続き率も極めて高く、免税店ショッピングを楽しんでいることが分かる。このショッピングにはメンツを重んじ、家族や親族、圏子（チュエンズ・経済力、ライフスタイル、価値観などを共有する仲間）を大切にする国民性が背景にある。大量の土産品を購入し、それらの人々にプレゼントすることで、自他のメンツを立てているのだといわれている。クレジットカード利用率も高いが、デビットカード利用率が他の国・地域と比べると突出している。これは銀聯カードの利用によるものである。しかし、近年はデビットカード利用率が低下し、Alipay、WeChat Payment などのモバイル決済が主流になっている。

（%・円）

	買物場所（複数回答）	利用率		品名（複数回答）	購入率	購入単価
1	ドラッグストア	90.7	1	化粧品・香水	83.4	43,047
2	コンビニエンスストア	83.6	2	菓子類	77.8	7,281
3	空港の免税店	80.4	3	医薬品	52.9	11,515
4	百貨店・デパート	76.7	4	衣類	41.2	11,537
5	スーパーマーケット	47.0	5	その他食料品・飲料・たばこ	37.5	3,615

資料：観光庁「訪日外国人消費動向調査」（全国籍・地域／観光目的・2019）

　以前、中国人旅行者の間では炊飯器、魔法瓶、温水洗浄便座、セラミック包丁が「四宝」と呼ばれ、日本で買うべき定番商品とされていた。これらの製品が売れる背景には日本製品の品質に対する信頼の高さがあった。2019年を見ると、ドラッグストアの利用率が極めて高く、質が高く安全な化粧品

や医薬品を大量購入している。ネット上の口コミや評判により購入品を決めるとともに、体験を通して購入する傾向があり、例えばデパートでメイクを体験したあとに化粧品を購入したり、食品を試食をしてから購入することが多い。

■中国人の飲食傾向

- 滞在中の飲食費は、3.7万円で平均よりも高い。
- 一番満足した飲食は、①肉料理、②ラーメン、③魚料理、④寿司。
- 広大な中国には多様な食文化・食習慣が存在し地域により嗜好は大きく異なる。
- 「医食同源」の思想のもと、健康にも気を遣っている。
- 肉が大好きなため、特に焼肉の人気が高い。
- 天ぷら、鍋料理、ラーメンも人気がある。
- 寿司、刺身、和食を好む人も増えてきている。
- 温かい料理が好まれ、冷たい食事は好まない。
- 日本人よりたくさんの分量を食べる。食べ放題のビュッフェスタイルに人気がある。
- 宴会を楽しむ文化であり、食事を取りながら他人と交流する。
- 食事中にお茶や水を飲むと消化に良くないとされている。
- 食後に日本のフルーツを出すと喜ばれる。
- 相手から勧められたお酒などの飲物は断らない。

■中国人の旅行情報収集 (%)

出発前の情報源	選択率	日本滞在中に役に立った旅行情報	選択率
ＳＮＳ	28.4	交通手段	54.0
自国の親族・知人	20.6	飲食店	41.6
旅行会社ホームページ	18.0	宿泊施設	35.9
口コミサイト	13.0	買物場所	34.4
個人のブログ	10.4	観光施設	34.2

資料：観光庁「訪日外国人消費動向調査」（複数回答・2019）

　出発前はSNSと親戚・知人、旅行会社のホームページから情報を得ている。日本滞在中に最も役に立った情報は交通手段である。

中国には、金盾と呼ばれるインターネットの検閲システムがあり、Facebook（フェイスブック）、Twitter（ツイッター）、YouTube（ユーチューブ）などが閲覧できないので、注意が必要である。

・人気ポータルサイト

　百度（バイドゥ）、捜狐（ソーフー）、新浪（シナ）、

　網易（ワンイー）、騰訊（テンセント）

・人気SNS

　新浪微博（シナウェイボー）、微信（ウィーチャット）、

　騰訊QQ（テンセントQQ）、百度貼吧（バイドゥティエバ）

3. 韓国人旅行者の理解

■韓国の基礎データ

正式名称	大韓民国 Republic of Korea	名目GDP	約1兆6,463億米ドル (2019)
		1人あたりGDP	約31,838米ドル (2019)
首都	ソウル特別市	平均月収	2,816米ドル (2019)
人口	51.3百万人 (2020)	海外旅行者数/出国率	2,870万人 (2019)/約56%
言語	韓国語	訪日旅行者数/シェア	558万人 (2019)/約19%
宗教	仏教、キリスト教、儒教など	主な海外旅行先	①日本　②中国　③ベトナム
日本との時差	±0時間	物価：地下鉄初乗り運賃	約125円
通貨	ウォン (KRW)　1W＝0.094円 (2021.1)	：ビッグマック価格	約394円

資料：「UNFPA 世界人口白書2020年版」「JETRO 海外ビジネス情報」「JNTO 訪日データハンドブック」「訪日ラボ」「エコノミスト・ビッグマック指数」等参照

　韓国は、インバウンド市場において、訪日旅行者数の2位で、558万人となり、2018年から大きく減少した。滞在日数が少ないため、インバウンド消費額は決して大きくはないが、日本の製品やコンテンツに強い関心を持っており、距離的に近い韓国はインバウンドにおいて無視できない国である。

　韓国人旅行者は、若者のリピーターが多く、自分の興味に合わせた旅行プランを練る傾向があり、東京、大阪、京都や福岡などの定番の観光都市以外

にも気軽に足を延ばしている。さまざまな地域にとって影響の大きい存在になっている。韓国は日本と文化的に多くの類似点を持っている一方で、異なる点も少なくない。韓国人旅行者の動向を理解することが大切である。

■韓国人の国民性
・儒教の影響が色濃く残っており、年長者を敬い家族や親族を大切にする。
・体面を重んじ、周囲からの目を気にする。
・愛国心が強い。
・気が強く直接的な感情表現を行い、曖昧なことを嫌う。
・せっかちで待つのは苦手。
・日本語が分かる人が多いので、言葉遣いや話題には配慮が必要。

■韓国人の訪日旅行動向
・海外旅行先 …… 日本が1位、2位中国、3位ベトナム。
・入国空港　…… 関西国際空港が29％、福岡空港が21％、成田国際空港16％。
・性・年代　…… 男女の構成比が男性59％、女性41％、年代・性別では20代男性21％、20代女性18％。
・滞在日数　…… 4〜6日間が56％、3日以内が36％。
・訪日回数　…… 初訪問が21％、2回目19％、10回以上が22％いる。
・同行者　…… 友人が27％、家族・親族26％、ひとりが24％いる。
・来訪目的　…… 観光が78％と圧倒している。
・宿泊施設　…… ホテル78％、旅館が9％いる。
・旅行手配　…… 個別手配が85％と圧倒的。
・申込方法　…… ウェブサイトからが79％、店頭は17％と少ない。
資料：観光庁「訪日外国人消費動向調査」(2019) ※宿泊施設は複数回答、『訪日インバウンド市場トレンド2020』JTB総合研究所

■韓国人の訪日旅行トレンド
・訪日旅行者は20・30代の若者が全体の60％以上を占めている。
・若者のリピーターが多い。
・週末を利用した3日間以下の気軽な旅行が多い。

・85%が FIT で、団体旅行は少ない。

・福岡空港からの入国が多く、福岡や大分、熊本の温泉が人気。

・LCC の利用が多く、特に大阪を中心に関西が人気デスティネーション。

・音楽ライブやドラマのロケ地、アニメの聖地を訪れる人も少なくない。

・女性が多く、マッサージ、美容などのサービスを求める傾向がある。

・健康を目的としたハイキング、本格的な登山を目的に訪れる人も増加。

・韓国では大衆温浴施設が一般的であり、日本の温泉に入浴することに対する抵抗は少ない。

■韓国の休暇

・大型連休は少ない。

・サラリーマンは旅行に合わせて休暇をとる習慣ができつつある。

・冬休みが長く 12 月末から 2 月初旬まで。

・1 月～2 月頃の旧正月をソルラルといい、前後あわせて 3 日間が祝日である。

■韓国人の買い物傾向

日本滞在中の買物代	17,939 円	買物代 主要国・地域別順位	20 位
免税手続き率	37.0%	免税品の買物代	16,090 円
クレジットカード利用率	48.5%	デビットカード利用率	0.8%

資料：観光庁「訪日外国人消費動向調査」

　日本滞在中の買い物代は主要国・地域の中で最下位の 20 位である。免税手続き率は決して低くないものの、免税品購入額は低い。韓国人旅行者の大半を占める若い旅行者が、土産品などにとらわれず、いかに気軽に日本の観光を楽しんでいるかが分かる。しかし、訪日旅行者の人数が多く、総買い物代は上位なだけに、しっかりと対応しなくてはならない。クレジットカード利用率が決して高くないのは、高額の買い物をしていないためと思われる。VISA や Master などの国際ブランドが付帯した「新韓カード」や、国際ブランドが付帯されていない「新韓ハウスカード」を利用する旅行者も多い。

(％・円)

	買物場所（複数回答）	利用率		品名（複数回答）	購入率	購入者単価
1	コンビニエンスストア	72.8	1	菓子類	81.6	4,340
2	空港の免税店	58.0	2	医薬品	39.6	2,234
3	ドラッグストア	46.5	3	その他食料品・飲料・たばこ	39.2	1,428
4	百貨店・デパート	32.6	4	化粧品・香水	27.6	1,862
5	ディスカウントストア	31.2	5	酒類	25.9	1,078

資料：観光庁「訪日外国人消費動向調査」（全国籍・地域／観光目的・2019）

　気軽に入ることができるコンビニエンスストアの利用率がトップなのが特徴である。全体的に、訪れた買い物場所に対する回答の絶対数が少なく、買い物に重きを置かない傾向が見てとれる。土産品については、韓国国内で購入すると高い日本の菓子や食料品、化粧品、医薬品など、最寄品の買い物を好む傾向にある。特に菓子の購入率は突出して高い。他の国・地域と比較すると女性のひとり旅が多く、美容関連のグッズや普段に使える日常的なアイテムを購入していく人が多い。最近では輸入ビールの流行を背景に、口コミで日本のビールもファンの数を増やしている。友人や職場などで配りやすい個別包装で、比較的安価なものが好まれると考えられる。また、おまけが好きで、ちょっとした特典が喜ばれる。

■韓国人の飲食傾向

・滞在中の飲食費は、2.1万円、滞在日数が短いため少ない。
・一番満足した飲食は、①肉料理　②寿司　③ラーメン
・他人と一緒に食事をとり、会話を楽しむ習慣を持つ。
・「薬食同源」の食観念があり、食は体の調和を図る薬という意識がある。
・旅先では食事をたくさん食べて楽しむ。
・食器は持ち上げない（机に置いたままで食べる）。
・海の幸全般を好み、寿司は高級料理として喜ばれる。
・Ｂ級グルメ（ラーメン、お好み焼き、トンカツなど）の人気が高い。
・キムチと汁物がないと不満を持つ。キムチ風漬け物は嫌われる。
・温かい鍋物を好む。冷たくなった食事を嫌う（弁当、ざるそばなど）。
・お代わりを注文すると追加料金が取られることに不満を持つ。
・食事中、お酒を楽しむ人は多い。しかし、相手の許可がない限り目上の人の前でお酒は飲まない。飲む場合は目上の人から顔をそむけて飲む。

出発前の情報源	選択率	日本滞在中に役に立った旅行情報	選択率
個人のブログ	43.7	交通手段	35.3
SNS	30.9	飲食店	29.0
その他インターネット	16.3	宿泊施設	24.0
自国の親族・知人	10.7	観光施設	20.3
宿泊予約サイト	10.4	無料Wi-Fi	13.8

資料：観光庁「訪日外国人消費動向調査」（複数回答・2019）

　出発前は個人のブログと SNS から情報を得ている旅行者が多い。日本滞在中に最も役に立った情報は交通手段であった。

・人気ポータルサイト

　Google（グーグル）、NAVER（ネイバー）

・人気 SNS

　Facebook（フェイスブック）、Twitter（ツイッター）、
　Instagram（インスタグラム）、KakaoTalk（カカオトーク）

4. 台湾人旅行者の理解

■台湾の基礎データ

正式名称	台湾 Taiwan	名目 GDP	約 6,109 億米ドル（2019）
		1 人あたり GDP	約 25,893 米ドル（2019）
首都	台北	平均月収	1,376 米ドル（2019）
人口	23.5 百万人（2020）	海外旅行者数／出国率	1,710 万人（2019）／約 72%
言語	中国語（北京語）など ※文字は「繁体字」	訪日旅行者数／シェア	489 万人（2019）／約 29%
宗教	仏教、道教、キリスト教	主な海外旅行先	①中国　②日本　③韓国
日本との時差	－1 時間	物価：地下鉄初乗り運賃	約 66 円
通貨	ニュー台湾ドル（NTD） 1NT$ = 3.73 円（2021.01）	：ビッグマック価格	約 256 円

資料：「UNFPA 世界人口白書 2020 年版」「JETRO 海外ビジネス情報」「JNTO 訪日データハンドブック」「訪日ラボ」「エコノミスト・ビッグマック指数」等参照

　台湾は、インバウンド市場において、中華圏訪日外国人旅行者のひとつとして、訪日中国人旅行者と並ぶ大きな存在感を示している。海外旅行の出国率が高く、また親日国ということもあり、日本のインバウンド需要が高い。一般に漢文化を主体としていると思われるが、台湾原住民による南島文化や日本文化の影響を強く受け、また最近では欧米文化の影響もあり、変化に富む多様性のある文化が特徴である。文字は繁体字が使われている。訪日台湾人旅行者はリピーターが多く、テレビ番組などから日本の情報をリアルタイムで入手していて、人気のエンターテインメントや話題の商品・サービスについてよく知っている。インバウンドビジネスにおいて非常に重要な地域である。

■台湾人の国民性

・開放的な明るい性格で、初対面でもすぐに打ち解ける。
・血縁関係による結びつきが強く、家族を大切にする。
・冒険心に富み、失敗を恐れない行動をとる。
・メンツを重んじ、個人の自由を重視する。
・勝負事を好む。
・流行に敏感で、台湾で人気が出たものは中国、香港でも流行する。
・日本の文化、サブカルチャーに興味をもつ若者が多い。

■台湾人の訪日旅行動向

・海外旅行先 …… 中国が1位、日本は2位、3位に韓国。
・入国空港　 …… 関西国際空港25％、成田国際空港25％、那覇空港16％。
・性・年代　 …… 男女比では、男性44％、女性56％、年代・性別では30代女性18％、20代女性14％。
・滞在日数　 …… 4～6日間が71％、7～13日間が20％。
・訪日回数　 …… 初訪問が13％と少ない。10回以上22％、リピーターが多い。
・同行者　　 …… 家族・親族45％、友人が20％。
・来訪目的　 …… 観光が89％と圧倒している。
・宿泊施設　 …… ホテル84％、旅館22％と少なくない。
・旅行手配　 …… 個別手配が65％で、団体ツアーも25％と少なくない。

・申込方法　……　ウェブサイトからが 67%、店頭も 29%と少なくない。
資料：観光庁「訪日外国人消費動向調査」(2019) ※宿泊施設は複数回答、『訪日インバ
　　ウンド市場トレンド 2020』JTB 総合研究所

■台湾人の訪日旅行トレンド

・団体ツアーでの参加が多いが、リピーターも多い。
・男女比は女性の方が多く、特に 20・30 代女性が全体の 1/3 を占める。
・日本に慣れている人が多いので、内容の濃い体験・サービスを求める。
・サイクリングを楽しむ人が増加しており、サイクリングツアーが人気。
・沖縄、九州などを巡る 3〜4 日間のクルーズツアーが好評。
・インセンティブツアーでは上質で特別感を味わえる内容が求められる。
・日本のテレビドラマ、旅番組などの影響がすぐに出てくる。
・若者は日本のエンターテインメントに関わる場所を訪ねている。

■台湾の休暇

・春節（旧正月）は 1〜2 月頃で長期連休となる。
・夏休みは 7 月から約 2ヶ月。
・祝日により 4 連休となることも多い。

■台湾人の買物傾向

日本滞在中の買物代	41,502 円	買物代 主要国・地域別順位	7 位
免税手続き率	77.2%	免税品の買物代	33,991 円
クレジットカード利用率	64.5%	デビットカード利用率	1.8%

資料：観光庁「訪日外国人消費動向調査」(2019)

　日本滞在中の買い物代は 4.2 万円と、滞在日数が決して長くない割には多い。主要国・地域の中で 7 位である。免税手続きは 6 割強の旅行者が利用し、免税品購入額も高い。テレビなどを通じて日本の情報をリアルタイムで入手している台湾人旅行者は日本人以上に日本のブームに敏感で、訪日旅行の際には、あらかじめ欲しい商品を決めていることが多いのが特徴である。旅に慣れ、ショッピングにも慣れていて、リピーターの多くは目的の店を決め、何度も足を運んでいる。

（％・円）

	買物場所（複数回答）	利用率		品名（複数回答）	購入率	購入者単価
1	ドラッグストア	88.6	1	菓子類	79.4	6,545
2	コンビニエンスストア	84.2	2	医薬品	58.9	7,457
3	スーパーマーケット	68.1	3	その他食料品・飲料・たばこ	45.1	2,816
4	空港の免税店	63.3	4	衣類	41.1	5,097
5	百貨店・デパート	59.6	5	化粧品・香水	40.0	5,135

資料：観光庁「訪日外国人消費動向調査」（観光目的・2019）

　ほとんどの台湾人旅行者はドラッグストアに立ち寄っている。日本に関する最新情報を持っている台湾人旅行者は、日本の商品・サービスについてよく知っている。日本のドラッグストアで購入すべき医薬品を紹介する本が出版されるなど、医薬品や健康グッズ、化粧品は定番の土産品になっている。気軽に買い物ができるコンビニエンスストア、空港の免税店もよく利用されている。菓子についても日本で話題になり、人気の出たものを購入していく傾向にある。また、台湾では、現在でも日本酒好きの人が多く、日本酒の輸入も盛んに行われている。しかし自国では高値で販売されているため、日本を訪れ、美味しい日本酒、特に高額な吟醸酒を求める人が多い。

■台湾人の飲食傾向

・滞在中の飲食費は、2.6万円と、比較的低い。
・一番満足した飲食は、①肉料理、②ラーメン、③魚料理、④寿司
・台湾には「吃喝玩樂」（チー・ホ・ワン・ロー）という言葉があり、食べて（＝吃）、飲んで（＝喝）、遊んで（＝玩）、楽しむ（樂）ことを好む。
・「医食同源」の思想のもと、温かい食事を好み、冷たい食事は好まない。夏でも鍋料理を食べる。
・料理の量も品数も味も重視する。特に、食事の量と品数が多いことが大事である。
・気に入るとリピートする傾向が強く、同じレストランに何回も訪れる。
・箸とレンゲを使う。音を立てて食事をすることは厳禁である。
・料理は全部食べても残しても構わない。
・日本の牛肉が好まれ、焼肉が人気、寿司、トンカツ、カレーも好き。
・日本の中華料理は、日本人向けに味付けされているため好まれない。

・正座やあぐらの習慣がなく、畳の上での料理は不得手。
・肉と魚を使用しない「素食」と呼ばれる料理を食する菜食主義の人が一定
　数いる。

■台湾人の旅行情報収集

(%)

出発前の情報源	選択率	日本滞在中に役に立った旅行情報	選択率
個人のブログ	34.0	交通手段	60.2
ＳＮＳ	20.7	宿泊施設	43.4
旅行会社ホームページ	18.5	観光施設	41.2
自国の親族・知人	18.5	飲食店	36.3
日本政府観光局ホームページ	16.1	買物場所	25.5

資料：観光庁「訪日外国人消費動向調査」（複数回答・2019）

　出発前は個人のブログや SNS が参考にされている。日本滞在中に最も役
に立った情報は交通手段であった。
・人気ポータルサイト
　Yahoo! 奇摩（ヤフーキームオ）、Google 台湾（グーグル）
・人気 SNS
　Facebook（フェイスブック）、Twitter（ツイッター）、
　Instagram（インスタグラム）、LINE（ライン）

5. 香港人旅行者の理解

■香港の基礎データ

正式名称	中華人民共和国香港特別行政区 Hong Kong	名目 GDP	約 3,657 億米ドル（2019）
		1 人あたり GDP	約 48,712 米ドル（2019）
首都	中環	平均月収	4,233 米ドル（2019）
人口	7.5 百万人（2020）	海外旅行者数／出国率	1,297 万人（2019）／約 174%
言語	広東語※文字は「繁体字」、英語	訪日旅行者数／シェア	229 万人（2019）／約 18%
宗教	仏教、道教、キリスト教	主な海外旅行先	①日本　②台湾　③マカオ
日本との時差	-1 時間	物価：地下鉄初乗り運賃	約 61 円
通貨	香港ドル（HKD）　1HK$ = 13.5 円（2020.1）	：ビッグマック価格	約 277 円

資料：「UNFPA 世界人口白書 2020 年版」「JETRO 海外ビジネス情報」「JNTO 訪日データバンク」「訪日ラボ」「エコノミスト・ビッグマック指数」等参照

　香港は中国の一部、特別行政区となっているが、日本のインバウンド市場では中国本土とは全く別の対応が必要な地域である。歴史的な背景からイギリスの強い影響を受けており、香港人は中国とは異なる文化、習慣、感性を持っている。近年は中国語（北京語）の教育が進んでいるが、言葉も広東語が中心で、文字も繁体字が使用されている。また、英語もかなり通用する。香港人は海外旅行好きで、出国率は 169% と非常に高く、日本は人気のあるデスティネーションとなっている。日本に初めて訪れる訪日香港人旅行者は全体のわずか 12% で、48% は日本に 6 回以上訪れているリピーターである。日本の情報に明るく流行に敏感なため、彼らの行動を中国人が参考にしていることも多いので、重要な顧客と言える。

■香港人の国民性
・自立心が強く、周囲の意見に左右されない。
・植民地としての歴史が長く、中国人としてのアイデンティティが弱い。
・損得勘定に敏感だが、気にいったものに対してはお金を使う。

・西欧的な個人主義の考えをしっかり持っている。

・文化や歴史への関心が希薄で、流行には敏感。

・せっかちで常に動き回っている。

■香港人の訪日旅行動向

・海外旅行先 …… 日本が1位、2位台湾、3位マカオ。（中国を除く）

・入国空港　…… 関西国際空港28％、成田国際空港26％、福岡空港11％。

・性・年代　…… 男女比は男性47％、女性53％、30代女性15％、30代男
　　　　　　　　性14％。

・滞在日数　…… 4〜6日間が57％、7〜13日間が37％。

・訪日回数　…… 初訪問が12％と少ない。6回以上48％、リピーターが多い。

・同行者　　…… 家族・親族41％、夫婦・パートナー22％。

・来訪目的　…… 観光が92％と圧倒している。

・宿泊施設　…… ホテル89％、旅館21％と少なくない。

・旅行手配　…… 個別手配が79％とFIT化が進んでいる。

・申込方法　…… ウェブサイトからが81％、店頭は17％。

資料：観光庁「訪日外国人消費動向調査」（2019）※宿泊施設は複数回答、『訪日インバ
　　　ウンド市場トレンド2020』JTB総合研究所

■香港人の訪日旅行トレンド

・海外旅行が好きで、年に1回は必ず海外旅行する人が多い。

・個人主義的な傾向が強く、団体ツアーの利用率は低い。

・個人手配で家族・親族とともにグループで訪日する人が多い。

・20〜30代の若い人が多いが、各年代も満遍なく訪日旅行者がいる。

・日本の雪や桜、紅葉などの四季が感じられる自然とグルメを楽しむ。

・好奇心が旺盛で、農業体験やエコツアーの人気が上がっている。

・北海道、沖縄などレンタカーを利用して移動するケースも多い。

■香港の休暇

・1〜2月頃の春節（旧正月）、10月の国慶節は長期連休。

・キリスト教徒が多いため春のイースター（復活祭）、冬のクリスマス休暇
　もある。

■香港人の買い物傾向

日本滞在中の買物代	52,176 円	買物代 主要国・地域別順位	3 位
免税手続き率	70.7%	免税品の買物代	46,149 円
クレジットカード利用率	57.8%	デビットカード利用率	3.3%

資料：観光庁「訪日外国人消費動向調査」(2019)

　日本滞在中の買い物代は 5.2 万円と、主要国・地域の中で 3 位である。免税手続きは 71％の旅行者が利用し免税品購入額は中国、ベトナムに次いで高い。リピーターが多いので、親戚、友人に配るいわゆる土産品や日常品よりも、自分のためのショッピング、特に服やカバンなどのファッションに関する買い物を楽しむ傾向があり、単価の高い買い物をしていると思われる。香港は物価が高いため、円安傾向の中で、日本の商品価格がリーズナブルに感じられているようだ。

(%・円)

	買物場所（複数回答）	利用率		品名（複数回答）	購入率	購入者単価
1	コンビニエンスストア	79.5	1	菓子類	70.6	6,161
2	ドラッグストア	76.7	2	衣類	53.4	10,781
3	百貨店・デパート	68.3	3	化粧品・香水	47.3	8,003
4	スーパーマーケット	65.1	4	医薬品	44.2	4,338
5	空港の免税店	57.9	5	その他食料品・飲料・たばこ	42.5	3,238

資料：観光庁「訪日外国人消費動向調査」(観光目的・2019)

　香港人旅行者はコンビニエンスストアとドラッグストアにも多く立ち寄っているが、デパートをよく利用しているのが特徴である。香港人旅行者は何度も訪日しているリピーターが多く、買い物は他人よりも自分のためにする傾向があり、特にファッションに詳しく、デパートでのブランド品購入が多い。自分の好きなブランド品のセールに合わせて旅行日程を組むケースもある。明確な個人の好みを持っていて、訪日前に欲しい商品が決まっていることも少なくない。食べ物では、香港ではあまり入手できない高級食材や高級フルーツなども人気の土産品となっている。また、若い香港人旅行者の、日本でしか手に入らない限定のキャラクターグッズなどの購入も目立っている。

■香港人の飲食傾向

・滞在中の飲食費は、3.7万円、全国籍・地域の平均より高い。
・一番満足した飲食は、①肉料理、②魚料理、③ラーメン、④寿司
・食は最大の喜びとして、大きな価値が置かれ、お金もかける。
・美食家が多く、舌が肥えており、美味しいものと不味いものを見分ける。
・テーブルマナーの一つとして食事は箸、スープはレンゲを使う。
・食事のシーンと飲酒のシーンを明確に分けている人が多い。
・温かい料理を好み、夏場でも鍋物を食べることがある。
・冷たい水よりも温かいお茶やお湯を好む傾向がある。
・気に入った料理は繰り返し注文する傾向が強い。
・自国で食べた日本料理を本場の日本で食べたいと希望している。
・寿司や刺身が好物。居酒屋、回転寿司、鉄板焼きも好む。
・夕食後、さらにデザートなど夜食を食べる習慣がある。
・チップを支払う習慣がある。

■香港人の旅行情報収集

(%)

出発前の情報源	選択率	日本滞在中に役に立った旅行情報	選択率
個人のブログ	27.7	交通手段	57.6
ＳＮＳ	23.8	観光施設	43.5
日本政府観光局ホームページ	20.3	飲食店	40.6
動画サイト	17.8	宿泊施設	39.1
旅行会社ホームページ	16.2	買物場所	22.4

資料：観光庁「訪日外国人消費動向調査」（複数回答・2019）

　出発前は個人ブログとSNSが参考にされており、日本滞在中最も役に立った情報は交通手段であった。

・人気ポータルサイト
　Google（グーグル）、Yahoo! 香港（ヤフーホンコン）、
　新浪香港（シナホンコン）
・人気SNS
　Facebook（フェイスブック）、Instagram（インスタグラム）、
　WeChat（ウィーチャット）、WhatsApp（ワッツアップ）

6. タイ人旅行者の理解

■タイの基礎データ

正式名称	タイ王国 Ratcha Anachak Thai	名目 GDP	約 5,436 億米ドル（2019）
		1 人あたり GDP	約 7,810 米ドル（2019）
首都	バンコク	平均月収	605 米ドル（2019）
人口	69.8 百万人（2020）	海外旅行者数 / 出国率	997 万人（2018）/ 約 14%
言語	タイ語	訪日旅行者数 / シェア	132 万人（2019）/ 約 15%
宗教	仏教、イスラム教、キリスト教など	主な海外旅行先	①ラオス　②マレーシア ③ミャンマー　④日本
日本との 時差	- 2 時間	物価：地下鉄初乗 り運賃	約 56 円
通貨	バーツ（THB）　1 ฿ = 3.5 円（202101）	：ビッグマッ ク価格	約 428 円

資料：「UNFPA　世界人口白書 2020 年版」「JETRO 海外ビジネス情報」「JNTO 訪日データバンク」「訪日ラボ」「エコノミスト・ビッグマック指数」等参照

　タイの出国率は 14%、所得水準は日本や韓国などの東アジアの国々と比べ依然として低いが、バンコクなど都市部の富裕層を中心に海外旅行市場が成長している。人気の旅行先のトップはラオスで、2 位がマレーシア、3 位がミャンマー、日本は 4 位で、訪日旅行者は 100 万人を大きく超えている。2013 年のビザ発給要件緩和以降、円安効果とバーツ高効果もあり、急激に日本のインバウンドにおいて存在感を示し始めている。タイは熱帯に位置しているため、日本のようなはっきりとした四季を求めて訪日する旅行者が多い。桜や紅葉、特に雪など四季を感じられるものの人気が高く、北海道への訪問者数が多いのも特徴である。LCC の拡充でリピーターも増加しつつある。

■タイ人の国民性
・敬虔な仏教徒が多く、王室をとても尊敬している。
・家族や親族をとても大切にする。
・目上の人に接する時は常に敬意の心を忘れない。
・おおらかで、細かいことは気にしない人が多い。

・会話をするときは笑顔が基本とされている。

・好奇心旺盛で楽しいことを見つけるのが得意である。

■タイ人の訪日旅行動向

・海外旅行先 …… ラオスが1位、2位マレーシア、3位ミャンマー、4位日本。

・入国空港　…… 成田国際空港43%、関西国際空港23%、新千歳空港が13%いる。

・性・年代　…… 男女比は男性40%、女性60%、年代・性別では30代女性22%、20代女性17%。

・滞在日数　…… 4～6日間が54%、7～13日間が33%。

・訪日回数　…… 初訪問が28%。2回目が18%とリピーター増加傾向。

・同行者　　…… 家族・親族34%、友人が25%。

・来訪目的　…… 観光が77%。

・宿泊施設　…… ホテル77%、旅館17%、親族・知人宅が9%いる。

・旅行手配　…… 個別手配が71%とFIT化が進んでいる。

・申込方法　…… ウェブサイトからが68%、店頭は28%。

資料：観光庁「訪日外国人消費動向調査」(2019) ※宿泊施設は複数回答、『訪日インバウンド市場トレンド2020』JTB総合研究所

■タイ人の訪日旅行トレンド

・桜、紅葉、雪など、タイにはない四季を感じられる自然を好む。

・親日家で日本というブランドは魅力的な存在になっている。

・タイのテレビ番組やメディアで日本の旅行が特集されているため、訪日旅行の人気観光地の知名度が高い。

・スマートフォンの利用率が高く、自撮りして写真映えするコンテンツに関心が高い傾向にある。

・映画やアニメの舞台に訪問をする「聖地巡礼」も多い。

・グルメと温泉が好きな人が多い。

・長距離を歩く習慣がないので、徒歩での移動は苦手。

■タイの休暇

・4月中旬にソンクラーン（タイの旧正月）の休暇がある。

・夏休みは3～5月。

■タイ人の買い物傾向

日本滞在中の買物代	42,550 円	買物代 主要国・地域別順位	5 位
免税手続き率	47.2%	免税品の買物代	35,964 円
クレジットカード利用率	55.6%	デビットカード利用率	4.1%

資料：観光庁「訪日外国人消費動向調査」（2019）

　日本滞在中の買い物代は4.3万円と、主要国・地域の中で5位である。免税手続きは47％、東南アジア諸国の中ではトップであり、クレジットカード利用率も決して低くない。日本でのショッピングに意欲的な旅行者が多いとみられる。これは訪日タイ人のほとんどが都市部の裕福層であるから、という見方もあるが、ショッピング好きの女性が多いことによるものとも考えられる。

(%・円)

	買物場所（複数回答）	利用率		品名（複数回答）	購入率	購入者単価
1	百貨店・デパート	70.1	1	菓子類	79.1	9,328
2	コンビニエンスストア	66.6	2	化粧品・香水	45.5	8,761
3	空港の免税店	57.5	3	衣類	41.4	5,719
4	スーパーマーケット	56.3	4	靴・かばん・革製品	37.8	6,513
5	ドラッグストア	43.5	5	その他食料品・飲料・たばこ	33.5	3,501

資料：観光庁「訪日外国人消費動向調査」（観光目的・2019）

　買い物場所のトップは、デパートであった。タイの首都バンコクには、日本のアパレルメーカーが数多く出店しており、それらのメーカーの製品を日本で手に入れたいという思いがあり、訪日インバウンド消費の中でもファッション関係の買い物需要が多い。また、訪日タイ人旅行者は女性の割合が高いこともあって、日本製の化粧品の人気が高い。訪日中国人旅行者と同様、自国内では日本製化粧品が高価なため、日本滞在中にまとめ買いするショッピング行動が見られる。菓子類もタイ人旅行者が必ず購入する土産品である。近年、タイでは「日本ブーム」とも言うべき現象が起こっており、特に

菓子類の人気が高く、日常的に販売・購入されているが、国内では高価なため、日本滞在中に土産としてまとめ買いをしているようだ。また、若者を中心に日本でしか買えないマンガ、アニメなどのキャラクターグッズも購入されている。

■タイ人の飲食傾向

・滞在中の飲食費は 3.0 万円で、平均を下回る。
・一番満足した飲食は、①ラーメン、②肉料理、③寿司。
・食に対する関心が非常に高く、日本食に期待をもって訪日する。
・タイ人には食に関するタブーが少ない。
・日本食や緑茶は、身体に良いというイメージがあり人気が高い。
・雰囲気や環境よりも料理の美味しさを重視する傾向にある。
・食事中の飲み物は冷たい水、酒類だと冷たいビールが主流。
・食後には必ず甘い物を食べる習慣がある。
・スプーンとフォークを使い、麺類と中華料理は箸を使う。
・焼肉、しゃぶしゃぶ、すき焼き、天ぷら、うな丼も人気がある。
・ナンプラー、唐辛子、砂糖、酢などの調味料があると喜ぶ。

■タイ人の旅行情報収集 (%)

出発前の情報源	選択率	日本滞在中に役に立った旅行情報	選択率
SNS	24.5	交通手段	60.9
動画サイト	21.3	観光施設	48.1
自国の親族・知人	19.9	飲食店	44.6
日本政府観光局ホームページ	19.6	無料Wi-Fi	40.7
口コミサイト	18.9	宿泊施設	36.7

資料：観光庁「訪日外国人消費動向調査」（複数回答・2019）

　出発前は SNS と動画サイト、自国の親族・知人の話が参考にされているのが特徴的。日本滞在中に最も役に立った情報は交通手段であった。
・人気ポータルサイト
　Google（グーグル）、Pantip.com（パンティップドットコム）、sanook（サヌック）、Mthai（エムタイ）、Kapook.com（カプックドットコム）

・人気 SNS

Facebook（フェイスブック）、Instagram（インスタグラム）、
LINE（ライン）

7. アメリカ人旅行者の理解

■アメリカの基礎データ

正式名称	アメリカ合衆国 United States of America, USA	名目 GDP	約 21 兆 4,330 億米ドル（2019）
		1 人あたり GDP	約 65,240 米ドル（2019）
首都	ワシントン D.C.	平均月収	5,488 米ドル（2019）
人口	3 億 31.0 百万人（2020）	海外旅行者数 / 出国率	9,304 万人（2018）/28%
言語	英語	訪日旅行者数 / シェア	172 万人（2019）/ 約 19%
宗教	キリスト教など	主な海外旅行先	①メキシコ　②カナダ ③フランス　⑬日本
日本との 時差	– 13〜16 時間	物価：地下鉄初乗 り運賃	約 183 円
通貨	米ドル（US$） 1$ = 104.7 円（2021.1）	：ビッグマッ ク価格	約 600 円

資料：「UNFPA　世界人口白書 2020 年版」「JETRO 海外ビジネス情報」「JNTO 訪日データハンドブック」「訪日ラボ」「エコノミスト・ビッグマック指数」等参照

　アメリカは世界を代表する超大国にもかかわらず、出国率は30％程度と低水準になっている。人気の旅行先はメキシコ、カナダ、フランス、イギリス、イタリアで、アジアでは中国に次いで日本が人気である。日本を訪れるアメリカ人旅行者は年々増加し170万人を超え、訪日外国人旅行者数は5位となっている。ビジネス目的での訪日が多く、観光目的は5割程度である。訪日アメリカ人は買い物にはお金を費やさないが、宿泊費のほか、飲食費にお金をかける傾向がある。個人旅行と長期滞在が基本である。訪日アメリカ人の4割強が40才以上で、のんびりと大人の旅行を楽しむ傾向が強い。

■アメリカ人の国民性

・地域や人種、宗教などにより、考え方や嗜好は大きく異なる。

・外向的な性格で、自分の意見を遠慮なく堂々と述べる。

・初対面でもとてもフレンドリーで、ハグなど相手に触る習慣がある。

・個人を尊重し個性を認める。

・平等という考え方が強く、上下関係はあまりない。

・長い歴史のある日本文化に敬意を表し、日本の歴史文化に感銘する。

・愛国心がとても強く、愛国心を表現することが普通にある。

■アメリカ人の訪日旅行動向

・海外旅行先 …… 1位メキシコ、2位カナダ、3位フランス、日本は15位。

・入国空港 …… 成田国際空港55％、羽田空港26％であり、計81％が東京から。

・性・年代 …… 男女比は男性67％、女性33％、年代・性別では20・30代男性18％。

・滞在日数 …… 7〜13日間が44％、4〜6日間が25％。

・訪日回数 …… 初訪問が52％と、半数が初訪問。

・同行者 …… ひとり46％、夫婦18％。

・来訪目的 …… 観光が52％で、他の国に比してビジネス目的も多い。

・宿泊施設 …… ホテル74％、親族・知人宅が13％、民泊が12％いる。

・旅行手配 …… 個別手配が92％と、ほとんどがFIT。

・申込方法 …… ウェブサイトからが71％、店頭は24％。

資料：観光庁「訪日外国人消費動向調査」(2019) ※宿泊施設は複数回答、『訪日インバウンド市場トレンド2020』JTB総合研究所

■アメリカ人の訪日旅行トレンド

・ビジネス目的旅行者が平均よりも多いが、オフには東京周辺を観光する。

・個人主義的な傾向が強く、団体ツアーの利用率は極めて低い。

・旅行雑誌で日本の都市・観光地が頻繁に紹介されている。

・日本の伝統的建造物のある京都、奈良、日光などは定番のデスティネーションとなっている。

・原爆ドームと厳島神社のある広島が人気観光地になっている。

・見学するだけでなく、自分が体験・参加できることを求めている。
・体験型のエコツアーの人気が上がっている。
・最先端工場などの見学・体験への関心が高い。
・中国へ帰郷する途中で日本を訪れる中華系アメリカ人が多い。

■アメリカの休暇
・夏休みが3週間以上あり長期旅行に出かける。
・春のイースター（復活祭）を中心に1週間程度の休みがある。

■アメリカ人の買い物傾向

日本滞在中の買物代	23,218円	買物代 主要国・地域別順位	17位
免税手続き率	15.1%	免税品の買物代	26,709円
クレジットカード利用率	74.1%	デビットカード利用率	4.3%

資料：観光庁「訪日外国人消費動向調査」（2019）

　日本滞在中の買い物代は2.3万円と低く、主要国・地域の中で17位にとどまり、全国籍・地域平均の半分以下である。免税手続き率もわずか15%である。ビジネス目的の旅行者が多く、男性が7割弱なので、買い物に対する意欲は全体的に低いと考えられる。しかし、宿泊、飲食には高額な支出をしている。クレジットカードの利用率は74%と高く、クレジット決済が一般的であることが分かる。アメリカ人旅行者は、観光においてショッピングではなく、自ら参加・体験することを好んでいる。

(%・円)

	買物場所（複数回答）	利用率		品名（複数回答）	購入率	購入者単価
1	コンビニエンスストア	73.4	1	菓子類	45.7	2,987
2	観光地の土産店	53.9	2	衣類	37.7	6,129
3	百貨店・デパート	51.3	3	その他食料品・飲料・たばこ	36.3	3,186
4	スーパーマーケット	42.5	4	酒類	29.3	2,675
5	空港の免税店	36.3	5	民芸品・伝統工芸品	24.0	2,427

資料：観光庁「訪日外国人消費動向調査」（観光目的・2019）

アメリカ人旅行者は、気軽に立ち寄ることができるコンビニエンスストアを利用する人が多いが、全体的にみると、買い物場所の利用率の数字は低い。その中で、観光地の土産店が上位に位置しているのが特徴的である。日本らしさを感じる地域の民芸品や伝統工芸品などを購入している。また、職人技が光る包丁などのキッチングッズ、和食が流行していることから日本独特の食品サンプルなども人気がある。そして、日本の歴史、伝統文化や新しいポップカルチャーに関わるグッズなどにも強い関心を示している。手軽で実用的な小物が人気で、例えば和アクセサリーやお箸、湯呑みといった和小物、日本語の入った小物類を好む傾向がある。日本酒も非常に人気があり、酒のおつまみとともに購入されている。

■アメリカ人の飲食傾向

・滞在中の飲食費は、4.8万円、全国籍・地域の平均よりかなり高い。
・一番満足した飲食は、①寿司、②ラーメン、③肉料理
・日本食は健康食というイメージを持ち、好まれている。
・新しいもの、流行のものを好む傾向がある。
・カジュアルな雰囲気や個人の好みに合わせたサービスを高く評価する。
・地方の特産品が活用される伝統的な食事処で食べることも好む。
・グルメブーム、自然食ブーム、ダイエットブームが浸透している。
・食事を簡便に楽しむことを好む傾向にある。
・飲物はビール、ワインを好み、日本酒や焼酎も知られ人気がある。
・動物の原形が残る料理を好まず、臓物料理に嫌悪感を起こす。
・ベジタリアンが多く存在し、ユダヤ人やヒンドゥー教徒も存在する。
・食事中もレディファーストが重要視される。

■アメリカ人の旅行情報収集

　出発前は日本在住の親族・知人と口コミサイトが参考にされているのが特徴的。日本滞在中もスマートフォンに次いで、日本在住の親族・知人が情報源になっている。

(%)

出発前の情報源	選択率	日本滞在中に役に立った旅行情報	選択率
日本在住の親族・知人	28.9	交通手段	59.1
口コミサイト	27.9	無料Wi-Fi	50.8
動画サイト	27.7	飲食店	41.3
自国の親族・知人	27.5	ATM	26.9
個人のブログ	18.7	宿泊施設	26.8

資料：観光庁「訪日外国人消費動向調査」（全国籍・地域・2019）

・人気ポータルサイト
　Google（グーグル）、Yahoo（ヤフー）、MSN（エムエスエヌ）、
　AOL（エーオーエル）
・人気SNS
　Facebook（フェイスブック）、Twitter（ツイッター）、
　Instagram（インスタグラム）、Snapchat（スナップチャット）

8. ムスリム旅行者の理解

■ムスリムとは

　ムスリム（Muslim）とは、「（神に）帰依する者」を意味し、イスラム教徒のことを指す。イスラム教徒には義務づけられた5つの行為がある。①信仰告白（シャハーダ）、②1日5回の礼拝（サラート）、③イスラム暦第9月（ラマダーン）の断食（サウム）、④喜捨（ザカート）、⑤可能な場合には一生に1度のメッカ巡礼（ハッジ）である。

　ムスリムの数は7世紀のアラブの大征服時代から徐々に増え始め、9〜10世紀には中東から中央アジア、北アフリカ地域までのイスラム化が進行した。現在のムスリムの分布は、中国西部から東南アジア、インド、中央アジア、中東、アフリカにまで及んでいる。

　今日、全世界に18億人以上のムスリムがいるといわれている。世界最大のイスラム人口を持つ国がインドネシアで、人口約2億6千万人のうち9割近くの2億3千万人がムスリムといわれている。また、マレーシアはイスラム教を国教としている。シンガポールにもムスリムは少なくない。世界のム

スリムの半数以上はアジアに暮らしている。(ハラル・ジャパン協会)

　拡大する日本のインバウンドマーケットにおいて、ムスリムは大きな存在となっていくものと考えられる。

■ハラールとは

　ハラール(Halal)とは、イスラム法で「許された行為・物」のことをいう。反対に、「許されない行為・物」のことをハラーム(Haram)と言う。ハラール・ハラームとは、生活のガイドラインであり、イスラム教徒にとってはなくてはならない規準である。

　食生活でハラームに定められるものは、豚、アルコール、血液、宗教上の適切な処理が施されていない肉(イスラム教に則った処理がされていれば、牛、鶏肉はハラールとなる。豚肉はいかなる場合でもハラームである。)、うなぎ、イカ、タコ、貝類、漬け物などの発酵食品、ワニ、亀、蛙など水陸両用の動物などが挙げられる。

　ここで注意が必要なのは、ハラームとされるものは主要な食材としないだけでなく、出汁や調味料としてわずかに入ってもいけないということである。厨房や調理器具がイスラム教の教義に則ったものであるかということも重要である。また、ハラールというと主に食べ物のことと考えられがちであるが、広義では化粧品、衣服、玩具、家電製品、ゲームなどもその対象となる。

　商品やサービスがハラールであることを認証するハラール認証という制度があり、商品やサービスがハラールであることをイスラム旅行者に伝えるには、ハラール認証を受けることが勧められている。ハラールはイスラム圏の中でも差異があり、日本国内にはハラール認証団体が複数存在する。

■食事以外の注意事項

・頭は神聖なものと考えられており、人の頭(子供の頭も)を触らない。

・左手を使うことは避けられている。

・露出の多い服装は、はしたないと思われるため避ける。

・イスラム教徒の女性は、家族以外の男性に対して髪を隠す。

・犬は不浄な動物と考えられており、嫌われる。

・日本や欧米の香水はアルコールが含まれることが多いため、好まれない。

・イスラム教国では、金曜日が集団礼拝の日として休日になることが多い。

■ムスリム旅行者の受入

　現在、各地で訪日ムスリム旅行者を受け入れるためのムスリムインバウンド対応（インバウンド環境におけるハラール化）を促進する流れが加速している。例えば、次のような対応である。

・旅行会社はムスリムに特化した旅行プランやツアーなどを企画・造成。
・空港や観光施設では礼拝所の設置などの施設対応。
・旅館やホテル、レストランでは提供する食事のハラール化や施設対応。
・自治体と地元金融機関はムスリム市場に対応する観光事業、挑戦する新規事業への助成金の対応。

　ムスリムを受入れるに際して、気をつけなければならないことは、ここまで述べてきた知識を踏まえつつも、イスラムの教え、実践方法は宗派、国・地域、文化、個人によって異なることがあるので、画一的な考えをせずに柔軟な対応をすることである。

当項参考資料：日本ムスリム協会・ハラル・ジャパン協会・日本ハラール協会など

9. ベジタリアン旅行者の理解

■ベジタリアンとは

　ベジタリアン（Vegetarian）とは、「健全な、新鮮な、元気のある」という意味のラテン語に由来し、一般的には「菜食主義者」「肉や魚などの動物性食品を食べない人」を表す言葉として使われるが、実際にはさまざまなベジタリアンがいて、世界中で増加している。インバウンドの拡大とともにベジタリアンの訪日旅行者も増えている。

　現在、ベジタリアンの定義は定まっていないが、イギリスでは畜肉を食べない人を広義のベジタリアンとする傾向がある。宗教的教義、栄養や健康の保持、生命の尊厳を旨とするアニマルライツのほかに、環境問題や食料問題、すなわち、地球環境保全や途上国援助のために菜食のライフスタイルを選択する新たなベジタリアンが増えつつある。

■ベジタリアンの分類

・ビーガン（Vegan）

　動物の肉（鳥肉・魚肉・その他の魚介類を含む）と卵・乳製品を食べず、また動物製品（皮製品・シルク・ウール・羊毛油・ゼラチンなど）を身につけたりしない人たち。

・ダイエタリー・ビーガン（Dietary Vegan）

　植物性食品のみの食事を行い、食用以外の動物の利用を必ずしも避けない。

・フルータリアン（Fruitarian）

　植物を殺さない（絶やさない）植物性食品のみを食べる人たち。「植物を殺さない（絶やさない）食品」とは、根菜、穀物はそれを食することでその植物の個体を絶やすが、果実を食するだけではその植物の個体を絶やすことはないという考え方による。

・ラクト・ベジタリアン（Lacto-Vegetarian：乳菜食）

　植物性食品に加えて、乳・乳製品などを食べる人たち。

・ラクト・オボ・ベジタリアン（Lacto-Ovo-Vegetarian：乳卵菜食）

　植物性食品と乳・卵を食べる人たち。

・その他

　植物性食品・乳・卵と魚を食べる（ペスコ・ベジタリアン）や、鶏肉を食べる（ポーヨー・ベジタリアン）などがある。

　ベジタリアンの種類は多様で、分類の仕方によってその数も違ってくる。

■ベジタリアンの多い国・地域

　ベジタリアンは、インドや台湾をはじめとするアジア、ヨーロッパ、アメリカ、カナダなど、世界中に分布している。特に人数が多い国はインドで、国民の3割程度を占めるとされる。台湾では国民の1割以上を占め、台湾のベジタリアン食は素食と呼ばれる。ドイツ、イタリア、イギリスでも人口比率5～10％を占めるとされ、世界各国で増加傾向にある。2018年の訪日ベジタリアン等旅行者数は160万人以上と推計され、全訪日外国人旅行者数の5％程度を占め、着実に増加している。(「飲食事業者等におけるベジタリアン・ヴィーガン対応ガイド」観光庁 2020)」。

■食に対する禁止事項

　肉全般、魚介類全般、卵、一部ではあるが乳製品、一部ではあるが根菜・球根類などの地中の野菜類、一部ではあるが五葷（ごくん：ニンニク、ニラ、ラッキョウ、玉ねぎ、アサツキ）。

■ベジタリアン旅行者への対応

・ベジタリアンには多種多様な食に対する姿勢が存在するため、呼称だけで、肉だけを食べない人と思いこんではならない。

・一般に、野菜天ぷら、豆腐を使った料理が好まれる。

・ベジタリアンには食べられないものが何かを必ず正確に確認する。

・国籍が分かる場合は、事前にその国のベジタリアンの特性を確認する。

・オーダー時に、料理に含まれる食材、含まれない食材を説明すると良い。

・肉だけでなく、食べられない野菜がないか確認する。

・ベジタリアンに対応した日本料理を開発する。

・一般のメニューとは別にベジタリアンメニューを用意する。

・ベジタリアン対応が可能なホテルやレストランでは、あらかじめ「ベジタリアン対応可能」などの案内をメニューやホームページなどで示す。

当項参考資料：NPO 法人日本ベジタリアン協会

精選過去問題にチャレンジ

問題 001	旧正月が長期休暇となり、その時期に海外旅行に出かける人が増加する国・地域がアジアには多い。次の各国・地域名とその国・地域における旧正月の呼称の組合せのうち、<u>適切ではない</u>ものを以下の**ア**から**エ**までのうち１つ選びなさい。

ア. 春節―台湾
イ. ソルラル―香港
ウ. テト―ベトナム
エ. ソンクラーン―タイ

■ 解説

　「ソルラル」は、韓国における旧正月の呼称である。香港の旧正月は、中国、台湾と同じく「春節」である。

　アジアには新暦（太陽暦）の正月よりも旧暦（太陰暦）の正月を重んじ、盛大に祝う国・地域が多い。特に東アジアでは旧正月を祝わないという点で、日本だけが異質ともいえる（沖縄の一部地域を除く）。

　各国・地域の旧正月は祝日であり、その前後が連休となり訪日旅行者数も多くなる傾向があるので、その名称と時期は知識として押さえておきたい。

解答	イ

<table>
<tr><td>問題
002</td><td>訪日中国人旅行者に関する以下の**ア**から**エ**までの記述のうち、最も<u>適切
ではないもの</u>を 1 つ選びなさい。</td></tr>
</table>

ア. 中国人は、基本的には他と平等であることを好み、特別なおもてなしをされる
ことは好まない。

イ. 初めて訪日する中国人旅行者は、東京、富士山、京都、大阪などを巡るゴール
デンルートを旅行先とする人が多い。

ウ. 中国人は体を冷やすことを嫌うため、温かい料理、火の通った料理を好む。

エ. 中国では、北京語を基準とする普通話が公用語となっている。

解説

　中国人は総じて特別なもてなしを受けることを喜ぶ。そのため、歓迎の気持ちを表す
横断幕「熱烈歓迎」の掲示や、手軽なお土産を用意するとよい。

解答　　ア

<table>
<tr><td>問題
003</td><td>訪日香港人旅行者に関する以下の**ア**から**エ**までの記述のうち、最も<u>適切
ではないもの</u>を 1 つ選びなさい。</td></tr>
</table>

ア. 香港人の人口に対する出国率は、100％未満である。

イ. 香港人は、日本の情報や流行に敏感であるため、彼らの行動を中国人が参考に
していることも多い。

ウ. 香港人には、冷たい水よりも温かいお茶やお湯を好む傾向がある。

エ. 香港では雪が降らないので、香港人は雪景色を自分の目で見て、実際に触れ、
雪遊びをすることに魅力を感じる人もいる。

解説

香港人の人口に対する出国率は、<u>174％であり、100％を超えている</u>（2019 年の数値）。

解答　　ア

問題 004	ムスリムの食事に関する以下の**ア**から**エ**までの記述のうち、最も適切ではないものを１つ選びなさい。

ア．飲酒は禁止されているが、アルコールを含む調味料は使用してもよい。

イ．出汁、ラード、ゼラチンなど肉の原型を残さないものでも、豚を料理に使用してはならない。

ウ．ウナギ、イカ、タコ、貝類を材料とする料理を提供してはならない。

エ．イスラムの教義に則った、と畜方法で処理された牛肉料理は提供してもよい。

■ 解説

ア不適切。アルコールについては、飲酒はもちろんのこと調理用に使用することも禁じられている。醤油、みりんなど成分として含まれているものも許されない。（アルコール分を含まないハラール調味料が発売されている。）

イ適　切。イスラム教では豚肉は犬の肉とともに不浄なもの（ナジスという。）とされ、それを食することはどのような形であれ、ハラーム（許されない行為）とされている。出汁（だし）、ラード、ゼラチンの他、ハム、ベーコンなどの加工品、豚肉を揚げた油で揚げたハラールな（許された）食材、ひいては豚の皮製品もハラームとされている。

ウ適　切。ウナギ、イカ、タコ、貝類は教義で禁止されてはいないが、その形状が嫌悪感を示されるので、料理の食材として扱うことは避ける方がよいとされている。

エ適　切。牛、鳥など豚以外の食肉は、イスラムの教義に則った、と畜方法を行えば食することができる。（同じ方法をとっても豚肉は、ナジスなので食することはできない。）

　食することができる食材の種類は国、地方、宗派により異なる部分もあるので、事前に確認する必要がある。

解答	ア

08

第 8 課題
訪日外国人旅行者への対応

Inbound Business Director

1. 訪日外国人旅行者の満足度

■訪日外国人旅行者の満足度

　図表 8-1 は、訪日外国人旅行者（全国籍・地域 / 全目的・2019）の訪日旅行全体の満足度を表したものである。およそ半数の旅行者が「大変満足」と答えている。「大変満足」に「満足」を加えると、約 95％になる。「大変不満」「不満」「やや不満」をあわせても、1％に満たず、訪日外国人旅行者は日本の旅行に満足していることが分かる。

　しかし、旅行に対する満足度を尋ねる調査では、概して、高い数値が出る傾向にある。貴重な時間とお金をかけただけに、旅行者自身満足したと感じているからである。注目すべきは「大変満足」ではなく、「満足」と答えた38％である。「満足」を選んだ人は、決して大きなことではないが、「大変満足」を選択できなかった何かしらの「不満」があったと考えるべきであろう。それゆえ、「大変満足」をさらに増やすことが重要である。

図表 8-1　訪日外国人旅行者の満足度（全国籍・地域 / 全目的・2019 年）

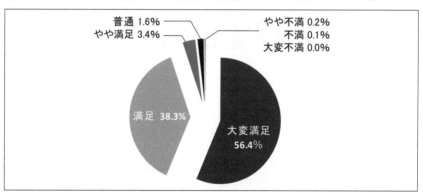

資料：観光庁「訪日外国人消費動向調査（2019）」より作成

　図表 8-2 は、訪日外国人旅行者（全目的・2019 年）の訪日旅行全体の国・地域別の満足度を表したものである。国・地域により大きく異なるのが分かる。「大変満足」を見ると、アジアの各国・地域は比較的低く、欧米各国が高くなっているのが分かる。特に、韓国が最も顕著である。「大変満足」は37％と極めて低く、「満足」を加えて90％になるとはいえ、十分な満足感を得ず帰国していると推測される。香港も同様である。概して、東アジアの

国・地域（中国・台湾・香港）は東南アジア各国に比べ「大変満足」が低い。満足度と滞在期間が大きく関係していることが推測される。フィリピンは「大変満足」「満足」でほぼ100％になっている。欧米各国には、「大変不満」「不満」「やや不満」はほとんどない。

図表 8-2　訪日外国人旅行者の訪日旅行全体の満足度

（国籍・地域別 / 全目的・2019 年）　　　　　　　　　　　（％）

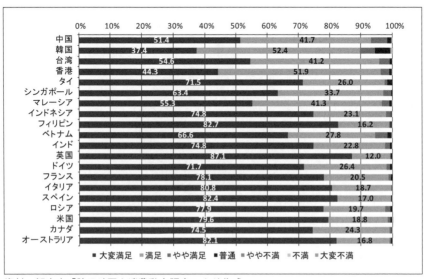

資料：観光庁「訪日外国人消費動向調査」より作成

■外国人旅行者の日本再訪意向

　図表8-3は、訪日外国人旅行者（全国籍・地域 / 全目的・2019 年）の日本再訪意向を表したものである。「必ず来たい」が63％で、半数を大きく超えている。「必ず来たい」に「来たい」を加えると94％になり、リピートが期待される。しかし、「何ともいえない」「あまり来たくない」「来たくない」「絶対来たくない」というネガティブな回答が2％強あるのはやや心配な要素である。

　再訪意向に対する調査結果は、旅行の満足度と同様に、概して高めの数値が出る傾向にある。一般的に旅行者は、再訪したくないという感情を持ちにくい。それだけに、僅かではあるが、「来たくない」などネガティブな回答が

あったことは、旅行中に何らかの不快な経験をしたからであると考えられる。このように再訪問の意向が強いにもかかわらず、実際に再訪問する旅行者は決して多くない。それだけに、リピーターになってもらうことが大切であり、それにより、良好な口コミをしてもらうことが非常に重要である。「必ず来たい」と答えた旅行者は日本の良さを口コミで発信するはずである。

図表 8-3　訪日外国人旅行者の日本再訪意向（全国籍・地域 / 全目的・2019 年）

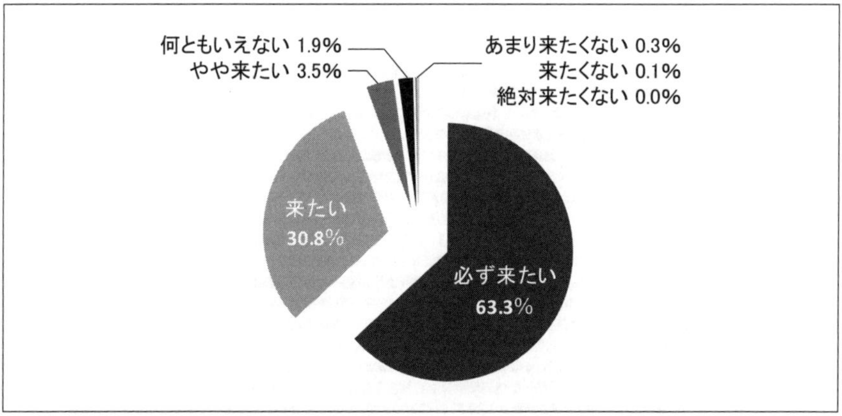

資料：観光庁「訪日外国人消費動向調査」より作成

　図表 8-4 は、訪日外国人旅行者（全目的・2019 年）の訪日旅行全体の国・地域別の日本再訪意向を表したものである。満足度に対する調査と同様に国・地域により異なるのが分かる。「必ず来たい」を見ると、おおむね、アジアの各国・地域と欧米各国の間に大きな差はないが、韓国だけが異なる結果となっている。韓国の回答は「必ず来たい」が 40％にとどまり、全体平均に比べ 20％以上低い。「来たい」を含めると、90％強になるとはいえ、現状の韓国人旅行者に対する受入体制に課題を残しているといえよう。フィリピンは、「必ず来たい」「来たい」で 98％になっている。欧米各国は、全体的に来訪意向が高いが、「やや来たい」「何ともいえない」を選択した旅行者が一定数いるのが特徴となっている。

図表 8-4　訪日外国人旅行者の日本再訪意向、国・地域別

（国籍・地域別／全目的・2019 年）　　　　　　　　　　（%）

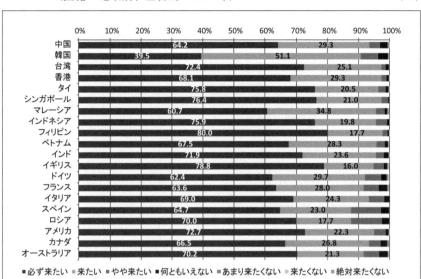

資料：観光庁「訪日外国人消費動向調査」より作成

2. 訪日外国人旅行者の不満

■訪日外国人旅行者が旅行中困ったこと

　図表 8-5 は、訪日外国人利用者の多い成田国際空港、羽田空港、関西国際空港を中心とした空港・港湾などで訪日外国人旅行者から回答を集めた「令和元年度訪日外国人旅行者の国内における受入環境整備に関するアンケート」（観光庁）の中で、「旅行中困ったこと（複数回答）」を表したものである。

　同調査における、訪日外国人旅行者が旅行中困ったことは、この数年全体的に数値の減少が続いている。従前から困った割合が高かった「施設等のスタッフのコミュニケーションがとれない」は前年比 3.6% 減、「無料公衆無線LAN 環境」は同 7.7% 減となった。一方、「困ったことはなかった」は過去最高の約 39% で、着実に多くの面で改善が進んでいることが分かる。困ったことで最も多かった回答は、新しく調査項目に加わった「ゴミ箱が少な

い」の約23%であった。

図表 8-5　訪日外国人旅行者が旅行中困ったこと

（複数回答・2019年）n＝4,006

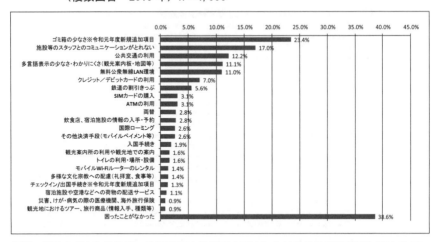

資料：観光庁「令和元年度　訪日外国人旅行者の国内における受入環境整備に関するアン
　　　ケート」より作成

■施設等のスタッフとのコミュニケーションで特に困った場所

　訪日外国人旅行者の多くが困ったことの1つに「施設等のスタッフとのコ
ミュニケーション」を挙げているが、実際にそれはどのような場所だったの
だろうか。

　図表8-6は、「施設スタッフとのコミュニケーション」で特に困った施
設・交通機関を、都市部（東京・神奈川・千葉・埼玉・愛知・大阪・京都・
兵庫の8都府県）と地方部（その他の道県）を分けて表したものである。都
市部、地方部共通に「飲食店（レストラン、カフェ等）」が5割と群を抜
き、トップとなっている。都市部では次いで「その他小売店（ドラックスト
ア、コンビニ、土産物産、量販店等）」「百貨店・ショッピングセンター」が
30％強で続いている。地方部でもこれらの割合は30％強となっている。都
市部では「鉄道駅構内」「城郭・神社仏閣」が地方部よりも高い数値を示し
ている。「飲食店（レストラン、カフェ等）」「百貨店・ショッピングセン
ター」「ホテル」は地方部が高くなっている。

図表 8-6　施設等のスタッフとのコミュニケーションで困った施設・交通機関
（複数回答・2019 年）都市部 n = 505　地方部 n = 263

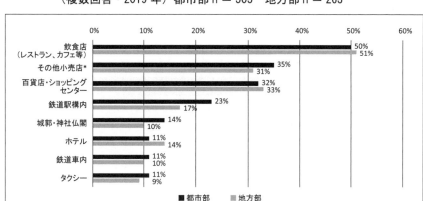

資料：観光庁「令和元年度　訪日外国人旅行者の国内における受入環境整備に関するアン
　　　ケート」より作成
※その他小売店とは「ドラックストア、コンビニ、土産物産、量販店等」などを指す。
※「都市部」とは三大都市圏を指し、東京・神奈川・千葉・ 埼玉・愛知・大阪・京都・兵庫
　の 8 都府県。「地方部」とはその他の道県を指すこととする。

■多言語表示で困った施設・交通機関
　図表 8-7 は、「多言語表示の少なさ・わかりにくさ」で困った施設・交通
機関を都市部と地方部で表したものである。都市部では「鉄道駅構内」「飲
食（レストラン、カフェ等）」がともに39％で群を抜き、「百貨店・ショッ
ピングセンター」「その他小売店（ドラックストア、コンビニ、土産物産、
量販店等）」が続いた。
　地方部では、「飲食（レストラン、カフェ等）」が32％で一番多く、「城
郭・神社仏閣」「その他小売店（ドラックストア、コンビニ、土産物産、量
販店等）」とともに「バスターミナル構内」が続いた。

図表 8-7　多言語表示の少なさ・わかりにくさで困った施設・交通機関
（複数回答・2019 年）
都市部 n ＝ 336　地方部＝ 155

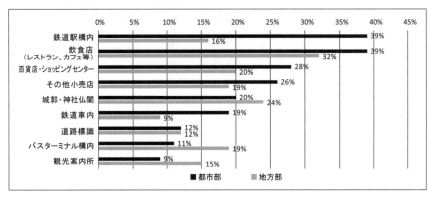

資料：観光庁「令和元年度　訪日外国人旅行者の国内における受入環境整備に関するアン
　　　ケート」より作成
※その他小売店とは「ドラッグストア、コンビニ、土産物産、量販店等」などを指す。
　「都市部」とは三大都市圏を指し、東京・神奈川・千葉・ 埼玉・愛知・大阪・京都・兵庫
の 8 都府県。「地方部」とはその他の道県を指すこととする。

3.　多言語対応

■多言語対応

　訪日外国人旅行者が日本を旅行中に困ったことの上位には、言語対応、コ
ミュニケーションに関する困りごとが挙がっている。これらの不満を少しで
も解決することが、外国人旅行者の満足度を高め、食事やショッピングの
シーンでの消費拡大につながると考えられる。

　インバウンド需要の拡大に伴って、さまざまなシーンで多言語対応が求め
られているが、実際にどの言語で対応する必要があるのか。訪日外国人旅行
者の国・地域は多様化しており、今後ますますその傾向が強まると想定され
る。多様な言語すべてに対応する必要はないが、現時点でのインバウンド対
応を考えると、英語は必須であり、中国語（簡体字・繁体字）、韓国語の対
応も必要であると考えられる。また、その地域、施設に多く訪れる国・地域
の言語にも配慮する必要がある。

■多言語表示

　空港ターミナル、港湾ターミナル、鉄道駅、鉄道車内、バスターミナル、バス車内など外国人旅行者の利用する交通機関のほか、ホテル・旅館などの宿泊施設、レストラン・食堂などの飲食店、免税店をはじめとしたデパート・スーパーマーケット・コンビニエンスストア・ドラッグストア・小売店などの商業施設は、英語だけでなく中国語（簡体字・繁体字）、韓国語の表示も必要となっている。城郭・神社仏閣・美術館・博物館などの観光施設では、建築物、展示物の解説・案内を含めて多言語表示が求められている。また、言語や年齢などにとらわれず、誰もが分かりやすい表示となるピクトグラムの活用もポイントとなる。

■パンフレット

　観光地や観光施設などにおけるパンフレットは、訪日外国人旅行者にとって欠かすことのできない観光ツールである。案内・解説だけではなく地図、アクセス方法を含め英語や来訪者の多い国・地域の言語で作成したい。

■アプリ

　観光地や観光施設などにおけるパンフレットと併用して、多言語対応のアプリを導入するのは効果的である。また、会話を助ける翻訳アプリなどを端末やスタッフのスマートフォンやタブレットにダウンロードすると外国人旅行者とのコミュニケーションに役立つ。

■指差し会話シート

　店舗、飲食店などでよく使われる会話、商品・メニュー、値段・個数などをイラスト・写真をまじえて表示したシートを、お互いに指で指して意思の疎通を図るツールが「指差し会話シート」である。アナログではあるが、準備しやすく使い方もわかりやすい方法である。

　事業者向けに指差し会話シートを準備してホームページから無料でダウンロードさせている自治体もみられる。

■デジタルサイネージ

　デジタルサイネージとは、屋外・店頭・公共空間・交通機関などで、ディ

スプレイなどの電子的な表示機器を使って情報を発信するシステムの総称である。交通ターミナル、商業施設、観光施設などでは多言語で表示することによって外国人旅行者の利便性が増す。

■音声ガイド

　観光地やさまざまな観光施設、工場見学、博物館・美術館、演劇の上演などで欠かせない、音声ガイドの多言語化を考えたい。専用端末だけでなくラジオ、スマートフォンなどの活用も進んでいる。音声ガイド端末とGPSの位置情報を利用して、多様な情報を旅行者に提供する地域発信型の観光音声ガイドサービスも登場している。

■ホームページ

　訪日外国人旅行者が積極的に検索している観光地や観光施設のホームページの多言語化は今や欠かすことのできないインバウンド対応となっている。数多くのサポート会社があるので活用したい。ホームページは作りっぱなしではなく、頻繁に更新することがポイントとなる。

■SNS

　日本においても定着している、双方向コミュニケーションが可能なSNSである、Facebook、Twitter、Instagram、微博などを活用し英語やその他の言語での発信は今や欠かせない。実際の集客に効果が出ている。

■翻訳サイト

　翻訳サイトとは、インターネット上で、翻訳サービスを行うウェブサイトである。テキストの一部分、またはウェブページ全体を他言語に翻訳するサービスで、入力した文字をリアルタイムで翻訳する。また、音声入力機能も持ち音声により英和訳ができる。Google翻訳をはじめ数多くのアプリがあり、音声翻訳の精度もアップしている。翻訳サイトの進化は目を見張るものがあり、今後もこの流れは加速していく。

■多言語コールセンター

　コールセンターとは、電話で英語をはじめとした多言語でオペレーターが

対応する施設である。自社で設置する場合もあるが、専門のコールセンターと契約して利用する施設も多い。訪日外国人旅行者と施設従業員で交互に受話器をやり取りしながら、オペレーターを介して会話を行う。宿泊施設・観光施設・飲食店・小売店・交通機関が利用するケースが多い。

■外国人スタッフ

　外国人旅行者の増加に伴い、それぞれ国・地域に対応した言語を話すことができる外国人スタッフを配置することが不可欠となる。多言語対応のスタッフを充実させるには、外国人専門の人材派遣会社の活用が有効である。正社員、契約社員、短期アルバイトなどさまざまな雇用形態での派遣が可能なので、ニーズに応じた外国人スタッフを配置することができる。また日本の大学、専門学校に在籍している母国語と日本語を話せる留学生を雇用することができるので、公的機関や各大学が設けている留学生支援センターを利用するのも有効である。外国人スタッフを雇用することは語学に加え、それぞれの国の習慣や国民性も周知している点でもメリットが大きい。

　留学生はコストが安く、週数日という状況に合わせた雇用ができるが、就労時間に制限があったり、学業のスケジュールとの調整があったりと不安定要素もある。社会人を正社員、契約社員として採用する場合は即戦力と期待できる反面コストがかかり、労務管理が複雑となる点にも留意したい。

4. 通信環境対応

■通信環境状況

　訪日外国人旅行者の日本滞在中で困ったことの上位に挙がっている「通信環境」については着実に改善が進んでいる。

　図表8-8は、都市部・地方部両方訪問した人のうち、都市部と地方部において「無料公衆無線 LAN 環境」ついて「便利」と回答した人の回答を表したものである。「利用可能な場所が多かった」が、都市部72%、地方部80%と共に高い数値となった。「認証や利用登録が簡単であった」「スピードが速く、技術的不具合等もなかった」「Wi-Fi 利用についての案内が多言語で表示されていた」と続くが、いずれの項目も地方部の方が都市部より高い数値になっている。都市部、地方部ともに、通信環境の整備改善は今後ますます

必要不可欠なものになってくる。

図表 8-8　無料公衆無線 LAN 環境について便利と感じた理由（2019 年）
都市部 n ＝ 1,093　地方部 n ＝ 476

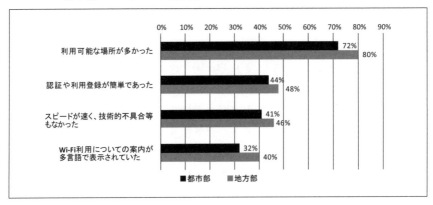

観光庁「令和元年度　訪日外国人旅行者の受入環境整備に関するアンケート」
母数：都市部・地方部両方訪問した人（n ＝ 1,553）のうち、都市部 / 地方部について「便
　　利」と回答した人（複数回答）

■Wi-Fi 環境
　Wi-Fi とは、無線でインターネットに接続するための規格である。この数
年で交通機関やホテル、カフェ、商業施設などで「FREE Wi-Fi」や「Wi-Fi
ZONE」などの表示を目にすることが多くなり、Wi-Fi 環境は改善しつつあ
ることが見てとれる。ただし、もともとこれらのサービスの多くが日本人向
けであったこともあり、日本語に精通しない外国人旅行者にとっては、煩雑
な設定が必要であり、不自由な点がまだ多い。外国人旅行者は日本に到着後
に観光地やレストランを検索することが多い。また、事前にブックマークし
ておいた観光地やホテル・レストランへのアクセス情報を移動中に確認した
い、自国にいる家族や友人と SNS やメールで土産品について相談したい、
撮影した写真をすぐに Facebook などの SNS にアップして発信したい、別
行動の同行者や自国の家族・友人にネット経由のアプリで無料電話をした
い、などの要望が多い。Wi-Fi 環境の改善は進んでいるがさらなる整備が求
められている。

■モバイルWi-Fiルーター

　モバイルWi-Fiルーターは、インターネットの接続を可能にする持ち運び可能なポケットサイズの端末である。携帯端末だけでなくパソコンにも利用できることや、複数人で同時に利用できるなど、利便性が高い。通常、出国空港、入国空港などでレンタルして携行することが多い。訪日外国人旅行者のために、地域ぐるみで無料で貸し出すサービスなどが各地で始まっている。

■国際ローミング

　国際ローミングとは、自国内で使用しているスマートフォンなどの端末を海外で使用する際に、自身が契約する通信事業者が提携している海外の通信事業者の設備を利用し、インターネットや通話などの通信を利用できるサービスのことである。

　国際ローミングを使用することで、訪日外国人旅行者は、自身が契約している通信事業者のサービスを、その事業者のサービス適用範囲外である日本でも、自身が契約する通信事業者が提携している日本の事業者の設備を利用して、サービスを受けることができる。国際ローミングは利用者が特別な機器や手続きを必要とせず、自動的に通信事業者が切り替わるように設定され、簡単にサービスが受けられることが多い。

　訪日外国人旅行者にとって、国際ローミングは最も手軽に通信インフラを利用する方法の一つとなるが、国際ローミングの利用料金は定額ではなく、従量制で高額な利用料金が課金されることが多い。

■SIMカード

　SIMカードとは、スマートフォンや携帯電話を使って通信するために必要なカードのことである。SIMカードは、海外から携行してきたスマートフォンや携帯電話に差し込むだけで日本の通信会社の回線を利用できる。基本的にはプリペイドで、SIMカードを制限するSIMロックのかかっていない携帯電話であれば利用できる。外国人旅行者にとっては嬉しいサービスである。すでに、成田国際・関西国際・中部国際の3空港では自動販売機による販売が行われているが、ニーズに対応するためには販売場所の拡大が急がれる。なお、台湾やタイでは訪日旅行者用のSIMカードが販売されている。

5. ユニバーサルツーリズム

■ユニバーサルツーリズムとは

　ユニバーサルツーリズム（Universal Tourism）とは、すべての人が楽しめるよう創られた旅行であり、高齢や障害などの有無にかかわらず、誰もが気兼ねなく参加できる旅行、その考え方のことである。ノーマライゼーションの観点から高齢者や障害者が主に参加できる旅行は、日本では「バリアフリーツーリズム（Barrier-free Tourism）」、欧米では「アクセシブルツーリズム（Accessible Tourism）」と一般に呼ばれている。ユニバーサルツーリズムはノーマライゼーションを一歩進めて、誰もが気兼ねなく参加できる旅行を目指すものである。2016 年施行の障害者差別解消法による後押しも期待されている。

　訪日外国人旅行者の中にも高齢者や障害者が増えており、その対応が必要となっている。また、言葉の不自由さを感じる訪日外国人旅行者への対応もユニバーサルツーリズムのひとつと考えられる。

■外国人旅行者（高齢者・障害者等）の特徴

①障害者に対する考え方

・海外（特に欧米諸国）の障害者に対する根本的な考え方は「介護」ではなく「自立支援」であり、自分のやりたいことは「自分自身でやる」という考え方が主流である。

・自立した外国人当事者の場合、単独での行動や、複数の当事者同士での行動も少なくない。

②外国人当事者の旅行の考え方

・外国人当事者（高齢者・障害者等）の観光の考え方として、「バリアフリーな場所に観光に行く」ことよりも、「行きたい場所に観光に行く」ことが重要である。バリアがあっても、そのバリアにどのように対処して目的地に行けるのかを考える傾向がある。

③バリアトリック（肥満）市場

・海外では、肥満の人でも利用可能な大きいサイズの車いすを準備するなど

のバリアトリック（肥満）市場が確立している。

■訪日旅行の際に外国人旅行者（高齢者・障害者等）が必要とする情報
①バリアフリー設備・サービス
・観光地や観光施設の具体的なバリア・バリアフリー情報。
・身体や車いすのサイズが大きい方（特に肥満者）に向けた詳細な情報。

②日本独自の設備・製品・サービス
・日本独自の点字ブロックやオストメイト対応トイレ、多目的トイレ、また、最新の支援機器や補助器具に関する情報。

③一般的な旅行情報
・観光地の魅力ある観光情報、日本の旅行の楽しみ方の情報。
・海外から持参する呼吸器や電動車いすにバッテリー充電のための日本の電圧などの情報。

■Accessible Travel（アクセシブルトラベル）JAPAN
　海外からの高齢者や障害者などからの相談に対応できる体制構築に向け、「訪日外国人旅行者向けユニバーサルツーリズム情報発信事業」を手がける、特定非営利活動法人日本バリアフリー観光推進機構の運営により、一元的な相談窓口となる「Accessible Travel（アクセシブルトラベル）JAPAN」が開設されている。

　また、海外からの身体の不自由な旅行者の増加のために、日本国内のバリアフリー観光地を結ぶ多言語化情報サイトを公開し、国内旅行のアドバイスおよび手配を行う一元的な「バリアフリーツアーセンター（BFTC）」が全国各地に選定、開設されている。

当項参考資料：「訪日外国人旅行者向けユニバーサルツーリズム情報発信事業報告書」
　　　　　　　観光庁

6. 訪日外国人旅行者の安全対策

■訪日外国人旅行者の安全対策

インバウンドの拡大に伴い、訪日外国人旅行者が事故や事件、災害に遭遇する可能性が高くなっている。特に、日本では地震などの自然災害の発生に遭遇する確率は低くない。日本国中を訪れる外国人旅行者が安心して観光ができる環境、万が一の災害時にも安全が確保され、安心して行動できるような環境を整備していかなければならない。第一義的には国や自治体が対応すべきことだが、外国人旅行者と接するインバウンドビジネスに携わる者もその主体者となっていかなくてはならない。

図表 8-10 は、2018 年 6 月に発生した大阪府北部地震に関して行われた「大阪府北部地震における訪日外国人旅行者の避難行動に関する調査 2018」（株式会社サーベイリサーチセンター）における「地震災害発生時の対応ニーズ」を表したものである。「スマートフォン等で災害・交通・避難情報の提供を多言語でしてほしい」「母国語のマニュアルを配付してほしい」「避難誘導などわかる言語でしてほしい」など、地震被害を体験した外国人旅行者ならではの切実なニーズが並んでいる。

図表 8-9　訪日外国人旅行者の地震災害発生時の対応ニーズ（2018）

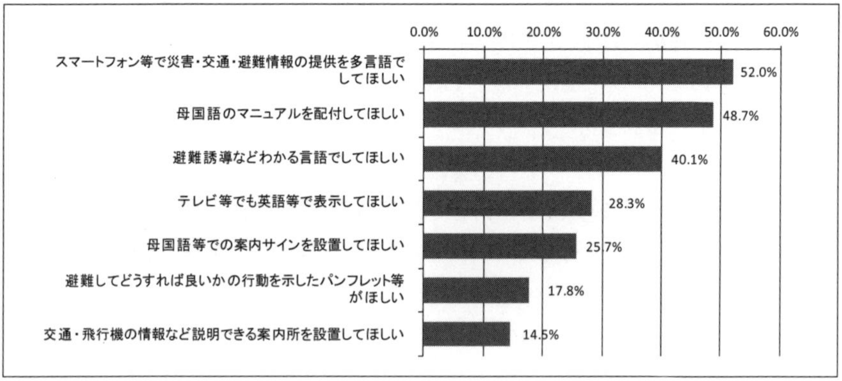

資料：株式会社サーベイリサーチセンター
大阪府北部地震における訪日外国人旅行者の避難行動に関する調査　2018.6.21
・調査地点：南海電鉄　関西空港駅（調査協力：南海電気鉄道株式会社）
・調査対象：2018 年 6 月 18 日に近畿圏に滞在した訪日外国人旅行者
・調査方法：外国語の話せる調査員による質問紙を用いた面接聞き取り調査（152 サンプル）

■観光・宿泊施設向けの対応マニュアルの配布

観光庁は、観光・宿泊施設向けの「自然災害発生時の訪日外国人旅行者への初動対応マニュアル策定ガイドライン」を配布している。このガイドラインは、訪日外国人旅行者に関する基礎知識、初動対応内容、平常時から取り組むべき準備、情報提供の仕方などが解説してある。

■自治体向けの安全確保のための手引き

観光庁は自治体向けの「訪日外国人旅行者の安全確保のための手引き（2014年10月）」を配布している。災害時に訪日外国人旅行者に関して知っておくべき特性や過去の災害時における訪日外国人旅行者の被災状況、またそれに対する具体的な対策事例などが掲載されている。

■外国人旅行者向けのプッシュ型情報発信アプリ

観光庁は、訪日外国人旅行者向けに「Safety tips」の配信を始めている。これは日本国内における緊急地震速報・津波警報などを、日本語を含めた14か国語で通知するプッシュ型情報発信アプリである。自然災害の情報の他に、熱中症情報、弾道ミサイル発射等の国民保護情報、および災害時における避難行動を示した避難フローチャートやコミュニケーションカードなども配信している。

■訪日外国人旅行者向け海外旅行保険

訪日外国人旅行者が日本国内において、ケガ・病気をした場合の治療費用や患者・遺体の本国への移送費用などを補償する海外旅行保険が、損害保険会社各社から発売されている。スマートフォンやインターネットで加入することもでき、言語は英語・韓国語・中国語に対応している。付帯サービスも充実している。多くの外国人旅行者の加入が望まれる。

7. インバウンド人財

■インバウンド人財

訪日外国人旅行者に大きな満足度を与え、また日本に来たい、日本の良さを皆に知らせたい、と思わせるには不満を抱く部分を改善し、日本ならでは

の新しい商品・サービスを提供していくことが必要である。その大きな要素は人であり、人による「おもてなし」であると言ってもよい。日本のインバウンドの良否、インバウンドビジネスの成否は、そこに関わる人によって決定すると言っても過言ではない。

　インバウンド人財、つまりインバウンドビジネスに携わる人は、拡大するインバウンド市場のニーズに追いつかず、さまざまなシーンで不足している。インバウンド人財を育成することが、インバウンドに対応し、インバウンドビジネスを成長させる鍵となる。

■インバウンド人財に必要な能力
①日本人的能力
　インバウンドビジネスに携わるには日本人、外国人を問わず、まず日本のことを、そしてその地域のことを知らなくてはならない。あくまでも日本でのビジネスであることを理解し、自ら取扱う商品・サービスを熟知し、それに対し自信を持つことである。相手が外国人旅行者中心であっても、日本人が対象となる場合もあり、仕入交渉や事業連携、行政との折衝などの相手は日本人で、日本の商習慣のもとで行われる。どのシーンでもサービスを超えるホスピタリティの発揮が必要となる。

②外国人的能力
　インバウンドビジネスに必要な能力として、まず語学力が挙げられる。それとともに、対象となる外国人のことをよく知り、それぞれの国の文化・習慣・行動パターンなどを理解することも重要であると考えられる。その外国人旅行者はなぜ日本を選んで来訪したのか、外国人は商品・サービスを購入するときにどんなことを大事にしているのか、どんなプロセスで購買決定しているのかなどを知ることである。まさに、その場面で対象としている外国人になりきる能力が求められているといえよう。

③国際人的能力
　インバウンドビジネスにおいては、国籍や言語、人種、宗教、教育、価値観、文化、習慣、風習、食生活などが大きく異なるさまざまな外国人旅行者を相手にする。語学力や接客力も必要となるが、それ以前に重要なのはそれ

らの違いを超えて、相手を認め、尊重し、理解する意識と能力である。外国人は日本人よりもはるかに差別に敏感である。違いを認め、誰にでも分け隔てなく誠意をもって対応する国際人としての能力が必要不可欠である。

■インバウンド人材と外国人雇用に関する調査

　「インバウンド人材と外国人雇用に関するアンケート調査」（株式会社やまとごころ調査/WEB調査/回答業種：旅行業・宿泊施設・観光施設などインバウンド業界/回答数：77件/2019年5月）によると、外国人材を「現在雇用している」企業は73%、「過去に雇用していた」という回答が13%、「今後、雇用したいと考えている」が8%と、実に90%以上の企業が外国人材の雇用に積極的といえる結果であった。また、外国人材を「現在雇用している」と答えた企業のうち、89%が「雇用したことにメリットを感じている」と回答、外国人材を雇用してよかった点として「海外とのやりとりがスムーズになった」「訪日外国人とのコミュニケーションがスムーズになった」などが挙がった。

　メリットを感じつつも外国人材を雇用することについて「不安点がある」と答えた企業は87%で、不安点として「文化・習慣の違い」、「ビザ関連の手続き」、「早期退職（帰国等）」が上位に挙がった。

　求める人材の職種については、「営業職」「企画職」に加え「WEB・IT関連職」が上位を占めた。また、求める経歴としては、未経験の新卒や経験の浅い第二新卒ではなく、キャリアを積んだ「中途・キャリア」の採用を希望する企業が87%であった。

8.　インバウンド情報

■総合情報メディア

・観光庁

　統計データやセミナー情報、免税店やWi-Fiの支援制度情報などが配信されている。登録するとメールマガジンの配信もある。

　また、観光立国推進基本法に基づく観光庁の報告書である「観光白書」では、観光庁が1年間に行った施策と翌年に行う施策を見ることができる。「観光白書」はウェブサイトで閲覧することができる。

- 日本政府観光局（JNTO）

  外国人旅行者の誘致活動を行う政府機関。インバウンドに関する統計データや世界の市場別基礎情報などを配信している。

- トラベルボイス

  トラベルボイス社が運営するメディア。旅行産業・観光産業に関するニュースやレポート、コラムなど幅広く配信。メールマガジンもある。

- トラベルビジョン

  トラベルビジョン社が運営する旅行業界の総合情報メディア。観光業界全体の動向を掴むことができる。メールマガジンもある。

■インバウンド特化型メディア

- やまとごころ .jp

  インバウンドに特化したメディア。データや業界動向を理解したスタッフがピックアップする重要なニュース、情報が入手できる。

- 訪日ラボ

  インバウンドに特化したメディア。国籍別インバウンドデータやインバウンド対策、インバウンド事例などを配信している。

- CAKEHASHI

  台湾に特化した Web マーケティング支援を行っている企業のメディア。特に台湾人旅行者に関する情報の精度が高い。元「TJ mediawave」。

■訪日外国人旅行者向けメディア

- japan-guide.com

  訪日外国人旅行者向けメディアとしては老舗かつ最大手のメディア。今日、訪日外国人旅行者にはなくてはならないメディアとなっている。

- Japan Travel

  訪日外国人旅行者向けメディアで注目されている。ユーザーがライターとして登場しているのが特徴で、多くの国・地域からのアクセスがある。

- MATCHA

  日本企業による訪日外国人旅行者向けメディア。英語・中国語（簡体）・中国語（繁体）・韓国語・インドネシア語・タイ語・ベトナム語で展開。

- Tsunagu Japan

最近注目の訪日外国人旅行者向けメディア。日本の文化や日本語学習の
ヒントになるような記事を発信しているのが特徴。

- Japan Info

英語・繁体字（台湾・香港）版で運営しているメディア。Facebook だけ
でなく Twitter での拡散力が高いのが特徴。

- JAL Guide to Japan

訪日外国人旅行者向けの観光情報が充実している点や、日本の「おもてな
し」をうまく表現できている点などが評価されているメディア。

- Japan Reference

訪日外国人旅行者向けの日本の旅行情報や日本語、文化を知るためのガイ
ドメディア。フォーラム（掲示板）を持っているのが特徴。

- lonely planet

世界で一番有名なガイドブック「Lonely Planet」の web サイト版。日本
や日本の都市の歴史、文化、気候、言語などの基本情報が充実している。

- Time Out Tokyo

東京ローカル情報に特化したメディア。世界 85 都市、37ヶ国で展開して
いる外国人にとって馴染みのあるメディア。

- GO TOKYO

公益財団法人東京観光財団が運営しているメディア。東京に特化して観光
情報や公共交通機関の使い方などを配信している。

- Tokyo Cheapo

東京を訪れる訪日外国人旅行者と東京在住の外国人を対象とした、リーズ
ナブルに東京を楽しめる情報を中心に編集された英語発信のメディア。

- Tokyo Otaku Mode

日本のオタクグッズを取り扱うオンラインショップが運営するメディア。
オタクカルチャー、ポップカルチャー、Kawaii カルチャーを発信。

- BATTERA

大阪のローカル情報に特化したメディア。英語・中国語（簡体）・中国語
（繁体）・タイ語および日本語で配信している。

- 樂吃購（ラーチーゴー）

訪日台湾人旅行者向けのメディア。台湾で日本の旅行の情報収集する時に
利用する代表的なメディア。

- 日本漫遊

  訪日中国人旅行者向けに日本に関する観光情報や旅行に関する情報を掲載しているメディア。中国繁体字で発信している。
- marumura.com

  タイ人が訪日する際に参考にしているメディア。タイ企業による訪日旅行メディアで、充実したコンテンツと訪日観光ブームで人気サイトに成長。
- Japan List

  主に東南アジア圏の訪日外国人旅行者を対象に歴史、食べ物、旅行、ショッピングなど日本文化の紹介をしているメディア。

9. 日本ブランド

■日本ブランドとは

さらなるインバウンドの拡大を考えるとき、日本のコンペチター（競合）となるのはアジア諸国であろう。アジアの国・地域は特徴ある歴史と文化を持ち、個性あふれるさまざまな観光資源を有している。日本もそれに負けない、魅力ある「日本ブランド」を創出し海外に発信していかなくてはならない。

「日本ブランド」とは、他の国・地域と明確に区別された今の日本を象徴するイメージの総体である。そこにはブランドとしての差別性、信頼性があり品質保証が必要である。そして、日本人の誇りであり自慢のモノ・コトでなくてはならない。

■日本ブランドの要素

①従来からの日本らしい観光資源

世界文化遺産に登録された富士山や満開の桜、紅葉などの自然景観、古都京都、日光、鎌倉などの歴史的景観など、すでに知名度が高い日本の宝はこれからも発信し続けなければならない。

②クールジャパン

世界から「クール（かっこいい）」と捉えられる（その可能性のあるものを含む）日本の「魅力」のこと。「食」、「アニメ」、「ポップカルチャー」な

どに限らず、世界の関心の変化を反映して無限に拡大していく可能性を秘め、さまざまな分野が対象となり得る。

③日本の食

2013年、「和食」がユネスコの無形文化遺産に登録され、日本の食文化が評価され世界的に注目された。寿司、刺身、天ぷら、すき焼きだけでなく、各地の郷土料理、そば、うどん、ラーメン、お好み焼きなど庶民食、また吟醸酒などの日本酒も評価、注目度が高い。

④伝統芸能

各地で繰り広げられる個性的な祭りや郷土芸能、日本文化としてメジャーな歌舞伎、能、相撲なども日本でしか体験できない文化活動である。

⑤ものづくり

日本固有の手工業により製造される伝統工芸品などのものづくりの現場だけでなく、その精神を引き継いで生まれた自動車や新幹線、精密機器などの製造現場が挙げられる。

⑥庶民の暮らし

靴を脱いで生活する家庭、混雑する電車での通勤・通学、職場仲間との居酒屋での飲食、少なくなってしまった銭湯、今も残る花見や盆踊りなど日本らしい庶民の暮らしに外国人旅行者は興味を抱いている。

■日本ブランドの発信

日本の強みや日本的な価値観、伝統、現代日本を形作る文化的背景など、日本の多様な魅力、すなわち「日本ブランド」を海外に発信し、外国人に日本のモノやコトが理解され、日本が好きになり行ってみたいと思わせることが大切である。

外務省が中心となり、「日本ブランド発信事業」も展開されている。発信力のあるさまざまな分野の専門家を海外に派遣し、それぞれの特性を生かした講演会やワークショップ、デモンストレーションなどを実施することで、聴衆と価値観や体験を共有し、日本ならではの魅力に対する関心を高めた

り、共感させることを通して、日本文化への理解を促進しようという事業である。さらに、日本の良さに共感する外国人に対し、SNS などでの再発信を促し、波及効果を高めることも狙っている。この活動は、日本の産品の海外における消費・流通が拡大につながるとともに、日本への旅行者の増加を加速させる。

■日本ブランドと地域ブランド

　日本ならではの魅力のある「日本ブランド」を確立し、日本への誘致を促進するとともに、訪日外国人旅行者のリピーターを増やす。次の訪日の機会には、地方への訪問を促進させる。それぞれの地方独自の地域文化を創造し、それをアピールすることで、「地域ブランド」を構築する。日本のファンを増やし、次回の訪日では「この地域へ」と指名され、訪問者を拡大させることにより、その地域が世界的に認知度を高めていく。これが次なるインバウンド戦略といえよう。

精選過去問題にチャレンジ

問題 001

観光庁の「令和元年度『訪日外国人旅行者の受入環境整備に関するアンケート』調査結果」における訪日外国人旅行者が日本滞在中に困ったこと（複数回答）について、以下の**ア**から**エ**までの記述のうち、最も**適切ではないもの**を1つ選びなさい。

ア. 前年度（2018年度）まで調査項目になかった『ゴミ箱の少なさ』は、困ったと回答した人が23.4％おり、困ったこととしての回答率が高い。

イ. 2017年度の調査結果では、旅行中に困ったこととして『無料公衆無線LAN環境』が21.2％の回答率であったが、困ったと回答した人の割合は年々減少してきており、2019年度は11.0％となっている。

ウ. 2017年度の調査結果では、旅行中に困ったこととして『施設等のスタッフとのコミュニケーションがとれない』が26.1％であり、困ったと回答した人の割合が年々増加し、2019年度は30.0％となっている。

エ. 訪日旅行中に、『困ったことはなかった』と回答した人の割合は年々増加しており、2019年度は過去最高の38.6％となっている。

解説

観光庁「令和元年度『訪日外国人旅行者の受入環境整備に関するアンケート』調査結果」に関する記述は以下の通り。

ア 適切。記述の通り。

イ 適切。記述の通り。従前から困った割合が高かった「無料公衆無線LAN環境」は前年比7.7％減であり、年々、困ったと回答する人の割合は減少してきている（2017年度21.2％→2018年度18.7％→2019年度11.0％）。

ウ 不適切。従前から困った割合が高かった「施設等のスタッフとのコミュニケーション」は前年比3.6％減であり、年々、困ったと回答する人の割合は減少してきている（2017年度26.1％→2018年度20.6％→2019年度17.0％）。

エ 適切。記述の通り。
訪日旅行中に、『困ったことはなかった』と回答した人は、2017年度34.8％→2018年度36.6％→2019年度38.6％（過去最高）と、増加傾向にある。これは、ほとんどの調査項目において困ったと回答する人の割合が減少してきており、その結果が反映されているといえる。

解答 **ウ**

問題 002 以下の**ア**から**エ**までのうち、次の文章が示しているツーリズムとして最も適切な語句を1つ選びなさい。

　ノーマライゼーションの観点から高齢者や障がい者が主に参加できる旅行を、日本では「バリアフリーツーリズム」、欧米では「アクセシブルツーリズム」と一般に呼ばれている。

　訪日外国人旅行者の中にも高齢者や障がい者が増えており、その対応が必要となっている。また、言葉の不自由さを感じる訪日外国人旅行者への対応も、このツーリズムの一つと考えられる。

　観光庁は、地方自治体、NPO 等の幅広い関係者の協力の下、地域の受入体制強化を進めるほか、旅行商品の造成・普及のための取組を実施し、誰もが安心して旅行を楽しむことができる環境を整備するための観光の普及・促進を図るとしている。

ア．マイクロツーリズム
イ．オーバーツーリズム
ウ．スマートツーリズム
エ．ユニバーサルツーリズム

解説

　少子高齢化が進む我が国において潜在的な需要が大きい高齢者や障害者等の旅行への対応は、将来を見据えた旅行需要の喚起、経済の活性化を図る上で重要であり、ユニバーサルツーリズムの普及、推進はその取組の一つと位置づけられている。

解答　エ

問題 003

訪日外国人旅行者の通信手段に関する以下の**ア**から**エ**までの記述のうち、最も適切ではないものを1つ選びなさい。

ア. 国際ローミングは、自国内で使用しているスマートフォンなどの端末を海外で使用する際に、自身が契約する通信事業者が提携している海外の通信事業者の設備を利用し、インターネットや通話などの通信を利用できるサービスである。

イ. 無料公衆無線LANは、PC・スマートフォンなどを無線でインターネットに接続する設備を、空港、駅や商業施設などにおいて不特定多数に向けて提供するサービスである。

ウ. モバイルWi-Fiルーターは、PC・スマートフォンなどを無線でインターネットに接続する小型の持ち運び可能な機器である。

エ. プリペイドSIMカードは、国際電話を使用するためのプリペイドカードで、このカードを使うと固定電話や携帯電話から、国際電話や長距離電話を安く使うことができる。

解説

　プリペイドSIMカードは、訪日外国人旅行者などが自国・地域から携行してきたスマートフォンや携帯電話に差し込むことにより、あらかじめ決められたデータ通信量や期間に合わせて日本国内の通信会社の回線を利用できる小型のカードである。

解答　エ

問題 004	Safety tips に関する以下の**ア**から**エ**までの記述のうち、最も適切ではないものを1つ選びなさい。

ア．Safety tips は、観光庁が監修している訪日外国人旅行者向け災害時情報提供アプリである。

イ．Safety tips は、日本国内における緊急地震速報や津波警報等を発信する。

ウ．Safety tips は、プッシュ型情報発信アプリであるが、プッシュ通知される情報に、熱中症情報と弾道ミサイル発射等の国民保護情報は含まれない。

エ．Safety tips は、2020年（令和2年）3月現在、14か国語に対応している。

■ 解説

　Safety tips は、プッシュ型情報発信アプリである。プッシュ通知される情報には、緊急地震速報、津波警報、気象特別警報、噴火速報、熱中症情報、弾道ミサイル発射等の国民保護情報、避難勧告等がある。

　なお、2020年（令和2年）3月現在、14か国語に対応している。

解答	ウ

09

第9課題
インバウンドの集客

Inbound Business Director

1. 外国人旅行者へのアプローチ

■団体旅行と個人旅行

　訪日外国人旅行の形態は、団体旅行（GIT：Group Inclusive Tour）と個人旅行（FIT：Foreign Independent Tour または Free Individual Traveler）に大別される。このふたつの観光行動はタイプが全く異なるので、それぞれの形態に合わせて外国人旅行者にアプローチすることが必要となる。

　団体旅行は、往復の飛行機だけではなく、日本滞在時の移動交通機関、宿泊場所をはじめ、食事場所、観光施設、ショッピングの場所に至るまで、出発時点で決まっていることが多い。もちろん団体旅行でも自由時間が多いものもあり、食事やショッピングは日本に着いてから選択する場合もある。団体旅行は比較的滞在日数が短く、ゴールデンルートなどを巡るパターンが多い。初めて訪日する旅行者が多いのが特徴である。また、添乗員やガイドが同行することが多いので、外国語対応はあまり心配がない。中国人旅行者をはじめアジアからの旅行者に多い形態である。彼らは個人旅行の予備軍であることを忘れず、丁寧な対応を心がけたい。

　一方、個人旅行は、一般的に日本滞在時の日本国内観光の目的地と宿泊場所だけを手配して訪れるケースが多い。したがって、移動交通機関、食事場所、観光施設、ショッピングの場所は、日本に来てから探すことになる。場合によってはホテルなどの宿泊手配も日本に到着してからという旅行者もいる。行動範囲が広く、ニーズも多様なため、幅広い施設で外国語対応が求められる。個人旅行は欧米人旅行者やリピーターが中心の韓国人旅行者、香港人旅行者に多い旅行形態である。

■アプローチのタイミング

　訪日外国人旅行者に効果的なアプローチをするには、彼らがどのタイミングで、旅行の目的地やホテルなどの宿泊施設、食事場所、ショッピング場所などを意思決定するかを知ることが必要である。

　訪日後、例えばずっと東京に滞在するのか、東京滞在後、箱根温泉へ1泊旅行するのか、あるいは北海道で2泊旅行するのかなど、日本国内のデスティネーションの決定は、団体旅行、個人旅行とも訪日前に行うのが一般的である。また、それに伴うホテルなどの宿泊も同様である。一方、日帰りで

日光を訪れるような小旅行のケースでは、食事場所、ショッピング場所について、団体旅行ではすでにそれらの場所が決定していることもあるが、個人旅行は大半が日本到着後に決定している。

■アプローチの方法

外国人旅行者のうち、訪日前の旅行者、あるいはまだ訪日を決めていない潜在的な旅行者には、それら外国人旅行者が居住する国・地域でのアプローチが有効である。これは、訪日前にあらかじめ宿泊場所などを決めている、団体旅行者に有効である。

日本国内での旅行先やそこでの宿泊施設などは日本国内でのアプローチが有効である。ただし、団体旅行者と個人旅行者ではアプローチの方法が異なる。団体旅行者においては、日本側のランドオペレーターや実務に携わる添乗員・ガイドへのアプローチが有効であり、個人旅行者の日本国内での旅行先やそこでの宿泊施設については日本国内でのアプローチ、特に SNS、ウェブやフリーペーパーの活用が効果的である。図表 9-1 にそれぞれのアプローチ方法を一覧表にした。これを参考に費用対効果を考え、できることから実施したい。

図表 9-1　外国人旅行者のアプローチの方法

	団体旅行者向け	個人旅行者向け
海外	・現地旅行会社へセールス ・現地旅行博に出展 ・現地旅行ガイドブックにアプローチ ・現地メディアにアプローチ ・ファムトリップの実施 ・国際線機内誌に出稿	・ネット予約サイトと契約 ・現地マスメディアに出稿 ・現地でイベント実施・参加 ・現地旅行ガイドブックにアプローチ ・現地ウェブサイト・ブロガーにアプローチ ・国際線機内誌に出稿
国内	・日本側ランドオペレーターへセールス ・添乗員・ガイドにアプローチ ・ファムトリップの実施	・自社ホームページで発信 ・インバウンドウェブメディアを活用 ・フリーペーパーに出稿 ・SNS を活用・発信 ・店頭で POP や掲示でアピール ・チラシの配布

2. ネット予約サイト

■ネット予約サイト

　ネット予約サイトは世界中の旅行者と宿泊施設とを結びつける役割を果しており、その普及が日本のインバウンドを拡大させる大きな要因の1つとなっている。ネット予約サイトは世界的規模でその存在感を増しており、今やその潮流は止めることができない。日本の多くのホテルや旅館もすでにネット予約サイトと契約をしており、海外からの集客に成功している。

　このネット予約サイトは、OTA（Online Travel Agent）と呼ばれ、インターネット上だけで取引を行う旅行会社を指し、「オンライン旅行会社」とも呼ばれている。24時間いつでも膨大な数の旅行商品を検索・閲覧でき、店舗に出向く必要がないことから、多くの消費者・旅行者が利用している。

　実店舗で営業する旅行会社もオンラインで旅行商品を販売しているケースもあるが、そこでのオンライン販売はOTAとは呼ばない。

　なお、従来型の店舗を通じた旅行商品の販売事業者は近年、TTA（Traditional Travel Agency：伝統的旅行会社）、リアルエージェント（Real AGT）などと呼ばれることがある。

　OTAの業態はオンライン取引きなので国境の概念はなくワールドワイドな市場での需要を取り込んでおり、大手海外OTAが大きなシェアを持ち、Booking.com、Expediaなどの大手は驚異的な実績を上げている。実際、日本を訪れるFITの多くは、これらOTAを利用して日本のホテル・旅館を予約した後、訪日している。

■メタサーチサイト

　メタサーチサイトとは、OTAや実店舗で営業する旅行会社のインターネットサイトでオンライン販売されている同内容の旅行商品について、企業の枠を超えて、横断的に検索・閲覧できるウェブサイトである。その利便性の高さゆえ、存在感が高まっている。世界的には、トリップアドバイザーがその代表的企業となっており、その閲覧数は他のサイトを圧倒している。海外大手は、売上げや訪問数でOTA各社と肩を並べている。メタサーチサイトは日本にもあり、国内宿泊によく利用されている。

　キーワードをひとたび入力するや、たちまち複数の検索エンジンが実行さ

れ、フィットした検索結果が画面に表示される。例えば、同一ホテルの料金を比較・検討する時などに非常に便利である。さらに、口コミが充実しているのも特徴で、ホテル予約横断検索サイトとも呼ばれる。

図表 9-2 代表的な海外と日本のOTA・メタサーチサイト

OTA

海外	Booking.com	ブッキングドットコム	宿泊施設のオンライン予約サービス。世界最大の利用実績。ブッキング・ホールディングスグループ
	Expedia	エクスペディア	ホテル・航空券等のオンライン予約サービス。ダイナミックパッケージは世界最大の規模。
	Agoda.com	アゴダ	アジアを中心とした宿泊オンライン予約サービス。ブッキング・ホールディングスグループ
	Hotels.com	ホテルズドットコム	ホテル等の宿泊施設のオンライン予約サービス。Expediaグループ
	Hostelworld	ホステルワールド	ホステルを中心に取り扱うオンライン予約サービス
	Trip.com	トリップドットコム	中国を中心とした旅行に関するオンライン予約サービス。旧Ctrip（シートリップ）
国内	Rakuten Travel	楽天トラベル	楽天が運営する、旅行に関するオンライン予約サービス
	Jalan.net	じゃらんnet	リクルートが運営する、旅行に関するオンライン予約サービス

メタサーチサイト

海外	TripAdvisor	トリップアドバイザー	ホテル等の旅行に関する口コミ・価格比較を中心とするウェブサイト。世界最大の閲覧数。
	trivago	トリバゴ	宿泊施設に関する料金比較を扱うウェブサイト。Expediaグループ
	Skyscanner	スカイスキャナー	航空券・宿泊を中心とする料金比較を扱うウェブサイト。トリップドットコム・グループ
	KAYAK	カヤック	航空券・宿泊を中心とする料金比較を扱うウェブサイト。ブッキング・ホールディングスグループ
国内	for Travel	フォートラベル	宿泊や旅行に関する口コミと料金比較を扱うウェブサイト
	LINE Travel.jp	ライントラベル.jp	宿泊や旅行に関する料金比較を扱うウェブサイト
	TRAVELKO	トラベルコ	宿泊や旅行に関する料金比較を扱うウェブサイト

3. 旅行博

■旅行博

　旅行博とは、旅行や旅行商品をテーマとした博覧会のことで、世界各地では大小の博覧会が開催されている。2014年から毎年開催されている「ツーリズム EXPO ジャパン」は世界最大級の総合観光イベントとして知名度が高く、出展者、来場者も多い。

　国や自治体、旅行会社、航空会社などの観光事業者といった外国人旅行者を受け入れる側にとっては、大きな PR の場となり、商談の機会を拡大している。出展者は出展料を支払ってブースを構え、現地旅行会社や消費者に自分たちの観光資源、商品・サービスの魅力を伝える。多くのメディアも取材に訪れるので、格段に PR 力が増す。旅行をしようと思っている消費者にとっては、情報を収集したり実際に旅行商品を購入する場ともなる。

　旅行博は、その特徴によって大きく3つに分類される。見本市（トレードショー）、旅行相談会（トラベルマート）、旅行即売会（トラベルフェア）である。インバウンドビジネスに関わっている企業が出展をする場合は、それぞれの旅行博がどれに当たるのかをよく調べ、費用対効果を検討しなければならない。

■見本市（トレードショー）

　消費者、企業双方を対象とした観光に関する見本市が世界各都市で開催されている。国際的な規模で一定期間、観光に関する情報や旅行関連用品を集めたイベントは国際観光見本市と呼ばれる。また、トラベルトレードショーということもある。新しいデスティネーションや旅行商品・サービスの紹介・展示・デモンストレーションをする。規模が大きく、開催頻度は年1回のケースが多い。旅行相談会、旅行即売会を兼ねたものもある。MICE やクルーズ、キャンプなどに特化した見本市もある。

　ツーリズム EXPO ジャパン（東京）、韓国国際観光展（KOTFA：ソウル）、釜山国際旅行博覧会（BITF：釜山）、北京国際旅遊博覧会（BITE：北京）、中国（広東）国際旅遊産業博覧会（CITIE：広州）、台北国際観光博覧会（TTE：台北）、ITB BERLIN（ベルリン）などがある。

■旅行相談会（トラベルマート）

公的な観光機関が主催するもので、航空会社、ホテル、旅行会社がブースを設け、ホールセラー・ランドオペレーターなどを対象に商取引を行う、企業向けの博覧会である。旅行業界の関係者への情報提供・商談・取引の場となる。旅行商談会ともいう。

VISIT JAPAN トラベル & MICE マート（東京）、PATA Travel Mart（杭州）、Tour and Travel Exchange（アリゾナ）などがある。

■旅行即売会（トラベルフェア）

旅行に興味を持つ消費者へのプロモーション・旅行商品の展示・紹介・販売を主とした博覧会。

Thai International Travel Fair（バンコク）、NATAS Travel Fair（シンガポール）などある。

■日本国内旅行博

海外で開催される旅行博は、多くの企業・団体にとってコスト面や運営面でハードルが高く、出展を断念せざるを得ないことも多い。実際、日本国内の小規模な観光施設・宿泊施設・商業施設などは、外国人旅行者にとって魅力的なものと思われているだけに残念である。

国内で海外向けの PR を行うことも可能である。日本政府観光局（JNTO）が主催する、「VISIT JAPAN トラベル & MICE マート」には、数百社の海外バイヤーと国内セラーが参加している。「ツーリズム EXPO ジャパン」においてもインバウンド商談会がある。自治体が主催する海外の旅行会社との商談会も各地で開催されている。まずは、国内の旅行博に参加することで、外国人旅行者の集客につなげる一歩としたい。

4. ファムトリップ

■ファムトリップとは

ファムトリップ（Familiarization Trip）とは、観光地などが外国人旅行者の誘致促進のために、ターゲットとする外国の旅行会社、メディア、ブロガー、インフルエンサー（影響力を及ぼす人）、KOL（Key Opinion Leader：

強い発信力、影響力を持つインフルエンサー）などを招待し、特定のインバウンド向けの観光コースや観光エリア、体験プログラム、観光サービスなどを現地で体験・体感してもらうことである。下見招待旅行とも呼ばれる。

　ファムトリップでの体験を旅行企画・造成に生かしてもらったり、メディアやブログに記事掲載してもらうことを目的とした、インバウンド誘致活動であり、その効果は高いといわれている。

　ファムトリップは大別すると2つのタイプがあり、海外の旅行会社向けと、海外のメディア向けである。これらを同時に実施する場合もある。

　旅行会社向けは、訪日旅行の責任者や実際に企画・造成・販売に関わる担当者を対象に、地域の視察・体験と意見交換を通して、実際のツアー商品に組み込んでもらう。メディア向けは、メディアの旅行ライターや編集者、記者、また、現地で有力なブロガー、KOL、インフルエンサーを対象とし、地域の視察・体験と意見交換を通して、各国のメディアやブログなどに掲載してもらう。

■ファムトリップのメリット

　第1のメリットは、招待され実際に体験した人が、それぞれの国に帰り、旅行商品化したり、旅行記事、旅行ブログなどに仕上げ、ローカライズした形でプロモーションをしてくれることである。

　第2のメリットは、プロモーション効果が継続することである。一般的なプロモーションである広告は一過性のものに陥りやすく、持続性がない。これに対し、実際に体験した人が執筆した旅行記事は、紙媒体やウェブサイトに残るので、持続性があり、効果が期待できる。

　第3のメリットは、それぞれの国・地域の観光に関わるプロの視線で観光地・商品・サービスの魅力が分析できることである。地域や商品・サービスのアピールポイントが発見されるとともに、改善点も発見できる。

　コト消費傾向にあるインバウンドで、体験型のレジャーや観光サービスとの相性の良いファムトリップは、その有効性が高い。

■ファムトリップの実施フロー
①地域・自社の「ウリ」の明確化

　他の商品・サービスとの明確な差別化を図り、伝えるべき「ウリ」を明確

にする。

②ターゲット国・地域の絞り込み

ターゲット国・地域、およびターゲットとする旅行者層を絞り込む。

③ターゲットのマーケティングリサーチ

事前にターゲット国・地域、旅行者層の特性・ニーズを調べる。

④ファムトリップの企画・造成

魅力的、かつ効果的なツアー・プログラム企画を造成する。ファムトリップをコーディネートする支援会社の活用もある。

⑤ターゲット国の旅行会社・メディアを招待

ツアー商品企画、メディア掲載の意向を確認し、参加を打診する。現地との交渉をコーディネートしてくれる支援会社の活用もある。

⑥ファムトリップ実施後のプロモーション戦略策定

実施前に、実施後のプロモーション戦略の策定をしておくことが効果的な実施につながる。

⑦ファムトリップの実施

視察・体験は万全を期し、また、招待側の押しつけにならないよう注意が必要。旅行中・旅行後に十分な意見交換の時間を作る。

⑧実施後のフォロー

ツアー商品企画、メディア掲載の確認とその効果測定。今後の継続的な関係の構築、その後の最新情報の定期的な発信と相互交流を行う。

5. 旅行ガイドブック

■旅行ガイドブック

旅行ガイドブックとは、観光などの目的で未知の国や地域を巡る旅行者に

対して、その目的地となる特定の国や地域・都市の観光情報や移動手段の情報などを提供する出版物のことである。

　目的地である国や地域・都市の地理、歴史、文化、経済、言語、通貨、天候などの基本情報と、鉄道・バス・航空機・船などによる移動手段の紹介、景勝地、観光施設、宿泊、食事、祭り、アクティビティ、体験、土産品などの情報を読者に正確にかつ伝わりやすく記述している。また観光地やホテルなどの宿泊施設、レストランなどの評価やランク付けなどを掲載しているものもある。文字情報だけでなく地図、写真などもガイドブックの重要な要素となっている。出版形式は国別や地方別、都市別という形が一般的である。体裁は、A5 や B5、B6、バイブルサイズなど携帯に便利な小型サイズが多い。

　英語による旅行ガイドブックとして、世界的に他を圧倒しているのは『Lonely Planet（ロンリープラネット）』である。100 をはるかに超す国・地域で 650 タイトルを数えている。日本版だけでなく東京版、京都版もある。言語は英語版のほか、15 言語版が存在する。欧米からの外国人旅行者が片手に持っている姿をよく見かける。

　フランスの『the Michelin Guide（ミシュランガイド）』は、レストランの評価を星の数で表すことで良く知られているが、これは「ミシュラン・レッドガイド」と呼ばれるレストラン・ホテルガイドで、「ミシュラン・グリーンガイド」と呼ばれる旅行ガイドブックがある。他に、『Rough Guides（ラフガイド）』『Frommers（フロマーズ）』などが読まれている。

　それぞれの国には各々の言語と視点で作られた旅行ガイドブックがある。韓国の『Just go（ジャストゴー）』や台湾の『攻略完全制覇』などのシリーズが有名である。

■ガイドブックへの掲載
　基本的にガイドブックには広告枠が存在しないので、確実に掲載される保証はない。それだけに、客観的に素晴らしいコンテンツであると認められるものを提供する以外に方法はない。従って、その前提となる観光素材を優れたものに磨き上げることが大切であり、それを継続していくことが不可欠である。あわせて、読者の支持を得る、良好な口コミを広げたり、ガイドブック編集者にプレスリリースを送り続けることも怠ってはならない。

ガイドブックに掲載され、集客に結びつけた例を紹介しよう。

　ある東京下町の小さな旅館は 35 年ほど前から外国人旅行者で繁昌している。海外で日本旅行用のガイドブックが発刊された頃は、外国人を受入れる安心で低廉な日本旅館が少なかっただけに、安心で低廉なその旅館の注目度が高まり、海外のさまざまな有力旅行ガイドブックに掲載された。以降、特別な PR をせずとも世界中から旅行者が訪れ、今なお外国人旅行者でほぼ満室の状態が続いている。

　また、ある東京新宿の老舗日本料理店では、ある時を境に外国人旅行者の客が急増した。その理由はすぐには分からず、しばらく経ってから有力ガイドブックに掲載されたことが集客効果につながっているということを知ったという。今では、全体の半数が外国人旅行者で占めるほどの盛況ぶりである。

　旅行ガイドブックの効果が大きいのは、そこに客観性があり、また信頼性が高く、安心感もあるからである。ガイドブックが有料であることも意義深い。無料のインターネットやフリーペーパーの情報に比べ確実性があり、普遍性があると感じる人が多い。それに加え、一度掲載された情報は長期間掲載され続ける。改訂されることはあるが、その頻度は雑誌などに比べると少ない。また、有料で購入するだけに廃棄されることが少なく保存性が高く、1 人だけでなく数人で回し読みされることも多い。

Lonely Planet　　　　the Michelin Guide　　　　Just go

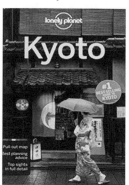

■訪日外国人旅行者の出発前の旅行情報源

　図表9-3は、観光目的の訪日外国人旅行者の出発前に得た旅行情報源で役に立ったもの（複数回答 / 全国籍・地域 / 観光目的・2019年）を表したものである。インターネットが普及し、旅行前や旅行中の情報源は大きく変化し、多様化している。

　トップは「個人のブログ」、僅差の2位が「SNS（Facebook/Twitter/ 微信等）」である。ブログ、SNSの影響力は観光にとって欠かせないものになっている。世界にはたった1人で読者を数百万人単位で抱えている旅行専門の有名ブロガーがいる。以下、「自国の親族・知人」「口コミサイト（トリップアドバイザー等）」「旅行会社ホームページ」「動画サイト（YouTube/ 土豆網等）」と続く。動画サイトも有力な情報源となりつつある。「旅行ガイドブック」は10％強と減少傾向にあるが、まだまだ紙媒体である旅行ガイドブックの信頼性は高く有効性は決して失われていない。

図表9-3　訪日外国人旅行者の出発前に得た旅行情報源で役に立ったもの
　　　　（複数回答）（全国籍・地域 / 観光目的・2019年）　　　　　　　（％）

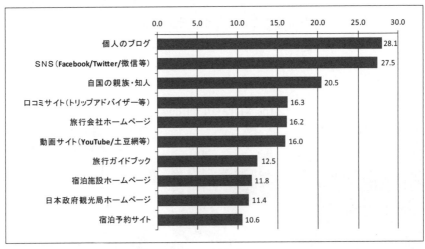

資料：観光庁「訪日外国人消費動向調査」より作成

6. フリーペーパー

■訪日外国人向けフリーペーパーとは

　訪日外国人向けフリーペーパーとは、主に広告収入で成り立っている訪日外国人旅行者向けに配布している無料の冊子のことである。空港到着ロビーやターミナル駅、観光案内所、外国人旅行者が利用するホテル・旅館、飲食店、また現地の日本政府観光局、旅行会社などに配置されている。

　飲食店や小売店など、実店舗にインバウンド集客するための効果的な施策として注目されている。訪日外国人向けフリーペーパーの活用法として、一般の広告出稿だけでなく、一面広告やタイアップ広告などがある。また、記事としての掲載も期待される。フリーペーパーは紙媒体であるがゆえに、Wi-Fi 環境に左右されないメリットが大きい。保存性も高く、回し読みも期待できる。

　図表9-4 は、代表的な訪日外国人旅行者向けのフリーペーパーである。

図表9-4　代表的な訪日外国人旅行者向けフリーペーパー

誌名	対応言語	概要
GOOD LUCK TRIP	英語、中国語（簡体字・繁体字）など	『地球の歩き方』を手掛けている出版社が発行する訪日旅行者向け媒体
Time Out Tokyo Magazine	英語	世界30カ国以上で展開している、シティガイドの東京版
WAttention TOKYO	英語	「東京」と近郊を中心に日本の文化・観光情報に特化した訪日外国人向けフリーマガジン
att.JAPAN	英語、中国語（繁体字）	タウン情報や観光情報を発信する、日本を知り・楽しむ、英語と中国語のフリーペーパー
日本達人	中国語（簡体字・繁体字）・韓国語	香港・台湾・韓国／中国大陸からJAL航空機での訪日旅行者に渡す無料機内誌
東京導遊図	中国語（簡体字・繁体字）	訪日中国人旅行者の要望を反映した紙面作りが特徴のフリーマガジン

■訪日外国人向けフリーペーパーへの広告出稿

　フリーペーパーは、対応言語や発行部数、配布場所などによって、特徴がはっきりしている。各フリーペーパーの読者とターゲットが一致しないと広告効果が期待できない。フリーペーパーの特徴、出稿料金をしっかり把握してからの広告出稿が必要である。

　フリーペーパーへの広告出稿は出稿料金を支払い掲載してもらう形になる。一般に定型の大きさの誌面を買う形だ。1ページを買い取る一面広告や、タイアップ広告といわれる記事風に紹介してもらう記事広告もある。また、通常の記事の中で紹介されることもあるので、広告とは別に定期的に最新情報を送っておくのも効果がある。

■訪日外国人向けフリーペーパーのポイント
①フリーペーパーの対応言語

　フリーペーパーは紙媒体であるが、訪日外国人向けの場合、対応言語数に制約があり、ウェブサイトの対応言語と比較するとその数が少ない。特に中国語圏の旅行者をターゲットとする場合には簡体字・繁体字の使い分けに注意する必要がある。

②フリーペーパー発行部数

　フリーペーパーの発行部数はどれだけ訪日外国人旅行者の目に触れ、手に取ってもらえるかを判断する上で重要な指標となる。各フリーペーパーの広告出稿料金も基本的に発行部数が最も影響を与えている。

③フリーペーパーの配布場所

　フリーペーパーの配布場所の選定は、どれだけターゲットの訪日外国人の目に触れ、手に取ってもらえるかが重要なポイントとなる。特に空港到着ロビーやインフォメーションセンターなど、移動する上でハブとなる場所での配布を重視しなくてはならない。

■フリーペーパーへの広告出稿の注意点

　フリーペーパーへ広告出稿する場合に注意すべき点は、実際に広告に掲載した情報がターゲットとしている外国人旅行者に届いているのかを見極める

ことである。そのためには、フリーペーパー用の電話番号やメールアドレス、URL、QRコードを広告誌面に掲載し、アクセス数を分析する必要がある。また、店舗で使えるクーポンの利用状況を把握することも分析する上で重要なポイントとなる。配布場所で観察することも必要である。外国人旅行者がフリーペーパーをどのように手に取り読んでいるかを、実際の目で確かめたい。

7. ホームページ

■自社ホームページ

　今日、インバウンドの集客手段としてホームページを活用していないところはないと言っても過言ではない。インターネットが普及し、世界中どこからでも世界の情報にアクセスできる時代になり、旅行者も旅行会社もインターネットを通じた情報収集が当たり前となっている。特に、FITが増加する中、旅行者は旅行出発前、旅行中も常にインターネットで情報を収集している。自社ホームページは、インバウンドの集客において最も重要なPRツールとなっている。

　すでに自社ホームページを開設している事業者は多いが、多言語で対応しているところはまだ少ない。まず、英語対応することが急務である。

　自社ホームページで集客するメリットの第1は、費用があまりかからないことで、飲食店や小売店などの小規模事業者でもすぐに取り組むことができる。英語に対応するだけで、世界中へ自らの情報を発信することができ、また訪日し国内を移動中の外国人旅行者にも情報を伝えることができる。

　第2のメリットは、情報をアップデートして、コンテンツを自由に更新できることである。新しい商品・サービス情報やキャンペーン情報をすぐに発信することができる。紙媒体や他企業が管理するサイトでは、こうしたメリットに乏しく、自社ホームページは最も費用対効果の優れたツールといえる。

　多言語化を進める必要があるが、どの言語が最適なのか。日本政府観光局（JNTO）の訪日外国人旅行者向けのウェブサイトでは英語をはじめ中国語（簡体字・繁体字）、韓国語のほかフランス語、スペイン語、タイ語、ベトナム語など15言語に対応している。一般の事業者はここまで幅広い言語対応

をする必要はないが、英語は英語圏以外の国・地域でも理解できる人が多いので、まず英語を基本として、次のステップで、中国語（簡体字・繁体字）、韓国語に対応する。さらに、来客が多い国の言語、今後ターゲットとしたい国の言語を加えていきたい。

■自社ホームページの制作・多言語化

外国人旅行者向けのホームページを制作する、または多言語化することは決して容易ではない。すでにある日本語のホームページをそのまま翻訳すれば完成するケースばかりではない。特に大切なのは、外国人旅行者が閲覧し、その情報を活用したいと思うホームページづくりである。

そのポイントの第1は、トップページのインパクトである。外国人旅行者が数多くのホームページを探している中で手を止めてもらい、しっかりと読んでもらうことが重要である。特にトップページの写真は重要で、日本らしい、その地域らしい、その施設の際立った特徴が分かるものにしたい。

第2は、アクセス情報である。最寄り駅を起点とした地図だけでは、日本人と違って外国人旅行者には理解が難しい。成田国際空港、東京駅、新宿駅などからのアクセスを地図とともに明記する必要がある。また、英語の表記だけでなく、日本語も併記しないと駅の路線図などと照合できないし、日本人に尋ねられない。

第3に、外国人旅行者はその施設だけを訪れるのではなく、その街に訪れるという発想で、周辺の施設情報なども併載すると、分かりやすくなる。訪問地が施設から街全体へと広がることで、街が元気になるかもしれない。

さらに、スマートフォン向けに最適化されるようなホームページにすれば確実に効果が上がる。

■自社ホームページの運用

集客に繋げるには、ホームページの整備だけでは十分といえない。運用、つまりマーケティングを視野にいれて考えることが重要となる。まずは、定期的な頻度の高い更新である。ホームページの命は最新情報である。

アクセス数を増やすには、リスティング広告、SEO対策、バナー広告、SNSマーケティングなどがある。それぞれ費用がかかるので注意が必要である。SNSを使ったPRは手間がかかるが、効果は高い。外国人旅行者の良

好な口コミを上手に使うことが最も効果的である。

8. インバウンドウェブメディア

■インバウンドウェブメディア

　インバウンドウェブメディアとは、訪日外国人旅行者をターゲットに日本の情報を発信するウェブサイトのことである。従来の旅行ガイドブックなどではカバーできないタイムリーな情報、日本発信ならではの生の情報が入手できるため、多くの外国人旅行者に利用されている。同名のフリーペーパーと連動しているウェブサイトも多い。

図表 9-5　代表的な訪日外国人旅行者向けウェブメディア

サイト名	対応言語	概要
Time Out Tokyo	日本語、英語	「Time Out」という全世界のローカル情報に特化したメディアの東京版
lonely planet	英語、ドイツ語、他	世界で一番有名なガイドブック「Lonely Planet」の WEB サイト版
japan-guide.com	英語、中国語（繁体字）	老舗の外国人旅行者向けメディア、日本の観光と日本での生活情報を数多く紹介
Tokyo Otaku Mode	英語	日本のオタクグッズを取り扱うオンラインショップ「Tokyo Otaku Mode」が運営するメディア
Tofugu	英語	日本語学習者向けにイラストベースで日本文化を紹介するサイト
TSUNAGU JAPAN	英語、中国語（繁体字）	日本の誇れるモノ・コトを世界に発信するキュレーションメディア
GO TOKYO	英語、中国語（簡体字、繁体字）、他	東京観光財団が運営する東京に特化して観光情報を配信するサイト
JAPAN Info	英語、中国語（繁体字）	日本最大の繁体字圏からのアクセスを誇る、Facebook・Twitter での拡散力が高いサイト
Japan Travel	英語、中国語（簡体字、繁体字）、他	「外国人による、外国人のための、日本発信」をコンセプトとする、訪日外国人、在留外国人向けメディア
MATCHA	英語、中国語（簡体字、繁体字）、他	観光、グルメ、文化、便利情報など、日本に関する記事を 10 言語で発信する訪日観光メディア。簡易な表現の「やさしい日本語」版もある。
JAL Guide to Japan	英語、中国語（簡体字、繁体字）、他	JAL が運営するサイト、JAL ホームページを利用するユーザーが閲覧
樂活的大方＠旅行玩樂學	中国語（繁体字）	訪日台湾人旅行者が日本旅行の際に参考にしている情報源として人気のウェブサイト
樂吃購	中国語（繁体字）	訪日台湾人旅行者に人気のメディア「樂吃購（ラーチーゴー）」
日本漫遊	中国語（繁体字）	訪日中国系旅行者向けに日本の観光情報や旅行に関する情報を掲載するサイト
marumura.com	タイ語	タイ人が訪日旅行する際に参考にしている人気のサイト

訪日外国人旅行者向けが大部分であるが、在日外国人向けもある。インバウンドにとって在日外国人は外国人旅行者が信頼を寄せる大きな情報源になっており、その存在は大きい。

　インバウントウェブメディアは、出発前と訪日後の滞在中もアクセスされているので、誘客効果が期待できる。広告出稿の対象メディアでもある。

■口コミサイト

　口コミとは、「口頭でのコミュニケーション」の略と言われ、マスコミとの対比で生まれた言葉である。口コミサイトは個人の主観的な意見を集積しているサイトである。投稿される個々の口コミは主観そのものであるが、多くの口コミが蓄積することによって客観性を生み、信頼度が増すことになる。

　訪日外国人旅行者に大きな影響を与えている口コミサイトは「TripAdvisor」と「Yelp」である。

- TripAdvisor（トリップアドバイザー）

世界最大の旅行口コミサイト。

ホテル・レストラン・観光地などカテゴリー別に口コミを投稿。

世界49の国と地域でサービスを展開、掲載口コミ情報数が5億件を突破。旅行情報コンテンツとしては世界最大の閲覧数。

- Yelp（イェルプ）

アメリカで人気の世界最大のローカルビジネスの口コミサイト。

世界32ヶ国で展開、1.4億人以上のユーザー。

日本のユーザー数の伸びは世界最速。

レストラン・小売店・ホテルなど住所があればどこでもレビュー。

■ブログ

　ブログも外国人旅行者を集客する有効なウェブメディアである。有名ブロガーはたった一人で数十万、数百万単位の読者を抱えている。このように広く強い影響力を持ったブロガーはパワーブロガーと呼ばれており、訪日旅行者の多い国・地域で活躍しているため、アプローチする価値がある。

■SNS

SNSとは、Social Networking Service（ソーシャルネットワーキングサービス）の略で、パソコン・スマートフォン・タブレット端末などを使用し、インターネットを介して遠く離れた家族・友人・知人との日々のコミュニケーションを楽しめるウェブサービスのことであり、すでに日本でも広く普及、定着している。図表9-6は、インバウンドにおいて影響力の大きいSNSの一覧である。

図表9-6　代表的なSNS

SNS 名	SNS 名（日本語）	概要
Facebook	フェイスブック	・世界最大の SNS、月間ユーザー数 27 億人以上（2020） ・実名登録制で個人情報の登録が必要 ・いいね！・コメント・シェアで友達と交流
Twitter	ツイッター	・月間ユーザー数 3 億人以上（2020） ・140 文字以内のツイートという短文を投稿 ・ハッシュタグ・リツイートにより高い拡散力がある
LINE	ライン	・月間ユーザー数 1.7 億人以上（2020） ・スマートフォンアプリを中心に無料でチャットや通話を利用 ・Wi-Fi 環境下なら世界 230 以上の国や地域で利用
Instagram	インスタグラム	・月間ユーザー数 10 億人以上（2020） ・写真画像に特化した SNS ・10 代 20 代を中心とした女性の日常生活の一部となっている
Youtube	ユーチューブ	・月間ユーザー数 20 億人以上（2020） ・動画共有に特化した SNS ・ユーチューバーが出てきて社会現象化、Google が買収
TikTok	ティックトック	・月間ユーザー数 8 億人以上（2020） ・中国企業の ByteDance が運営する動画アプリ ・日本でも若年層を中心に人気拡大
微信 (WeChat)	ウィーチャット	・月間ユーザーは 9 億人以上（2017） ・中国大手 IT 企業による無料インスタントメッセンジャーアプリ ・中国人の日常メッセージはほとんど WeChat で行われている
微博 (Weibo)	ウェイボー	・月間ユーザー数 3 億人以上（2017） ・多くの中国人が商品の調査、選別、消費する際に様々な方法で活用 ・学歴、収入が高いユーザー層が多いといわれている

さまざまな場面で大きな影響力を発揮している SNS は、インバウンドの集客で欠かせない重要な役割を担っている。ネット上に自分のプロフィールを載せ、共通の趣味を持つ他の会員たちとメッセージをやり取りしながら、交友を広げることができる「Facebook」がその代表格である。自社の最新情報を書き込むページを設け、外国人旅行者向けに発信することもできる。「Twitter」は、情報の拡散が速く、速効性がある。「Instagram」は、写真画像に特化した SNS でその影響力は世界的に高まっている。すでに、SNS は必要不可欠なインバウンドの PR ツールになっている。その運用には、高頻度で定期的な情報発信が不可欠である。また、その拡散性によりネガティブキャンペーンにつながる危険性も有しているので注意が必要である。

9. 店頭メディア

■店頭POP

　訪日外国人旅行者を自社・自店に集客する上で、重要な役割を果すのが店頭での活動である。店頭での活動は最終的に集客を決定づけるので、最強のメディアともいえる。店頭の活動の中で、最も重要で、必要不可欠なツールが店頭 POP である。ショッピングや飲食を目的に街を歩く外国人旅行者がどの店舗に入るかの最終決定を下す判断材料となるのが店頭 POP である。

　例えば、「TAX FREE」と書かれていたり、「免税店シンボルマーク」が貼られていれば、その店が免税店だと一目で分かる。「中国語 OK」の POP だけでも中国人旅行者は入りやすい。英語は基本とし、多く訪れる外国人旅行者の言語で表示すると効果がある。安価ですぐに実行できる費用対効果の高い集客方法である。

図表 9-7　POP に使える外国語例

日本語	いらっしゃいませ	免税	クレジットカード使えます	Wi-Fi がご利用になれます	日本製
英語	Welcome	Tax Free	We accept credit cards.	Wi-Fi is available.	Made in Japan
中国語(簡体字)	欢迎光临	免税	可以使用信用卡	可以使用无线网络	日本制造
中国語(繁体字)	歡迎光臨	免税	可以使用信用卡	可以使用 WIFI	日本製造
韓国語	어서오세요.	면세	신용 카드 사용할 수 있습니다	Wi-Fi를 사용하실 수 있습니다	일본제
タイ語	ยินดีต้อนรับ	ปลอดภาษี	คุณ สามารถใช้บัตรเครดิต	สามารถใช้ Wi-Fi ได้	ผลิตในญี่ปุ่น

■FREE Wi-Fiマーク

FREE Wi-Fi を提供できる環境にあったら、店頭には必ず「FREE Wi-Fi」の表示や FREE Wi-Fi スポットであることを示すピクトグラムを掲示したい。飲食店であればそこでゆっくりスマートフォンなどを利用したい、商業施設であれば土産品を自国の家族・知人と相談しながら買い物したいなど外国人旅行者の Wi-Fi ニーズは高い。

また、観光庁が訪日外国人旅行者向けに Wi-Fi スポット情報を提供するウェブサイトを開設している。日本政府観光局（JNTO）のホームページに、訪日外国人旅行者向けの無料公衆無線 LAN スポットの共通シンボルマーク（Japan.Free Wi-Fi）を掲出する施設・店舗の位置を地図上に表示し、検索機能を備えたサイトを開設した。「Japan. Free Wi-Fi」のシンボルマークは利用申請をすれば使用することができる。政府公認の共通のシンボルマークなので、施設、店舗はもちろん、自社のウェブサイトや SNS にも掲載が可能である。

「Japan. Free Wi-Fi」のシンボルマーク　　　　「FREE Wi-Fi」マーク例

■アクセプタンスマーク

　アクセプタンスマークとはクレジットカードの国際ブランドのマークを表示するシールやプレートなどを指す。訪日外国人旅行者の大半がクレジットカードを所持し、カード決済が日常的になっている。可能な限りクレジットカードで決済をしたいと多くの外国人旅行者は思っているが、日本ではまだ利用できるところが限られており、利用できるところでも、カード決済が可能であることを表示していないケースがある。カード決済を店選びの基準とする外国人旅行者は多い。アクセプタンスマークを掲示するだけで売上げが上昇し、客単価がアップしたという調査結果も出ている。（日本クレジットカード協会報告書）

アクセプタンスマーク

10. 外国人スタッフ

■外国人スタッフ雇用のメリット

　インバウンド対策として、正社員、契約社員、アルバイトなどの形で外国人スタッフを採用・雇用することは、集客に大きく貢献する。言語対策になるだけではなく、さまざまなメリットがある。

①言語対応

　外国人スタッフ雇用の1番のメリットは言語対応である。言語は国によって微妙なニュアンスの違いがある。このため、外国語を修得している日本人でもその違いを踏まえて接客するのは難しい。ネイティブの外国人であれば微妙なニュアンスの違いを理解し、対応することができる。外国人スタッフの接客や接遇によってスムーズなコミュニケーションを図ることが可能となる。

②異文化・習慣の理解

外国人スタッフを雇用することによって、母国と日本、ふたつの文化や購買時の習慣を理解した人材が訪日外国人旅行者に対して接客・接遇することが可能になる。外国人旅行者の満足度は確実に向上する。

③ネットワーク対応

外国人スタッフを雇用することで、外国人スタッフの母国へのネットワークにアクセスすることが可能になり、情報を収集することができる。さらに母国語で発信することができる点もメリットである。また、交友関係からの情報も貴重な情報源となる。

④組織の活性化

外国人スタッフを雇用することで、日本人スタッフに刺激を与え、組織が活性化する。また外国人慣れを促し、日本人の外国人に対する苦手意識が払拭される。日本人スタッフも外国人の接客・接遇ノウハウを蓄積し外国人旅行者に対してよりよい対応ができるようになる。

■外国人スタッフ雇用の基礎知識

インバウンド対策として外国人スタッフを雇用する場合、日本人を雇用する場合とは異なり、外国人雇用特有の法令、日本とは異なる文化で育った外国人への配慮などに注意する必要がある。

①在留資格

外国人スタッフを雇用する場合、正社員やアルバイトなどの雇用契約の形式にかかわらず、重要になるのが在留資格である。現在日本では在留資格は29種類あり、国内での就労が認められているものが「就労ビザ」である。外国人スタッフを雇い入れる際には、「在留カード」などにより、就労が認められるかどうかを確認する必要がある。

- 就労活動に制限がない在留資格

  永住者・日本人の配偶者等・永住者の配偶者等・定住者

  日本人と同様に労働時間や労働分野に制限なく働くことができる。

- 就労が認められる在留資格

外交　公用　教授　芸術　宗教　報道　高度専門職　経営・管理　法律・会計業務　医療　研究　教育　技術・人文知識・国際業務　企業内転勤　介護　興行　技能　特定技能　技能実習

• 就労が認められない在留資格
　文化活動　短期滞在　留学　研修　家族滞在

• 就労の可否は指定される活動による在留資格
　特定活動
　留学、家族滞在のビザを持つ人が就労するためには、管轄の入国管理局で資格外活動許可を受けることが必要となる。資格外活動許可があれば、原則として1週間28時間以内の労働が認められる。大学・日本語学校・専門学校などの留学先の教育機関が夏休みなどの長期休暇期間中については、1日8時間かつ週40時間まで就労することが可能となる。

• 特定活動ビザ
　ワーキングホリデー・インターンシップ・メイド（家事使用人）など、個々の外国人に与えられた許可の内容により就労の可否が決められる。

②賃金・労働時間

　「外国人スタッフを雇用すれば、人件費を抑えられる」という考えは間違っている。労働基準法第3条において、「使用者は、労働者の国籍、信条又は社会的身分を理由として、賃金、労働時間その他の労働条件について、差別的取扱をしてはならない」と、均等待遇に関する定めがある。日本人と外国人が同じ業務をしている場合、国籍を理由に賃金に差をつけることは禁止されている。また、労働時間や休日、福利厚生、昇格など国籍による差別的な扱いも禁止されている。

③在留カード

　在留カードとは、日本に中長期間在留する外国人に発行されるカードである。この在留カードには、氏名や生年月日、居住地、国籍といった個人情報のほか、在留資格や就労制限の有無、在留期間および在留期限などが記載されており、外国人スタッフを雇用するにあたって、どのような申請をしなければならないのか、どのような制限があるのかを判断する重要な証明書となる。

在留カード例（法務省出入国在留管理庁）

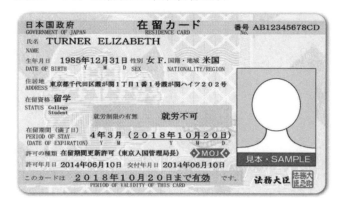

④法令・制度

・外国人雇用状況の届出

　どのような雇用形式であったとしても、新たに外国人スタッフを雇用する場合、または雇用終了した場合には、ハローワークへの届け出が必要となる。

・外国人労働者雇用労務責任者の選任

　外国人スタッフを 10 人以上常時雇用する場合は、「外国人労働者雇用労務責任者」を選任しなくてはならない。

・不法就労活動

　不法就労活動とは、不法に入国しての就労、在留資格ごとに認められている活動の範囲を超えての就労、在留期間を超えての就労のことをいう。

・不法就労助長罪

　外国人を不法就労活動と知りながら雇用したものや斡旋したものに対する罪であり、罰則が適用される。

■外国人スタッフ採用

①採用

　外国人スタッフを採用する際の面接において、採用しようとする側が外国人スタッフの母国の文化・習慣、およびその国民の気質などをある程度理解しておく必要がある。

　外国人は、日本人に比べ、自己の能力や適性について強く主張する傾向が

ある。また、雇用条件や契約面について細かくチェックする傾向もある。採用時には、次の事項を確認しなくてはならない。

・パスポートの確認

　パスポート期限が切れていないか、入国査証（ビザ）を受けているか。

・在留カードの確認

　どのような在留資格を持っているか、その在留資格で雇用が可能か、名前・住所などの個人情報が正しいか、在留期間は超えていないか。

・日本語能力の確認

　日本語能力検定何級か、日本語学校を卒業しているか、会話に問題がないか、読み書きに問題はないか。

②外国人スタッフ採用時のポイント

・自己の能力や適性について強く主張する傾向があるため、その根拠をしっかり確認するとともに、これらを証明する書面をもらう。

・外国人に曖昧な指示は通じない。曖昧な指揮命令を避け、指示や伝達は具体的かつ明確に行う。

・外国人スタッフが話したことや合意したこと、業務内容や雇用条件などについては、書面に残しておく。

・日本語の雇用契約書に添付して外国人が理解できる母国語や英語などの言語で翻訳文を作成し、両方を本人と手交する。

・雇用側も、主張すべき点をはっきりとさせ、「イエス」「ノー」を明確にしておく。

・就業時間と時間外の区別を明確にする。

・宗教観の違い、考え方に配慮する。

・文書にしたことは雇用主・外国人スタッフの間で共有しておく。

③外国人留学生のアルバイト採用

　外国人留学生をアルバイトとして雇用するケースは多い。外国人留学生や就学生は法務大臣の資格外活動許可を受けて、アルバイトを行うことができる。雇用の際は留学生が資格外活動許可を受けているかどうかを確認する必要がある。アルバイト希望者が資格外活動許可を受けている場合は、「資格外活動許可書」が交付されているので、それを確認する。

なお、「アルバイト可能時間」は、学業に支障がない範囲の週28時間まで
となる。4時間×7日の計算であるが、実際には週1日の法定休日がアルバ
イトにも適用されるので、1日あたりの労働時間は5時間弱となる。また、
残業もこの28時間に含まれるので注意が必要である。原則は週28時間であ
るが、長期休暇の期間は特例として、1日8時間、週40時間までの就労が
認められる。

資格外活動の許可を受けずにアルバイトに従事した場合は、不法就労とな
る。会社が就労資格のない外国人留学生を雇入れ、就労させると、会社にも
罰則（3年以下の懲役または300万円以下の罰金）が課せられる。なお、「資
格外活動許可」は、風俗営業等では認められず、実際の業務が皿洗い等で
あっても、事業所が風俗営業関係の場合には許可されない。

④外国人インターンシップ

外国人のインターンシップの受け入れは外国人スタッフを雇用する下地作
りとして有効である。インターンシップの目的は学生へ就業体験の機会を与
えることであり、労働力と考えてはいけない。企業側のメリットは外国人対
応力の向上と位置づけるとよい。

日本でのインターンシップを目的として来日する外国人のビザは、90日
以内無報酬の場合は不要、90日を超える無報酬の場合は文化活動ビザ、報
酬有りの場合は特定活動ビザが必要となる。なお、住居費、渡航費・海外保
険費・現地交通費などは報酬には含まれないので、これらの費用のみを会社
から出した場合は、無報酬という扱いになる。インターンシップの参加に対
して支払われる対価を報酬といい、報酬の金額には上限、下限は特に定めら
れていない。

精選過去問題にチャレンジ

問題 001

外国人向けの自社ウェブサイトの作成に際して注意する点に関する以下のアからエまでの記述のうち、最も<u>適切ではない</u>ものを1つ選びなさい。

ア. 掲載する画像は、外国人目線と日本人目線の違いを意識して選ぶ方がよい。

イ. ある程度英語の通用する国がターゲットの場合、必ずしもその国の公用語にこだわらず、英語サイトを最初に作った方がよい。

ウ. パソコンでもスマートフォンでも閲覧できるように、レスポンシブウェブデザインを用いたり、パソコン用サイトとは別にスマートフォン用サイトを構築した方がよい。

エ. 訪日外国人旅行者に向けたアクセス情報は、空港、主要駅などを起点とする広域を掲載する地図よりも、最寄り駅を起点とする詳細な地図を載せた方がよい。

解説

ア 適 切。記述の通り。同じ被写体でも、見せ方に日本人と外国人との好みの差はあり、どのような画像に外国人は惹きつけられるのか研究した方がよいといわれる。

イ 適 切。記述の通り。ある程度の英語力のある国をターゲットにするのであれば、作りやすいだけではなくターゲット以外の国・地域の人に見てもらえる可能性があり、汎用性のある英語を最初に選ぶ方がよい。

ウ 適 切。記述の通り。通常のパソコン用サイトをスマートフォンで見ることもできるが、見づらいことが多く、多くの旅行者がスマートフォンで情報を得る現状ではスマートフォン用サイトは必須である。レスポンシブウェブデザインは、PC、タブレット、スマートフォンなど異なる画面サイズに応じてウェブページが閲覧できることを可能にするウェブデザインの手法である。

エ 不適切。アクセス情報を掲載する場合、最寄り駅を起点とする地図を掲載しても外国人旅行者はその駅がどこかわからないことが多いので、例えば東京、首都圏の企業・店であれば、成田、羽田空港や東京駅、新宿駅などの主要地からのアクセスを伝えることがまず重要である。

解答　エ

問題
002

次の図は、訪日外国人旅行者が役に立ったと答えた、出発前に得た旅行情報源の上位 10 項目を表したものである。図中の（　　）に入る最も適切な項目の組合せを、以下の**ア**から**エ**までのうち 1 つ選びなさい。

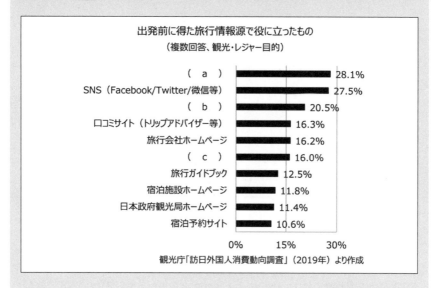

出発前に得た旅行情報源で役に立ったもの
（複数回答、観光・レジャー目的）

項目	割合
（ a ）	28.1%
SNS（Facebook/Twitter/微信等）	27.5%
（ b ）	20.5%
口コミサイト（トリップアドバイザー等）	16.3%
旅行会社ホームページ	16.2%
（ c ）	16.0%
旅行ガイドブック	12.5%
宿泊施設ホームページ	11.8%
日本政府観光局ホームページ	11.4%
宿泊予約サイト	10.6%

観光庁「訪日外国人消費動向調査」（2019年）より作成

ア. a. 個人のブログ　　b. 自国の親族・知人　　c. 動画サイト
イ. a. 個人のブログ　　b. 動画サイト　　c. 自国の親族・知人
ウ. a. 自国の親族・知人　　b. 個人のブログ　　c. 動画サイト
エ. a. 自国の親族・知人　　b. 動画サイト　　c. 個人のブログ

解説

　2019 年の観光庁による「訪日外国人消費動向調査」における、訪日外国人旅行者が役に立ったと答えた、出発前に得た旅行情報源の上位 10 項目は、304 ページ図表 9-3 の通りである。
　2019 年の、訪日外国人旅行者が役に立ったと答えた、出発前に得た旅行情報源は、『個人のブログ』や『SNS』が多く選ばれている。3 つ目に多いのが『自国の親族・知人』であるが、その後には『口コミサイト』、『旅行会社ホームページ』『動画サイト』と続いており、多くの訪日外国人旅行者が、インターネットを介して情報収集をしている傾向がみられる。

解答　　ア

問題	中国の SNS に関する以下の**ア**から**エ**までの記述のうち、最も<u>適切ではな</u>
003	<u>い</u>ものを 1 つ選びなさい。

ア. 微信（ウェイシン）は、中国版 LINE とも言われ、テキストチャットやボイス
チャット、ビデオチャット、画像の共有など、さまざまなコミュニケーション
ツールが一つになっている。

イ. 微信は、中国のテンセントが運営するスマートフォン向けのメッセンジャーア
プリ・SNS である。

ウ. 微博（ウェイボー）は、中国版 Twitter とも言われ、WeChatPayment とい
うキャッシュレス決済システムも利用でき、注文や決済を行う手段としての利
用も広まっている。

エ. 日本企業において、微博を活用した訪日中国人旅行者向けのプロモーション・
マーケティングを行っている会社も増えている。

解説

　WeChatPayment というキャッシュレス決済システムが利用できるのは、微博（ウェ
イボー／Weibo）ではなく<u>微信</u>（ウェイシン／WeChat）である。微博は、Twitter に
似ているとも言われており、Twitter と Facebook の機能を持ち併せた SNS である。

解答	ウ

問題	ファムトリップに関する以下の**ア**から**エ**までの記述のうち、最も<u>適切で</u>
004	<u>はないもの</u>を１つ選びなさい。

ア. ファムトリップの実施において、ブロガーによる記事は一過性のものに陥りや
すいとされ、ブロガーは招待する対象に含まないことが一般的である。

イ. ファムトリップは、体験型のレジャーや観光サービスとの相性が良いとされて
いる。

ウ. ファムトリップでは、招待側が売り込みたいもの、情報として取り上げてもら
いたいものを押しつけるのではなく、相手国のニーズを知ったうえで企画・造
成する。

エ. ファムトリップは、プロモーションの一環であるため、交通費や宿泊費などの
諸費用は招待する側が負担をするべきで、各費用の計画的な予算化の必要があ
る。

解説

　人気ブロガー、YouTuber などウェブ上で人気のある個人をファムトリップに招待し
て情報を発信してもらうことは極めて有効である。一般的なプロモーションである広告
は、一過性のものに陥りやすく、持続性がないのに対し、人気ブロガーなどのインフル
エンサーが実際に体験し、執筆した旅行記事は、紙媒体やウェブサイト上に残るため、
持続性があり、効果が期待できる。

解答	ア

問題 005

次の文章は、外国人スタッフ雇用に関する法令・制度についての文章である。文章中の（　）に入る最も適切な語句の組合せを、以下の**ア**から**エ**までのうち1つ選びなさい。

外国人スタッフ雇用に関する法令・制度について
・外国人雇用状況の届出
　事業主は、外国人スタッフを（　a　）、ハローワークへの届出が必要となる。
・外国人労働者の雇用労務責任者の選任
　事業主は、外国人労働者を常時（　b　）以上雇用する場合は、人事課長等を雇用労務責任者として選任する必要がある。
・不法就労活動
　不法就労は法律で禁止されている。（　c　）が処罰の対象となっている。

ア. a. 雇用する・雇用終了するときには　　　b. 5人
　　 c. 不法就労した外国人のみ

イ. a. 雇用するときのみ　　　　　　　　　　b. 10人
　　 c. 不法就労した外国人のみ

ウ. a. 雇用するときのみ　　　　　　　　　　b. 5人
　　 c. 不法就労した外国人・不法就労させた事業主

エ. a. 雇用する・雇用終了するときには　　　b. 10人
　　 c. 不法就労した外国人・不法就労させた事業主

解説

外国人スタッフ雇用に関する法令・制度について
・外国人雇用状況の届出
　事業主は、<u>外国人スタッフを雇用する場合、または雇用終了する場合にはハローワークへの届出が必要となる</u>。
・外国人労働者の雇用労務責任者の選任
　事業主は、外国人労働者を常時<u>10人</u>以上雇用する場合は、人事課長等を雇用労務責任者（外国人労働者の雇用管理に関する責任者をいう。）として選任する必要がある。
・不法就労活動
　不法就労は法律で禁止されている。<u>不法就労した外国人だけでなく、不法就労させた事業主は処罰の対象となる</u>。

解答　**エ**

10

第 10 課題

インバウンドと
テーマ別観光まちづくり

Inbound Business Director

1. 観光まちづくりとは

観光まちづくり

　観光まちづくりとは、地域が主体となって、地域独自の観光資源を利活用することで、地域を活性化することである。観光まちづくりは、観光諸活動によって地域外から多くの旅行者を呼び込み、地域の人々と交流を深めることで、地域活性化を継続させることを目標とする。

　既存の観光地はもちろん、観光資源に乏しかった地域も新たな観光資源を発掘・創造することで観光地化を図り、地域外から来訪者を招き、交流を深めようと取り組んでいる。「観光」の力によってまちづくりを推進しているのである

　観光まちづくりは、住民の暮らしを豊かにするという点も見逃せない。地域の宝である観光資源を基に、訪れた旅行者との交流が生まれ、地域活性化が続いていく。このサステイナブル（持続可能）な魅力こそ、「住んでよし、訪ねてよしのまちづくり」につながる。住民が誇りに思える魅力的な地域は、地域外から来訪したいと切望させる地域でもある。

■観光まちづくりの目的

①外貨の獲得と雇用の創出

　外貨とは、地域外からの収入を得るという意味であり、旅行者の観光行動に伴って生まれる地域の中での消費のことである。旅行者が訪日外国人であれば文字通り外貨の獲得となる。裾野の広い観光関連産業は第3次産業にとどまらず、第1次産業、第2次産業など地域産業にまで波及する。

②地域文化の維持と相互理解

　観光まちづくりは経済的な目的だけにとどまらない。地域を元気にするには人と人との交流が重要となる。都市と地方との相互理解、地域文化の理解など旅行者と触れ合うことで達成される。また、地域固有の祭りや伝統工芸品などは地域外の旅行者に理解、評価されることにより担い手が生まれ、受け継がれていく。

③地域住民の地域愛の向上

　地域住民の精神的な満足度、郷土愛、地域への誇りの高揚が最終目的のひとつである。多くの旅行者が満足する魅力的な地域は住民にとっても自慢になるに違いない。また、旅行者の受け入れに参加することにより地域の魅力を再発見し、地域への誇り、地域愛はさらに高まる。

■観光まちづくりと観光資源

　観光まちづくりを進める上で、旅行者に訪れてもらうには、その地域ならではの観光資源がポイントとなる。旅行者のニーズが多様化している今日、地域の観光資源も多様化している。

　観光資源には、有形な要素と無形ないし人文的な要素がある。有形な要素には、特徴的な歴史・文化遺産などの文化財や温泉などが挙げられ、無形ないし人文的な要素には気象、風景、民俗、芸能、伝説、歴史、人物、サービスなどがあり幅広い。

　このように一定の地域に存在するモノ・コトはすべて観光の対象となる可能性を持っている。観光資源は「誘客の源泉」であり「感動の源泉」となるものである。旅行者が魅力と感じるものはすべて観光資源となる可能性があり、ほとんどの地域資源は工夫次第で観光資源になる。近年、観光資源は「地域の宝」と呼ばれている。

■観光資源の要件

　地域に存在する、他とちょっと違うモノ・コトのすべてが観光資源になるわけではない。次のようなことが要件となる。

①地域固有のモノ・コト

　その地域らしさを持つことは絶対の条件である。その土地に定着しているモノ・コトで、他と明確に差別化されたものでなければならない。

②地域住民が共感するモノ・コト

　地域の人がそのモノ・コトに対して共感し、自慢し、誇りに思っているものでなければならない。

③物語性のあるモノ・コト

歴史のあるモノ・コト、近代的なモノ・コトにかかわらず、その地域らしい物語、歴史、由来、伝説、ストーリー、蘊蓄などが必要である。

④持続性のあるモノ・コト

一過性で終わってしまうブームのようなモノ・コトは観光資源とは言えない。消滅しないもの、流行でないもの、保護できることが求められる。

■観光まちづくりと着地型旅行商品

「着地型旅行商品」とは、旅行者の観光目的地、着地である地域の側で商品企画・造成・販売を行う旅行商品や体験プログラムのことである。これまでの旅行商品は発地（市場）側の旅行会社で商品企画・造成・販売が行われていた。これは「発地型旅行商品」といわれる。

国も着地型旅行商品創出が地域活性化やインバウンド促進につながることから、積極的な推進をしている。地域独自の魅力を生かした地域密着型の旅行商品の創出が期待されている。

そのために、国は2007年、旅行業法を改正し、それまで企画旅行を企画・実施できなかった第3種旅行業に対し、地域限定で国内募集型企画旅行の企画・実施を認めた。

また、2012年には地域の観光協会や旅館・ホテル、NPO法人などが旅行業へ参入しやすくするため、営業保証金の供託額と基準資産額を引き下げて「地域限定旅行業」を創設し着地型旅行商品の普及を進めた。これにより、地域の小さな旅行会社や組織が地域発着のパッケージツアーを企画・造成・販売できるようになった。さらに、旅館やホテルなどによる企画・販売を促すため、2017年に営業所ごとに選任が必要な「旅行業務取扱管理者」について、特定地域の旅行商品のみを取り扱う営業所に対応した「地域限定旅行業務取扱管理者」資格を新たに創設し、これまでの「旅行業務取扱管理者」が1営業所1名の選任基準であったものを緩和し、1人が近接する複数営業所を兼務できるようにした。

■着地型旅行商品の開発・販売

着地型旅行商品の開発主体は、地域の既存の中小旅行会社だけではなく、

観光協会、宿泊施設、NPO 法人なども第3種旅行業者または地域限定旅行業者の登録をすることで、旅行商品を企画・実施することが可能になった。

　着地型旅行商品の開発コンセプトは、「地域密着」「地域連携」「地域協働」である。多様な地域の観光資源を活用し、見学だけではなく体験型、交流型、滞在型、学習型の旅行商品、プログラムが求められている。特に体験型旅行が地域にもたらす経済効果は大きい。

　これまで着地型旅行商品が育たなかったのは地域に商品開発力がなかったこともあるが、旅行者に販売する有力な方法がなかったことが大きい。地域が自ら着地型旅行商品を旅行者に直接販売する方法は2つある。ひとつは、現地受付型販売である。旅行企画・実施者となる観光協会、宿泊施設、地元旅行会社、NPO 法人などでの窓口販売である。もうひとつがインターネット販売である。ホームページを立ち上げ魅力的な旅行商品、プログラムを掲載し直接予約販売する方法である。需要が多い都市部だけでなく、多言語表記により世界中に告知し直接販売することができる。スタッフのブログや参加者の口コミを掲載するなどの工夫により集客を増やしている事例もある。インターネットはインバウンドの地方誘致に大きな役割を果たしている。

■観光まちマーケティング

　観光まちづくりなどの地域の活動が活発になるなかで、マーケティングの必要性が重視されている。観光地側に軸足を置いた「観光まちマーケティング」の概念の導入が求められている。

　観光まちマーケティングとは、「まち」という地域をターゲットとしたマーケティングの概念である。「まち」を市場価値として捉え、人々のニーズを満たすあらゆるモノやサービスを提供することと捉えることができる。「まち」を魅力的な商品とするためには地域住民の満足度の向上が重要である。観光まちマーケティングとは、地域観光の主体がその地域を「まち」という商品と捉え、リサーチ・旅行商品・サービス・価格設定・プロモーション・流通などの諸活動を通し市場に売り込み、地域外からの旅行者を誘引し、旅行者ニーズを満たし、新規旅行者を創造し、リピーターの維持拡大を図ると同時に地域住民の満足度を向上させるプロセスのことである。

※以下 2. ～9. までの観光まちづくり事例は、新型コロナウイルス感染症流行の影響により外国人旅行者が来日していないため、初版（2017）のものをそのまま掲載しています。

2. スキーリゾート

■豪州人が魅力を再発見したリゾート地－ニセコ（北海道ニセコ町）

　ニセコ町は北海道南西部に位置し、古くからスキーと温泉の街として親しまれてきた。そんなニセコが 2000 年以降、格段に外国人旅行者数を増やしている。きっかけとなったのが良質なパウダースノーである。これを目当てに多数のオーストラリア人が訪れ、リピーターとなり、そしてインバウンドをリードする街として脚光を浴びるようになった。この評判は訪日旅行者の口コミから広まったといわれ、今では欧米やアジアからもスキー客が訪れるようになり、それを受け入れる高級ホテルやコンドミニアム、別荘が建ち並んでいる。今ニセコを訪れると、スキーゲレンデだけでなく、街中に外国人が溢れ、ショップの客だけでなく、従業員も外国人であることに驚かされる。

　2016 年には、人口 5 千人ほどの街に、20 万人以上の外国人旅行者が訪れた。その延べ宿泊者数は表のとおりで、現在はアジアからの訪問者が圧倒している。1 位は中国で約 4 万人、2 位は香港で約 3.4 万人、3 位は台湾で約 2.9 万人、オーストラリアは 4 位で約 2.5 万人であった。来訪する季節は、やはり冬で 2 月、1 月、12 月が突出している。

　世界の優れたスキー場を表彰する「ワールド・スキー・アワード 2015」において、地域全体を表彰するリゾート部門で、ニセコの 4 つのスキー場の集合体であるニセコユナイテッドが 3 年連続で日本の最優秀賞に選ばれている。また、50 室未満のホテル部門でも世界一に、さらに、50 室以上のホテル部門、ロッジ部門でもニセコの宿泊施設が日本の最優秀賞に選ばれている。

◎外国人旅行者受入状況　宿泊延人数

| 2011 年 | 54,962 人 | 2012 年 | 88,298 人 | 2013 年 | 108,239 人 |
| 2014 年 | 148,335 人 | 2015 年 | 177,012 人 | 2016 年 | 204,494 人 |

◎受入外国人旅行者の国・地域の割合（2016年）

①アジア（77%）　②オーストラリア（12%）　③北米（5%）　④ヨーロッパ（3%）　⑤その他（3%）

資料：ニセコ町役場商工観光課

■通年型リゾート地への取組み

ニセコの観光資源は、なんといってもほかのエリアにはないパウダースノーである。低い標高にもかかわらず良質の雪が降る環境は、世界からは「奇跡の場所」と称されている。また、外国人スキーヤーにとってナイター設備があるのも魅力的のようだ。ニセコでは、スキーヤーの安全を確保するため、地域の関係者で話し合い定めた安全の規定である「ニセコルール」を定めている。

ニセコは、冬季だけでなく四季を通じて、さまざまな泉質を楽しめる温泉、地元食材を使った食事、豊かな自然を生かしたラフティング、カヌー、乗馬、トレッキングなどの多種多様のアクティビティが用意されていて、冬型のリゾート地から通年型リゾート地になりつつある。通年型リゾートへの転換には観光マーケティングを取り入れたニセコ観光協会の取組みがあった。ニセコ観光協会は日本で初めて株式会社化された観光協会である。

外国人旅行者の誘致活動としては、官民連携による海外でのスキープロモーションイベントへの参加や海外の旅行会社への外国言語を用いたニュースリリースの配信、海外メディアからの取材対応をしている。受入体制としては、街中の多言語表記を充実させている。飲食店の8割以上では英語と中国語（繁体字・簡体字）の表記が用意されている。また、多言語パンフレットの作成、日本文化体験プログラムなども実施している。

地域内移動手段の確保などの課題もあるが、最大のテーマは季節による入り込み変動の平準化である。

ニセコのスキーゲレンデ（提供：ニセコ町）

3. 運河のある港町

■ノスタルジックな運河の街—小樽（北海道）

　小樽市は北海道の西部に位置し、石狩湾に面した道内有数の港町として戦前戦後まで繁栄し、当時を偲ばせる運河や建築物が街を形成している。小樽運河沿いにはレンガ造りのレトロな建物が並んでおり、夜はライトアップも楽しめる。運河からさらに歩くと、堺町通りという商店街があり、歴史的な建築物の街並みにガラス細工の店や飲食店などが並んでいる。また小樽市内には100軒以上の寿司屋があり、寿司屋が並ぶ小樽寿司屋通りもある。

　情緒あふれるノスタルジックな運河の街、小樽に多くの外国人旅行者が訪れ、表のように着実に増加している。中国をはじめとしたアジアの国・地域が多いが、アメリカ、オーストラリアからの訪問も少なくない。観光資源としては小樽運河のほか、おたる水族館、周辺に天狗山、ニセコ・積丹小樽海岸国定公園、朝里川温泉などがある。

　北海道の玄関口新千歳空港からは1時間強、札幌からは約40分の立地であること、古い歴史と豊かな自然が同居していること、そして、新鮮な素材の寿司だけでなく屋台村やスイーツも楽しめることが魅力となっている。また、無数のスノーキャンドルが街中を埋めつくす港町小樽の冬の風物詩として定着した「小樽雪あかりの路」がある。2017年も50万人ほどの来場者があり、外国人旅行者の姿が年々目立つようになった。このイベントは多くのボランティアに支えられているが、外国人ボランティアの数も多い。

◎外国人旅行者受入状況　宿泊延人数

2011 年	39,176 人	2012 年	54,153 人	2013 年	84,248 人
2014 年	112,985 人	2015 年	146,619 人	2016 年	192,569 人

◎受入外国人旅行者の国・地域の割合（泊延数の割合）（2015 年）

①中国（26.1%）　②韓国（15.1%）　③香港（14.7%）　④台湾（13.0%）

資料：小樽市観光振興室

■海外プロモーションとクルーズ客船誘致

　日本アカデミー賞を受賞した映画『Love Letter』（1995 年）が 1999 年に

韓国で公開され大ヒットした。劇中に出てきた「お元気ですか？」という言葉が韓国で流行語となり、舞台となった小樽に韓国人旅行者が大挙して訪れた。小樽のインバウンドにはこのような側面もある。

インバウンドの誘致活動も積極的に行っている。海外からの旅行事業者・メディアの招請、札幌在住外国人ブロガーによる情報発信、マレーシア、タイ、台湾など現地での小樽プロモーションなどが行なわれた。自国の家族・知人などへの情報発信を期待して外国人留学生向けツアーも催行した。また、港町小樽には数多くのクルーズ客船が入港している。特に、海外からの大型クルーズ客船の誘致に取り組んでいる。

受入体制も進んでいる。小樽駅など主要な観光スポットに外国語対応可能な案内所を設置、クルーズ客船寄航時のフリーWi-Fiの設置、観光事業者向けのインバウンド受入セミナーの実施、多言語対応の市内マップ・パンフレット作成などである。

しかし、課題もまだある。多言語を日常会話以上のレベルで表現できる人材の不足、市内施設・観光スポットの案内表示の多言語化などだ。さらに、旅行者の長期滞在に結びつく小樽を基点とする広域観光ルート作りに取組み始めている。

小樽運河（提供：小樽市）

4. 祭と地吹雪

■祭りと地吹雪で存在感増す街―五所川原（青森県）

　五所川原市は、青森県西部、津軽半島の中南部に位置する市である。毎年8月4日から8日に開催される立佞武多（たちねぷた）祭りが有名で、外国人旅行者を含め毎年100万人以上が見物に訪れる。立佞武多祭りは1998年に約80年ぶりに復活した祭りで、「立佞武多」と呼ばれる歴史上の人物を模した巨大な人形が街を練り歩く。立佞武多祭りは青森ねぶた祭り、弘前ねぷた祭りとともに東北を代表する夏祭りへと発展している。五所川原市の「立佞武多の館」では、実物大の立佞武多が展示され通年見学することができる。また、五所川原市は、数々の名作を生み出した作家の太宰治の出身地であり、生家は「太宰治記念館・斜陽館」として一般に公開されている。

　津軽半島を南北に縦断する津軽鉄道は、四季折々の自然風景を堪能しながら移動が楽しめる。冬は車内にダルマストーブを設置する「ストーブ列車」を運行し、外国人旅行者も楽しませている。

　真冬の人気イベント「地吹雪体験」がインバウンド誘致に存在感を示している。元来デメリットととらえられていた地吹雪を逆手に取り1988年にスタートした町おこしイベントは2017年に30年目を迎えた。これまでに延べ約1.3万人が参加し、近年は外国人旅行者の間で人気が高まり、雪のないハワイや台湾、東南アジアからの参加者も3千名弱に上る。表のように、訪日外国人旅行者の宿泊数は決して多くないが、年々増加している。

◎外国人旅行者受入状況　宿泊延人数

2011 年	データ無し	2012 年	データ無し	2013 年	97 人
2014 年	30 人	2015 年	575 人	2016 年	1,267 人

◎受入外国人旅行者の国・地域の割合（2016）

①台湾（約56%）　②アメリカ（約34%）　③韓国（約4%）　③中国（約4%）

資料：五所川原市観光物産課

■サイクリング客誘致始まる

　観光の目玉は何といっても立佞武多祭りであるが、期間は限られる。祭り期間以外でも楽しめる「立佞武多の館」、ストーブ列車だけでなく津軽の自

然を味わえる「津軽鉄道」にはかなりの数の外国人旅行者が訪れ、年々入込数が増えている。真冬のイベント「地吹雪体験」も雪を知らない国の旅行者の期待値は高い。近年、五所川原市は自転車による観光振興を目指し、津軽半島や西海岸を巡るサイクリングのモデルルートを選定し、国内だけでなく海外の愛好家の誘致を目指している。

　それだけではなく、インバウンド誘致活動も積極的に行っている。海外向けの PR 動画（英語・繁体字・韓国語の３種類）を Facebook の広告として配信した。訪日外国人向けフリーマガジン『GOOD LUCK TRIP』へ観光情報を英語・繁体字・韓国語の３言語併記で掲載し、国内外に発送、配置した。受入体制も強化している。立佞武多の館内には英語・繁体字・簡体字・韓国語版の表記が追加されている。また、展示室内の解説文の横に QR コードを設置しスマートフォンなどで読み込むと解説文の内容が翻訳されたものが表示され、これは 15ヶ国語に対応している。海外版のパンフレットや観光ホームページの作成も行なわれ、ホームページは英・簡・繁・韓・仏・タイ・マレー語の７種を作成した。

　年々外国人旅行者の数が増えているが、一方で宿泊客数はあまり伸びていない。五所川原市内の宿泊施設が不足しているからである。その対策として、祭り期間中に個人宅を宿泊施設として有料で旅行者に提供する「イベント民泊」も始まっている。

立佞武多（提供：五所川原市観光物産課）

5. 宿場町

■江戸時代の面影を残す宿場町—妻籠宿（長野県南木曽町）

　妻籠宿は、東京側から数えて中山道 42 番目の宿場町である。隣接する馬籠宿（岐阜県中津川市）、馬籠峠を越える旧中山道史蹟と合わせて木曽路を代表する観光名所として、国内外からの旅行者を数多く迎え入れている。

　妻籠宿は日本で最も早く伝統的な街並みの保存に取組んだ場所として有名である。江戸期は江戸と京都を結ぶ街道の途中にあり非常に栄えていたが、明治以降は鉄道や新たな道路が造られ徐々に衰退した。しかし、江戸時代の街並みをそのまま残していることが評価され、1968 年から街並み保存活動が始まった。妻籠宿の人々は「妻籠を愛する会」を設立し、街並み保存のため、「売らない・貸さない・壊さない」という三原則を作ることで、生活をしながらも江戸時代の街並みを現代まで保っている。1976 年、国の重要伝統的建造物群保存地区の最初の選定地のひとつに選ばれた。

　観光資源は、妻籠宿と旧中山道である。木曽路は以前から外国人旅行者が多く訪れる観光地であったが、近年急増している。しかもその多くの旅行者は、旧街道 8km、高低差 300m 以上の馬籠峠越えを目的としている。旧中山道を歩きながら江戸時代の佇まいを体感できる中山道ハイキングである。2016 年には、2.3 万人もの外国人旅行者が「馬籠峠をテクテクで超えて」いる。表のように、訪れる外国人は欧米人旅行者が圧倒的に多い。

◎外国人旅行者受入状況　馬籠峠をテクテクで超える人数

2009 年～2014 年		平均　7,415 人		
2014 年	13,382 人	2015 年	18,270 人	2016 年	23,160 人

◎受入外国人旅行者の国・地域の割合（2016 年）

①米・豪・EU 圏（75%）　②東南アジア（10%）　③その他（15%）

資料：（公財）妻籠を愛する会

■メディア取材に丁寧に対応

　これだけの多くの外国人旅行者の訪問を受けているが、「妻籠を愛する会」では、誘致のための特別の施策はなく、宣伝費もゼロだという。すべて内外のメディアの取材による記事掲載の効果であり、会はその取材の対応をして

いるだけという。映画・テレビなどのロケ取材はすべて事前申請許可制を採用している。テレビは旅物、季節の行事のみを許可、メロドラマやミステリーなどは不許可といった具合だ。許可されたものへの対応は丁寧に行っている。もちろん、旅行案内ツールは充実しており、テクテクマップ、案内図などは英語対応し、観光案内所では親切な対応が行われている。

　インバウンド受入のための取組みとしては、妻籠宿から馬籠宿への荷物の運搬サービス、案内板・道標の日英併記、温水洗浄便座付の洋式トイレの整備、熊除け鈴の貸出し、自由使用の杖の配備、熊除けの鐘設置などきめ細かい。旧正月・アイスキャンドル・節分・ひな祭り・花まつり・端午の節句・七夕祭り・お盆・妻籠宿火まつりなど季節の行事を充実させている。完歩証・来宿証なども人気がある。すべての宿泊施設で外国人旅行者を積極的に受け入れ、そのために年間40回以上の英会話教室を開催したという。

　外国人旅行者からの評価は、「Wonderful」「Beautiful」「Good」であるという。馬籠峠手前にある一石栃立場茶屋の無料休憩所は、おもてなしで出されたお茶を飲みながらの国際交流の場となっている。

馬籠峠を越えるハイカー（提供：一石栃立場茶屋）

6. 伝統的な街並み

■外国人がひとり歩きできる街—飛騨高山（岐阜県高山市）

　伝統的な街並みや高山祭、朝市、ブランド和牛など日本らしさが凝縮した街、飛騨高山は欧米人だけではなく世界中から訪れる旅行者を魅了している。ミシュランガイドブックでも「わざわざ旅行する価値がある」評価を受け、本物の日本を体験できるエリアとして人気が高い。人口9万人弱の高山市には2016年、約46万人の外国人旅行者が訪れ宿泊をしている。

　飛騨高山は、一朝一夕に国際観光都市になったわけではない。高山市の外国人旅行者に対する「おもてなし」の取組みは、1986年、飛騨地域の1市19町村が国の「国際観光モデル地区」に指定され、同年「国際観光都市宣言」を行ったのがきっかけのひとつとされている。この時に初めて本格的な英語のパンフレットを整備したという。

　高山市が観光に力を入れ始めた時点では、外国人だけをターゲットとしたわけではない。1996年、「バリアフリー観光」というコンセプトを据えた。旅行形態が、団体旅行から個人旅行へと変化したことや、社会全体で、少子高齢化が進んでいることを考慮したものである。コンセプトを具現化するため、年配者や障害者がひとりでも自由に散策できるような街づくりを進め、また言葉が通じない外国人に対しても言語による壁を和らげる施策を打ち出している。

　そもそも魅力的な観光資源はあったが、そのことに甘んじずそれらにさらなる磨きをかけてきた。歴史・伝統（伝統的な街並み・高山祭・朝市等）、自然（飛騨山脈・温泉・田園風景等）、食（ブランド和牛等）、そして、街の人々によるもてなしである。

◎外国人旅行者受入状況　宿泊延人数

2011 年	95,000 人	2012 年	151,000 人	2013 年	225,000 人
2014 年	280,322 人	2015 年	364,471 人	2016 年	461,253 人

◎受入外国人旅行者の国・地域の割合（2016 年）

①アジア（約60%）　②欧州（約20%）　③北米（約6%）

資料：高山市海外戦略部海外戦略課

■多言語によるおもてなしと魅力発信

　高山市は、「高山市海外戦略」を策定し、「海外からの誘客促進」「海外への販売促進」「海外との交流推進」の三位一体の戦略を進めている。

　外国人目線を取り入れた多言語観光パンフレットは8言語9種類に及び、10言語の散策マップも作成されている。他の地域でここまで徹底しているところはない。同様に、多言語ウェブサイト、さらにSNS（Facebook、微博）による情報発信も効果を上げている。外国人旅行者誘致において官民連携も機能している。さらに北陸・飛騨・信州3つ星街道観光協議会、杉原千畝ルート推進協議会などの広域連携による海外国際旅行博出展、海外商談会参加、海外メディア招請などのプロモーションも実施している。海外現地レストランと連携した食と観光に関するフェアも開催した。

　受け入れ面でも、4言語対応のJNTO認定外国人観光案内所の設置、案内看板の整備、事業者が外国人旅行者受入のために作成する多言語パンフレット・看板などの作成に対する助成制度の充実、無料公衆LANサービスの提供、地域限定通訳案内士制度の運用、消費税免税一括手続きカウンター設置への支援など、理想的ともいえる取組みをしている。

　宿泊事業者、バス事業者における働き手不足など課題もある。地域全体で持続的な取組みとすることがこれからのテーマだという。

高山の伝統的な街並み（提供：高山市）

7. 商店街

■外国人旅行者が食べ歩きを楽しむ商店街—黒門市場（大阪市）

　黒門市場は、大阪市中央区日本橋にある大型商店街である。約170店舗が立ち並ぶ市場で、そのうち80％が食に関する店舗である。飲食店のほか、その日に仕入れた新鮮な魚介類がその場で食べられる鮮魚店などがたくさんあり、まさに「ごちそう天国」のキャッチフレーズ通りである。この数年、この市場に数多くの外国人旅行者が訪れ、食べ歩きを楽しんでいる。

　黒門市場の歴史は古く1800年前半である江戸時代の文政年間に、現在の場所で鮮魚商人が売買を始めたとされ、明治に入り1902年、正式に市場として開設された。この時点では「黒門市場」の名前ではなく圓明寺のそばにあったことから圓明寺市場と呼ばれていた。諸説はあるが、その圓明寺の山門が黒塗りであったことから黒門市場と呼ばれるようになったという。この黒門市場は料亭や名店の料理人が利用する高級食材を取扱う市場だったが、高級飲食店の減少などにより年々利用者が減っていった。

　しかし、地元客と入れ替わるように食べ歩きを楽しむ訪日外国人旅行者が急増した。店内や店先にテーブルと椅子を置き、食材をその場で調理して提供するスタイルへの転換がここ数年で急速に進んだ。表のように、外国人旅行者の来場は毎年増え、現在は台湾や香港の旅行者を中心に1日に1万人以上が訪れ食べ歩きや買い物を楽しんでいて、平日でも活気溢れる商店街になっている。

◎外国人旅行者受入状況　1日当たりの入場者数

2011年	2,000人	2012年	3,000人	2013年	5,000人
2014年	8,000人	2015年	9,000人	2016年	10,000人

◎受入外国人旅行者の国・地域の割合（2016年）

①台湾（47％）　②香港（20％）　③中国（8％）

資料：黒門市場商店街振興組合

■外国人旅行者のSNS発信が集客

　黒門市場商店街振興組合では、2013年から英語版のパンフレットを作成し、市内各所に配布するとともに、ホームページでは英語・中国語での情報

発信を始めた。同年に無料休憩所を、2015年には公衆無線LANを整備した。当初、多くの店舗は食材の販売のみを行っていたが、外国人旅行者から販売している食材をその場で食べたいという要望が多く寄せられたことを受け、店頭で食事ができる場の提供や簡易な調理を行う店が増えた。

現在、案内パンフレット「EXPLORER黒門市場特集」の日本語版、多言語版（英語・中国繁体字版）を作成し、主要ポイントに設置している。また、各店舗のPOPの多言語化をサポートし、無料休憩所を「黒門インフォメーションセンター」にリニューアルし、英語・中国語でのインフォメーション業務と手荷物の一時預かりを実施している。組合は、定期的に来場者からアンケートを取り、その結果を改善に生かしている。

海外への情報発信はホームページだけであるが、Wi-Fi環境が整っているため、利用者がその場でSNSを利用して情報発信をすることで、口コミにより海外に情報が拡散されている。実際に口コミによって来場した訪問者も多い。そのため、SNSなどで写真により紹介されることを意識し、大きな提灯や中国語の看板を設置して雰囲気作りに力を入れている。

現在の最大の課題は、インバウンドの増加に伴う近隣日本人顧客の減少に対する対策だという。

黒門市場商店街（提供：黒門市場商店街振興組合）

8. 城と温泉

■名城と名湯の観光都市—松山（愛媛県）

　松山市は、愛媛県の中部に位置する都市、同県の県庁所在地であり、50万人以上の人口を有する四国最大の都市である。松山城を中心に発展した城下町で、名湯道後温泉があり、俳人正岡子規や種田山頭火、文豪夏目漱石ゆかりの地でもある。これらの観光資源を背景として、「国際観光温泉文化都市」の指定を受け、「いで湯と城と文学のまち」とも称される。

　松山市には外国人旅行者が日本観光に求める城と温泉がある。松山城は、江戸時代に建築され、現在もその姿を残している現存12天守の1つとして知られる名城であり、温泉は『ミシュラン・グリーンガイド』で3つ星を獲得している日本最古の名湯といわれる道後温泉である。しかも、四国を代表する瀬戸内海に面した大都市である。インバウンドのデスティネーションとしてこれほど恵まれている都市は他にない。

　実際に2016年、約18万人以上の外国人旅行者が訪れ、その急増ぶりには目を見張るものがある。表のように、訪日外国人旅行者数は友好交流協定を締結している台北市がある台湾が最も多く、韓国、中国が続いている。日本を代表するインバウンドのデスティネーションである広島から足を延ばす外国人旅行者も多い。また、松山は、インバウンド向けに選定された、瀬戸内海を巡る広域観光周遊ルート「新ゴールデンルート」にも入っている。

◎外国人旅行者受入状況　入込人数

2011 年	31,600 人	2012 年	32,300 人	2013 年	63,600 人
2014 年	88,700 人	2015 年	133,800 人	2016 年	187,500 人

◎受入外国人旅行者の国・地域の割合（2015 年）

①台湾（27%）　②韓国（18%）　③中国（7%）

資料：松山市観光・国際交流課

■台湾旅行者誘致と広島からの誘客

　台湾の台北市には松山市と同じ「松山」の名称を持つ、松山空港や松山駅がある。共通の名称を縁として、台北市との交流が進み、2014年に友好交流協定を締結した。松山市と台北市の2つの「松山」空港を結ぶ、直行

チャーター便が2013年から毎年運航されている。台湾においても松山市の知名度が上昇している。インバウンド誘致の積極的な取組みの効果である。

その具体的なプロモーションとして、ブロガーやモニターの意見などを参考にした英語・中国語（繁体字・簡体字）・韓国語の観光ウェブサイト開設がある。また、愛媛県などと連携し、台北市、ソウル市、上海市など海外で開催される旅行博覧会にブースを出展し観光PRを実施している。

インバウンド受け入れにあたり、2012年度に国のモデル事業で、「指差し会話集」「おもてなしペーパー」「施設利用案内ペーパー」「多言語POP」などのツールを作成し、観光関係者に配布した。2015年度には松山城・ロープウェイ駅舎・松山城駐車場内の案内看板を多言語表記案内看板に替えた。また、松山城の天守内展示物や道後温泉本館の入場券売場料金表など主要ポイントの案内看板・解説板にQRコードを設置し、多言語翻訳された文章や音声により確認できる仕組みを整備した。

今後は、台湾からの誘客をさらに積極的に進めるとともに、瀬戸内海を隔てて至近にある広島来訪外国人の誘客に力を入れる。さらにMICEへの取り組みも始めている。

松山城天守閣（提供：松山市、クリエイティブ・コモンズ・ライセンス）

9. 世界自然遺産

■世界自然遺産とエコツーリズムの島―屋久島（鹿児島県）

　屋久島は鹿児島県の佐多岬南南西約 60km の海上に位置する島。島の 90％を森林が占める自然豊かな場所で、樹齢が 7,000 年を超えるといわれている縄文杉や九州最高峰の宮之浦岳など生命力溢れる自然に触れることができる。

　多様な資源に恵まれた屋久島は、1980 年にユネスコエコパーク（生物圏保存地域）に登録され、1993 年には日本で初めて、白神山地とともに世界自然遺産に登録された。さらに、2005 年には永田浜がラムサール条約に登録された。まさに、世界に誇ることができる自然と共生した地域である。

　屋久島は多くの杉が育っており、その中には屋久杉と呼ばれる樹齢 1,000 年を超えるものもある。島内の森に入るとそれらの杉に囲まれた景観が楽しめる。屋久島は雨が非常に多く、岩や木にたくさんの苔が自生している。白谷雲水峡や千尋の滝、トローキの滝、大川の滝など水に関連するスポットも多い。森の中では、ヤクシカやヤクザル、その他多様な動物と出会うこともある。

　その自然を求めて、国内だけでなく世界中から旅行者が来島している。屋久島では、縄文杉や白谷雲水峡などの山岳部だけではなく、川や海、里でも多彩なエコツアーが行われている。日本人の入込客数はやや減少傾向にあるが、近年は表のように訪日外国人旅行者は着実に増加している。欧米人が多いのが特徴である。

◎外国人旅行者受入状況

入込人数（屋久島レクリエーションの森保護管理協議会統計）

2011 年	———	2012 年	2,799 人	2013 年	3,169 人
2014 年	4,770 人	2015 年	6,325 人	2016 年	9,857 人

◎受入外国人旅行者の国・地域の割合（2016 年）

①アメリカ（11%）	②フランス（10%）	③中国（10%）

資料：（公社）屋久島観光協会

■エコツーリズムによる観光立町

　屋久島は20年ほど前からエコツアーを実施しており、環境省が推進するエコツーリズム事業のモデル地区に選定されるなど、エコツーリズム推進の先駆的な役割を果たしている。屋久島はエコツーリズムの歴史を作ってきた島と言える。今日、屋久島は「エコツーリズムによる世界自然遺産『屋久島』の価値創造と観光立町」を宣言している。

　インバウンドの対応も徐々に進んでいる。接遇研修の充実や対応マニュアルの作成をはじめ、「観光コンシェルジュ」の育成、パンフレットや案内板の多言語化の推進のほか、県と連携したインバウンドプロモーションにも取り組んでいる。

　外国人旅行者は、主にジブリ映画『もののけ姫』のモデルになったといわれる白谷雲水峡やヤクスギランドを体験している。また、宮之浦岳を縦走し「山泊」する外国人もいる。欧米の外国人旅行者はエコツアーに参加するより個人で登山する人が多いが、クルーズ客船の外国人はほとんどエコツアーに参加する。観光協会所属の外国人のエコガイドは2名いて、所属していない外国人ガイドも数名いる。また、通訳案内士の資格を持っているガイドも2名おり、英語で案内ができるガイドはたくさんいる。

　近年、日本のクルーズ客船だけではなく、美食のフランス船といわれる「ロストラル」、英国高級探検客船「カレドニアン・スカイ」など、外国クルーズ客船の寄港が増えている。インバウンド促進の期待が膨らむ。

　旅行ガイドブック『ロンリープラネット』に、屋久島が紹介された。そこに掲載された写真は屋久島の定番ともいえる屋久杉の森の写真ではなく、永田いなか浜だった。観光関係者は、外国人目線で屋久島の魅力を探していかなくてはと気づかされたという。今後は多様な観光資源のさらなる活用が課題と言える。

宮之浦港のクルーズ客船（提供：（公社）屋久島観光協会）

精選過去問題にチャレンジ

問題 001

観光に関する次の文章中の（　）に入る最も適切な語句の組合せを、以下の**ア**から**エ**までのうち1つ選びなさい。

　地域が主体となって、地域の観光資源を利活用し、地域外からの交流人口を拡大する観光諸活動を通し、地域を活性化させ持続可能な魅力ある地域を実現させるための活動のことを、「（　a　）」という。

　（a）の目的は、地域外からの収入である外貨の獲得と（　b　）の創出、地域文化の維持と相互理解、地域住民の地域愛の向上がある。この活動の主体は地域であり、地域住民の暮らしを豊かにし、住民が誇りに思える魅力的な（　c　）を作ることは、地域外の旅行者が来訪したい地域を作ることになる。

ア. a. 観光まちづくり　　b. 雇用　　c. 地域

イ. a. 観光地づくり　　　b. 雇用　　c. 地域

ウ. a. 観光まちづくり　　b. 産業　　c. 施設

エ. a. 観光地づくり　　　b. 産業　　c. 施設

■ 解説

　観光まちづくりの目的は、地域外からの収入である外貨の獲得と<u>雇用</u>の創出、地域文化の維持と相互理解、地域住民の地域愛の向上がある。観光まちづくりの活動主体は地域であり、地域住民の暮らしを豊かにし、住民が誇りに思える魅力的な<u>地域</u>を作ることは、地域外の旅行者が来訪したい地域を作ることになる。

解答　| ア |

問題	着地型旅行商品と発地型旅行商品に関する以下の**ア**から**エ**までの記述の
002	うち、最も<u>適切ではない</u>ものを 1 つ選びなさい。

ア. 「着地型旅行商品」とは、受け入れ側が主体となった旅行商品のことである。

イ. 「発地型旅行商品」とは、マーケット側が主体になった旅行商品のことである。

ウ. 着地型旅行商品を企画・造成し、販売する主体は、地域の既存の中小旅行会社であり、観光協会や NPO 法人は対象とはならない。

エ. 着地型旅行を推進するために、国は 2007 年（平成 19 年）、旅行業法を改正し、それまで企画旅行を企画・実施できなかった第 3 種旅行業者に対して、地域限定で国内募集型企画旅行の企画・実施を認めた。

解説

　着地型旅行商品の主体は、地域の既存の中小旅行会社だけではない。観光協会や宿泊施設、NPO 法人なども第 3 種旅行業者または地域限定旅行業者の登録をすることで、旅行商品を企画・実施することが可能である。

解答　**ウ**

問題 003	屋久島に関する次の文章中の（　）に入る最も適切な語句の組合せを、以下の**ア**から**エ**までのうち 1 つ選びなさい。

　屋久島は、「（　a　）による世界自然遺産「屋久島」の価値創造と観光立町」を宣言している。

　屋久島は鹿児島県の南にある島で、島の面積の約 9 割は森林に覆われ、その一部が森林生態系保護地域に指定されているとともに、標高 1,200m を超える地域には、樹齢 1,000 年を超える（　b　）が生育し、屋久島（b）原始林として特別天然記念物にも指定されている。また、雨が非常に多く、岩や木にたくさんの苔が自生している。

　屋久島には、映画『（　c　）』のモデルとなったといわれる白谷雲水峡がある。

ア．a．エコツーリズム　　　　　b．スギ　　　　c．もののけ姫
イ．a．エコツーリズム　　　　　b．ヒノキ　　　c．となりのトトロ
ウ．a．コンテンツツーリズム　　b．スギ　　　　c．となりのトトロ
エ．a．コンテンツツーリズム　　b．ヒノキ　　　c．もののけ姫

解説

　屋久島は、「エコツーリズムによる世界自然遺産「屋久島」の価値創造と観光立町」を宣言している。

　屋久島は鹿児島県の南にある島で、島の面積の約 9 割は森林に覆われ、その一部が森林生態系保護地域に指定されているとともに、標高 1,200m を超える地域には、樹齢 1,000 年を超えるスギの森が生育し、屋久島スギ原始林として特別天然記念物にも指定されている。また、雨が非常に多く、岩や木にたくさんの苔が自生している。

　屋久島には、映画『もののけ姫』のモデルとなったといわれる白谷雲水峡がある。

解答	ア

11

第 11 課題
国内旅行

Inbound Business Director

1. 国内旅行市場

■国内旅行市場規模

　国内旅行とは、日本人および日本国内に居住する人が居住地から離れ日本国内の各地を訪れる旅行のことである。日本国内は基本的に制限なく誰もがどこへでも旅行することができる。ただし、北方領土や危険地域など許可なく立ち入りできない島嶼、地域が一部ある。

　「旅行・観光消費動向調査」（観光庁）によると、図表11-1のように、日本人の国内旅行の延べ旅行者数（2019年）はおよそ5億8,700万人で、日本人ひとりが1年間に4回程度国内旅行をしたことになる。そのうち、宿泊旅行の延べ旅行者数は3億1,100万人で、日帰り旅行の延べ旅行者数は2億7,500万人であった。国内旅行は、景気動向、災害、天候などに影響され増減する。また、連休の数、大型イベントの開催、新幹線など新規交通手段の開業などにも大きく左右される。

　国内旅行消費額（2019年）は、国内宿泊旅行17.2兆円、国内日帰り旅行4.8兆円で国内旅行合計は21.9兆円になる。日本の旅行の国内旅行市場における旅行消費額シェアはおよそ8割で圧倒的な大きさである。

図表11-1　国内旅行の旅行者数と消費額の推移（2012-2019）

	国内旅行延べ旅行者数			国内旅行消費額		
	延べ旅行者数（万人）	国内宿泊旅行延べ旅行者数（万人）	国内日帰り旅行延べ旅行者数（万人）	消費額（億円）	国内宿泊旅行消費額（億円）	国内日帰り旅行消費額（億円）
2012	61,275	31,555	29,720	194,208	149,710	44,498
2013	63,095	32,042	31,053	201,871	154,101	47,770
2014	59,522	29,734	29,788	184,204	138,909	45,295
2015	60,472	31,299	29,173	204,090	158,120	45,970
2016	64,108	32,566	31,542	209,547	160,335	49,212
2017	64,751	32,333	32,418	211,130	160,798	50,332
2018	56,178	29,105	27,073	204,834	158,040	46,794
2019	58,710	31,162	27,548	219,312	171,560	47,752

出典：「旅行・観光消費動向調査（観光庁）」より

■国内宿泊旅行マーケットの構造

国内旅行は「宿泊旅行」と「日帰り旅行」とに区分することができる。市場規模が大きく、その特性や動向が把握可能な「宿泊旅行」に関する現状を見ていく。

図表 11-2 は、国内宿泊旅行の延べ旅行者数の目的別のシェア、すなわち国内宿泊旅行のマーケット構造を表したものである。「観光・レクリエーション」の延べ旅行者数は約 1 億 7,200 万人で 5 割強と最も大きなシェアを占めていることが分かる。次いで、「帰省・知人訪問等」が 3 割弱と続いている。帰省旅行とは、帰省や郷里での冠婚葬祭への参加のための旅行のことである。この帰省旅行のボリュームが大きいのが国内宿泊旅行の特徴となる。商談や会議、視察などの仕事のための旅行である「出張・業務」は17%程度となっている。

なお、国内旅行宿泊者数は 5 億 9,600 万人泊（2019 年、外国人宿泊数含む、観光庁『宿泊旅行統計調査報告』より）となっている。うち、外国人延べ宿泊者数は 1 億 1,600 万人泊で、毎年着実に増加している。

図表 11-2　国内宿泊旅行マーケットの構造 / 延べ旅行者数（2019）

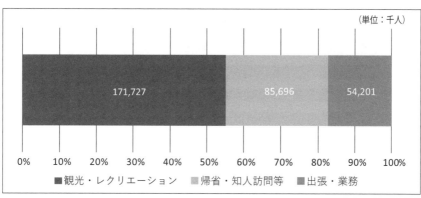

出典：「旅行・観光消費動向調査（観光庁）」より

2. 国内旅行の特徴

■国内宿泊旅行の出発時期

国内宿泊旅行は、四季が明確であり、休暇時期が限定的な日本においては季節、月、曜日により大きな変動がある。

旅行者数のボリュームにより、最も旅行者数が多い時期を「繁忙期」または「ピーク期」、少ない時期を「閑散期」または「オフ期」、その中間的な時期を「通常期」または「ショルダー期」と呼ぶ。

　図表11-3は、出発月別の国内宿泊旅行の延べ旅行者を表したものである。月別にみると、夏休みの8月がピーク期となっている。これは小中学生が休みであり、長期休暇を取りやすく、帰省に伴う旅行も多いからである。夏休みの家族旅行、友人との旅行は定着し慣例化している。3月は春休み、卒業旅行や花見の旅行が集中する。5月は、行楽シーズンであるとともにゴールデンウィークの長期休暇によるものである。祝祭日の日並びにより旅行先や旅行日数が毎年変わる。9月は連休も多く、夏期の休暇取得をずらしこの時期に旅行する（レイトサマー：「遅い夏休み」の意）人も多い。

図表 11-3　国内宿泊旅行の出発月（2019）

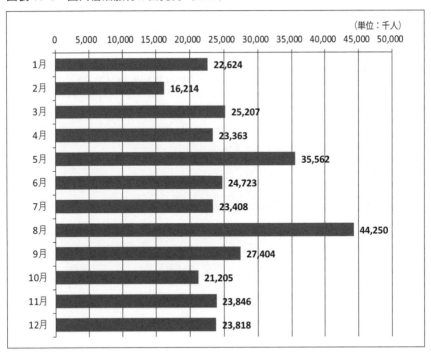

出典：『旅行年報 2020』公益財団法人日本交通公社　資料「旅行・観光消費動向調査（観光庁）」

■国内宿泊旅行の宿泊数

　図表 11-4 は、国内宿泊旅行の宿泊数を表したものである。宿泊数では「1泊」が全体の 5 割を占め、「2 泊」と合わせると約 8 割となる。このように国内宿泊旅行は短期の旅行が中心であり、この傾向が長く続いている。日本の国内宿泊旅行の最大の特徴であるとともに、最大の課題である。

図表 11-4　国内宿泊旅行の宿泊数（2019）

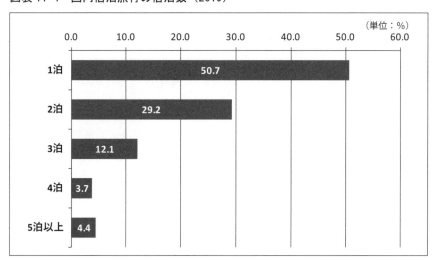

出典：『旅行年報 2020』公益財団法人日本交通公社　資料「JTBF 旅行実態調査」

■国内宿泊旅行の同行者

　図表 11-5 は、国内宿泊旅行の同行者を表したものである。夫婦・カップル旅行が最も多く 36％程度となっている。その内訳は子育て後の夫婦が最も多い。次に多いのは家族旅行で、28％程度で、その内訳をみると小中高生連れの家族旅行が最も多い。友人・知人旅行は 18％程度で、未婚の男女が多い。ひとり旅は 17％程度で、男性のひとり旅が多い。

図表 11-5　国内宿泊旅行の同行者（2019）

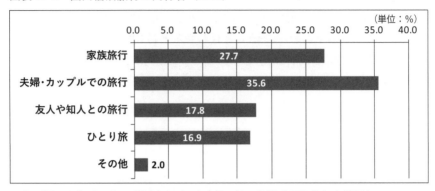

出典：『旅行年報 2020』公益財団法人日本交通公社　資料「JTBF 旅行実態調査」

■国内宿泊旅行の宿泊施設

　図表 11-6 は、宿泊を伴う観光目的の国内旅行の利用宿泊施設を表したものである。「ホテル」が全体の 6 割強を占めている。「旅館」は 3 割弱となっている。近年、「ホテル」のシェアが上昇し、「旅館」のシェアの減少傾向が続いている。

　しかし、日本固有の「旅館」が一定のシェアを占めていることは、国内宿泊旅行においての最大の特徴となる。日本人は旅行目的やデスティネーションによって「ホテル」と「旅館」を使い分けている。

図表 11-6　国内宿泊旅行の宿泊施設（2019）複数回答

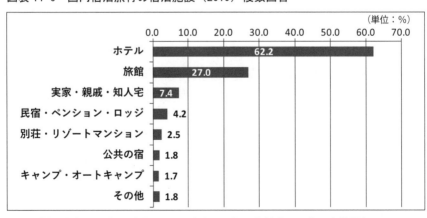

出典：『旅行年報 2020』公益財団法人日本交通公社　資料「JTBF 旅行実態調査」

■国内宿泊旅行の旅行先までの交通手段

　旅行先までの交通手段は何を利用しているのであろうか。図表11-7は、宿泊を伴う観光目的の国内旅行の旅行先までの交通手段を表したものである。「自家用車」いわゆるマイカーでの旅が約40%で、「列車」「飛行機」と続いている。

　日本の旅行はマイカー旅行が主流であるといえる。これはマイカー普及率が高いことと、高速道路網が整備されていること、近距離の1泊旅行が多いことなどが理由に挙げられる。しかし、遠距離となる旅行には新幹線などの鉄道が利用され、北海道、沖縄や離島などは航空機が利用されている。また、近年は遠距離の目的地であっても低価格の長距離バスが利用されることがある。

図表 11-7　国内宿泊旅行の旅行先までの交通手段（2019）

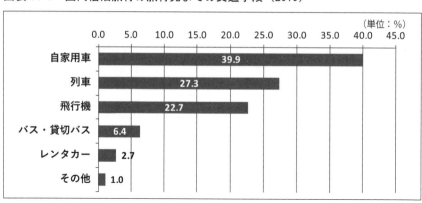

出典：『旅行年報 2020』公益財団法人日本交通公社　資料「JTBF 旅行実態調査」

■国内宿泊旅行の旅行費用

　図表11-8は、交通費、宿泊費、飲食費、土産代などを含めた国内宿泊旅行1回1人当たりの費用である。平均旅行費用は5万3,444円（2019年）だった。「2万円〜3万円未満」が約18%と最も多い。次いで「3万円〜4万円未満」と続く。これは1泊旅行が多いことによるものである。一方で、「5万円〜7万円未満」「7万円〜10万円未満」も1割前後ある。また、10万円以上のシェアも1割以上あり、比較的豪華な国内宿泊旅行を楽しんでいる様子もうかがうことができる。

図表 11-8　国内宿泊旅行の旅行費用（2019）

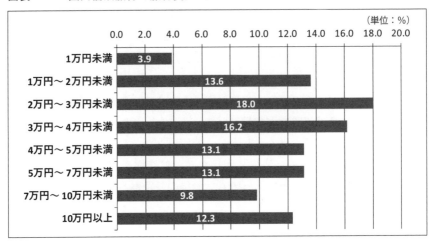

出典：『旅行年報 2020』公益財団法人日本交通公社資料「JTBF 旅行実態調査」

3.　国内旅行の期待と現地活動

■国内旅行の期待

　図表 11-9 は、「国内旅行先の最も楽しみにしていたこと」を表したものである。「おいしいものを食べること」が 1 位で 2 割近くいた。目的地でその地域ならではの食材、料理は旅行前の期待となっている。日頃なかなか食することができない高級料理やその土地ならではの郷土料理、その時期にしか食べられない旬な食材を使った料理、話題になっているご当地グルメやB級グルメなどである。

　2 位は「温泉に入ること」で、日本人の温泉志向は老若男女に幅広く根強い。3 位、4 位が、「自然景観を見ること」「文化的な名所（史跡、神社仏閣など）を見ること」が並んでいる。これは従来からの旅行の普遍的な目的であり活動である。「スポーツやアウトドア活動を楽しむこと」が約 6 ％あった。「買い物をすること」を第一の期待とした人は少ない。

図表 11-9　国内旅行先の最も楽しみにしていたこと（2019）

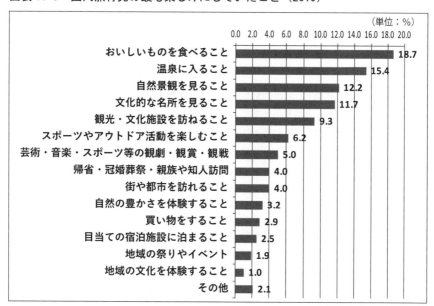

（単位：%）

おいしいものを食べること	18.7
温泉に入ること	15.4
自然景観を見ること	12.2
文化的な名所を見ること	11.7
観光・文化施設を訪ねること	9.3
スポーツやアウトドア活動を楽しむこと	6.2
芸術・音楽・スポーツ等の観劇・観賞・観戦	5.0
帰省・冠婚葬祭・親族や知人訪問	4.0
街や都市を訪れること	4.0
自然の豊かさを体験すること	3.2
買い物をすること	2.9
目当ての宿泊施設に泊まること	2.5
地域の祭りやイベント	1.9
地域の文化を体験すること	1.0
その他	2.1

出典：『旅行年報 2020』公益財団法人日本交通公社資料「JTBF 旅行実態調査」

■国内旅行先の現地活動

　国内旅行の旅行先で実際どのような活動をしているのであろうか。図表 11-10 は、「国内旅行先の現地活動（複数回答）」を表したものである。「自然や景勝地の訪問」が 1 位で 4 割ほどいた。「歴史・文化的な名所の訪問」は 5 位で、旅先で自然に触れ、美しい景色を見ることのほうが多かった。第 2 位は「温泉」で 4 割弱が体験している。3 位は「現地グルメ・名物料理」で、期待の「おいしいものを食べること」の実践である。

　「まち並み散策・まち歩き」は 3 割程度ある。「ショッピング・買い物」は 26％程度であった。「都市観光・都会見物」も 20％程度あり、都市自体が観光の対象となっていることが分かる。「祭り・イベント」「芸術鑑賞（観劇、コンサート・ライブなど）」「季節の花見」など季節、時期が限定的な観光の対象の体験も決して少なくない。

図表 11-10　国内旅行先の現地活動（2019）複数回答　上位 16 項目

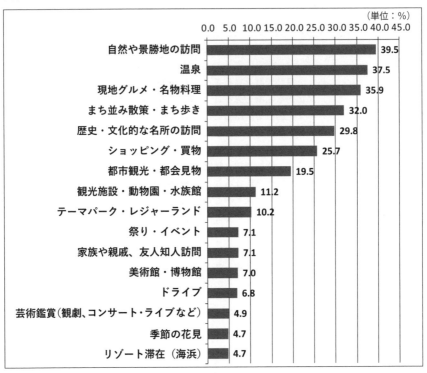

出典：『旅行年報 2020』公益財団法人日本交通公社　資料「JTBF 旅行実態調査」

4. 国内旅行のデスティネーション

■都道府県別日本人延べ宿泊者数

　国内宿泊旅行のデスティネーション（旅行目的地）となる都道府県を見てみる。観光庁の『宿泊旅行統計調査（2019）』によると、国内旅行の延べ宿泊者数は 5 億 9,600 万人泊となっている。うち、外国人延べ宿泊者数は 1 億 1,600 万人泊で、毎年着実に増加している。

　図表 11-11 は都道府県別の延べ宿泊者数の上位の都道府県を表したものである。1 位は東京都が群を抜いている。この宿泊数には観光目的以外の業務目的なども含まれていることによるが、東京は都市観光の場でもある。2 位の大阪府も同様である。

　3 位の北海道は国内最大の観光地といっていいだろう。札幌を始めとし

た、函館、小樽、旭川などの都市観光、他では味わうことのできない大自
然、数多くの良質な温泉、新鮮な海産物など観光資源が豊富な地である。寒
い冬にも雪祭りや流氷などを目当てに多くの旅行者が訪れている。4位は沖
縄県で、日本を代表する海のリゾート地であり、独特な琉球文化を残す地で
ある。沖縄本島、八重山諸島を始めとして、特徴ある多くの島々がある。5
位の千葉県には東京ディズニーリゾートと成田空港がある。

　6位の静岡県は、富士山と伊豆の温泉が多くの旅行者をよんでいる。7位
の神奈川県には、港町横浜と古都鎌倉、箱根温泉がある。8位の京都府は世
界的な観光都市であり、修学旅行生の宿泊も多い。9位の長野県は、山や高
原などの自然を満喫でき、温泉も多く冬はスキーで賑わう。四季を通して個
人旅行でも団体旅行でも楽しむことのできるデスティネーションである。10
位福岡県、11位愛知県は業務目的の旅行者も多いが、観光要素も充実して
いる。以下、港町神戸、姫路城がある兵庫県、観光スポットと多くの温泉が
ある福島県、新潟県、宮城県と続いている。

図表 11-11 都道府県別日本人の延べ宿泊者数上位 15（2019）

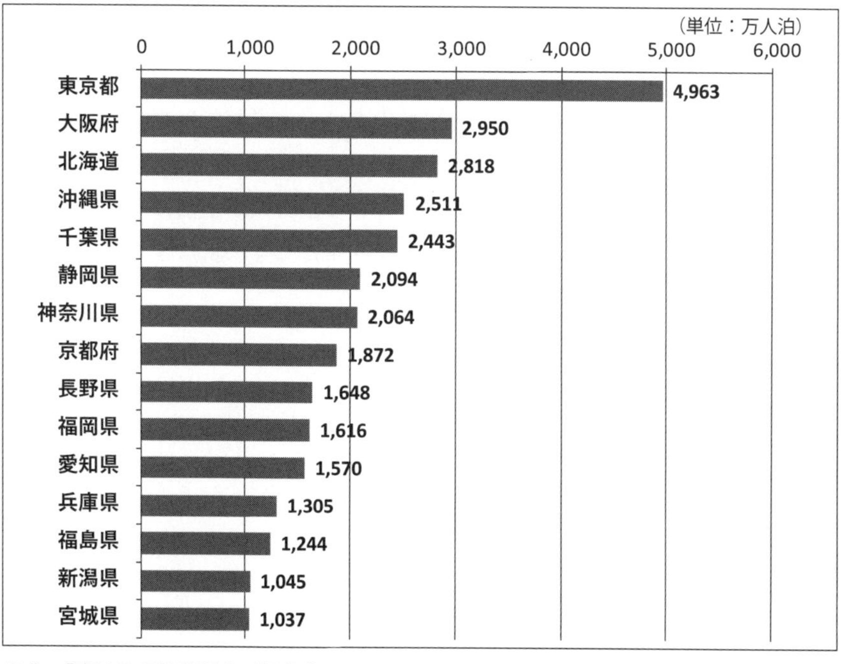

出典：「宿泊旅行統計調査（観光庁）」

■国内旅行で行ってみたい旅行先

　「JTBF 旅行意識調査（2020）」（『旅行年報2020』公益財団法人日本交通公社）によると、「今後1～2年の間に行ってみたい国内旅行の旅行先」の上位は、図表11-12のようになっている。具体的な地名を行きたい順に3つまで自由に回答してもらい、最も行きたい地域を3ポイント、2番目に行きたい地域を2ポイント、3番目に行きたい地域を1ポイントとして、その合計値をランキングしている。

　1位は北海道で、同調査で連続して首位を維持している。日本人が最も憧れを抱く観光地であることが分かる。大自然、良質な温泉、新鮮な食、雪、スキー、祭・イベント等々、豊富な観光資源が広大な大地に存在している。2位は沖縄県で、北海道と並ぶ二大デスティネーションといえる。日本には数少ないマリンリゾート地の一つであり、豊かな自然が残され、琉球文化も感じることができる。海外旅行気分が味わえるデスティネーションである。

　3位は京都府で、古都京都は日本人にとって特別なデスティネーションである。リピーターも多い。4位5位は大阪府、東京都で、世界的なレベルの都市観光の場である。大阪はユニバーサル・スタジオ・ジャパン（USJ）、東京は東京スカイツリーや隣県になるが東京ディズニーリゾート（TDR）の魅力が大きい。

　以下多様な観光地と温泉がある九州地方が続いている。屋久島や奄美大島を含む鹿児島県、TDRのある千葉県、新幹線開通で注目を集めた金沢がある石川県、四季それぞれで楽しむことができる長野県が上位に入った。東北地方、四国地方も行きたいデスティネーションとして上位に続いているのは興味深い。

図表 11-12　行ってみたい旅行先（2020）複数回答　上位 15 か所

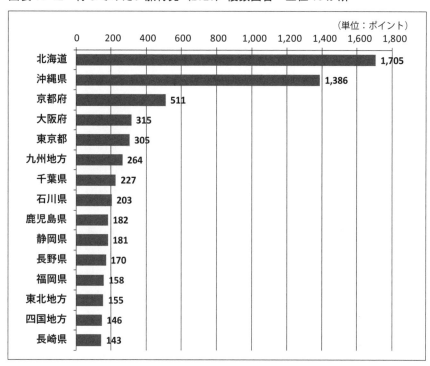

（単位：ポイント）

	ポイント
北海道	1,705
沖縄県	1,386
京都府	511
大阪府	315
東京都	305
九州地方	264
千葉県	227
石川県	203
鹿児島県	182
静岡県	181
長野県	170
福岡県	158
東北地方	155
四国地方	146
長崎県	143

出典：『旅行年報 2020』公益財団法人日本交通公社　資料「JTBF 旅行意識調査」

■温泉

　国内旅行のデスティネーションとして欠かすことができず、日本の国内旅行の特徴となっているのが温泉である。温泉は海外の国・地域にも存在するが、旅行先としてこのように国民に愛され定着している国は日本をおいて他にない。

　温泉とは、地中から湧き出す湯、またはその場所、その湯を用いた入浴施設のことをいう。また、温泉法による温泉の定義は、源泉温度が摂氏 25 度以上であること、またはリチウムイオン、水素イオンなどの 19 の特定の成分が 1 つ以上規定値に達しているものである。温泉は自然の恵みというイメージがあるが、掘削技術の進んだ今、東京都心でも温泉地が次々と誕生している。

　全国で温泉地の数は約 3,000 ヵ所（環境省 2018 年度データ）あり、全都道

府県に分布している。日本における温泉利用の歴史は長く、神話の世界まで
さかのぼることができる。湯治の歴史も古く、現在の有名温泉地は湯治場か
ら形成されたところがほとんどである。

　温泉地の数の多い都道府県の上位は、①北海道、②長野県、③新潟県であ
る。江戸時代の儒学者である林羅山が詩に詠んだ「三名泉」と呼ばれる温泉
地は、有馬温泉（兵庫県）、草津温泉（群馬県）、下呂温泉（岐阜県）であ
る。また、歴史の長い「三古泉」（日本書紀・風土記に登場）と呼ばれる温
泉地は、道後温泉（愛媛県）、有馬温泉、白浜温泉（和歌山県）である。源
泉数の数から「三大温泉」と呼ばれる温泉地もある。別府温泉（大分県）、
由布院温泉（大分県）、伊東温泉（静岡県）であり、いずれも多くの旅行者
を惹き付ける大観光地となっている。

　図表 11-13 は、旅行会社などのプロが選んだ「日本の温泉地のランキン
グ」である。1 位の草津温泉は、自噴湧出量が日本一で泉質に定評がある。
名物の湯もみや温泉街の中心にある湯畑が有名である。2 位は地獄めぐりも
有名な大規模温泉街を形成する別府八湯温泉、3 位は飛騨川に面した名泉、
下呂温泉である。

　4 位は京阪神の奥座敷と呼ばれ、金泉、銀泉でも知られる歴史ある名湯、
有馬温泉。5 位は世界でも珍しい天然砂むし温泉で有名な指宿温泉、6 位は
夏目漱石の『坊ちゃん』にも登場する四国の歴史ある名湯、道後温泉。7 位
は東京から近い温泉郷、箱根温泉、8 位は外湯めぐりや冬のカニ料理が楽し
みな城崎温泉である。9 位の登別温泉は温泉街に噴煙を上げる地獄谷が有名
で、各旅館の温泉浴場の大きさに驚かされる。10 位の由布院温泉は、良質
な温泉とともにこだわりのある高級な小規模旅館が人気を集めている。

　11 位の黒川温泉は、ほとんどの旅館に露天風呂があり、購入すると 3ヵ所
の露天風呂に入れるという「入湯手形」で人気を博し、落ち着いた和風旅館
で温泉街を形成している。「ミシュラン・グリーンガイド」で二つ星を獲得
し話題となった。以下、名旅館として名高い「加賀屋」がある能登の和倉温
泉。長い石段の両側に旅館が並ぶ伊香保温泉、十和田・八幡平国立公園の乳
頭山麓に点在する乳頭温泉郷、歴史と湯量を誇る熱海温泉と続く。いずれ
も、それぞれの地域を代表する温泉地で年間を通して多くの旅行者を迎え入
れている。

図表 11-13　にっぽんの温泉 100 選上位 20（2020 年度）

	温泉地名	所在地
1	草津	群馬
2	別府八湯	大分
3	下呂	岐阜
4	有馬	兵庫
5	指宿	鹿児島
6	道後	愛媛
7	箱根	神奈川
8	城崎	兵庫
9	登別	北海道
10	由布院	大分
11	黒川	熊本
12	和倉	石川
13	伊香保	群馬
14	乳頭温泉郷	秋田
15	熱海	静岡
16	月岡	新潟
17	玉造	島根
18	銀山	山形
19	飛騨温泉郷	岐阜
20	鬼怒川・川治	栃木

出典：「第 34 回にっぽんの温泉 100 選」（主催：観光経済新聞社 2020）より
※全国 2,000 余りの温泉地を対象として、旅行会社などのプロが投票

■街並み

　国内観光のデスティネーションとして、人気があり定着しているのが「街並み観光」である。ひとつの観光スポットを見学するだけでなく、街全体を散策し五感で味わう観光を楽しんでいる。

①古都

　古都とは、かつて都がおかれていた場所のことであり、日本においては、京都、奈良がその代表である。都は置かれていなかったが鎌倉もそれに含まれる。これらの街は「古都保存法」により後世に引き継ぐべき歴史的風土が

残されている。それぞれ日本を代表する大観光地である。

②小京都

　小京都とは、古い町並みや風情が京都に似ているとことから名づけられた街の愛称である。全国に 20 以上の小京都と呼ばれる地域がある。代表的な小京都は、「みちのくの小京都・角館（かくのだて）」「飛騨の小京都・高山」「山陰の小京都・津和野町（つわの）」「安芸の小京都・竹原」「薩摩の小京都・知覧（ちらん）」などであり、特に女性に人気で、今も風情ある街並みが旅行者を魅了している。

図表 11-14　主な小京都

地名	呼称	所在地
角館	みちのくの小京都	秋田県仙北市
足利	東の小京都	栃木県足利市
加茂	北越の小京都	新潟県加茂市
高山	飛騨の小京都	岐阜県高山市
郡上八幡	奥美濃の小京都	岐阜県郡上市
西尾	三河の小京都	愛知県西尾市
伊賀上野	伊賀の小京都	三重県伊賀市
出石（いずし）	但馬の小京都	兵庫県豊岡市
大洲（おおず）	伊予の小京都	愛媛県大洲市
津和野	山陰の小京都	島根県津和野町
尾道	瀬戸内の小京都	広島県尾道市
山口	西の京都	山口県山口市
秋月	筑前の小京都	福岡県朝倉市
杵築（きつき）	杵築の小京都	大分県杵築市
知覧（ちらん）	薩摩の小京都	鹿児島県南九州市

出典：全国京都会議ホームページ等

③小江戸

　小京都と似た言葉に「小江戸（こえど）」がある。江戸との係わりが深く、江戸の風情を残す古い街並みを残している地域である。代表的な「小江戸」は埼玉県の川越で、他に栃木県の栃木宿、千葉県の佐さ原わらなどがあり、首都圏からの日帰り街歩きで訪れる人が多い。

図表 11-15　主な小江戸

地名	旧国名	所在県
川越	武蔵国	埼玉県川越市
佐原	下総国	千葉県香取市
栃木宿	下野国	栃木県栃木市
大多喜	上総国	千葉県大多喜町
厚木	相模国	神奈川県厚木市
甲府	甲斐国	山梨県甲府市
掛塚	遠江国	静岡県磐田市
彦根	近江国	滋賀県彦根市

出典：各市町ホームページ

④宿場町

　昔の宿場町を再現した街並みが人気の地域がある。旧中山道の妻籠宿、馬籠宿は 1970 年代から人気の観光地となっている。大内宿、海野宿、熊川宿も注目の観光スポットになっている。多くの宿場町は「重要伝統的建造物群保存地区」に指定されている。それぞれ、古い建物を残すだけでなく、電柱を地中化し、舗装道路をはがし、まるで江戸時代にタイムスリップしたかのような街並みを再現している。時代劇のロケもよく行われている。

図表 11-16　歴史的景観が残る主な宿場町

宿場名	街道名	所在地
大内宿	旧会津西街道	福島県下郷町
海野宿	旧北国街道	長野県東御市
奈良井宿	旧中山道	長野県塩尻市
妻籠宿	旧中山道	長野県南木曽町
馬篭宿	旧中山道	岐阜県中津川市
関宿	旧東海道	三重県亀山市
熊川宿	旧若狭街道	福井県若狭町
五條新町	旧紀州・伊勢街道	奈良県五條市
平福宿	旧因幡街道	兵庫県佐用町
智頭宿	旧因幡街道	鳥取県智頭町

出典：重要伝統的建造物群保存地区一覧、ZEKKEI JapanHP より

⑤人気の街並み

　前述以外にも特徴ある人気の街並みは日本各地にある。

　運河沿いに石造りの倉庫群が並ぶ小樽運河では、クルージングを楽しむこともできる。金沢のひがし茶屋街には茶屋様式の町家が多く残る。長浜黒壁スクエアは、江戸時代から明治時代の伝統的建造物を活かして整備された街並みに各種ショップが点在する。おかげ横丁は、伊勢神宮内宮に続く明治時代初期の鳥居前町の町並みを再現したものである。舟運で栄えた時代がしのばれる白壁の街並みの倉敷美観地区はいつも旅行者で賑わっている。赤レンガの煙突、赤瓦の屋根と白壁とが織りなす西条酒蔵通りでは、酒蔵が開放される日もある。昭和30年代の商店街を再現した昭和のまち豊後高田も散策にふさわしい。

図表 11-17　人気の街並み

街並み名	内容	所在地
小樽運河	運河と石造りの倉庫群	北海道小樽市
登米市の町並み	武家屋敷が並ぶ街	宮城県登米市
蔵の街喜多方	蔵とラーメンの街	福島県喜多方市
谷根千	谷中・根津・千駄木	東京都台東区／文京区
旧軽井沢銀座	軽井沢のメイン通り	長野県軽井沢町
ひがし茶屋街	お茶屋建の家並み	石川県金沢市
足助の町並み	白壁の土蔵の宿場町	愛知県豊田市
高山市三町	城下町の中心地	岐阜県高山市
おかげ横丁	伊勢神宮の門前町	三重県伊勢市
黒壁スクエア	古建築とガラスの街	滋賀県長浜市
ならまち	町家の建ち並ぶ街	奈良県奈良市
北野異人館街	港を見下ろす異人館	兵庫県神戸市
倉敷美観地区	白壁となまこ壁	岡山県倉敷市
竹原町並み保存地区	塩田で栄えた街並み	広島県竹原市
西条酒蔵通り	酒蔵の白壁と煙突	広島県東広島市
鞆の浦	昔の土蔵が残る港町	広島県福山市
うだつの町並み	うだつのある商家	徳島県美馬市
門司港レトロ	大正ロマン漂う建物	福岡県北九州市
昭和の町豊後高田	昭和の街並みを再現	大分県豊後高田市
壺屋やちむん通り	石畳と陶器の街	沖縄県那覇市

出典：各観光スポットホームページより

■城郭

　美しい日本の城郭は、歴史ある神社、仏閣とともに大きな観光要素となってきた。近年、テレビの大河ドラマや「日本100名城」の選定などもあり、「城ブーム」と呼ばれる盛り上がりを見せている。特に若い女性がそのブームを牽引している。確かに、遠くから見ても、近くで見ても美しい城郭の姿は日本の美を感じる。また、天守閣に登り周囲を見渡すのも楽しい。

　日本の城は、かつては2万5,000以上あったといわれているが、現在は一般の人が見学できるのは再建されたものを含めて200城ほどである。そのうち江戸時代以前からの天守が現存しているのは12城だけである。

　城は、江戸時代の「一国一城令」、明治時代の「廃城令」により、多く失われ、火災、地震、落雷などでも消失している。さらに戦時中の空襲などでも失なわれた。日本の名城、姫路城のように天守や櫓等の主要建築物が現存しているのはまれな例といえる。図表11-18は、人気の城の一覧である。全国に美しく、歴史を感じさせる多くの城郭がある。

図表11-18　人気の城郭

（☆は国宝5城　★は天守が現存する12城）

城名	内容	所在地
五稜郭	星型西洋式城郭	北海道函館市
★弘前城	日本有数の桜の名所	青森県弘前市
会津若松城	戊辰戦争で落城	福島県会津若松市
忍城	「のぼうの城」のモデル	埼玉県行田市
小田原城	難攻不落の堅城	神奈川県小田原市
☆★松本城	白と黒の対比が美しい	長野県松本市
名古屋城	金の鯱鉾が有名	愛知県名古屋市
☆★犬山城	木曽川のほとりに建つ	愛知県犬山市
★丸岡城	別名霞ヶ城の桜の名所	福井県坂井市
☆★彦根城	江戸期譜代大名井伊家の居城	滋賀県彦根市
大阪城	秀吉築城の大阪のシンボル	大阪府大阪市
☆★姫路城	日本の城の最高峰	兵庫県姫路市
竹田城跡	天空の城と称される	兵庫県朝来市
★備中松山城	天守閣がある山城	岡山県高梁市
☆★松江城	唯一の正統天守閣といわれる	島根県松江市
★丸亀城	石垣の名城	香川県丸亀市
★高知城	天守と本丸御殿が現存	高知県高知市
★松山城	連立式天守の平山城	愛媛県松山市
★宇和島城	築城名人藤堂高虎が築城	愛媛県宇和島市
熊本城	復興のシンボル	熊本県熊本市

■島

　「島旅」という言葉があり、多くの日本人はその言葉にロマンを感じる。船や飛行機でしかいけない島旅は、確かに旅を実感でき、島によって差はあるものの自然や島独特の歴史や文化が残されていて、心癒されるものがある。海外旅行の感覚もあり、島には人に元気を与える不思議なパワーがある。

　四方を海に囲まれた日本には、6,852の島があるといわれ、そのうち約400島が有人島である（国土交通省）。基本的にはその有人島が観光の対象となる。

　北海道の利尻島、礼文島、日本海の佐渡島、隠岐島、太平洋の伊豆諸島、瀬戸内海の島々、対馬や五島列島、そして、鹿児島、沖縄の南の島々、それぞれに個性がある。近年、さまざまなテーマで島の魅力が発信され、アートを楽しむ直島、ウサギと出会う大久野島、世界遺産にも登録された廃墟スポット軍艦島など、島ならではの新しい楽しみ方が増えている。

図表 11-19　人気の島

城名	内容	所在地
利尻島・礼文島	登山の島、花の浮島	北海道利尻町・礼文町
田代島	猫神社もある猫島	宮城県石巻市
三宅島	イルカとバードウォッチングの島	東京都三宅村
父島・母島	元祖エコツーリズムの島	東京都小笠原村
佐渡島	日本海最大の離島・トキの島	新潟県佐渡市
日間賀島	大人気・多幸と福の島	愛知県南知多町
佐久島	アートを発見する島	愛知県西尾市
隠岐島	島丸ごとブランド化	島根県隠岐の島町
大久野島	瀬戸内のうさぎ島	広島県竹原市
小豆島	映画の舞台となたオリーブの島	香川県小豆島町
直島	現代アートが点在する島	香川県直島町
端島（軍艦島）	日本有数の廃墟スポット	長崎県長崎市
対馬	文化財が豊富な国境の島	長崎県対馬市
五島列島	キリスト教文化が残る島	長崎県五島市
屋久島	屋久杉とものけ姫の森	鹿児島県久島町
奄美大島	自然と文化が共存する島	鹿児島県奄美市
与論島	のんびりロングステイしたい島	鹿児島県与論町
宮古島	海の美しいホスピタリティの島	沖縄県宮古島市
石垣島	八重山観光の拠点	沖縄県石垣市
竹富島	水牛車と星砂の浜	沖縄県竹富町

出典：『島旅宣言』（2009）・じゃらんニュース（2019）より

■花見

　四季が豊かな日本において、欠かせないのが桜の花見である。どの地域にも桜はあり春の訪れとともに満開となり人々を楽しませる。わざわざ旅をして見たい桜の名所は日本各地にある。満開の時期が異なるため、桜前線を追いかける旅行もある。

　日本各地の桜の名所は「桜まつり」等の名称で祭りやイベントが開催され、地元の人だけではなく多くの旅行者を招き入れている。また、東京国立博物館や皇居の乾通り、大阪の造幣局のように普段は一般公開されていないが花見の季節に特別公開する場所もある。近年は、夜桜見物が定着し、ぼんぼりなどを設置するだけでなく、幻想的にライトアップし夜間特別公開される名所も多い。

　花見は、訪日外国人旅行者の大きな来日目的になっている。また、花見の風習がアジアや欧米に伝わっている。

図表 11-20　人気の花見スポット

花見スポット	内容	所在県
弘前公園	日本三大夜桜のひとつ、2,600本の桜	青森県
北上展勝地	桜並木のライトアップが幻想的	岩手県
角館 武家屋敷	古い町並みに400本のシダレザクラ	秋田県
白石川堤一目千本桜	堤を彩る桜のトンネル、1,200本の桜並木	宮城県
三春滝桜	ベニシダレザクラの見事な一本桜	福島県
幸手権現堂桜堤	桜のトンネルと周辺の菜の花	埼玉県
目黒川	約4kmにわたる桜並木	東京都
千鳥ヶ淵	千鳥ヶ淵緑道の桜が幻想的にライトアップ	東京都
吉野山	日本三大桜の名所のひとつ、山全体が桜	奈良県
新倉山浅間公園	桜、富士山、五重塔が見られる絶景	山梨県
高田公園	内堀と外堀に約4,000本の桜	新潟県
高遠城址公園	1,500本のタカトオコヒガンザクラ	長野県
清水寺	1,500本の桜が咲き誇る世界遺産の古刹	京都府
嵐山	渡月橋越しに見渡す絵画のような桜	京都府
竹田城跡	雲海に包まれた幻想的な光景	兵庫県
仁和寺	京都の春の終わりを告げる御室桜	京都府
哲学の道	約2kmの疏水沿いの散策道が桜道に	京都府
醍醐寺	「花の醍醐」と言われるの桜の名所	京都府
造幣局 桜の通り抜け	1週間限定で一般開放「桜の通り抜け」	大阪府
姫路城	シーズンには観桜会などが開催	兵庫県

出典：楽天トラベル「マイトリップ」サイト（2019）

■紅葉

　紅葉とは、秋になって樹木の葉が落葉前に紅色や黄色に変色する現象のことで、日本の秋の観光資源である。紅葉は、高原、渓谷、標高が高い湖沼、滝周辺に多くみられ、広い敷地や整備された庭園のある寺社や公園にも名所が多い。紅葉をめでる習慣は平安の頃始まったといわれ、特に京都市内には紅葉の名所が多い。

　これらの紅葉の名所での紅葉狩りを目的に旅行に出かける人も多い。桜前線とは逆に北海道から始まる紅葉前線を追いかける旅もある。紅葉の見頃は開始後20〜25日程度で、時期は北海道と東北地方が10月、関東から九州では11月から12月初め頃である。

　紅葉の名所は海外にもあるが、多くの訪日外国人旅行者は、日本の紅葉は世界で一番美しいといい、外国人旅行者の地方誘客の大きな観光資源となっている。

図表 11-21　人気の紅葉スポット

紅葉スポット	内容	所在県
筑波山	ブナをはじめとした落葉紅葉樹が色づく	茨城県
高尾山	イロハモミジが沢山見られる東京郊外	東京都
養老渓谷	紅葉を川沿いの遊歩道から楽しむ	千葉県
河口湖畔	「もみじ回廊」の巨木モミジは見事	山梨県
奥只見湖	遊覧船から美しい紅葉を堪能	新潟県
大洞院	見事な紅葉を立体的に楽しめる	静岡県
香嵐渓	約 4000 本の木々が紅や黄色に染まる	愛知県
びわ湖バレイ	ロープウェイで壮大な紅葉を楽しむ	滋賀県
嵐山	大堰川の水面に映える紅葉は絶景	京都府
清水寺	奥の院からの眺めは絶景	京都府
永観堂	「もみじの永観堂」と呼ばれる紅葉の名所	京都府
東福寺通天橋	「通天紅葉」と呼ばれるカエデがある	京都府
北野天満宮	「史跡 御土居もみじ苑」の紅葉は見事	京都府
高雄山神護寺	樹齢 500 年以上の古木の紅葉	京都府
石清水八幡宮	男山の紅葉と常緑樹のコントラスト	京都府
高台寺	庭園が借景と共に美しく紅葉する	京都府
高野山	各所の紅葉樹が彩り美しい	和歌山県
大阪城公園	園内各所でケヤキ・イチョウ・ハゼが色づく	大阪府
大山	西日本最大のブナの原生林が色づく	鳥取県
深耶馬渓	そそり立つ岩肌にモミジなどの紅葉	大分県

出典：日本気象協会「tenki.jp」（2020）

■テーマパーク

　テーマパークとは、ひとつの国の文化、物語、映画、時代などの特定の
テーマをベースにして園内が構成、演出された観光施設である。日本では一
般の遊園地とは区別しているが、日本以外の国においてはテーマパークと遊
園地は区別されず「アミューズメント・パーク」といわれている。

　テーマパークという言葉は、1983年千葉県浦安市に開業した「東京ディ
ズニーランド（TDL）」で用いられるようになってから一般化した。それ以
前でも、ひとつの統一テーマで作られた、愛知県犬山市にある博物館「明治
村」（1965年開園）や京都市の「東映太秦映画村」（1975年開園）などがあ
り、これらが日本のテーマパークの草分けともいえる。

　代表的なテーマパークは、「東京ディズニーリゾート（TDR）」である。
TDRとは、TDLと「東京ディズニーシー（TDS）」を合わせたディズニー
パークの総称である。入園者数は3,200万人（2018年度・TDLとTDSの合
計）を超えている。名実ともに日本一の観光スポットといえよう。大阪市の
「ユニバーサル・スタジオ・ジャパン（USJ）」、佐世保市の「ハウステンボ
ス」とTDRで日本三大テーマパークと呼ぶことがある。

図表 11-22　代表的なテーマパーク

	テーマパーク施設	所在地	開園年	テーマ
1	東京ディズニーランド	千葉県浦安市	1983年	夢・魔法
2	東京ディズニーシー	千葉県浦安市	2001年	海
3	ユニバーサル・スタジオ・ジャパン	大阪府大阪市	2001年	ハリウッド映画
4	ハウステンボス	長崎県佐世保市	1992年	中世オランダ
5	志摩スペイン村	三重県志摩市	1994年	スペイン
6	博物館明治村	愛知県犬山市	1965年	明治時代
7	東映太秦映画村	京都府京都市	1975年	時代劇
8	日光江戸村	栃木県日光市	1986年	江戸時代
9	サンリオピューロランド	東京都多摩市	1990年	キャラクター
10	琉球村	沖縄県恩納村	1982年	琉球文化

出典：『観光サービス論』（2015）

■動物園・水族館
①動物園
　動物園とは、生きた動物を収集、飼育、保護、研究し、教育、観賞、レクリエーションなどの目的で公開している施設であり、通常、陸上に生息する哺乳類や鳥類を中心に扱っている。

　日本で最も古い動物園は、1882年に開業した東京都台東区の上野恩賜公園内にある東京都立の「恩賜上野動物園」、通称「上野動物園」である。動物園は、現在日本全国に91施設（日本動物園水族館協会加盟・2019年）ある。近年、行動展示を実施するなどさまざまな工夫を試みた「旭川市旭山動物園」が観光スポットとなった。

②水族館
　水族館とは、海や河川・湖沼などの水中や水辺で生活する生き物を収集、飼育、保護、研究し、教育、観賞、レクリエーションなどの目的で公開している施設のことである。水族館では魚類を中心にガラスやプラスチックの透明な水槽に入れ公開されている。現在日本全国に57施設（日本動物園水族館協会加盟・2019年）ある。

　イルカ、アシカ、シャチなどの海獣によるショーなどを楽しむことができる水族館も多い。沖縄の「沖縄美ら海水族館」は大水槽を泳ぐジンベエザメやイルカショーが人気で、沖縄県の一大観光地となっている。

図表 11-23　代表的な動物園・水族館

	施設名	所在地	開園年	特徴
動物園	旭山動物園	北海道旭川市	1967年	行動展示で一大観光地に
	上野動物園	東京都台東区	1882年	日本で最初にできた動物園
	多摩動物公園	東京都日野市	1968年	生息地域ごとの地理学展示
	富士サファリパーク	静岡県裾野市	1980年	日本最大級のサファリパーク
	アドベンチャーワールド	和歌山県白浜町	1978年	パンダが6頭いる人気パーク
水族館	沖縄美ら海水族館	沖縄県本部町	2002年	世界最大級の大水槽「黒潮の海」が人気
	アクアマリンふくしま	福島県いわき市	2000年	展示数日本トップクラス
	鴨川シーワールド	千葉県鴨川市	1970年	シャチのパフォーマンスが人気
	鳥羽水族館	三重県鳥羽市	1955年	飼育種類数日本トップクラス
	海遊館	大阪府大阪市	1990年	日本2位の大水槽「太平洋水槽」が人気

出典：『観光サービス論』（2015）

■博物館・美術館

①博物館

　博物館とは、歴史、芸術、民俗、産業、自然科学等に関する資料を収集・保管し、研究すると同時に、一般に展示・公開する施設である。日本には4,000館以上の博物館があり、公立のものと私立のものがある。日本初の博物館は1872年に創設された東京上野の「東京国立博物館」である。

　博物館は、観光の対象となることが多く、「広島平和記念資料館（広島県）」、「福井県立恐竜博物館（福井県）」、「鉄道博物館（埼玉県）」、「カップヌードルミュージアム（神奈川県）」など内外の多くの旅行者が訪れる施設もある。

②美術館

　美術館とは、内外、古今の美術作品などを収集・保管し、研究すると同時に、一般に展示・公開する施設であり、博物館の一種である。日本においては、明治後期に国立博物館で美術品展示が行われている。1930年に倉敷市に開設された「大原美術館」は、日本初の西洋美術中心の私立美術館である。1952年開館の「東京国立近代美術館」は近代美術を展示する日本初の国立美術館である。海外からの評価の高い美術館には外国人旅行者の来館が多い。

図表 11-24　代表的な博物館・美術館

	施設名	所在地	開館年	特徴
博物館	国立科学博物館	東京都台東区	1926年	日本の科学博物館の代表
	広島平和記念資料館	広島県広島市	1955年	「原爆資料館」とも呼ばれる平和博物館
	福井県立恐竜博物館	福井県勝山市	2000年	日本の恐竜博物館の代表
	鉄道博物館	埼玉県さいたま市	2007年	鉄道に関する博物館、愛称「てっぱく」
	カップヌードルミュージアム	神奈川県横浜市	2011年	人気のインスタントラーメンの博物館
美術館	大原美術館	岡山県倉敷市	1930年	倉敷美観地区にある日本最初の近代西洋美術館
	箱根彫刻の森美術館	神奈川県箱根町	1969年	日本最初の野外彫刻美術館
	足立美術館	島根県安来市	1970年	近代日本画の美術館、庭園が海外でも高い評価
	三鷹の森ジブリ美術館	東京都三鷹市	2001年	ジブリ作品をテーマにしたアニメーション美術館
	金沢21世紀美術館	石川県金沢市	2004年	開放的な新現代アートの美術館

出典：『観光サービス論』（2015）

■タワー

　タワーとは、塔、塔状の高層建築物のことである。その用途は、主に、電波塔、灯台、展望台、商業施設、モニュメントなどである。遮蔽物がなく360度の眺望を楽しめる展望台は、多くの旅行者を呼ぶ観光施設となっている。日本全国、とくに大都市や港湾都市に立地し、その地のシンボル、ランドマークとなっている。観光の視点では、その特異な姿を見ることと、展望台に登り高所からの眺望を観賞する2つの面がある。

　電波塔と展望台を兼ね備えたタワーとして1954年に名古屋テレビ塔、1958年に東京タワーが開業した。2012年には、東京都墨田区に世界一高い電波塔である東京スカイツリーが開業し、東京を代表する観光スポットとなった。

図表 11-25　代表的なタワー

タワー施設	所在地	開業年	高さ	用途
東京スカイツリー	東京都墨田区	2012 年	634m	電波塔・展望台
東京タワー	東京都港区	1958 年	333m	電波塔・展望台
福岡タワー	福岡県福岡市	1989 年	234m	電波塔・展望台
名古屋テレビ塔	愛知県名古屋市	1954 年	180m	電波塔・展望台
ゴールドタワー	香川県宇多津町	1988 年	158m	展望台
さっぽろテレビ塔	北海道札幌市	1967 年	147m	電波塔・展望台
京都タワー	京都府京都市	1964 年	131m	展望台
神戸ポートタワー	兵庫県神戸市	1963 年	108m	展望台
五稜郭タワー	北海道函館市	2006 年	107m	展望台
通天閣	大阪府大阪市	1956 年	100m	展望台・広告塔

出典:『観光サービス論』(2015)

■スキー場

　スキー場とは、スキーやスノーボードなどをするための場所や施設のことである。スキー場にはリフトやロープウェイ、ゴンドラリフトなどがあり、それらによって山頂付近まで上り、スキーやスノーボードでゲレンデを滑り降りるスポーツの場である。また、ゲレンデに隣接する宿泊施設や温泉施設を併設しているスキー場もある。

　日本における最初のスキー場は1911年に開設された五色温泉スキー場

（山形県）であり、民間用にリフトが最初に設けられたのは1948年開設の草津国際スキー場（群馬県）である。現在、スキー場は北海道から九州までの全国各地約500ヶ所に点在し、良質な雪のある北海道や長野県、新潟県、山形県などの豪雪地帯に多くある。

　近年、オーストラリアやアジア諸国のスキーヤーが良質な雪を求めて、賑わいを見せるニセコスキー場（北海道）、白馬スキー場（長野県）、ガーラ湯沢スキー場（新潟県）などが話題になっている。スキー場はスキー・スノーボードともに長期的に日本人の参加人口は減少傾向にあり、市場規模は縮小傾向にある一方、訪日外国人旅行者にとっては魅力的な訪問先であり、需要拡大が期待されている。

図表 11-26　代表的なスキー場

スキー場	所在県
ニセコユナイテッド	北海道
キロロリゾート	北海道
ルスツリゾート	北海道
蔵王温泉スキー場	山形県
苗場スキー場	新潟県
舞子スノーリゾート	新潟県
GALA 湯沢スキー場	新潟県
志賀高原スキー場	長野県
野沢温泉スキー場	長野県
白馬八方尾根スキー場	長野県

■農業公園・観光農園・観光牧場
①農業公園

　農業公園とは、農業振興を図る交流拠点として、自然とのふれあい、農業、園芸、造園への理解と環境、食の教育を目的として、農業体験機能、レクリエーション機能などを有する場として、農林水産省の主導により全国各地に整備された施設である。農業パーク、農業のテーマパークとも呼ばれる。ドイツやデンマークなどの農村風景を模した農業公園が多く、ひとつのモデルとなっている。

②観光農園

　観光農園とは、農産物の収穫体験ができる個人農家や法人が経営する農園のことである。農産物の収穫体験とは「味覚狩り」のことで、日本では歴史のあるレクリエーションである。多くの農園は、本業を農業としており副業として観光農園を営んでいるが、観光農園を専業としているところもある。

③観光牧場

　観光牧場とは、放牧による畜産を営む牧場の全部または一部を一般旅行者に開放している牧場のことである。ウシ、ウマ、ヒツジなどの家畜を飼養する施設で、家畜が自由に動き回れるよう、ある程度の広さのある柵で囲った放牧場がある。日本では北海道や高原などに立地することが多い。

図表 11-27　代表的な農業公園・観光牧場

	施設名	所在地	開園年	特徴
農業公園	熊本県農業公園カントリーパーク	熊本県合志市	1991 年	農業館を核として農業公園全体が ストーリー性のある展示
	伊賀の里モクモク手づくりファーム	三重県伊賀市	1995 年	ソーセージの手作り体験教室など、交流型の農業公園
	安城産業文化公園デンパーク	愛知県安城市	1997 年	「日本デンマーク」安城市での都市と農村の交流の場
	滋賀農業公園ブルーメの丘	滋賀県日野町	1997 年	ドイツの田舎町と農業をテーマにした丘陵にある農業公園
	淡路ファームパークイングランドの丘	兵庫県南あわじ市	2000 年	職人自慢の食や農業体験できるコアラもいる農業公園
観光牧場	マザー牧場	千葉県富津市	1962 年	鹿野山に広がる広大な敷地の観光牧場
	神戸市立六甲山牧場	兵庫県神戸市	1976 年	スイスの山岳牧場を範にした高原牧場
	八ヶ岳ウエスタン牧場	山梨県北杜市	1977 年	体験乗馬からウエスタン乗馬まで楽しめる観光牧場
	小岩井農場まきば園	岩手県雫石町	1991 年	小岩井農場の一部が公開された観光牧場
	ノーザンホースパーク	北海道苫小牧市	1989 年	馬と大地と人と絆をテーマにした観光牧場

出典：『観光サービス論』(2015)

■国立公園

国立公園とは、自然公園法に基づき、代表的な景観の地を国が指定し、自然保護や管理をし、国民の保養などに利用する自然公園のこと。1934年に瀬戸内海国立公園、雲仙国立公園、霧島国立公園の3か所が最初の指定を受けた。現在は図表11-28のように34か所の国立公園が存在している。

自然が豊かな国立公園内には多くの旅行者が訪れ、重要な観光資源となっている。訪日外国人旅行者が訪れるようになり、改めて注目されるようになった。

所管する環境省は国立公園をナショナルパークとしてブランド化し、特に外国人旅行者を国立公園へ誘致する「国立公園満喫プロジェクト」を開始した。世界の旅行者が長期滞在したいと憧れる旅行目的地にしようというものである。

環境省は2017年に国立公園マークを制定した。

国立公園マーク

図表11-28　日本の国立公園（2020年現在）

国立公園	所在県	国立公園	所在県
利尻礼文サロベツ国立公園	北海道	妙高戸隠連山国立公園	新潟県・長野県
知床国立公園	北海道	白山国立公園	富山県・石川県・福井県・岐阜県
阿寒摩周国立公園	北海道	伊勢志摩国立公園	三重県
釧路湿原国立公園	北海道	吉野熊野国立公園	三重県・奈良県・和歌山県
大雪山国立公園	北海道	山陰海岸国立公園	京都府・兵庫県・鳥取県
支笏洞爺国立公園	北海道	大山隠岐国立公園	鳥取県・島根県・岡山県
十和田八幡平国立公園	青森県・秋田県・岩手県	瀬戸内海国立公園	兵庫県・和歌山県・岡山県・広島県・山口県・徳島県・香川県・愛媛県・福岡県・大分県
三陸復興国立公園	岩手県・宮城県	足摺宇和海国立公園	愛媛県・高知県
磐梯朝日国立公園	山形県・福島県・新潟県	西海国立公園	長崎県
日光国立公園	福島県・栃木県・群馬県・新潟県	雲仙天草国立公園	長崎県・熊本県・鹿児島県
上信越高原国立公園	群馬県・新潟県・長野県	阿蘇くじゅう国立公園	熊本県・大分県
秩父多摩甲斐国立公園	埼玉県・東京都・山梨県・長野県	霧島錦江湾国立公園	宮崎県・鹿児島県
尾瀬国立公園	群馬県・福島県・新潟県・栃木県	屋久島国立公園	鹿児島県
富士箱根伊豆国立公園	東京都・神奈川県・山梨県・静岡県	奄美群島国立公園	鹿児島県
小笠原国立公園	東京都	西表石垣国立公園	沖縄県
中部山岳国立公園	新潟県・富山県・長野県・岐阜県	慶良間諸島国立公園	沖縄県
南アルプス国立公園	山梨県・長野県・静岡県	やんばる国立公園	沖縄県

■世界遺産

　世界遺産とは、1972 年のユネスコ総会で採択された「世界遺産条約」に基づいて世界遺産リストに登録された、遺跡、景観、自然など人類が共有すべき「顕著な普遍的価値（Outstanding Universal Value：OUV)」を持つ不動産のことである。

　世界遺産は、記念物、建造物群、遺跡、文化的景観などの「文化遺産」、地形や景観、地質、生態系、絶滅のおそれのある動植物の生息・生育地などの「自然遺産」、文化遺産と自然遺産の両方の価値を兼ね備えている「複合遺産」の 3 つに分けられ、2019 年現在、世界で 1,121 件が登録されている。

　遺産を持つ地域にとって、その資産の世界遺産への登録は決して地域の観光地化をめざすためのものではなく、観光旅行者誘致のためのものでもない。あくまでも、顕著な普遍的価値のある人類の宝物を未来に伝えていくための保存を第一義とするものである。しかし、世界でも突出した名所旧跡や大自然は、世界の多くの人が見るべき価値があり、また見てもらいたい。世界遺産に登録されると、そこを訪れる旅行者は急増し有力な観光地となることが多い。観光においては、どの国・地域においても重要な観光資源となっており、日本人の国内旅行・海外旅行、訪日外国人旅行の強力なデスティネーションとして知っておく必要がある。

　日本では 1993 年に姫路城や屋久島など 4 件が初めて世界遺産に登録された。2019 年現在の登録数は 23 件で、うち小笠原諸島や白神山地などの自然遺産が 4 件、法隆寺や厳島神社、富士山などの文化遺産が 19 件ある。図表11-29 は日本の世界遺産の一覧である。

図表 11-29　日本の世界遺産

	種別	名称	登録年
①	自然遺産	屋久島	1993 年
②	自然遺産	白神山地	1993 年
③	自然遺産	知床	2005 年
④	自然遺産	小笠原諸島	2011 年
⑤	文化遺産	法隆寺地域の仏教建造物	1993 年
⑥	文化遺産	姫路城	1993 年
⑦	文化遺産	古都京都の文化財（京都市、宇治市、大津市）	1994 年
⑧	文化遺産	白川郷・五箇山の合掌造り集落	1995 年
⑨	文化遺産	原爆ドーム	1996 年
⑩	文化遺産	厳島神社	1996 年
⑪	文化遺産	古都奈良の文化財	1998 年
⑫	文化遺産	日光の社寺	1999 年
⑬	文化遺産	琉球王国のグスク及び関連遺産群	2000 年

⑭	文化遺産	紀伊山地の霊場と参詣道	2004 年
⑮	文化遺産	石見銀山遺跡とその文化的景観	2007 年
⑯	文化遺産	平泉―仏国土（浄土）を表す建築・庭園及び考古学的遺跡群―	2011 年
⑰	文化遺産	富士山―信仰の対象と芸術の源泉	2013 年
⑱	文化遺産	富岡製糸場と絹産業遺産群	2014 年
⑲	文化遺産	明治日本の産業革命遺産 製鉄・製鋼、造船、石炭産業	2015 年
⑳	文化遺産	ル・コルビュジエの建築作品―近代建築運動への顕著な貢献―	2016 年
㉑	文化遺産	「神宿る島」宗像・沖ノ島と関連遺産群	2017 年
㉒	文化遺産	長崎と天草地方の潜伏キリシタン関連遺産	2018 年
㉓	文化遺産	百舌鳥・古市古墳群―古代日本の墳墓群―	2019 年

5. 地域の食と観光土産

■郷土料理

郷土料理とは、農林水産省によると「それぞれの地域独特の自然風土・食材・食習慣・歴史文化等を背景として、地域の人々の暮らしの中での創意工夫により必然的に生まれたものであり、家族への愛情や地域への誇りを持ちながら作り続けられ、かつ地域の伝統として受け継がれてきた調理・加工方法による料理」のことである。

図表 11-30　農山漁村の郷土料理百選（農林水産省）

都道府県	郷土料理	都道府県	郷土料理	都道府県	郷土料理
北海道	ジンギスカン	岐阜県	栗きんとん	岡山県	ママかり寿司
	石狩鍋		朴葉みそ	広島県	カキの土手鍋
	ちゃんちゃん焼き	静岡県	桜えびのかき揚げ		あなご飯
青森県	いちご煮		うなぎの蒲焼き	山口県	ふく料理
	せんべい汁	愛知県	ひつまぶし		岩国寿司
岩手県	わんこそば		味噌煮込みうどん	徳島県	そば米雑炊
	ひっつみ	三重県	伊勢うどん		ぼうぜの姿寿司
宮城県	ずんだ餅		てこね寿司	香川県	讃岐うどん
	はらこ飯	新潟県	のっぺ		あんもち雑煮
秋田県	きりたんぽ鍋		笹寿司	愛媛県	宇和島鯛めし
	稲庭うどん	富山県	ます寿し		じゃこ天
山形県	いも煮		ぶり大根	高知県	かつおのたたき
	どんがら汁	石川県	かぶら寿し		皿鉢料理
福島県	こづゆ		治部煮	福岡県	水炊き
	にしんの山椒漬け	福井県	越前おろしそば		がめ煮
茨城県	あんこう料理		さばのへしこ	佐賀県	呼子イカの活きづくり
	そぼろ納豆	滋賀県	ふなずし		須古寿し
栃木県	しもつかれ		鴨鍋	長崎県	卓袱料理
	ちたけそば	京都府	京漬物		貝雑煮
群馬県	おっきりこみ		賀茂なすの田楽	熊本県	馬刺し
	生芋こんにゃく料理	大阪府	箱寿司		いきなりだご
埼玉県	冷汁うどん		白みそ雑煮		からしれんこん
	いが饅頭	兵庫県	ぼたん鍋	大分県	ブリのあつめし
千葉県	太巻き寿司		いかなごのくぎ煮		ごまだしうどん
	イワシのごま漬け	奈良県	柿の葉寿司		手延べだんご汁
東京都	深川丼		三輪そうめん	宮崎県	地鶏の炭火焼き
	くさや	和歌山県	鯨の竜田揚げ		冷汁
神奈川県	へらへら団子		めはりずし	鹿児島県	鶏飯
	かんこ焼き	鳥取県	かに汁		きびなご料理
山梨県	ほうとう		あごのやき		つけあげ
	吉田うどん	島根県	出雲そば	沖縄県	沖縄そば
長野県	信州そば		しじみ汁		ゴーヤーチャンプルー
	おやき	岡山県	岡山ばらずし		いかすみ汁

　美味しいものを食べに行くことは、旅行動機、旅行目的の大きな要素になっている。そのひとつがその地域でしか食べることのできない郷土料理である。図表11-29のように、地域を感じさせる美味しい郷土料理は、どの地域にもある。

■御当地人気料理

　農山漁村との関係は薄いものの、地域住民にご当地自慢の料理として広く愛されている料理23品目も、「農林水産省選定・郷土料理百選」とは別枠で「御当地人気料理特選」として選定されている。いわゆる、ご当地グルメ、B級グルメと呼ばれるものも入っており、伝統的な郷土料理以上に旅行者を引きつけるものもある。これらの地域の食は、確実に旅行者を呼ぶ観光資源の地位を得ている。

図表11-31　御当地人気料理（ご当地グルメ）特選（農林水産省）

都道府県	御当地人気料理	都道府県	御当地人気料理	都道府県	御当地人気料理
北海道	うに・いくら丼	埼玉県	やきとん	広島県	広島風お好み焼き
	スープカレー	東京都	もんじゃ焼き	福岡県	辛子明太子
岩手県	盛岡冷麺	神奈川県	よこすか海軍カレー	長崎県	ちゃんぽん・皿うどん
	盛岡じゃじゃ麺	静岡県	富士宮やきそば		佐世保バーガー
宮城県	牛タン焼き	大阪府	お好み焼き	熊本県	太平燕
秋田県	横手やきそば		たこ焼き	宮崎県	チキン南蛮
栃木県	宇都宮餃子	兵庫県	明石焼き	鹿児島県	黒豚のしゃぶしゃぶ
群馬県	焼きまんじゅう		神戸牛ステーキ		

■駅弁

　駅弁とは、鉄道駅や列車内で販売されている鉄道旅客向け弁当のことである。駅弁の基本は、ごはんと地域ならではの食材を含めた魚や肉、野菜のおかずがセットになっている。衛生面から、あえて冷ましてから詰め、冷めても美味しく食べられる味つけや調理方法で作られるのが特徴である。諸説はあるが、1885年に栃木県の宇都宮駅で販売されたおにぎりが最初であるといわれている。

　目当ての駅弁を購入し列車内で食べることを楽しみに旅行する人は多く、駅弁自体も観光資源となっている。

また、空港で販売している「空弁」、ネクスコ中日本の高速道路サービスエリアの「速弁」など、駅弁に類する商品も開発されている。

図表 11-32　人気の駅弁

駅弁名	販売駅	駅弁名	販売駅
いかめし	北海道森駅	崎陽軒　シウマイ弁当	神奈川県横浜駅
網焼き牛たん弁当	宮城県仙台駅	ますのすし	富山県富山駅
牛肉どまん中	山形県米沢駅	稲荷寿司	愛知県豊橋駅
だるま弁当	群馬県高崎駅	近江牛めし	滋賀県草津駅
峠の釜めし	群馬県横川駅	かしわめし	福岡県折尾駅

■伝統工芸品

　伝統工芸品とは、地域の自然や暮らしを背景に、長く日常生活で使われ、手工業で伝統的な技法により、伝統的な原材料を主に使用し作られたものである。日本各地には多様な伝統工芸品があり、その生産工程を見学することができる。旅行者を呼ぶ大きな観光資源となっている。また、その土地ならではの土産品として購入されることも多い。図表 11-32 は、「経済産業大臣指定伝統工芸品」のうち、観光資源として定着しているものである。

図表 11-33　代表的な伝統工芸品

都道府県	伝統工芸品	都道府県	伝統工芸品
岩手県	南部鉄器	山形県	天童将棋駒
福島県	会津塗	新潟県	小千谷縮
石川県	輪島塗	栃木県	益子焼
埼玉県	岩槻人形	千葉県	房州うちわ
東京都	江戸切子	神奈川県	箱根寄木細工
岐阜県	一位一刀彫	滋賀県	信楽焼
京都府	西陣織	兵庫県	播州そろばん
岡山県	備前焼	広島県	熊野筆
山口県	萩焼	香川県	丸亀うちわ
福岡県	博多人形	佐賀県	伊万里焼
熊本県	山鹿灯籠	沖縄県	琉球紅型（びんがた）

出典：「経済産業省指定伝統工芸品」より選定

【調査概要】

「JTBF 旅行実態調査」

実施機関： 公益財団法人日本交通公社

調査対象： 全国 16〜79 歳の男女で、旅行を実施した人

調査方法： ウェブ調査

調査項目： 主に旅行実態を調査

調査時期： 2019 年 4 月・7 月・10 月、2020 年 1 月実施

調査の対象とした旅行期間：2019 年 1 月〜12 月

サンプル数： 国内宿泊観光旅行　6,232 人

「JTBF 旅行意識調査」

実施機関： 公益財団法人日本交通公社

調査対象： 全国 18〜79 歳の男女

調査方法： 郵送自記式調査

調査項目： 主に旅行に関する意識を調査

調査時期： 2020 年 5〜6 月実施

サンプル数： 1,472 人

精選過去問題にチャレンジ

問題 001

日本人の国内旅行についての調査に関する以下の**ア**から**エ**までの記述のうち、最も適切なものを1つ選びなさい。

※出典：JTBF 旅行実態調査 2020

ア．日本人の国内宿泊旅行の宿泊数で、最も多いのは「1泊」である。

イ．日本人の国内宿泊旅行の旅行同行者で、最も多いのは「友人・知人旅行」である。

ウ．日本人の国内宿泊旅行の出発時期で、最も多いのは「3月」である。

エ．日本人の旅行先までの国内宿泊旅行の交通手段で、最も多いのは「列車」である。

解説

ア適　切。「1泊」（50.7%）、2泊（29.2%）の順に多い。

イ不適切。日本人の国内宿泊旅行の旅行同行者で、最も多いのは「夫婦・カップル旅行」（35.6%）である。

ウ不適切。日本人の国内宿泊旅行の出発時期で、最も多いのは「8月」である。

エ不適切。最も多いのは、「自家用車」（39.9%）である。2番目に多いのが「列車」（27.3%）で、日本人の旅行はマイカー旅行が主流であるといえる。

解答　**ア**

問題 002

観光地としての日本の街並みに関する以下の**ア**から**エ**までの記述のうち、下線部が誤っているものを1つ選びなさい。

ア. 小京都とは、主に古い町並みや風情が京都に似ている街を指し、その例として「山陰の小京都」と呼ばれる島根県の津和野が挙げられる。

イ. 小江戸とは、主に江戸との係わりが深く、江戸の風情を残す古い街並みを残している街を指し、その例として埼玉県の川口が挙げられる。

ウ. 日本全国には、昔の宿場町の風情を残す家並みが人気の街があり、旧中山道の宿場町である長野県の妻籠はその例である。

エ. 三重県にあるおかげ横丁は、伊勢神宮内宮に続く明治時代初期の鳥居前町の街並みを再現したものである。

解説

江戸との係わりが深く、江戸の風情を残す古い街並みを残す地域を指す「小江戸」の代表的な街として埼玉県の川越が挙げられる。

解答 　イ

問題	日本の城郭で、国宝に指定されているのは5城である。その5城に含ま
003	れないものを、以下の**ア**から**エ**までのうち1つ選びなさい。

ア．松本城
イ．名古屋城
ウ．彦根城
エ．松江城

解説

日本の城郭で、国宝に指定されているのは以下の5城である。

・松本城（長野県）
・犬山城（愛知県）
・彦根城（滋賀県）
・姫路城（兵庫県）
・松江城（島根県）

　名古屋城の天守は1945年の名古屋空襲で焼失し、現在の天守は1959年に鉄筋コンクリートで再建されたものである（現在、天守の木造復元事業が計画されている）。

解答	イ

12

第 12 課題

アフターコロナの
インバウンド

Inbound Business Director

1. 2020年・コロナの影響

■新型コロナウイルス感染症流行と観光

2020年、新型コロナウイルス感染症（COVID-19）流行の影響により、世界中の観光旅行、観光産業は大きな打撃を受けた。世界中の多くの旅行者は旅行、特に国境を超える海外旅行に対する不安を持ち、海外旅行市場は停滞の時期を迎え、日本を訪れる外国人旅行者も消滅した。

しかし、世界の人々の旅行をしたいという気持ちがなくなったわけでも、日本の歴史や自然、文化、食、クールジャパンなどの誇れる観光資源が消失したわけでもない。外国人旅行者を迎える日本人のおもてなしの心も失われることはない。国や地域の大きな方針も変わってはいない。

人間の英知と努力で、この過去に経験したことのない難局を必ず乗り越えるはずであり、世界の国境は再び開かれ、人々の交流は確実に始まっていく。日本のインバウンドは再び拡大の道を歩み始める。多くの旅行者はコロナ終息後には旅行することを望んでおり、その旅行先として日本の人気が高いという調査結果もある。

この時期にインバウンドと観光について学ぶことは、コロナ終息後のインバウンドビジネスを手がける方々にとって大きなアドバンテージになる。大きな変化が予想されるアフターコロナの観光とインバウンド対応の方向性を考えていきたい。

なお、本章（第12課題）は2021年2月に執筆されていることに留意いただきたい。

■世界の観光業への影響

国連世界観光機関（UNWTO）は新型コロナウイルス感染症のパンデミック（世界的大流行）が世界の観光に未曾有の影響を及ぼし、国際観光客到着数が70％以上の減少となり、世界の観光は1990年の水準に後退すると発表し、2020年を観光の歴史の中で最悪の年と表現した。

UNWTOのデータによると、世界の国・地域が2020年1月から10月までの間に受け入れた国際観光客到着数は、2019年の同時期と比べて9億人少なかった。これは、国際観光における輸出収入の9,350億米ドル相当の損失であり、前年のリーマンショックによる世界経済危機の影響を受けた

2009年の10倍以上となった。UNWTOは、2020年全体で国際観光客到着数が70%〜75%減少すると予測している。この場合、到着数が10億人の減少となり、国際観光収入も約1兆1,000億米ドルの損失を被ることになる。今回のパンデミックによる観光の大幅な減少は、世界のGDPにおいて、2兆米ドルの経済的損失をもたらす可能性があるとしている。

　UNWTOによる2021年〜2024年に向けた長期のシナリオでは、観光は2021年後半までに回復することを示しているが、2019年の水準に戻るには2年以上の期間がかかる可能性もあるとしている。

　資料：国連世界観光機関（UNWTO）世界観光指標（World Tourism Barometer）2020年12月号（2021.1.15）

■インバウンドへの影響

　2020年、新型コロナの流行が世界中に拡大し、各国の渡航制限措置や日本の検疫強化、ビザ無効化、入国制限等により日本のインバウンドは蒸発した。訪日旅行者数は4月以降99%減が続き、年間では、約412万人、前年比87%減と推計されている。図表12-1は2020年と2019年の月別の訪日外国人旅行者数を表したものである。1月はほぼ前年を維持したものの2月、3月と激減し、4月以降は1万人を割る状態が8月まで続いた。

　インバウンドを取り扱う旅行会社、ランドオペレーター、宿泊施設、航空

図表12-1　訪日外国人旅行者数月別（2019-2020）

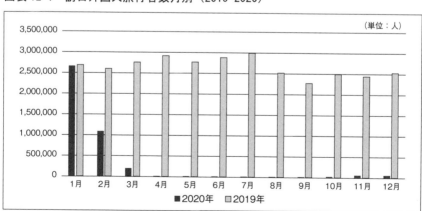

資料：日本政府観光局（JNTO）
2020年11・12月は推計値

会社は過去経験したことのない苦境に陥った。インバウンド需要を期待していたデパート、ドラッグストア、家電量販店、小売業、飲食サービス業などの商業施設は方向転換を余儀なくされた。訪日外国人旅行者の来訪を地域の活性化の切り札と考えていた多くの地域にも大きな影響を与えた。

■海外旅行・国内旅行への影響

2020年、新型コロナの流行が世界中に拡大する中、各国の国境閉鎖、日本の渡航中止勧告の発出等により日本の海外旅行も消失し、海外旅行に係るビジネスは大打撃をうける。4月から6月までは99％減、8月以降も98％減が続いた。年間の日本人の海外旅行者数は約320万人と推計され、前年比は84％減となった。航空会社や海外旅行を専業とする旅行会社は危機に直面している。

国内旅行は、旅行者の移動自粛により激減。緊急事態宣言の発出により国内旅行の停滞は余儀なくされた。観光庁によると、2020年の国内旅行消費額は前年と比べ54.9％減の9兆8982億円で、旅行者数は延べ2億9177万人。消費額、人数とともに、現行調査が始まった2010年以降で最低となった。

しかし、7月に開始された政府による観光需要喚起策である「GoToトラベル事業」の利用人泊数は、事業が開始された7月から11月までの累計は少なくとも約6,850万人泊に達した。当初対象外とされていた東京都の追加により利用者が増加し、一時的に旅行需要が前年並みに回復した。その後事業は停止したが、日本人の強い旅行意欲が感じられた。国内旅行は自粛化の中でも近場への旅行、マイカー旅行などが注目され、海外旅行からのシフトによる需要もあった。

■観光業界のできごと

2020年は、観光業界にとって「黄金の時間」といわれ、東京オリンピック・パラリンピック前後の経済効果、特に観光業界への大きな効果が期待されていた。しかし、開催延期となりその期待は減退した。

コロナ禍が続くなか、宿泊業、旅行会社の倒産、廃業が増加した。旅行会社では平成以降で最大規模の倒産も発生した。旅行会社の店舗の臨時休業、統廃合も加速している。

世界の航空会社の経営破綻が相次ぎ、日本航空、全日空も苦境に陥り運

休、減便を余儀なくされた。MICE 業界も大規模イベントに対する自粛要請などで大きな影響を受け、活動が停止した。海外旅行の新しいスタイルとして定着してきたクルーズも運休が相次ぎ、クルーズライン国際協会（CLIA）は自主的に全クルーズ客船の運航停止に踏み切り、日本のクルーズ客船も運航停止を余儀なくされた。その後、日本の飛鳥Ⅱは 11 月から国内航路で運航を再開した。

　日本のクルーズ客船飛鳥Ⅱは 2020 年 11 月から国内航路で運航を開始した。事業化への準備が進められていた IR（統合型リゾート）事業は自治体による国への申請受け付けが延期され、撤退する事業者も現れている。

　また、2020 年は自然災害も観光業に追い打ちをかけた、特に 7 月の豪雨は熊本県南部を中心に九州地方の広い範囲に被害をもたらした。

　コロナ禍の中で、観光業界では業態別の新型コロナウイルス対応ガイドラインが策定され、旅行者に対しても、「新しい旅のエチケット」が示された。

　旅行自粛の機運が続く中で、近場の商圏を狙うマイクロツーリズムが提唱された。また、接触を伴わないインターネット上で参加するオンラインツアー、バーチャルツアーが注目され、新規ビジネスとして参入する事業者が出現した。また、テレワークが拡大、定着する中でホテルなどでの空間貸しビジネスも広がった。オフィスを離れ、観光地や郊外で休暇を過ごしながら働くワーケーションも提唱され、それをビジネスチャンスとする観光事業者、自治体が増加した。

　一方で、訪日外国人旅行者の増加により京都や鎌倉など一部の観光地において顕在化していたオーバーツーリズムの解消という現象を生み出した。

2.　コロナ時代の外国人旅行者の意識調査

■新型コロナ影響度アジア・欧米豪特別調査

　コロナ禍の外国人はコロナ終息後の海外旅行に対してどう考えているのか、どのような旅行をしたいのか、どの国に行きたいのかなど、外国人旅行者調査からその意向を探っていきたい。ただし、本調査はコロナが全世界へ感染が広がり、その後の予測が立たない時期 2020 年 6 月に実施されたものであることに留意しなければならない。

【アジア・欧米豪 訪日外国人旅行者の意向調査 /DBJ・JTBF】より

2020 年度 新型コロナ影響度アジア・欧米豪特別調査

調査期間 : 2020 年 6 月 2 日〜 6 月 12 日実施

調査対象 : 韓国、中国、台湾、香港、タイ、シンガポール、マレーシア、インドネシ
ア、イギリス、アメリカ、フランス、オーストラリアの 12 地域

調査実施 : DBJ（株式会社日本政策投資銀行）・JTBF（公益財団法人日本交通公社）

■新型コロナ終息後の海外観光旅行の意向

　図表 12-2 は、新型コロナの流行が終息し、平常状態に戻ったとき、また海
外観光旅行をしたいと思うかを尋ねた結果を表したものである。「思う」「ど
ちらかといえば思う」の合計は、アジア居住者が 86%、欧米豪居住者が 74%
と、海外観光旅行意向はともに強い。訪日経験のある旅行者でみると、アジ
ア居住者（90%）、欧米豪居住者（84%）いずれもさらに高くなっている。

図表 12-2　新型コロナの流行が終息し、平常状態に戻ったとき、また海外観光
　　　　　　旅行をしたいと思うか

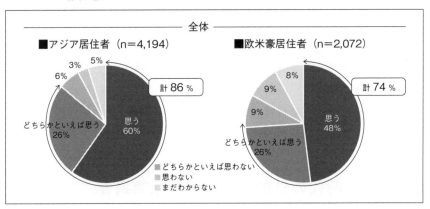

■新型コロナ終息後に海外観光旅行をしたい理由

　図表 12-3 は、海外観光旅行希望者に、新型コロナ終息後に海外観光旅行
をしたい理由を尋ねた結果を表したものである。「リラックスや癒しを得た
いから」が、アジア居住者のトップで 53%、欧米豪居住者は「海外旅行が
好きだから」「行きたい国・地域があるから」「海外で体験したいことがある
から（観光、食事、買い物、アクティビティ、文化など）」に続き 31% で

あった。「海外で体験したいことがあるから」はアジア居住者で50%、欧米豪居住者で39%あった。「外出自粛などにより、予算が増えそうだから（お金が貯まったから）」は共に1割ほどあるのが興味深い。新型コロナ終息後は、こうした外国人旅行者のニーズを捉えることが求められる。

図表12-3　新型コロナ終息後に海外観光旅行をしたい理由
　　　　　（回答はあてはまるもの全て）

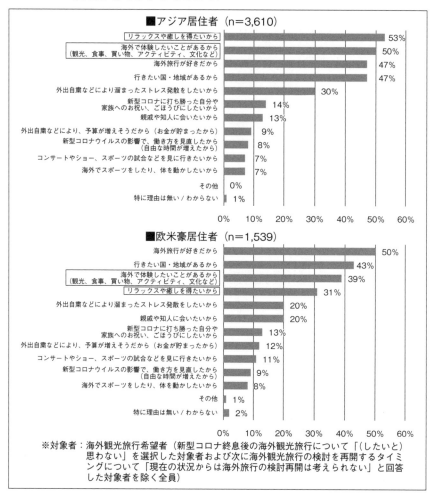

※対象者：海外観光旅行希望者（新型コロナ終息後の海外観光旅行について「（したいと）思わない」を選択した対象者および次に海外観光旅行の検討を再開するタイミングについて「現在の状況からは海外旅行の検討再開は考えられない」と回答した対象者を除く全員）

■新型コロナ終息後の海外観光旅行の予算・滞在日数

　図表12-4は、海外観光旅行希望者に、新型コロナの終息後、海外観光旅

行の予算の変化を尋ねた結果を表したものである。予算が「上がる」「どちらかといえば上がる」の割合（アジア居住者46%／欧米豪居住者36%）が「下がる」（17%／18%）に比べて高くなっている。

図表12-5は、海外観光旅行希望者に、新型コロナ終息後の海外観光旅行の滞在日数の変化を尋ねた結果を表したものである。滞在日数が「長くなる」「どちらかといえば長くなる」の合計の割合（アジア居住者32%／欧米豪居住者32%）は、「短くなる」（17%／13%）よりも高い。新型コロナの終息後には、旅行者の消費単価は上昇し、より長期滞在を求める可能性がある。

図表12-4　新型コロナの終息後、海外観光旅行の予算はどのように変化するか

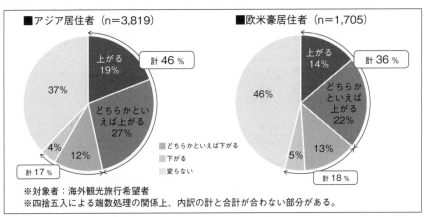

図表12-5　新型コロナの終息後、海外観光旅行の滞在日数はどのように変化すると思うか

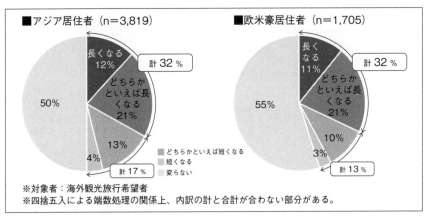

■新型コロナ終息後に観光旅行したい国・地域

　図表 12-6 は、海外観光旅行希望者に新型コロナ終息後に観光旅行したい国・地域を尋ねた結果を表したものである。日本は 56％で、アジア居住者で群を抜きトップとなった。2 位韓国（30％）、3 位台湾（23％）を大きく引き離している。欧米豪居住者では、1 位のアメリカ（28％）に続き 2 位（24％）であった。新型コロナ感染拡大前から変わらず日本の旅行先としての人気は高いと考えられる。国・地域別に見ると、訪日リピーターの多い台湾・香港の訪日旅行の希望はいずれも約 8 割と非常に高水準であった。タイ、中国、シンガポールも高く、新型コロナ終息後の訪日外国人旅行者の増加が期待される。

図表 12-6　新型コロナ終息後に観光旅行したい国・地域（回答はあてはまるもの全て）

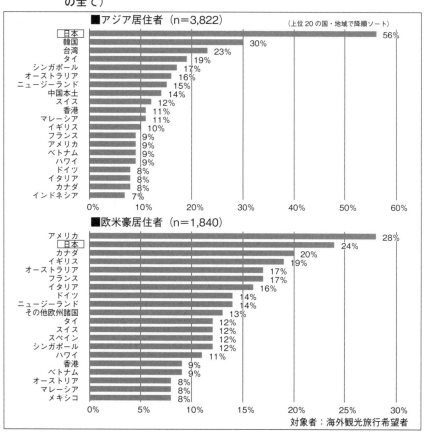

対象者：海外観光旅行希望者

■新型コロナ終息後の訪日旅行全般に期待したいこと

図表12-7は、訪日旅行希望者に新型コロナ終息後に訪日旅行全般に期待したいことを尋ねた結果を表したものである。「衛生面における配慮、清潔さ、消毒などのウイルス対策全般の継続」がアジア居住者（38%）、欧米豪居住者（27%）ともに最多で、新型コロナ終息後も安全・安心の取り組みを徹底することが求められる。また、「文化体験アクティビティの種類や質の充実、ブラッシュアップ」に対する回答（24%/26%）も多かった。

図表12-7　新型コロナ終息後の訪日旅行全般に期待したいこと（回答はあてはまるもの3つまで）

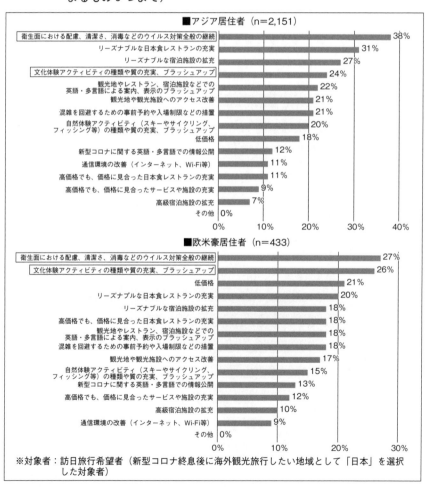

■新型コロナ終息後に行きたい国・地域を観光のために訪問したい理由

　図表 12-8 は、新型コロナ終息後に行きたい国・地域を観光のために訪問したい理由で日本が上位に挙がった項目を表したものである。

　日本の評価で、1 位になった項目は「清潔だから」（36％）、「治安が良いから」（33％）、「泊まりたい宿泊施設があるから」（16％）であった。2 位になった項目は「食事が美味しいから」（43％）、「以前にも旅行したことがあり、気に入ったから」（35％）、「買い物がしたいから」（34％）であった。「清潔」がトップなのは新型コロナ終息後においてはアドバンテージになる。「治安」「宿泊施設」「食事」「買い物」が上位にあるのは嬉しい。「多言語対応しているから」は変わらず低評価で 22 位であった。

図表 12-8　新型コロナ終息後に行きたい国・地域を観光のために訪問したい理由（理由ごとのランキング）で、日本が上位のもの

清潔だから				治安がいいから				泊まりたい宿泊施設があるから		
順位	国・地域	％		順位	国・地域	％		順位	国・地域	％
1	日本	36		1	日本	33		1	日本	16
2	シンガポール	34		2	シンガポール	31		2	中東諸国（ドバイなど）	16
3	ニュージーランド	27		3	台湾	30		3	シンガポール	15

食事が美味しいから				以前にも旅行し、気に入ったから				買い物がしたいから		
順位	国・地域	％		順位	国・地域	％		順位	国・地域	％
1	台湾	49		1	アメリカ	35		1	韓国	35
2	日本	43		2	日本	35		2	日本	34
3	タイ	42		3	台湾	31		3	香港	28

■調査結果から考えられるアフターコロナ対応

　アジア、欧米豪共に日本に対する訪問意欲はとても高い。「清潔さ」という日本の強みを活かし、全世界に対して、それぞれの言語で正確な情報発信を行うことがポイントとなる。高単価かつ長期滞在を求める訪日外国人旅行者の取り込みに繋げるべく、リラックスや癒やしおよび体験型観光といった旅行者のニーズを満たすための準備を今の段階から進めることも重要と考えられる。

3. アフターコロナの対応

■観光ビジネスのスタンス

　必ず観光は復活し、旅行者は戻ってきて、コロナ禍以前の規模を超えて拡大することを信じることが大切である。そして、今を乗り切る施策を行いながら、長期的な視点も持って動き続けていくことが重要となる。例えば、業務効率化だけではなく、今こそ、顧客リスト再整備、新商品・サービス開発、継続的な情報発信などに取り組むことである。

　レジリエンス（resilience ＝回復力、反発力）という言葉がある。「困難にしなやかに立ち向かい生き延びる力」のことで、この力を高めていくことが求められる。新型コロナとの戦いが終了しても、観光ビジネスにはこれからも様々な敵が現れると考えられる。今回の経験を決してむだにはせず、将来に向けてレジリエンスを高めていきたい。

　今はまず、国内旅行⇒海外旅行⇒インバウンドの順で考えることがポイントとなる。国内旅行の需要は急速に回復、海外旅行は徐々に解禁になりハワイ、アジアから戻る。並行してインバウンドも特定の国から解禁、ある時期から一気に拡大していく。まず、国内旅行にビジネスチャンスがあると考えたい。

　インバウンドビジネスにおいて、インバウンド復活前に行うべきことは、「多言語での正確な情報発信」の継続である。日本が清潔であり治安がよいこと、観光資源は変わらず豊富でさらにバージョンアップしていることを発信したい。また、一度訪日した海外顧客に対し、インターネット・SNSでの双方向コミュニケーションを継続していきたい。

■発想の転換① ― 国内旅行に軸足

　インバウンドビジネスに携わっている方々には厳しい日々が続いている。インバウンドの復活までは、まず日本人の国内旅行需要吸収に軸足を置いていくことになる。考えてみると、インバウンドは「外国人の日本国内旅行」であり、その本質は変わらない。インバウンドビジネスで蓄積したノウハウを国内旅行ビジネスで生かすことが、今重要である。そして、インバウンドの復活後は、この期間の国内旅行ビジネスで獲得したノウハウをインバウンドビジネスで生かす。

　コロナ禍の旅行自粛の傾向はしばらく続く。ターゲットとなる顧客は、近

隣顧客⇒大都市圏顧客⇒海外顧客の需要獲得の順で考えるとよい。地域は、まず近隣商圏の近場国内旅行需要を確実に捉えファンを増やしていく、そして徐々に県を超える都市圏、全国大都市圏の国内旅行需要を捉える、その同じ流れでインバウンド復活後、国境を超える海外市場、すなわち訪日外国人旅行需要獲得に全力を尽くす。

　国内旅行において当面留意しなくてしならないことは「密を避ける観光」である。団体旅行は夫婦、家族、友人の少人数旅行になり、「密」が発生する都会よりも郊外、自然、開放的な場所が選択される。多くの人と同乗する鉄道、バスからマイカー利用の旅行になる。数多くの観光スポットを周遊する旅から、安心な場所での滞在型旅行になる。混雑が予想される土日、祝日から、平日の旅行が増えていく。観光ビジネスの最大の課題である、繁忙期と閑散期の差が縮まる可能性もある。「密」な接客は、「疎」な接客にならざるを得ない。「疎な接客」とは、距離をとった接客、短時間の接客、少人数での接客、オンライン接客、ロボット接客、セルフサービス等のことである。このような疎の接客の中で顧客の満足度を上げるホスピタリティを発揮する工夫が求められる。

　海外旅行者の国内旅行シフト需要の吸収は大きなテーマである。毎年海外旅行に出かける層は必ず長期間、高額となる国内旅行を楽しむはずである。また、働き方の変化、テレワーク、Web会議の定着等により、ビジネストリップの減少は続くと考えられる。快適なテレワークの空間の提供、観光地が選択されるワーケーションなどの需要吸収も視野に入れる必要がある。

■発想の転換② ― 観光＋アルファ

　インバウンドを広義で捉えると、日本と海外の接点で発生するビジネス全般が対象と考えられる。インバウンドビジネスは、訪日外国人に観光サービスを提供するビジネスである。今、観光サービス以外の提供も考えてみることも大切である。

　その対象は、訪日した海外顧客、特に数回訪れてくれたリピーターである。もちろん一度だけでも訪日してくれた顧客も含まれる。さらに、280万人の在日外国人、留学生・研修生もその対象になる。外国人の嗜好や消費行動を知っていることは、インバウンドビジネスをしてきたもの財産である。

　インバウンド＝観光だけでなく、柔軟にもっと広い意味で捉え直すことで

チャンスが広がる。一度訪日した海外顧客のメールアドレスなどのリストが整備されていると、その可能性は広がる。そうした海外顧客へは最新情報の発信の継続し、越境 EC に結び付けたい。越境 EC とはインターネットを通じた国際的な電子商取引、国境を越えた通信販売である。すでに各地で試みられているが、それぞれの地域の特性を活かせば市場性はある。例えば、地域特産品のオンライン販売、オンラインツアー販売、地域からの日本語講座、地域文化講座、地域グルメオンライン料理教室、地域投資セミナー、地域アニメグッズ販売、酒蔵オンライン宴会等の可能性に挑戦したい。

　また、在日外国人、留学生・研修生も対象として、彼ら向けの日本国内旅行商品の企画・造成・情報発信・販売に取り組みたい。さらに旅行商品の販売だけでなく、地域特有の商品の通信販売などビジネスを広げたい。インバウンドビジネスで蓄積したノウハウ、地域の仲間、国境を越えた繋がり、人脈を活用するチャンスでもある。

■消費者・旅行者の変化への対応

　消費者、旅行者の意識や行動は大きく変化していく。しかし、変わらないのは旅行したいという意欲である。

　自粛生活が続きお金が貯まり豪華な旅行をしたいという人も多いが、一方で収入が減り、経済的な余裕がなくなりレジャー支出へは回せないとの声もあり、今後の動向には注視する必要がある。

　旅行者が今後、旅行のスタイル、デスティネーション選択で重要視するのは「安心・安全・清潔」であり、これは日本人、外国人問わず、これからも変わらぬテーマになる。

　旅行者ニーズは多様化、高度化、複雑化が予想されるが、まずは清潔、近場、開放的、少人数、滞在型、非接触などが挙げられる。家族単位、仲間同士など知っている人同士の小グループで自由な旅行スタイルが増えると考えられている。また、在宅勤務によるテレワーク、Web 会議やオンライン授業などによる、消費者、旅行者の IT リテラシーの急速な向上が注目される。彼らをサポートし受け入れる観光ビジネスにおいても IT の活用が求められてくる。今、消費者、旅行者のニーズの変化にしっかり対応する準備する期間である。

■観光ビジネスで普遍的なこと

　世界中の人々が、観光は世界が平和であり、かつ安全が担保されて成立するものだと頭の中だけでなく身をもって実感した。まず、「平和で安全な国・地域づくり」を改めて念頭に置く必要がある。また、コロナ禍で過ごす中で、多くの人が、環境保護、平和構築、経済成長、地域創生、教育問題などを真剣に考え始め、旅行に対しても高い意識を持ち始めてきている。

　そんな中で、観光ビジネスは国内外の旅行者に豊かな時間を提供する必要不可欠なビジネスあるという信念を持ち続けていかなくてはならない。地域においては、「地元の人に愛される観光まちづくり」も変わらぬテーマで、地元の人が幸せに感じる地域には、必ず日本人旅行者も外国人旅行者も訪れてくる。

　「密」を避ける傾向の中、観光ビジネスのサービスの在り方は変わるが、相手に喜んでもらうために、自ら率先し最善を尽くすというホスピタリティの本質は不変であり、その気持ちと行動は必ず旅行者に満足感を与える。

　今、国内海外問わず、旅行者への正確な情報発信、コミュニケーションの継続が一番大切である。

5．アフターコロナのキーワード

■持続可能な開発

● SDGs（エス・ディー・ジーズ）

　アフターコロナの観光において、世界共通の最重要なキーワードはSDGs（エス・ディー・ジーズ）である。

　SDGsとは、2015年9月の国連サミットで採択された「持続可能な開発目標」（Sustainable Development Goals）のことである。貧困や飢餓の撲滅、教育、ジェンダーの平等、クリーンエネルギーの普及、経済成長、環境保全、平和構築など、17のゴール（目標）と169のターゲットからなり、2030年までの達成を目指す国際目標である。特に経済成長と雇用に関する「目標8」、消費と生産に関する「目標12」、海洋資源に関する「目標14」の3つの目標には、観光の役割が明記されたターゲット、実施手段が設定されており（※）、これからの観光振興、観光開発にとって欠かすことのできない指標となっている。世界観光機関（UNWTO）は、「すべての目標に対し

て、観光は直接的、または間接的に貢献する力があり、持続可能な開発目標の達成に向けて、重要な役割を担っている」と宣言している。地球上の「誰一人取り残さない（leave no one behind）」ことを誓い、SDGs は発展途上国のみならず、先進国自身が取り組むユニバーサルなものであり、日本の観光業界も積極的に取り組んでいく必要がある。

※ターゲット 8.9
　2030 年までに、雇用創出、地方の文化振興・産品販促につながる持続可能な観光業を促進するための政策を立案し実施する。
　実施手段 12.b
　雇用創出、地方の文化振興・産品販促につながる持続可能な観光業に対して持続可能な開発がもたらす影響を測定する手法を開発・導入する。
　ターゲット 14.7
　2030 年までに、漁業、水産養殖及び観光の持続可能な管理などを通じ、小島嶼開発途上国及び後発開発途上国の海洋資源の持続的な利用による経済的便益を増大させる。

図表 12-9　SDGs 17 のゴール

持続可能な開発目標（SDGs）とターゲット

目標 1.	あらゆる場所のあらゆる形態の貧困を終わらせる
目標 2.	飢餓を終わらせ、食料安全保障及び栄養改善を実現し、持続可能な農業を促進する
目標 3.	あらゆる年齢のすべての人々の健康的な生活を確保し、福祉を促進する
目標 4.	すべての人々への、包摂的かつ公正な質の高い教育を提供し、生涯学習の機会を促進する
目標 5.	ジェンダー平等を達成し、すべての女性及び女児の能力強化を行う
目標 6.	すべての人々の水と衛生の利用可能性と持続可能な管理を確保する
目標 7.	すべての人々の、安価かつ信頼できる持続可能な近代的エネルギーへのアクセスを確保する
目標 8.	包摂的かつ持続可能な経済成長及びすべての人々の完全かつ生産的な雇用と働きがいのある人間らしい雇用（ディーセント・ワーク）を促進する
目標 9.	強靭（レジリエント）なインフラ構築、包摂的かつ持続可能な産業化の促進及びイノベーションの推進を図る
目標 10.	各国内及び各国間の不平等を是正する
目標 11.	包摂的で安全かつ強靭（レジリエント）で持続可能な都市及び人間居住を実現する
目標 12.	持続可能な生産消費形態を確保する
目標 13.	気候変動及びその影響を軽減するための緊急対策を講じる

目標 14.	持続可能な開発のために海洋・海洋資源を保全し、持続可能な形で利用する
目標 15.	陸域生態系の保護、回復、持続可能な利用の推進、持続可能な森林の経営、砂漠化への対処、ならびに土地の劣化の阻止・回復及び生物多様性の損失を阻止する
目標 16.	持続可能な開発のための平和で包摂的な社会を促進し、すべての人々に司法へのアクセスを提供し、あらゆるレベルにおいて効果的で説明責任のある包摂的な制度を構築する
目標 17.	持続可能な開発のための実施手段を強化し、グローバル・パートナーシップを活性化する

国連世界観光機関（UNWTO）「我々の世界を変革する：持続可能な開発のための
2030 アジェンダ（外務省仮訳）」より

■国内旅行回帰・活性化

●マイクロツーリズム　Micro tourism

　地元や近隣への短距離観光のこと。近場を楽しむ旅。アフターコロナもしばらく続くであろう旅のスタイル。旅行会社、宿泊施設、観光施設も積極的に取り組み、国内旅行活性化の入り口にしたい。地域資源の掘り起こし、地元地域のまだ知らなかった魅力を再発見、地域の人々との交流などが期待される。

⇒インバウンド再開後、訪日外国人旅行者に喜ばれる小さな旅、オプショナルツアーになる。

●アドベンチャーツーリズム　Adventure tourism

　「アクティビティ、自然、異文化体験の3要素のうち、2つ以上で構成される旅行」のこと（Adventure Travel Trade Association による定義）。アウトドアのアクティビティの総称、「楽しみ」の要素が中核にある。高付加価値な旅行商品と長期滞在旅行のスタイル。開放的であることが求められるアフターコロナのニューノーマルの旅行になる可能性が大きい。

⇒インバウンド再開後、欧米富裕層を中心に日本の自然と異文化を味わう旅として拡大が期待される。

●フードツーリズム　Food tourism

　いわゆる「ステイホーム」の続く中で、メディアの地域の食の情報の発信が増加している。地域の食は外食自粛を経験し、アフターコロナで求められる最強の観光資源となる。大量の情報を持つ旅行者は本物の地域グルメを求める。世界的には、この間に食の多様化やグローバル化が進行。インバウン

ド再開に対応するには、ベジタリアンやヴィーガン、ハラール、コーシャなどの食の規律に対応が必要である。インバウンド再開の前に準備しておかなくてはならない。

⇒インバウンド再開後、訪日外国人旅行者は日本の食を求め続け、地域の食も求め始める。

● コンテンツツーリズム／アニメツーリズム　Content tourism/Anime tourism

「ステイホーム」の続く中で、小説、映画、ドラマ、アニメ、マンガなどに接触する機会が増加。老若男女、一人ひとりの個性豊かな聖地巡礼が始まる。2020 年には劇場版『鬼滅の刃』が、海外でも大ヒットした『君の名は。』の興行収入を上回り、海外での人気も高まっている。どの国でもステイホームが続く中、日本の優れたアニメだけでなく映画、ドラマを、各国の人々に送り込み、アフターコロナの日本訪問誘致の起爆剤にしたい。

⇒インバウンド再開後、日本のアニメをはじめとしたコンテンツはデスティネーション選択の大きな要素となる。

● ラグジュアリーツーリズム　Luxury tourism

富裕層マーケットを対象にした、豪華で、嗜好性が高い、パーソナルな、特別感のある旅行。まず、毎年海外旅行を楽しむ日本人富裕層をターゲットに定着させたい。高級老舗旅館、クルーズ客船、クルーズトレイン、ゴルフ場、プライベートガイドなど、日本には様々な資源がある。

⇒インバウンド再開後、海外富裕層の旅のスタイルとして提案。

● グランピング　Glamping

グランピングとは、英語で〝魅力的な、華やかな〟などを意味する「Glamorous（グラマラス）」と「Camping（キャンピング）」を組み合わせた造語。「優雅で魅力的なキャンプ」という意味。開放的、「密」にならない旅。グランピング施設ではキャンプ用品や食材・食事などがあらかじめ用意されていて、気軽に豪華なキャンプを楽しむことができる。グランピングリゾートも各地に出現している。

⇒インバウンド再開後、外国人が日本の自然を安心して満喫できる新しい旅のスタイルになる。

● ワーケーション　Workation

「Work（ワーク・仕事）」と「Vacation（バケーション・休暇）」を組み合

わせた造語。オフィスを離れ、どこかで休暇を過ごしながら働くこと。休暇中、特に旅行先でテレワークを行うこと。アフターコロナのニューノーマルとして定着する。観光業界が積極的に対応することでさらに普及が期待される。

⇒インバウンド再開後、海外ビジネスマンにもアピール。長期滞在、リピーターの拡大に期待。

■考える旅行者・考える地域

●コンシャストラベル　Conscious Travel

　環境保護や地域社会、経済に対してプラスとなる「コンシャス（意識の高い）トラベル」が広がる。コロナ禍がSDGsをあらためて意識づける契機になった。デスティネーションの選択、行動において、意識の高いツーリストが増加する。まず、日本人の国内旅行で目覚める人が増えていく。

⇒インバウンド再開後、意識の高い訪日外国人旅行者が増える。地域はそれを理解し迎え入れる態勢を整える。

●サステイナブルツーリズム　Sustainable tourism

　「持続可能な観光」を求める考え方や行動。90年代から取り組まれている観光スタイル。エコツーリズムがその代表。国連世界観光機関（UNWTO）は、「持続可能な観光」について、「訪問客、業界、環境および訪問客を受け入れるコミュニティーのニーズに対応しつつ、現在および将来の経済、社会、環境への影響を十分に考慮する観光」と定義している。

⇒インバウンド再開後、ニューノーマルな旅の考えとなる。地域も率先して対応する必要がある。海外では、フィンランドにおいて、「Sustainable Travel Finland」が観光局の取組として開始されているという。

●レスポンシブルツーリズム　Responsible tourism

　「レスポンシブルツーリズム（責任ある観光）」。地域側で「来て欲しい」人を明確にイメージし、旅行者の意識や行動にも一定の責任をもってもらうことで、より良い観光地を作っていこうという動き。地域が旅行者を選ぶ時代が始まる。まず、日本人の国内旅行で浸透させたい考え方。

⇒インバウンド再開後、すでに欧米人を中心に浸透、定着している旅への向き合い方なので、地域も理解し変化しなくてはならない。

●リジェネラティブトラベル Regenerative travel

　サステイナブルを超えるリジェネラティブトラベル、「再生可能な旅（regenerative travel）」。「環境に優しい」にとどまらず「環境をよくする」という考え方である。その観光地を以前より良くする観光。まず、日本人の国内旅行で浸透させたい考え方である。

⇒すでに欧米人を中心に浸透し始めている考え方なので、インバウンド再開後に向けて、地域も理解し変化しなくてはならない。

●コミュニティツーリズム Community tourism

　地域の歴史や文化、産業、暮らしなど、その地域でしか体験できない魅力を楽しむ旅行のスタイル。地域住民のつながりを大事にした旅行スタイル。収益は地域に公平に配分される。世界中で広がりを見せる新たな観光まちづくりのスタイル。

⇒インバウンド再開後、外国人旅行者受け入れに対し、改めて地域自らが発信していかなくてはならない。

■ IT 観光

●スマートツーリズム　Smart tourism

　VR（仮想現実：Virtual Reality）やAR（拡張現実：Augmented Reality）を利用した観光体験のほか、旅行中の旅行者の興味や混雑状況、天候などのリアルタイム情報を提供。先端技術と観光地、旅行者のデータを駆使して、新しい価値を創造する観光。確実に浸透していく旅のスタイル。スマホやタブレットが必需品となる。

⇒インバウンド再開後、外国人旅行者のサポート、多言語対応、さらに満足度の向上の切り札となっていく。

●バーチャルツーリズム / オンラインツアー　Virtual tourism/Online tour

　VRなどを活用して、目的地やホテルを探索するユニークでイマーシブ（没入型）な体験する仮想旅行。「3密」が避けられ、移動が不要、リアルとは違う価値の提供ができる。オンラインからオフラインへうまく誘導することがポイント。リアルな旅行の下見としても活用期待。海外旅行復活のきっかけになる。

⇒インバウンド再開後、日本発信のオンラインツアーで訪問してくる外国人旅行者が増える。

●観光DX（デジタルトランスフォーメーション）　Tourism Digital Transformation

　旅行業界には今、最新のデジタル技術を活用した新しいビジネスモデルの創出が求められている。コロナ禍を機にデジタルトランスフォーメーションによる事業変革が積極的に進めなければならない。異業種との連携を見据えた観光プラットフォームの構築も期待される。少ない人材で効率的なオペレーションを可能にする。

⇒インバウンド再開後、推進していかなくてはならない旅行業界の課題。

■新しい発想

●ダイバーシティ　Diversity

　多様性のこと。多様な人材の活用。様々な国の人々を迎える、日本の観光産業は率先してダイバーシティ、多様な人材を積極的に活用していかなくてはならない。社会的マイノリティはもちろん、性別や人種、年齢、性格、学歴、価値観などの多様性を受け入れ、外国人旅行者を迎え入れる。日本の印象アップに資する。アフターコロナがチャンスとなる。

⇒インバウンド再開後に向け、インバウンドビジネスの現場はダイバーシティの視点を持ちたい

●関係人口　Related population

　移住した「定住人口」でもなく、観光に来た「交流人口」でもない、地域や地域の人々と多様に関わる人々のことを指す。「観光以上移住未満」と例えられる。コロナ禍中、テレワーク、リモートワーク、2拠点生活、ワーケーションなどの定着により増加の可能性大。観光産業の新たな活躍の場となる。

⇒インバウンド再開後、地域は日本人だけでなく訪日外国人も「関係人口」にしていきたい。

●アフターインスタ映え　After instagrammable

　インスタ映えする風景、食などが、若者だけでなく多くの人々の観光行動を誘発してきた。アフターコロナでは生活に役立つリアルな情報、ナチュラルな日常、「加工」や「盛り」で作り込まれたフォトジェニックな写真ではなく、自分が実際に訪れた時のイメージが湧く写真が好まれていく。若者の意識と行動にも変化。

⇒インバウンド再開後、外国人旅行者も変化、日本の本物の風景、日常生活をアピールしたい。

精選過去問題にチャレンジ

問題 001

「DBJ・JTBF アジア・欧米豪訪日外国人旅行者の意向調査（2020年度新型コロナ影響度特別調査）」による訪日外国人旅行者の意識に関する以下の**ア**から**エ**までの記述のうち、最も<u>適切ではないもの</u>を1つ選びなさい。

ア. 海外旅行の検討を再開するタイミングは、アジア居住者・欧米豪居住者ともに「抗ウイルス薬の開発など、新型コロナの脅威が消滅してから」の回答が最も多く、続いて「渡航希望先の安全宣言後」の回答が多かった。

イ. 新型コロナ終息後の海外観光旅行について予算が「上がる」、「どちらかといえば上がる」と回答した割合は、「下がる」、「どちらかといえば下がる」よりも高くなっている。

ウ. アジア居住者に対する「新型コロナ終息後に観光旅行したい国・地域」の調査では、「台湾」の回答が最も多かった。

エ. 新型コロナ終息後の訪日旅行全般に期待したいことで、最も多かった回答は「衛生面における配慮、清潔さ、消毒などのウイルス対策全般の継続」であった。

解説

ア適　切。「抗ウイルス薬の開発など、新型コロナの脅威が消滅してから」（アジア居住者36%、欧米豪居住者34%）、「渡航希望先の安全宣言後」（アジア居住者24%、欧米豪居住者23%）に続いて「WHOのパンデミック終息宣言後」（アジア居住者33%、欧米豪居住者19%）であった。

イ適　切。アジア居住者では海外観光旅行について予算が「上がる」、「どちらかといえば上がる」と回答した割合は46%、「下がる」、「どちらかといえば下がる」と回答した割合は17%、欧米豪居住者では「上がる」、「どちらかといえば上がる」と回答した割合は36%、「下がる」、「どちらかといえば下がる」と回答した割合は18%であった。新型コロナ終息後、旅行者の消費単価は上昇し、より長期滞在を求める可能性がある。

ウ不適切。「台湾」が誤りで、正しくは「日本」である。新型コロナ終息後においても、海外観光旅行先としての日本の人気は引き続き高く、アジア居住者ではトップ（56%）、欧米豪居住者でも2位（24%）の人気となっている。

エ適　切。記述の通り。「衛生面における配慮、清潔さ、消毒などのウイルス対策全般の継続」の回答は38%、続いて「リーズナブルな日本食レストランの充実」が31%であった。

解答	ウ

問題 **002**　「リジェネラティブトラベル」の説明として<u>適切</u>なものを、以下の**ア**から**エ**までのうち 1 つ選びなさい。

ア. 環境に優しいだけではなく、環境をよくするという考え方、およびそれに基づく、その観光地を以前より良くする観光のこと。

イ. 富裕層マーケットを対象とする、豪華で嗜好性が高い、パーソナルな特別感のある旅行のこと。

ウ. 地域側で「来て欲しい人」を明確にイメージし、旅行者の意識や行動にも一定の責任をもってもらうことで、よりよい観光地を作っていこうとする動きのこと。

エ. 地元や近隣への短距離観光、近場を楽しむ旅のこと。

解説

　2020 年の新型コロナウイルス感染症（COVID-19）流行の影響によりダメージを受けた観光に関して、その復興、再生に向けたさまざまな考え方、その考え方に基づく観光の概念が提唱されている。

ア適　切。「環境に優しい」にとどまらず「環境をよくする」という考え方に基づき、その観光地を以前より良くする観光のことを「リジェネラティブトラベル（Regenerative travel）＝再生可能な旅」という。

イ不適切。「ラグジュアリーツーリズム（Luxury tourism）」の説明である。

ウ不適切。「レスポンシブルツーリズム（Responsible tourism）」の説明である。

エ不適切。「マイクロツーリズム（Micro tourism）」の説明である。

解答　ア

問題 003

次の文章中の（　）に入る最も適切な語句の組合せを、以下の**ア**から**エ**までのうち１つ選びなさい。

2015年９月の国連サミットで採択された「持続可能な開発目標」（（ a ））は、貧困や飢餓の撲滅、教育、ジェンダーの平等、クリーンエネルギーの普及、経済成長、環境保全、平和構築など、17の目標と各目標に紐づく169のターゲットからなり、（ b ）までの達成を目指している。

この目標には、観光の役割が明記されたターゲット（ c ）、国連世界観光機関（UNWTO）は、「すべての目標に対して、観光は直接的、または間接的に貢献する力があり、持続可能な開発目標の達成に向けて、重要な役割を担っている」旨を宣言している。

アフターコロナの観光は、「持続可能な開発目標」（（a））を意識したものである必要があり、「持続可能な観光」「責任ある観光」などの考え方の理解が求められている。

ア. a. SDGs　　b. 2030年　　c. は設定されていないが
イ. a. MDGs　　b. 2050年　　c. は設定されていないが
ウ. a. SDGs　　b. 2030年　　c. が設定されており
エ. a. MDGs　　b. 2050年　　c. が設定されており

■ 解説

2015年９月の国連サミットで採択された「持続可能な開発目標」（SDGs：Sustainable Development Goals）は、貧困や飢餓の撲滅、教育、ジェンダーの平等、クリーンエネルギーの普及、経済成長、環境

保全、平和構築など、17の目標と各目標に紐づく169のターゲットからなり、2030年までの達成を目指している。

特に経済成長と雇用に関する「目標8」、消費と生産に関する「目標12」、海洋資源に関する「目標14」の３つの目標には、観光の役割が明記されたターゲットが設定されているが、国連世界観光機関（UNWTO）は、「すべての目標に対して、観光は直接的、または間接的に貢献する力があり、持続可能な開発目標の達成に向けて、重要な役割を担っている」旨、宣言している。（観光庁・UNWTO駐日事務所「日本版　持続可能な観光ガイドライン」）

解答　　**ウ**

付録

第 13 課題
サンプル問題

「インバウンド実務主任者認定試験」の第 13 課題は、「テーマ別選択問題」
です。
①インバウンドに関する法律　　②インバウンドに関する時事問題
③インバウンドのウェブプロモーション　　④英語
⑤中国語（簡体字）　　⑥韓国語
以上の中から、1 つのテーマを選択して解答します。
本付録では各テーマの過去問題をサンプル問題として掲載しています。

※「インバウンドに関する時事問題」は、その性質上、古い情報が含まれています。
　問題の傾向を知るヒントとしてご活用ください。

Inbound Business Director

インバウンドに関する法律

問題 001	2018年（平成30年）6月に施行された改正旅館業法および旅館業法施行令に関する以下の**ア**から**エ**までの記述のうち、最も<u>適切ではないもの</u>を1つ選びなさい。

ア. 「ホテル営業」及び「旅館営業」の営業種別が統合され、「旅館・ホテル営業」となった。

イ. 「旅館・ホテル営業」の施設の構造設備の基準として、洋室の構造設備の要件（寝具は洋式であること、出入口・窓に鍵をかけることができること、客室と他の客室等との境が壁造りであること）が規定された。

ウ. 無許可営業者に対する、都道府県知事等による報告徴収及び立入検査等の権限規定の措置が講じられるようになった。

エ. 無許可営業者等に対する罰金の上限額が3万円から100万円に、その他旅館業法に違反した者に対する罰金の上限額が2万円から50万円に引き上げられた。

■ 解説

「洋室の構造設備の要件（寝具は洋式であること、出入口・窓に鍵をかけることができること、客室と他の客室等との境が壁造りであること）が規定された。」が誤りで、正しくは「洋室の構造設備の要件（寝具は洋式であること、出入口・窓に鍵をかけることができること、客室と他の客室等との境が壁造りであること）が廃止された。」である。

2018年（平成30年）6月15日に施行された改正旅館業法により「ホテル営業」及び「旅館営業」の営業種別が統合され、「旅館・ホテル営業」となった。

同法の施行日は、住宅宿泊事業法と同じ日である。改正旅館業法では、違法民泊などの無許可営業の取り締まりが強化される一方、「旅館営業」と「ホテル営業」に分かれていた営業種別を「旅館・ホテル営業」に統合し、最低客室数の廃止、各種構造設備の要件の緩和が行われ、より柔軟なホテル・旅館営業の促進を目論んでいる。

解答	イ

問題 002	国際観光旅客税法および国際観光振興法で規定される国際観光旅客税（以下出国税）に関する以下の**ア**から**エ**までの記述のうち、最も<u>適切ではない</u>ものを 1 つ選びなさい。

ア. 出国税の税率（額）は、日本からの出国 1 回につき、1,000 円である。

イ. 出国税の納税義務があるのは、日本から出国する者であるが、日本に住所を持たない外国人旅行者は含まれない。

ウ. 出国税の税収の使用目的は、国際観光旅客税法ではなく国際観光振興法に定められている。

エ. 出国税の税収の使用目的は、ストレスフリーで快適に旅行できる環境の整備、日本の多様な魅力に関する情報の入手の容易化、地域固有の文化・自然等を活用した観光資源の整備等の 3 つである。

解説

ア適　切。国際観光旅客税法 15 条に「国際観光旅客税の税率は、本邦からの出国一回につき、千円とする。」とある。

イ不適切。出国税の納税義務は、日本人、外国人を問わず、訪日外国人旅行者も対象となる。国際観光旅客税法 4 条に「国際観光旅客等は、この法律により、国際観光旅客税を納める義務がある。」とあり、「国際観光旅客等」は、2 条で定義されており、外国人を除外する規定はない。

ウ適　切。記述の通り。出国税の税収の使用目的は、国際観光振興法 12 条に定められている。

エ適　切。出国税の税収の使用目的について、国際観光振興法 12 条には「政府は、国際観光旅客税（略）の収入見込額に相当する金額を、国際観光振興施策（国際観光旅客の円滑かつ快適な旅行のための環境の整備に関する施策、我が国の多様な観光の魅力に関する情報の入手の容易化に関する施策並びに地域固有の文化、自然その他の特性を活用した観光資源の開発及び活用による当該地域における体験及び滞在の質の向上に関する施策をいう。）に必要な経費に充てるものとする。」とある。

解答	イ

インバウンドに関する時事問題

問題 003 インバウンドに関するニュースについての以下の**ア**から**エ**までの記述の
うち、最も適切ではないものを 1 つ選びなさい。

ア. 外務省は、2019 年（平成 31 年）4 月に、「平成 30 年ビザ発給統計」を発
表、2018 年（平成 30 年）における全在外公館のビザ発給数の上位 4 か国が
中国・フィリピン・ベトナム・インドネシアであり、全体の約 9 割を占めたこ
とを明らかにした。

イ. 日本政府観光局（JNTO）は、2020 年（令和 2 年）1 月に、「訪日外客数
（2019 年 12 月および年間推計値）」を発表、2019 年（平成 31 年・令和元
年）の訪日外国人旅行者数は、韓国市場の減速が影響して前年を下回ったこと
を明らかにした。

ウ. 2019 年（令和元年）12 月に観光庁が発表した「ラグビーワールドカップ
2019 日本大会の観戦有無別訪日外国人旅行者の消費動向」によると、訪日外
国人旅行者のうち、「ラグビーワールドカップ 2019 日本大会」を観戦した人
の訪日旅行 1 人 1 回当たり支出は、観戦していない人の約 2.4 倍であった。

エ. 2019 年 12 月に閣議決定された「令和 2 年度税制改正の大綱」において、訪
日外国人旅行者向けにお土産を販売する IoT 技術を搭載した自動販売機を設置
した場合、一定の基準を満たしていれば、その自動販売機の設置に係る免税店
の許可について、人員の配置を不要とする措置を講じることが示された。

■ 解説

ア適　切。外務省の「平成 30 年ビザ発給統計」では、2018 年における全在外公館の
ビザ発給数が過去最高記録を達成し、全体の 9 割が中国・フィリピン・ベト
ナム・インドネシアの 4 か国で占められていることが明らかになった。

イ不適切。「前年を下回った」が誤りである。2019 年の訪日外客数は、前年比 2.2% 増
の 3,188 万 2 千人で、JNTO が統計を取り始めた 1964 年以降、最多とな
り、韓国を除く 19 市場で過去最高を記録した。

ウ適　切。訪日外国人旅行者のうち、「ラグビーワールドカップ 2019 日本大会」を観
戦した人の訪日旅行 1 人 1 回当たり支出は 38 万 5 千円と試算され、観戦し
ていない人（15 万 9 千円）の 2.4 倍であった（調査期間：2019/10/10〜
2019/11/5）。1 人 1 回当たり支出を費目別にみると、スポーツ観戦費のほ
か、宿泊費や飲食費、買物代（酒類）が観戦していない人に比べ高い傾向が
みられたという。

エ適　切。記述の通り。「一定の基準」とは、パスポートの本人確認→顔認証機能で代替、パスポート情報の読取→文字認識機能で代替、等の機能を持つ自動販売機であることとされている。

解答　イ

| 問題 004 | 2020 年 6 月 16 日に閣議決定された「令和 2 年版観光白書」における、「令和元年度に講じた施策」の「外国人が真の意味で楽しめる仕様に変えるための環境整備」にある以下の**ア**から**エ**までの記述のうち、最も<u>適切ではないもの</u>を 1 つ選びなさい。 |

ア. モバイル Wi-Fi ルーターの販売拠点に関し、国際便が乗り入れる空港 16 箇所（2020 年 3 月末時点）や、訪日外国人が訪問する地域の拠点の展開を推進した。

イ. 無料 Wi-Fi 環境の整備について、計画を見直し、2021 年度までに引き続き約 3 万箇所の整備を目標とした「防災等に資する Wi-Fi 環境の整備計画」を 2020 年 2 月に改定・公表を行った。

ウ. 日本政府観光局の外国人観光案内所認定取得促進のため、商業施設をはじめ、民間事業者等への訪問、説明を行い、2020 年 3 月末時点で認定観光案内所数は 1,365 箇所となった。

エ. 「道の駅」1,173 駅のうち、新たに 7 駅で免税店が、さらに、日本政府観光局の認定を受けた外国人観光案内所のある「道の駅」が新たに 84 駅増えた。

解説

ア不適切。「モバイル Wi-Fi ルーター」が誤りで、正しくは「プリペイド SIM」である。プリペイド SIM の販売拠点に関し、国際便が乗り入れる空港 16 箇所（2020 年 3 月末時点）や、訪日外国人が訪問する地域の拠点の展開を推進した。

イ適 切。無料 Wi-Fi 環境の整備について、2019 年度までに約 3 万箇所の整備目標であったが、整備の進捗に遅れが出ていること及び各地方公共団体の整備意向を反映した結果、計画を見直し、2021 年度までに引き続き約 3 万箇所の整備を目標とした「防災等に資する Wi-Fi 環境の整備計画」を 2020 年 2 月に改定・公表を行った。

ウ適 切。記述の通り。

エ適 切。「道の駅」1,173 駅のうち、新たに 7 駅で免税店が、さらに、日本政府観光局の認定を受けた外国人観光案内所のある「道の駅」が新たに 84 駅増え、同月末時点で設置数は、免税店 38 駅、外国人案内所 190 駅となった。

解答　ア

インバウンドのウェブプロモーション

問題 005

ウェブプロモーションにおける専門用語に関する以下の**ア**から**エ**までの記述のうち、最も適切ではないものを１つ選びなさい。

ア. SEO とは、ウェブサイトを検索エンジンの検索結果の上位に表示するために、サイト内の情報や構造などを最適化することである。

イ. PPC とは、広告がウェブ上に掲載されただけではコストがかからず、広告が実際にクリックされた回数分だけ費用が発生するクリック課金型のウェブ広告である。

ウ. CTR とは、クリック率のことで、広告が表示された際のクリックされた割合を表し、広告の効果を測る時などに使用される。

エ. CVR とは、サイト訪問者が情報を入力する際の操作性の悪さによる途中離脱を防ぐために、入力フォームの要素を改善することである。

解説

　エは「EFO：エントリーフォーム最適化（Entry Form Optimization）」の説明である。

　CVR とは、コンバージョン率（Conversion Rate）のことである。

　コンバージョンとは、「転換」のことで、ウェブプロモーションにおけるコンバージョンは、目標とする効果があがること、例えば購入を目的とするサイトであれば購入に至ること、広告主への送客を目的とするサイトであれば送客されることを意味する。コンバージョン率とは、そのサイトにアクセスした人のうち、どれだけがコンバージョンに結びついたかを示す指標で、「コンバージョン数 / アクセス数（セッション数）」で導き出される。

　各略称の正式名称は次のとおり。
SEO = Search Engine Optimization
PPC = Pay Per Click
CTR = Click Through Rate

解答　エ

問題 006

以下の記述は、Facebook 公式サイトで紹介されている Facebook 広告について記したものである。**ア**から**エ**までの記述のうち、最も<u>適切ではないもの</u>を 1 つ選びなさい。

ア. カルーセル広告は、1 つの広告で最大 10 の画像や動画を表示し、それぞれに別のリンクを付けられるようになっている。複数の製品を紹介することも、複数のカードを通して 1 つのブランドストーリーを伝えることもできる。

イ. スライドショー広告は、視覚効果を狙った無音のフォーマットで、軽量なためデバイスや接続速度を問わず、スムーズにストーリーを伝えることができる。

ウ. プレイアブル広告では、利用者がアプリをダウンロードする前にインタラクティブなプレビューを提供できる。この試用により、アプリの購入意向が高い利用者を見つけることができる。

エ. コレクション広告は、ビジネスの製品やサービスを人々の目に触れさせ、紹介して購入してもらうことができるフォーマットで、利用者は広告をタップすると、特定の製品についての詳細を確認できる。

解説

スライドショー広告は、動画のように動きや音、テキストを使用できるフォーマットで、軽量なためデバイスや接続速度を問わず、スムーズにストーリーを伝えることができる。

解答	イ

英　語

| 問題 007 | 次の浮世絵についての会話文を読み、以下の**ア**から**エ**までの記述のうち、適切ではないものを１つ選びなさい。 |

Customer: What is ukiyo-e?

Guide: Ukiyo-e is a genre of painting that was popular in the Edo period. Although I called it "painting," to be exact, ukiyo-e works were mainly woodblock prints. Each work could be mass produced, so ukiyo-e became popular among ordinary people.

Customer: What kinds of things were depicted in ukiyo-e?

Guide: There were two major themes. One is people, such as beautiful women and actors, and the other is nature and townscapes around Japan. The artists Utamaro Kitagawa and Sharaku Toshusai are known for the former, and Hiroshige Ando and Hokusai Katsushika the latter.

Customer: Was Mt. Fuji often depicted as well?

Guide: Yes. Thirty-Six Views of Mt. Fuji by Hokusai Katsushika is a series of works depicting Mt. Fuji from different places. The title says "thirty-six," but there were actually more than thirty-six works.

Customer: I've heard of Hokusai.

Guide: Hokusai Katsushika is an artist who lived from the 18th to 19th century. He is known for his bold composition, unique sense of colors, and meticulous depiction. He is said to have influenced European artists such as Van Gogh and Cezanne.

Customer: So ukiyo-e was appreciated abroad too.

ア．Hokusai Katsushika was influenced by European artists.

イ．Ukiyo-e works were mainly woodblock prints, and each work was circulated in large numbers.

ウ．Utamaro Kitagawa is known for his works depicting people.

エ．Thirty-Six Views of Mt. Fuji by Hokusai Katsushika is a series of works depicting Mt. Fuji and consists of more than thirty-six works.

解答は 422 ページ

中国語（簡体字）

問題 008

次の浮世絵についての会話文を読み、以下の**ア**から**エ**までの記述のうち、適切ではないものを 1 つ選びなさい。

游客：浮世绘是一种什么样的东西呢？

导游：它是江户时代流行的一种绘画形式。虽说是绘画，但确切地说，作为版画创作的情况较多，因为这样可以大量制作相同图案的作品，所以在平民中很流行。

游客：浮世绘描绘的是什么题材？

导游：大致区分的话有两种题材。一种是美女、演员等人物，另一种是日本各地的自然或街道景观，擅长人物的著名画家有喜多川歌麿、东洲斋写乐，擅长风景的著名画家有安藤广重、葛饰北斋。

游客：富士山也是经常入画的题材吗？

导游：是的。葛饰北斋的《富岳三十六景》就是以从各地看到的富士山的景色为题材所创作的系列作品。"三十六"虽然表示数量为"36"，但该作品实际上不止 36 幅。

游客：我听说过北斋这个名字。

导游：葛饰北斋以大胆的构图、独特的色彩感觉、细腻的笔触而闻名，是活跃于 18 世纪到 19 世纪期间的画家，据说对梵高、塞尚等欧洲画家也产生了影响。

游客：浮世绘的魅力也传播到了海外呢。

ア. 葛饰北斋受到欧洲画家的影响。

イ. 浮世绘作为版画创作的情况较多，因此，相同的作品大量流通。

ウ. 喜多川歌麿因人物题材的作品而闻名。

エ. 葛饰北斋的《富岳三十六景》是以富士山为题材的系列作品，绘制数量超过 36 幅。

解答は 422 ページ

韓国語

問題
009
次の浮世絵についての会話文を読み、以下の**ア**から**エ**までの記述のうち、適切ではないものを１つ選びなさい。

손님 : 우키요에란 어떤 겁니까 ?

가이드 : 에도 시대에 유행한 회화의 형식입니다 . 회화라고 했지만 정확히는 판화로 제작된 것이 많아, 같은 것을 대량으로 만들 수 있기 때문에 서민들 사이에 유행했습니다 .

손님 : 어떤 것이 그려졌습니까 ?

가이드 : 크게 나누면 2 가지 소재가 있는데요 . 하나는 아름다운 여성이나 배우 등 인물을 그린 것이고 또 하나는 일본 각지의 자연이나 거리를 그린 것으로, 전자로 유명한 화가는 기타가와 우타마로와 도슈사이 샤라쿠, 후자로 유명한 화가는 안도 히로시게와 가쓰시카 호쿠사이를 들 수 있습니다 .

손님 : 후지산도 자주 그려졌나요 ?

가이드 : 예 . 가쓰시카 호쿠사이의 '후가쿠 산주롯케이 (36 경)' 는 다양한 장소에서 보이는 후지산을 소재로 한 시리즈 작품입니다 . '삼십육' 은 '36' 이란 뜻이지만, 실제로는 이 작품은 36 장 이상 있습니다 .

손님 : 호쿠사이의 이름은 들어본 적이 있습니다 .

가이드 : 가쓰시카 호쿠사이는 대담한 구도, 독특한 색채감각, 정밀한 묘사로 유명하며, 18 세기부터 19 세기에 걸쳐 활약한 화가로 고흐, 세잔 등 유럽 화가에게도 영향을 줬다고 합니다 .

손님 : 해외에도 우키요에의 훌륭함이 전해졌군요 .

ア. 가쓰시카 호쿠사이는 유럽 화가로부터 영향을 받았다 .

イ. 우키요에는 판화로 만들어진 것이 많아 같은 작품이 대량 유통되었다 .

ウ. 기타가와 우타마로는 인물을 소재로 한 작품으로 유명하다 .

エ. 가쓰시카 호쿠사이의 '후가쿠 산주롯케이 (36 경)' 는 후지산을 소재로 한 시리즈 작품으로, 36 장 이상 그려졌다 .

解答は 422 ページ

問題 007・008・009 日本語文・解答

次の浮世絵についての会話文を読み、以下の**ア**から**エ**までの記述のうち、<u>適切ではないもの</u>を 1 つ選びなさい。

お　客：浮世絵とはどのようなものですか？

ガイド：江戸時代に流行した絵画の形式です。絵画と言いましたが、正確には版画として制作されたものが多く、同じものが大量にできるため庶民の間で流行しました。

お　客：どのようなものが描かれているのですか？

ガイド：大きく分けると 2 つの題材があります。一つは、美しい女性や役者などの人物、もう一つは日本各地の自然や町並みで、前者で有名な画家は喜多川歌麿、東洲斎写楽、後者で有名な画家は安藤広重、葛飾北斎が挙げられます。

お　客：富士山もよく描かれているのですか？

ガイド：はい。葛飾北斎の「富嶽三十六景」は、いろいろな場所から見える富士山を題材とするシリーズの作品です。「三十六」は「36」の意味ですが、実際にはこの作品は 36 枚以上あります。

お　客：北斎の名前は聞いたことがあります。

ガイド：葛飾北斎は大胆な構図、独特な色彩感覚、精密な描写で知られる 18 世紀から 19 世紀にかけて活躍した画家で、ゴッホ、セザンヌなどのヨーロッパの画家にも影響を与えたといわれています。

お　客：海外にも浮世絵の素晴らしさは伝わっていたのですね。

ア．葛飾北斎はヨーロッパの画家の影響を受けている。

イ．浮世絵は、版画として作られたものが多いので同じ作品が大量に流通した。

ウ．喜多川歌麿は人物を題材とした作品で知られている。

エ．葛飾北斎の「富嶽三十六景」は富士山を題材としたシリーズの作品で 36 枚以上描かれた。

解答　ア

索　引

アルファベット

か行

な行

は行

ま行

参考文献

JTB 総合研究所（2016）『インバウンド概論』JTB 総合研究所

岡本伸之（1995）『観光辞典』日本観光協会

海津ゆりえ（2007）『日本エコツアー・ガイドブック』岩波書店

加藤弘治（2017）『観光ビジネス未来白書』同友館

観光庁・経済産業省（2021）『消費税免税店の手引き』

神崎宣武（2004）『江戸の旅文化』岩波書店

国土交通省（2008）『多様な食文化・食習慣を有する外国人客への対応マニュアル』

観光庁（2020）『観光白書〈令和 2 年版〉』

ジェイティービー（2016）『JTB REPORT 2016 日本人海外旅行のすべて』JTB 総合研究所

ジェイティービー（2017）『データで見る訪日インバウンド市場トレンド』JTB 総合研究所

水津陽子（2014）『日本人だけが知らない「ニッポン」の観光地』日経 BP 社

東京都（2016）『平成 27 年度国別外国人旅行者行動特性調査報告書』

東京都生活衛生営業指導センター（2016）『外国人観光客対応ツール－活用マニュアル』

日本観光協会（2008）『観光実務ハンドブック』丸善

日本観光振興協会（2012）『新たな集客に挑む！インバウンド BUSINESS』日本観光振興協会

日本観光振興協会（2016）『観光の実態と志向』日本観光振興協会

日本観光振興協会（2016）『数字でみる観光』日本観光振興協会

日本生産性本部（2016）『レジャー白書』

日本政府観光局（2019）『JNTO 訪日旅行誘致ハンドブック 2019』国際観光サービスセンター

日本政府観光局（2020）『JNTO 訪日旅行データハンドブック 2020』

真板昭夫・石森秀三（2011）『エコツーリズムを学ぶ人のために』世界思想社

増淵敏之・安田亘宏（2014）『コンテンツツーリズム入門』古今書院

ミシュラン（2007）『ミシュランガイド東京 2008』日本ミシュランタイヤ

溝尾良隆（2003）『観光学』古今書院

溝尾良隆（2009）『観光学の基礎（観光学全集第 1 巻）』原書房

村山慶輔（2016）『インバウンドビジネス入門講座』翔泳社

村山慶輔（2018）『インバウンドビジネス入門講座　第 3 版』翔泳社

村山慶輔（2020）『観光再生－サステナブルな地域をつくる 28 のキーワード』プレジデント社

中村忠司・王静（2019）『新・観光学入門』晃洋書房

立教大学観光学部旅行産業研究会（2016）『旅行産業論』日本交通公社
安田亘宏（2010）『「澤の屋旅館」はなぜ外国人に人気があるのか』彩流社
安田亘宏（2013）『フードツーリズム論』古今書院
安田亘宏（2015）『観光サービス論』古今書院
横浜商科大学（2017）『地域インバウンド観光人財育成に関する研究』横浜商科大学
『観光経済新聞』観光経済新聞社
『観光文化』公益財団法人日本交通公社
『週刊トラベルジャーナル』トラベルジャーナル

主なデータ資料
法務省「出入国管理統計」
観光庁「訪日外国人消費動向調査」
観光庁「宿泊旅行統計調査」
観光庁「旅行・観光消費動向調査」
日本政府観光局「訪日外客統計」
日本政府観光局「月別・年別統計データ（訪日外国人・出国日本人)」
日本政府観光局「世界各国・地域への外国人訪問者数ランキング」
日本旅行業協会「数字が語る旅行業」
日本銀行「国際収支統計」
（公財）日本交通公社「旅行年報」
（公財）日本交通公社「JTBF 旅行意識調査」

主なホームページ・ニュースリリース
国土交通省・観光庁・法務省・総務省・外務省・経済産業省・厚生労働省・国税庁・
日本政府観光局・日本旅行業協会・全国旅行業協会・日本観光振興協会・
ジェイティービー・日本交通公社・JTB 総合研究所・交通エコロジー・モビリティ財団・
日本エコツーリズム協会・日本スポーツツーリズム推進機構・日本ハラール協会・
日本ヘルスツーリズム振興機構・日本ベジタリアン協会・日本マナー・プロトコール協会・
日本ムスリム協会・日本医療教育財団・日本百貨店協会・ハラル・ジャパン協会・
ロングステイ財団・HOT PEPPER・MATCHA・RJC リサーチ・株式会社ぐるなび・
インバウンドナビ・インバウンドワン・インバウンド訪日外国人ニュース・
ジャパン・ワールド・リンク・トラベルボイス・トリップアドバイザー・訪日ラボ・
やまとごころ.jp

その他、各地方自治体・観光協会・観光ビジネス・インバウンドビジネス各社のホーム
ページ

著者紹介

安田 亘宏 （やすだ のぶひろ）

旅の創造研究所所長・浦和大学客員教授
法政大学大学院政策創造研究科博士後期課程修了、博士（政策学）
1953 年東京都生まれ。1977 年日本交通公社（現 JTB）に入社。旅行営業、添乗業務を経験後、本社、営業本部、グループ会社でマーケティング・販売促進・事業開発等の実務責任者・役員を歴任。2006 年 JTB 旅の販促研究所執行役員所長、2010 年西武文理大学サービス経営学部教授（–2019 年）を経て現職。
日本エコツーリズム協会運営役員、コンテンツツーリズム学会副会長。
著書に、『観光検定公式テキスト』『インバウンド実務論』（以上全日本情報学習振興協会）、『観光サービス論』『コンテンツツーリズム入門』『フードツーリズム論』（以上古今書院）、『地域は物語で「10 倍」人が集まるコンテンツツーリズム再発見』（生産性出版）、『旅行会社物語』『鉄旅研究』『島旅宣言』『祭旅市場』『犬旅元年』『食旅入門』『長旅時代』（以上教育評論社）、『事例で読み解く海外旅行クレーム予防読本』『食旅と農商工連携のまちづくり』『食旅と観光まちづくり』（以上学芸出版社）、『「澤の屋旅館」は外国人になぜ人気があるのか』『旅人の本音』『キャッチコピーに見る「旅」』（以上彩流社）、『基礎から学ぶ観光プランニング』（JMC 出版）『旅行会社のクロスセル戦略』『旅の売りかた入門』（以上イカロス出版）などがある。

新版 インバウンド実務主任者認定試験 公式テキスト

2021年4月30日	初版第1刷発行
2024年2月10日	第2刷発行

著　者	安田亘宏
編　者	一般財団法人 全日本情報学習振興協会
発行者	牧野 常夫
発行所	一般財団法人 全日本情報学習振興協会

〒101-0061　東京都千代田区神田三崎町 3-7-12
清話会ビル 5F
TEL：03-5276-6665

販売元	株式会社 マイナビ出版

〒101-0003　東京都千代田区一ツ橋 2-6-3
一ツ橋ビル 2F
TEL：0480-38-6872（注文専用ダイヤル）

03-3556-2731（販売部）

URL：http：//book.mynavi.jp

DTP・印刷・製本	日本ハイコム株式会社

ISBNコード　978-4-8399-7672-9　C2034
Printed in Japan

インバウンド実務主任者認定試験 実物形式問題集 Vol. 1

A4判　176頁
定価　1,760円（税込）

「インバウンド実務主任者認定試験　実物形式問題集 Vol.1」は、インバウンド実務主任者認定試験で実際に出題された問題2回分をまるごと収録した問題集です。解答に加えて、詳細な解説を収録しているので、学習の理解が深まります。「新版　インバウンド実務主任者認定試験　公式テキスト」と合わせて学習することにより、合格に向けて大きく前進します。

一般財団法人　全日本情報学習振興協会
ホームページ http://www.joho-gakushu.or.jp/

インバウンドビジネスに有利な資格

インバウンド実務主任者認定試験

【認定校募集中！】

高校・大学・専門学校で試験の実施が可能です

自分の学校で
取り組みたい…

生徒に資格を
取得させたい…

そんな先生に「認定校」がお勧め！

詳細は当協会までお問合わせください

一般財団法人全日本情報学習振興協会
TEL：03-5276-0030
Mail：joho@joho-gakushu.or.jp